# 中国农产品市场报告 2013

农业部市场与经济信息司

经济管理出版社

**图书在版编目（CIP）数据**

中国农产品市场报告．2013／农业部市场与经济信息司．—北京：经济管理出版社，2013．5
ISBN 978－7－5096－2456－2

Ⅰ．①中…　Ⅱ．①农…　Ⅲ．①农产品市场—市场分析—研究报告—中国—2013　Ⅳ．①F323．7

中国版本图书馆 CIP 数据核字(2013)第 101620 号

组稿编辑：曹　靖
责任编辑：曹　靖
责任印制：黄　铄
责任校对：陈　颖

出版发行：经济管理出版社
（北京市海淀区北蜂窝 8 号中雅大厦 A 座 11 层　100038）
网　　址：www. E－mp. com. cn
电　　话：（010）51915602
印　　刷：北京银祥印刷厂
经　　销：新华书店
开　　本：787mm×1092mm/16
印　　张：24
字　　数：408千字
版　　次：2013 年 5 月第 1 版　2013 年 5 月第 1 次印刷
书　　号：ISBN 978－7－5096－2456－2
定　　价：80．00 元

# 中国农产品市场报告·2013

# 序　　言

2012年，国际大宗农产品市场先抑后扬，价格剧烈波动，而国内农产品市场在粮食“九连增”以及国家宏观调控政策的综合作用下，运行总体平稳，部分品种受需求减弱影响，价格走势偏弱。其中，粮价涨幅明显趋缓，棉糖振荡下行，生猪和禽蛋在年内跌破盈亏平衡点后企稳回升，牛羊肉保持小步慢涨走势，水果蔬菜季节性波动。农产品市场的相对稳定，为全国物价总水平基本平稳和国民经济健康运行提供了有力支撑。

2013年，是“十二五”规划承上启下的关键一年，是贯彻落实党的十八大精神的开局之年，保持农业持续稳定发展、防止农产品供求和价格大幅波动，是稳增长、控通胀、防风险的重要保障，对实现“稳中求进、扎实开局”至关重要。当前，我国农业发展面临生产成本上升、资源环境约束凸显和农产品需求持续增长的新形势，确保粮食稳产增产、农民持续增收和农产品市场平稳运行的难度进一步加大。今年我国农产品供求仍将保持紧平衡状态，要继续把握稳中求进的总基调，紧紧围绕创新农业经营体制，进一步加大强农、惠农、富农政策力度；要认真落实“米袋子”省长负责制和“菜篮子”市长负责制，持续增强农产品供给保障能力。同时，要准确把握国内外农产品市场变化趋势，强化农产品供求形势研判，加快完善农产品市场调控机制，进一步增强市场调控的针对性、灵活性、有效性和前瞻性，努力确保农产品市场平稳运行，保持农产品价格合理水平。

农业部一直高度重视农产品市场监测预警工作，建立了部省联动的工作机制和分析师队伍，既定期对主要农产品市场运行进行综合分析和展望，又结合农时和市场热点适时开展专题调研，为调控农产品市场和制定农业农村政策提供了重要参考。作为我国农产品市场研究领域的一项基础性工作，《中国农产品市场报告2013》全面回顾了2012年农产品市场运行和调控情况，并对2013年的市场形势进行了展望。全书继续按照综合、品种、省份和政策四个部分，通过大量详实的数据和实地调研，全面研判了粮、棉、油、糖等主要农产品的市场供求、国际贸易及未来走势，总结了农业主产省的农业农村经济形势，梳理和归纳了国家出台的相关政策文件。本书的出版，不仅可以作为从事我国农产品市场研究工作者的参考用书，而且希望能对从事农业农村工作的同仁有所启发。

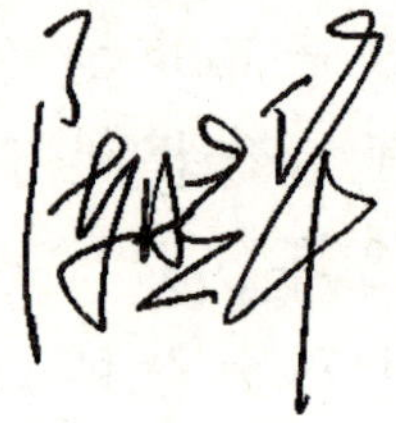

2013年4月10日

# 目　　录

## 第一部分　综合篇



## 第二部分　品种篇

## 第三部分　地方篇



## 第四部分　政策篇

# 第一部分

# 综合篇

中国农产品市场报告.2013

# 2012 年春节以来我国农产品价格变化情况及近期走势预测

2012 年春节以来，我国农产品价格总体下行，预计近期蔬菜、猪肉、鸡蛋价格将继续走低，粮食、牛羊肉价格将继续走强。从后期看，国际石油价格及世界经济形势和我国 2012 年粮食生产情况将是影响全年农产品市场的两大关键因素。

## 一、春节以来农产品价格变化情况

据农业部监测，2012 年春节以来，我国农产品市场运行符合常年趋势，价格总水平有所回落，全国农产品批发价格指数已由节前的 205.7 降至 2 月 22 日的 200.2，其中“菜篮子”产品批发价格指数已下降了 7 个点。分品种看，稻谷、玉米、小麦价格平稳，棉花价格企稳回升，食糖、油料、牛羊肉价格相对稳定，蔬菜、猪肉、鸡蛋价格明显下降，但牛羊肉价格依旧坚挺。

蔬菜价格降幅超过 7%。春节后蔬菜价格一改节前上涨走势，出现明显下降。2 月 22 日每公斤批发价为 4.15 元，比节前下降 7.2%。其中，辣椒、黄瓜、西葫芦等果类菜跌幅明显，主要是春节后需求明显下降；生姜、大蒜和萝卜等根茎类运行平稳，主要是 2011 年价格比 2010 年明显下降，需求相对平稳；叶类菜受气候影响，供给偏紧，价格持续上涨。但菜价总水平目前仍比 2011 年同期高 7.9%。从过去 10 年蔬菜价格波动规律看，2012 年春节前后菜价变化并无异常。

猪肉价格下降 5%。2011 年 9 月中下旬至 12 月中旬猪肉价格持续下滑，12 月下旬受元旦、春节需求拉动影响开始反弹，但节后持续回落。2 月 22 日猪肉批发价格每公斤 23.53 元，比节前下降 5%，但同比仍高 17.9%，与近几年春节后猪肉价格同期下跌均值相比，近来降幅已明显趋缓。

鸡蛋价格降幅超过 10%。鸡蛋价格自 2011 年 10 月以来持续回落，12 月降至每公斤 10 元以下。2012 年春节期间，鸡蛋需求量虽然增加，但价格并未像往年一样明显上涨，而是呈下降走势。目前（2 月 22 日）鸡蛋批发价为每公斤6.99元，比节前下降11.6%，比2011年同期低17.6%。

牛羊肉价格仅有小幅回调。近年来牛羊肉价格一直温和上涨，2011年5月起涨速加快，春节期间牛、羊肉批发价分别达到每公斤36.5元左右和45.0元左右，目前（2月22日）仅分别下降2.1%和1.9%，但比2011年同期分别高14.5%和21.5%，相当于2007年的2倍。

## 二、近期农产品价格走势预测

### （一）粮食价格将稳中有涨

2月中旬以来，随着学生开学、农民工返城及部分地方水、气价格上调，大米、面粉消费相对集中，在一定程度上拉动粮食需求，加之粮食最低收购价、临时收储政策的实施，会对粮食价格形成底部支撑。2011年我国粮食生产实现八连增，有力促进了粮食市场稳定，但受玉米深加工拉动、猪牛羊饲养方式转变对粮食需求增加的影响，粮食在总体供求基本平衡的基础上，玉米等个别品种仍存在阶段性供求偏紧的可能。

### （二）蔬菜价格将呈现下降趋势

据农业部监测，1月全国在田设施蔬菜生产面积2980多万亩，比2011年同期增长5.6%。11个"南菜北运"主产省蔬菜生产面积达4100多万亩，同比增长4%。从北方看，气温逐渐回升，露地蔬菜上市时节临近，市场供给保障能力增强，将促使价格进一步回调。从南方看，华南局部和西南部分地区的低温、阴雨、干旱气候将在未来一段时间内影响蔬菜生产和市场供给，对蔬菜价格下降有一定抑制作用。预计近三四个月，菜价总体仍持续下行，8月以后会出现明显回升。

### （三）猪肉价格总体平稳下行

我国猪肉价格每隔三五年为一个波动周期。从本轮波动周期看，自2010年下半年猪肉价格开始回升以来，到2011年9月已连续15个月波动上行；2011年10月起开始回落，目前仍处于本周期的下行阶段，但由于这一轮饲养者生猪补栏较为理性，社会资本进入有限，没有出现一哄而上的养猪现象，加之人工、饲料成本居高不下等因素影响，预计猪肉价格近期虽可能继续下降，但不会出现前几年的暴跌现象。另据农业部监测，2011年12月底全国生猪存栏量为4.68亿头，能繁母猪存栏量为4912万头，处于合理区间，按照能繁母猪生长规律，2012年生猪市场供应是有保障的。

### （四）鸡蛋价格将继续低迷

2011年春季至2011年10月，受高蛋价吸引蛋鸡养殖快速发展。据农业部统计，2011 年 12 月全国蛋鸡存栏为近 4 年同期最高水平，新增的鸡蛋供给能力虽于 2011 年冬季开始逐渐释放，但目前尚处于释放周期内，价格下行压力依然存在。截至 2012 年 1 月鸡蛋价格已连续 4 个月下降，近日已跌破成本线。由于 2011 年以来以玉米为主要原料的蛋鸡配合饲料价格上涨，加上人工、运输和土地成本等费用支撑，后期大幅下行空间有限。

**（五）牛羊肉价格将维持小幅上升态势**

随着人们生活水平的提高，牛羊肉的需求稳步增加，而牛羊的养殖、繁育周期长，产仔率低，存栏量短期内不会有大的变化，供给偏紧的格局将在一定时期内存在。从全年看，牛羊肉价格总体将继续维持上升走势，但出现暴涨的可能性不大。

此外，由于纺织需求短期内难有明显增长，加上国内棉价高于国际，纺织品服装出口不乐观，预计全年棉花价格将在临时收储政策支撑下围绕每吨 2 万元水平振荡；食糖市场在春节后进入传统消费淡季，预计价格将在每吨 6500 元左右波动；水产品价格将保持稳中有升态势；食用植物油、奶制品价格等相对稳定。

# 2012 年春季蔬菜价格变化情况

为落实领导批示精神，近期农业部在做好常规产销监测的基础上，紧急调度了华南、西南及长江流域等冬春蔬菜优势产区生产情况，并组织有关方面对蔬菜市场情况进行了专题研究。总的来看，2012 年春季蔬菜价格同比涨幅较大，大葱、萝卜等个别品种涨幅超过往年，但总体符合季节性波动规律；后期随着天气转暖，露地菜将大量上市，菜价可望逐步回落。

## 一、春季蔬菜价格变化情况

### （一）价格总体上涨

2012 年春节后蔬菜价格由节前上涨转为短暂下降，之后继续上涨。据农业部监测，3 月，全国“菜篮子”产品批发价格指数为 205.7，环比高 2.4 个点，同比高 20.5 点；重点监测的 28 种蔬菜价格每公斤 4.26 元，环比涨 2.2%，比年初涨 5.4%，同比涨 10.4%，为近年来最高价格水平。

### （二）不同类别有涨有跌

在春季菜价上涨中，叶菜类和茄果类同比大幅上涨，而根茎类则明显下跌。叶菜类从 2011 年 11 月开始持续上涨，近期略有回落；3 月 7 种叶类菜每公斤 3.7 元，同比上涨 67.2%。茄果类从 2011 年 8 月开始持续上涨，春节后小幅回落，之后再次上涨，3 月 9 种茄果类菜每公斤 5.20 元，同比上涨 21.7%。根茎类 2011 年以来一直低位平稳运行，3 月 10 种根茎类菜每公斤 3.43 元，同比下跌 19.1%。

### （三）部分品种涨幅较大

在农业部重点监测的 28 种蔬菜中，3 月环比 17 种上涨，同比 21 种上涨。其中，大葱、芹菜、菠菜、洋白菜、生菜、白萝卜、大白菜 7 个品种同比上涨 60% 以上。大葱价格春节后加速上涨，3 月 18 日达到 2012 年最高水平，为每公斤 4.77 元，比节前上涨 63.9%，同比高 1.5 倍左右。目前大葱价格高于 2009 ~ 2011 年水平，与 2008 年同期基本相当。

### （四）近期有所回落

从3月下旬开始，随着天气转暖，露地菜逐渐上市，蔬菜价格有所回落。3月最后一周，重点监测的28种蔬菜价格每公斤4.13元，环比下跌2.1%，同比仍高10%左右。其中，韭菜、菠菜、生菜、茄子等环比跌幅在10%左右，西葫芦、油菜、莴笋、菜花等跌幅超过5%，大葱也出现小幅回落。

## 二、几点分析

### （一）菜价波动总体符合常年规律

从过去10年全国蔬菜价格波动情况看，一般每年3月、4月菜价开始回落，6月、7月达到低谷，8月以后明显回升，春节前达到价格高点。2012年春季菜价虽然同比涨幅较大，但月度变化总体符合常年波动规律。据模型分析，农业部重点监测的28种蔬菜中，除大葱、大白菜和白萝卜外，其他25种蔬菜价格波动均在正常范围内。预计4月全国菜价将延续3月下旬以来的下行走势，部分品种可能出现较大跌幅。安徽合肥周谷堆批发市场估计，后期地产菜交易量会明显放大，品种将更为丰富，将进入一年中菜价相对便宜的阶段。

### （二）蔬菜供给有保障

每年我国蔬菜市场都会出现个别品种的区域性、阶段性供求矛盾，但全国蔬菜面积基本稳定，总体供给充裕，没有出现断档缺货现象。据农业部农情调度，2012年1～2月，200个蔬菜重点监测县在田蔬菜面积115万亩，同比增长2.1%；累计上市蔬菜180万吨，同比增长1.3%。其中，黄淮海与环渤海设施蔬菜优势区面积同比增长1.9%，华南西南、长江流域冬春蔬菜优势区同比分别增长2.7%、1.6%。

### （三）异常天气是波动主因

每年2月、3月都是蔬菜生产青黄不接时期，供给主要依靠南方，而2012年春节后南方持续低温阴雨寡照，湖南、江西、浙江等地区蔬菜上市期推迟了10～15天，致使菜价不跌反涨。其中，大葱价格大幅上涨主要是由于2月上旬以后华东主产区降水较多，影响大葱收获；且前两年葱价偏低，种植面积有所减少，春季储藏数量下降，进一步推升了葱价。此外，人工、运输等成本刚性增长，也支撑春季菜价总水平高于2011年。

### （四）菜价波动对CPI影响有限

蔬菜价格在CPI构成中仅占3%左右，加之菜价波动具有明显的季节性规律，对价格指数影响微弱。从2009年1月至2012年2月的月度数据看，蔬菜消费价格指数和CPI的相关系数为-0.3，具有一定的负相关性。另外，蔬菜各品种之间替代性较强，需求弹性大，个别品种的大幅上涨难以带动菜价整体走高。

## 三、下一步打算及政策建议

蔬菜价格持续大幅上涨不仅对城镇居民尤其是低收入群体产生影响，而且会给控通胀、稳物价带来压力。稳定蔬菜价格，关键是发展生产，促进均衡上市，保障市场供应。下一步，农业部将进一步贯彻温家宝总理批示精神，会同有关部门认真组织实施《全国蔬菜产业发展规划（2011~2020年）》，并重点抓好以下几方面工作：一是组织专家赴南菜北运、西菜东调、设施蔬菜等优势产区开展生产技术指导，推广先进实用技术。二是加强与气象部门联系，及时发布蔬菜生产预警信息，搞好灾情调度，及时指导抗灾救灾工作。三是加强信息监测预警，将监测重点县由200个扩大到580个，强化蔬菜产销信息发布，指导农民合理安排生产。四是针对后期可能发生的区域性、阶段性、结构性“买贵卖难”问题，加强产销衔接，积极应对，坚决防止个别品种暴涨带动整个菜价波动，影响宏观调控成效。同时提出以下建议：

### （一）加强蔬菜优势产区基础设施建设

设立蔬菜生产基地建设专项，重点支持优势区域加强蔬菜田间工程、温室大棚、田头预冷等基础设施建设，提高抵御自然灾害能力，稳定生产和市场供应。

### （二）探索建立蔬菜价格稳定机制

建立健全主要蔬菜品种价格调节基金和产业损害救助制度。当蔬菜价格跌破成本价时，适时启动补贴收购、运销、储藏、加工等应急措施，化解滞销卖难，保护农民利益；当蔬菜价格过快过度上涨时，对城镇低收入居民给予适当补贴，保障其基本生活不受影响。探索建立蔬菜政策性保险制度，将重点品种和重点产区纳入保险范围，降低蔬菜生产的自然风险和市场风险。

### （三）正确引导社会舆论

加强部门之间的沟通与会商，研究建立跨部门联合信息发布机制。充分利用广播、电视、网络等媒体，积极宣传我国蔬菜生产稳定、供给有保障的良好形势。密切关注舆论动向，及时消除不良信息影响，防止游资炒作，为稳定蔬菜市场营造良好环境。

# 我国玉米产量足实 市场供需基本平衡

近期，我们组织有关人员对我国玉米产量数据进行了认真分析，调度了当前玉米市场情况，组织专家开展专题调研。总的来看，2011 年玉米产量继续增加，当前玉米市场运行总体平稳，国内供需基本平衡。只要保持玉米生产稳定发展，有效控制玉米深加工产业，今后我国玉米立足国内基本自给是有保障的。

## 一、我国玉米产量数据真实可信

据国家统计局统计，2011 年我国玉米产量 3835 亿斤，比 2010 年增加 290 亿斤，增长 8.2%。从面积、单产、气候条件等方面看，玉米产量是足实的，数据是客观的。

### （一）面积增加

受玉米价格持续上涨、效益不断增加的驱动，近年玉米播种面积不断扩大。2011 年全国玉米播种面积 5 亿亩，比 2010 年增加 1395 万亩，其中辽、吉、黑和内蒙古四省（区）增加 1200 多万亩。东北地区玉米面积扩大，主要是压缩了大豆种植；西北地区玉米面积扩大，主要是为了科学避灾压缩了小麦面积。黑龙江省农科院大豆研究所刘忠堂认为，现在种一亩玉米净收益比大豆多 200 元，而且玉米生产机械化程度较高、用工少，农民扩种玉米积极性高。

### （二）单产提高

近年来，农业部在东北地区重点推广深松整地、坐滤水种、膜下滴灌等技术，在黄淮海地区重点推广合理密植、适期晚收等技术，在西北地区重点推广全膜双垄沟播等技术，极大提高了玉米生产科技水平。据统计，2011 年全国玉米亩产 382 公斤，比 2010 年提高 18 公斤。农业部玉米专家指导组组长赵久然表示，西北地区推广全膜双垄沟播技术，在年降雨量 300 毫米的地区种植玉米，亩产可达 500 公斤；东北地区通过深松整地，打破犁底层，提高土壤蓄水保墒能力，增加土壤有机质含量，玉米亩产因此可提高 25 ~ 50 公斤。辽宁铁岭蔡牛镇北地村农民杨保权 2011 年种了 68 亩玉米，亩产 725 公斤，比 2010 年提高 75 公斤。中国农科院作科所张世煌研究员介绍，郑单 958、先玉 335 这些主推品种，每亩超过 4500 株，加之配套栽培技术，单产水平显著提高。

### （三）气候有利

东北及内蒙古四省（区）对玉米增产贡献突出。2011 年东北地区光温水热匹配较好，平地、岗地、洼地长势均衡，是多年少有的。而且 2011 年病虫害发生较轻，没有遭遇早霜危害，对玉米增产有利。黑龙江肇东市双河镇农技站郑宏伟说，2011 年不旱也不涝，玉米生长期间降水量 539 毫米，比常年多 232 毫米，有效积温 2101℃，比常年多 40℃，尤其是 6 月 20 日以后的灌浆期温度较高，一直都是 30℃左右的晴好天气，对灌浆成熟极为有利。吉林省农委种植业处张永林说，玉米产量的最大威胁是旱灾，2011 年降雨特别充沛，而且雨下得很是时候，特别是西部传统旱区白城玉米生长期降水量高达 304 毫米，比以往全年的降水量还多，全市粮食产量达到 80 亿斤，增产 30 亿斤。2011 年东北及内蒙古四省（区）粮食增产 277 亿斤，玉米增产贡献最大。

## 二、当前玉米市场总体运行平稳，本年度供给基本满足需求

### （一）价格稳中略涨

2012 年以来，在国家临时收储政策的支撑下，用粮企业提价收购，东北产区玉米价格稳步微升，南方销区价格也略有上涨，但华北及黄淮产区受玉米集中上市、水分含量较大等影响，价格略有下降。2 月，东北产区批发价每斤 1.08 元，环比上涨 2.3%，同比涨 8.5%；华北黄淮产区 1.09 元，环比下跌 1.2%，同比上涨 9.6%；销区批发价 1.27 元，环比上涨 1.1%，同比上涨 13.2%。从收购价看，2 月黑龙江、吉林、辽宁深加工企业挂牌收购价每斤分别为0.99 ~ 1.02 元、1.03 ~ 1.08 元、1.11 ~ 1.15 元，比 2011 年底每斤高 0.01 ~0.05 元，与开秤价基本持平，同比上涨 0.08 ~0.15 元。

### （二）农民普遍存在储粮待售的现象

近年来，随着储粮设施和经济条件的改善，农户由以往的元旦和春节前集中卖粮，改为多次分批卖粮，不少农户对玉米价格有较高预期，留到“五一”前后才出售。农业部“百乡万户调查”活动在进村入户调查时，发现大多农户家里储藏着大量玉米还没有销售。山西省祁县谷恋村农民因价格没有

达到心理预期，到现在玉米只卖了 20%，预计到 4 月将逐步卖出；辽宁昌图县三江口镇二河村农民孙丽娟说本村还有一半的玉米没有出售，她家 2011 年打的 6 万斤粮食全部未售，一旦价格涨到预期价位就准备卖掉。河南农业厅反映，受玉米水分偏高等因素影响，上市初期收购进度较慢，近期受市场需求拉动，进度有所加快，市场交易逐步活跃。据国家粮食局统计，截至 3 月 10 日，河北、内蒙古、吉林、黑龙江等 11 个玉米主产区各类粮食企业累计收购 2011 年新产玉米 1136 亿斤，比 2011 年同期增加 30 亿斤。

### （三）本年度玉米供需基本平衡

从需求来看，2012 年国内玉米总消费量在 4000 亿斤以上，其中种子、口粮消费稳定在 240 亿～250 亿斤，饲料消费约 2500 亿斤，深加工消费超过 1300 亿斤。从供给看，2011 年我国玉米产量 3835 亿斤，加上库存，总供给完全能够满足国内总需求。尽管从 2010 年开始，我国已由玉米净出口国变为净进口国，但进口量对国内市场的影响极其有限。2011 年净进口 32.3 亿斤，不到国内玉米产量（需求量）的 1%。预计短期内我国不需要大量进口玉米。主要原因：一是玉米生产稳定发展，自给率高。二是 2011 年以来国内小麦玉米价格倒挂，小麦饲料消费明显增加，有关方面估计至少能替代玉米 60 亿～80 亿斤，在一定程度上减少了玉米饲料消费。三是 2012 年以来国际玉米价格明显上涨，到岸税后价与国内基本持平，进口玉米不具备价格优势。

## 三、几点建议

综合各方面因素分析，要保持中长期我国玉米供求基本平衡，必须一手大力扶持生产发展，一手严格控制深加工规模扩张，同时做好进出口调控和舆论引导工作。

### （一）大力扶持玉米生产发展

大力扶持玉米种业发展，加快培育出耐旱、抗病虫、耐盐碱等具有重大应用前景和自主知识产权的突破性玉米品种。着力解决玉米生产的最大威胁——干旱问题，采取工程措施和技术措施，大幅增加玉米灌溉面积。大力推广防灾减灾稳产增产关键技术，着力挖掘玉米单产潜力。重点在东北、黄淮海地区实施玉米深松深耕作业补贴；在西北地区实施玉米全膜覆盖、西南地区地膜覆盖补贴；在东北地区实施生物防治玉米螟补助。大规模开展玉米高产创建，在逐年增加粮棉油糖高产创建规模的基础上，加大对玉米高产创建的支持，示范带动大面积均衡增产。继续推进玉米向优势生产区域集中，着力建设东北、黄淮海、西北和西南 4 个优势主产区，充分发挥主产区的作用。

**（二）坚决从严控制玉米深加工消费**

针对玉米深加工产能持续快速扩张的情况，应加强对玉米深加工行业的调控，在项目审批上严格把关，确保玉米深加工用量占总消费量比重不超过2009 年规定的26% 水平，防止深加工业过快发展放大玉米总需求，挤占饲料、养殖业用粮，造成玉米供求失衡，并形成加工企业进口冲动。

**（三）把握好进口时机、节奏和力度**

当前，针对农民手中余粮较多的情况，继续贯彻落实好玉米临时收储政策，把农民手中的余粮收上来。同时，应谨慎安排玉米进口规模，避免大量集中进口冲击国内市场，影响农民春耕和种粮积极性，后期可视国际市场价格情况，择机安排适量进口，补充国内库存，掌握市场调控主动权。

**（四）正确引导市场预期**

针对社会上关于玉米产量及进口的负面消息，要充分利用广播、电视、网络等媒体，积极宣传我国粮食生产“八连增”、供给有保障的良好形势，正确引导社会舆论，防止过分炒作，稳定市场预期。

# 湖北、河南两省小麦收购情况调研

为了解新麦收购情况，夏粮收购期间农业部派调研组赴湖北孝感市应城、安陆和襄阳市枣阳、襄州以及河南南阳市新野、社旗、宛城等县（区），与当地农业部门、粮食部门、收储企业等进行了座谈，并实地走访了加工企业、经纪人、农户和收购现场。总的来看，新麦上市以来收购价不断走低，目前既低于国家最低收购价，也低于农民预期；粮食企业及贸易商收购谨慎，市场购销清淡；部分地区反映受病虫害、阴雨天气等因素影响，小麦品质下降，农户收益减少，应尽快启动小麦最低收购价预案。

## 一、新麦收购市场主要特点

### （一）新麦上市时间推迟，价格整体走低

从调查走访的湖北、河南两省 7 县（区）的情况看，2012 年小麦开秤时间普遍较 2011 年晚一周左右，开秤价基本与 2011 年相当，但随后价格逐步走低，总体呈“稳开低走”态势，与 2011 年“高开高走”形成明显反差。湖北应城、安陆等地加工企业新麦开秤价每斤（下同）0.97 ~ 0.98 元，比 2011 年同期高 0.02 元左右，6 月中旬降至 0.93 ~ 0.95 元，同比低 0.04 ~ 0.05 元；个体粮商上门收购价一般在 0.88 ~ 0.91 元，同比低 0.05 ~ 0.06 元。上述地区在小麦收获期遭遇了阴雨，导致有的小麦发芽，但发芽程度没有 2009 年严重，芽麦价格多在 0.82 ~ 0.85 元。河南南阳地区企业开秤价 0.95 ~ 0.96 元，与 2011 年相当，6 月中旬价格下滑至 0.92 ~ 0.93 元，同比低 0.05 ~ 0.06 元。

### （二）收购主体少，收购进度缓慢

目前，两省新麦收购主要以面粉加工企业、个体粮商和经纪人为主，由于下游需求不旺，整体收购谨慎，进度缓慢。国有企业受资金限制以及近两年自营收购经营效益不佳等因素影响，2012 年除少量轮换储备收购外，基本没有入市收购。据襄阳市粮食部门统计，截至 6 月 14 日全市收购 4 亿斤，同比减少 55% 以上，其中绝大部分为面粉企业收购，国有企业仅收购 0.8 亿斤，同比减 95%。河南新野县金大地粮油公司经理说，2011 年收了 13 万吨，效益

不好，2012 年没收。该县个体收购商老白 6 月 5 日开秤，目前已收 8 万斤，因没有下游买家，已停止收购。他说："前期有湖北的企业看过麦子，质量不好，人家不要，而附近有 4 家面粉厂，只有 2 家在收。"社旗县个体收购商姚某反映，目前每天收 7 万～8 万斤，而 2011 年同期每天收几十万斤，2012 年市场冷清得多。

### （三）农户习惯集中售粮，但目前价位积极性不高

现在多数农户除了留点口粮外，一般习惯在田头收了就直接卖掉，或者在 9 月底孩子上学前一次或分几次把麦子集中卖掉，尤其在湖北等地湿度大，储存不好容易生芽，农户存粮比例更低。但由于 2012 年新麦上市以来价格低迷，农民售粮积极性受到一定影响。在社旗县的一个收购点，我们看到北伟店村老李父子俩来卖粮，可粮送来了又觉得每斤 9 角 3 分的价格划不来，于是准备少卖些，过段时间再说。

## 二、存在的主要问题

### （一）压级压价现象普遍

新麦虽然开始大量上市，但由于最低收购价没有启动，市场收购主体少，无论是个体粮商、面粉加工企业，还是国有收购企业，都普遍存在压级压价现象，甚至有一些个体收购商、面粉加工企业除按水分、杂质、不完善粒等扣减外，在总重量上还要再扣减 20%～30%。在襄樊万宝粮油集团小麦收购现场，一老妇人手里拿着企业给开的售粮单子，情绪激动地说："家门口小贩子来收九毛钱没卖，自已送过来还是九毛钱，说是芽麦，哪有芽啊，都没看见啊。"社旗县个体收购商姚长伟说："我的麦子基本上都是三级的，容重在每升 760g 以上，送到附近粮库，答应的是每斤 1.02 元，可是送过去就变成了 1 块钱，气死了！"

### （二）部分地区小麦品质下降

受小麦生长期及收获期气温低、阴雨天多等影响，部分地区企业反映小麦赤霉病较为严重，加之晾晒不及时，个别地方出现小麦品质下降、生芽和瘪壳现象。万宝粮油集团王总说，2012 年小麦质量比 2011 年差，2011 年 2 级的多，2012 年 3 级的多。新野县裕康面粉厂老板说 2012 年小麦容重大多在 700g/L 左右，出粉率只有 67%，而 2011 年都在 750g 水平，没有低于 3 级的。

### （三）托市收购库点少

从调研情况看，相对于主产区的小麦商品量，2012 年确定的收储库点数

量比前几年明显偏少，且布局不合理，影响农民方便售粮。据社旗县粮食局负责人介绍，中储粮把非直属库企业托市启动库点分为一类和二类库点，一类库点必须为仓房式，有效空仓容不得低于1万吨，二类库点不得低于5000吨，而目前各乡镇的粮管所仓容一般在7000~8000吨，按规定（河南省计划6月中旬启动最低收购价，第一批收储库点定为一类库）2012年全县没有一个库点符合启动要求，这意味着占每年收购量3/4的收购主体不能参与托市收购，后经多次上报请示，虽同意增加4个收购库点，但截至6月15日还没有验收确认。新野县16家国有粮食企业中也只有1家被批准为托市收购库点，远远满足不了全县4亿斤小麦的商品量。

## 三、政策建议

### （一）尽快启动小麦最低收购价执行预案

按照5月21日国家公布的小麦最低收购价执行预案，此次调研的地区早已符合启动最低收购价条件。湖北省6月13日宣布启动预案，但在14日调研时，襄阳直属库负责人表示还没有接到书面通知；河南省目前也没有启动预案。因此，建议有关部门尽快组成联合督导组，监督检查小麦最低收购价预案执行情况，强化政策落实力度，防止压级压价，使最低收购价政策真正惠及农民。同时，建议各级粮食部门鼓励国有粮食企业积极入市，拓宽收购渠道，充分发挥主渠道作用。

### （二）增加收购库点，方便农民售粮

从湖北、河南两地情况看，托市收购库点标准高、库点少、辐射区域小，已经成为制约农民卖粮的关键因素之一。据新野县粮食局负责人介绍，一个一类收储库点辐射的收购半径约10公里，无法满足收购市场需要。针对部分小麦主产区收储库点少的问题，建议在保证国家储粮安全的前提下，根据当地小麦商品量、种植面积等条件，因地制宜确定委托收购库点仓储标准，尽快新增托市收购库点，方便农民和粮贩售粮。

### （三）高度关注小麦种植效益继续下滑问题

2012年小麦市场价格低位运行，且部分地区因灾受损，小麦种植效益继续下滑。应城市测算小麦每亩纯收益59元，比2011年持平略减；安陆市每亩纯收益88元，比2011年减少17.7%。地方农业部门普遍反映，小麦效益持续下降，增加了秋冬种工作的难度，弄不好可能出现季节性抛荒。下一步，要密切关注全国小麦市场动态，尽早研究并提前公布2013年小麦最低收购价政策，稳定农民种粮积极性，谨防小麦主产区出现冬季撂荒现象。

# 小麦、玉米价格“倒挂”现象简析

自2011年6月开始，我国小麦价格持续低于玉米价格，小麦、玉米价格“倒挂”现象引起社会广泛关注。近期，为准确把握这一现象背后的原因及其发展趋势，农业部对此问题进行调度和研究。总的来看，这次小麦、玉米价格“倒挂”为近10年之最，主要原因是受消费需求驱动。如果价格“倒挂”长期持续，可能导致玉米与小麦“变相”争地影响口粮安全，加大粮食市场波动。

## 一、此次小麦、玉米价格“倒挂”为近10年之最

从2004年国家放开粮食购销市场以来，我国小麦价格总体上高于玉米价格。据农业部160个物价网点县调查，2003～2011年小麦、玉米集贸市场月均价分别为每百斤81.6元、77.2元，小麦价格比玉米高5.7%。近10年来，小麦月度价格低于玉米的所谓“倒挂”现象曾出现过3次：第1次是2003年4～10月，持续7个月，其间小麦月均价比玉米低3.2%；第2次是2008年2～9月，8个月中有7个月“倒挂”，其间小麦比玉米低2.1%；第3次从2011年6月开始，到2012年10月已连续17个月“倒挂”，其间小麦比玉米低4.7%。可以说，这次小麦、玉米价格“倒挂”持续时间之长、价差之大均创近10年来之最。从小麦、玉米价格变化情况看，虽然近期小麦受国家提高2013年最低收购价支撑价格有所上涨、玉米由于秋粮集中上市价格有所回落，小麦、玉米价差缩小，但仍保持每斤5分钱左右的差距。

## 二、小麦、玉米价格“倒挂”主要是受消费需求驱动

小麦、玉米比价变化由各自供需基本面决定，是市场规律的体现。从供给面看：2011年我国粮食生产实现“八连增”，小麦、玉米分别增产1.93%、8.77%，此前的2010年，小麦、玉米分别增产0.06%、8.09%。近两年玉米产量增幅明显大于小麦，且玉米的进口量也高于小麦，说明小麦、玉米价格“倒挂”根本原因不在供给，而在需求。

从需求面看，小麦是我国主要口粮，近年来食用消费占总消费的比重都在70%以上，饲料消费和工业消费尽管逐年增长，但增幅都不大，加之在小麦总消费中所占比重较低，小麦消费需求相对稳定。而玉米近年来虽然种子、口粮消费每年稳定在240亿~250亿斤，但饲料消费、工业消费拉动了玉米需求的快速增长。随着工业化、城镇化的快速推进和居民收入水平的提高，人们的膳食结构发生变化，肉蛋奶消费会显著增加，必然大幅推动玉米的饲料需求。据专家估计，近年来我国玉米的饲料消费每年增长50亿~70亿斤，2011年达到了2450亿斤左右，占玉米消费总量的60%。同时，随着近年来我国玉米深加工产能迅速扩张，玉米工业消费已由2000年前的不足200亿斤，快速增至2011年的1100亿斤以上，占玉米总消费比例超过30%。因此，消费的快速增长，导致近两年玉米价格较快上涨，是小麦、玉米价格出现“倒挂”的主要驱动因素。

预计今后一个时期，我国玉米消费仍将快速增长。一方面，畜牧业的快速发展将持续带来每年3%~5%的饲料需求增速；另一方面，一旦国家对玉米深加工调控稍有放松，或者乙醇、淀粉等下游产品市场复苏，巨大的玉米深加工潜在产能将带来玉米消费的大幅增长。专家预计，“十二五”末我国玉米消费需求总量将在4400亿斤左右。虽然我国玉米提高单产、扩大面积都有潜力，2012年秋粮继续增产也能从一定程度上缓和国内玉米供求紧平衡局面，但中长期内玉米产不足需将成为常态。在我国粮食供给基本立足国内的粮食安全战略框架下，小麦、玉米价格“倒挂”现象在供求规律作用下，很可能会成为一种常态。

从国际情况看，2003年以来，小麦价格虽然一直高于玉米，但二者的价差也有逐步缩小的趋势。这说明玉米的多元化功能正在推升全球玉米消费需求的快速增长，进而缩小与小麦的价差。

## 三、长期价格“倒挂”对我国口粮安全产生潜在影响

2011年由于小麦、玉米价格持续“倒挂”，小麦替代玉米饲料用量显著增加，业内估计约有1800万吨，比2010年增加600万吨左右，2012年可能会突破2000万吨。这其实是市场根据价格信号出现的自发调节。从市场规律看，小麦对玉米的替代效应会缩小二者的价差，或者使价差稳定在一定范围内。因此，对小麦、玉米价格“倒挂”这一市场现象，不必过于紧张，但从国家粮食安全特别是口粮安全视角看，应足够重视。小麦、玉米价格长期“倒挂”可能导致两个结果：

一是玉米与小麦“变相”争地影响口粮安全。近年来，虽然最低收购价水平连续提高，但由于生产成本刚性增长，小麦种植收益整体下滑，尤其是相对于玉米，下滑特征更加明显。据国家发改委成本收益调查，2011 年小麦亩均净利润 141.6 元，成本利润率（21.0%）连续第 3 年下降；而 2008 年以来玉米净利润逐年上涨，2011 年为 302.8 元，比 2010 年增 26.3%，成本利润率（41.2%）连续第 3 年增长。2012 年我国小麦继续增产，但由于新麦上市以来收购价持续低迷，加之部分地区受赤霉病影响品质下降，小麦种植收益进一步下滑。据农业部统计，2012 年十省区夏收小麦亩均纯收益比 2011 年下降 2.8%。

小麦、玉米价格“倒挂”加剧了小麦比较效益低的情况，会对农民种植小麦的积极性产生潜在影响。虽然从我国冬小麦主产区的种植习惯看，小麦、玉米不存在一般意义上的争地问题，但农民可能会因种小麦不赚钱而出现撂荒或投入减少、管理粗放乃至种植习惯改变的现象，即所谓的“变相”争地，为小麦增产埋下隐患。河南省农业部门反映，2011 年小麦、玉米价格“倒挂”，刺激了农户扩种玉米的热情，个别地区农户扩种春玉米，挤占了冬小麦播种面积。据《人民日报》报道（2011 年 10 月），2011 年河北石家庄、邯郸、衡水等地一些农民因为种小麦不挣钱，加之小麦、玉米价格出现“倒挂”，打算玉米收割完后不种冬小麦，第二年只种一季春玉米。也有媒体报道，河北易县出现 2 万亩麦田撂荒现象。虽然目前小麦撂荒只在个别地区零星出现，并且农民根据小麦种植效益情况进行生产经营调整，从个体看是一种理性的市场行为，但是从全局看，会对我国小麦增产和口粮安全构成潜在风险。

二是小麦消费结构改变加大市场波动。小麦、玉米价格“倒挂”导致小麦饲料用量大幅增加，估计 2012 年小麦饲料用量有可能达到总产量的 20%。随着饲料等加工技术的逐步成熟，如果小麦价格持续低于玉米，小麦饲料用量将继续增加，甚至深加工消费量也会明显上升，将导致小麦消费结构出现历史性变化。2012 年 1～7 月，我国累计进口小麦 322 万吨，同比增 2.3 倍，大幅增加的进口小麦主要用作饲料粮，也从一定程度上说明我国小麦消费结构正在发生变化。小麦产业链的拉长，使得小麦需求的不确定性增加（如猪肉价格持续低迷，导致大幅减少饲料小麦用量），终端需求的变化会加大小麦价格的波动幅度，再加之进口增加导致国际市场影响加深，将改变近年来小麦价格稳中有涨的运行态势，增加稳定口粮市场的难度。

## 四、重视小麦玉米价格“倒挂”，多措并举确保口粮安全

近年来，在中央各项强农惠农政策的支持下，尤其受最低收购价水平不断提高的支撑，我国小麦连年增产，冬小麦更是实现了新中国成立以来首次“九连增”，小麦市场供应充裕。但对未来小麦、玉米价格“倒挂”的趋势、成因及其对小麦生产的潜在影响，应居安思危，采取多项措施，保障口粮安全。

### （一）加大小麦生产支持力度

冬小麦生产周期长，易受干旱、低温及病虫害影响，导致成本增加、收益减少。例如，2010 年秋冬种后，冬小麦主产区持续干旱，各地抗旱浇水次数比往年明显增多，导致 2011 年夏收小麦亩均灌溉费增幅高达 36.5%。建议在继续加大种粮“四补贴”力度的基础上，将小麦“一喷三防”、浇水抗旱等补贴固化，弥补成本增加，稳定种植收益。同时，加强小麦生产的社会化服务体系建设，不断提高小麦生产管理水平。

### （二）较大幅度提高小麦最低收购价

从释放市场信号、提升农民种粮收益和种粮积极性来看，最低收购价政策是最直接、最有效的生产支持政策。虽然近年来小麦最低收购价逐年提高，但也要看到小麦种植净利润和成本利润率连年下滑的实际，看到小麦、玉米比较效益变化的实际，应进一步较大幅度提高小麦最低收购价。从短期看，大幅提高小麦最低收购价会加大稳定物价总水平的难度，但从中长期看，小麦生产的发展和口粮市场的稳定，是稳物价、惠民生的基础。尤其在小麦、玉米价格“倒挂”的情况下，小麦最低收购价的提价幅度不能仅看小麦自身情况，也要考虑和玉米的比价关系及潜在影响。同时，要在小麦播种前尽早发布提价信息，保护好农民种粮积极性，不折不扣做好小麦最低收购价预案的执行工作，确保农民增产增收。

### （三）大力发展玉米生产，促进玉米产需平衡

小麦、玉米价格“倒挂”，主要是由于玉米需求快速增长，因此，消除“倒挂”的潜在不利影响，落脚点还在于发展玉米生产，缓解国内玉米供给压力。大力发展玉米生产，要充分挖掘提高单产、扩大面积的潜力，大规模开展玉米高产创建，在逐年增加粮棉油糖高产创建规模的基础上，加大对玉米高产创建的支持。在发展生产的同时，要牢牢把玉米基本自给作为我国玉米

产业发展的总方针，持续加强对玉米深加工行业的调控，在项目审批上严格把关，防止深加工业过快发展放大玉米总需求，挤占饲料、养殖业用粮，造成玉米供求失衡；并统筹国内外两个市场，视国际市场价格情况，择机安排适量进口，补充国内库存，掌握市场调控主动权。

此外，要加强小麦、玉米比价关系变化影响预警分析。一是密切跟踪小麦、玉米相对价格变化情况，做好粮食平衡分析，加强对二者价格走势的研判；二是要及时调研小麦、玉米价格“倒挂”对农民种粮意向、种植习惯、田间管理投入的影响，科学评估价格“倒挂”对我国小麦生产的风险；三是全面掌握小麦、玉米比价关系变化对饲料加工、粮食深加工行业的影响情况，摸清小麦替代玉米的饲料和深加工用量，探索建立粮食消费量与粮食相对价格的关系模型，提高市场调控的前瞻性和主动性。

# 关于黑龙江、吉林秋粮生产及市场调研情况的报告

为准确把握秋粮市场形势，10月中旬，国家发改委经贸司组织财政部、农业部、国家粮食局、农发行、中储粮总公司等6部门的负责同志，共赴黑龙江省建三江垦区、佳木斯市、富锦市和吉林省松源市、农安县对稻谷、玉米生产及市场情况进行了实地调查。其间，调研组走访了当地农民、农场职工、粮食收储及加工企业，并与省、市、县政府和相关部门进行了座谈。总的看，2012年东北粮食生产获得大丰收，稻谷、玉米质量好于2011年，但受异常天气影响，佳木斯等部分地区田间有明水，导致收获难度加大、收获成本增加、粮食水分大，未来还存在着农民丰产不增收的可能。建议国家尽快出台和启动秋粮收储政策，避免出现烂粮、坏粮现象，保护农民种粮积极性。

## 一、生产及市场情况

### （一）秋粮获得大丰收

从我们调查走访的3市、2县的实际情况看，2012年黑龙江、吉林两省粮食生产获得大丰收。黑龙江省粮食播种面积为20828万亩，比2011年增加200万亩，预计产量1250亿斤以上。其中，稻谷面积5585万亩，预计产量465亿斤；玉米面积9558万亩，预计产量646亿斤；大豆面积4010万亩，预计产量110亿斤。吉林省粮食播种面积7811万亩，增加114万亩。其中，玉米面积5842万亩，预计产量586亿斤；稻谷面积1218万亩，预计产量124亿斤；大豆面积323万亩，预计产量10亿斤。从调运情况看，黑龙江省扣除自用的400亿斤外，约有400亿斤商品粮需调出；吉林省除每年调入55亿～60亿斤小麦、大豆外，2012年仍有350亿斤原粮需调出。

### （二）秋粮收获进度推迟

从9月18日至10月中旬，建三江垦区平均降雨量在300毫米左右，是常年的1.5～2倍。目前，土壤含水超饱和，田间地表有明水，导致农民和大型

机械下不了田。黑龙江省粮食收获时间比上年推迟半个月左右，粮食含水量比常年偏高 3 ~4 个点。其中，稻谷含水量 20 个左右，玉米 30 个左右。从收获进度看，截至 10 月 15 日，建三江垦区、哈尔滨地区稻谷收获进度为60% ~70%，佳木斯、富锦等地收获进度只有 40% 左右；吉林省降雨量少于黑龙江省，收获进度与往年差不多，超过 90%。

### （三）收购价格稳中有落

受收获进度推迟影响，2012 年东北地区粮食开秤时间比 2011 年普遍推迟半个月。目前，多元主体尚未大量入市，只有少数零星交易。建三江双盛米业有限公司 10 月 6 日开秤，自然水稻谷收购价每斤 1.37 元，折标准水 1.535 元，同比高 6 ~7 分钱；近期（10 月 15 日）收购价回落了 1 ~2 分钱。吉林嘉吉生物有限公司 10 月 4 日开始收粮，自然水玉米（超过 28%）每斤 0.87 ~0.88 元，折干粮 1.1 元，同比高 7 ~8 分钱。吉林农安县开安乡 12 组农民老金告诉我们，2012 年玉米开秤价每斤 0.9 元，比 2011 年低 2 分钱，主要是玉米多了。

### （四）深加工企业处于盈亏边缘

受夏粮、早稻及秋粮丰收影响，10 月新粮上市以来，大米价格开始走低。建三江双盛米业有限公司负责人反映，目前大米销售价每斤 2.24 元，扣除成本基本不赚钱。主要是粮食水分大，烘干费用增加，加上大米价格比前期下降，企业不敢多收，基本以销定产。玉米深加工企业开工率大体维持上年水平，吉林嘉吉生物有限公司计划将 2012 年玉米加工能力从 30 万吨提高到 60 万吨，1 ~9 月碾磨玉米 53 万吨，同比减少 1 万吨，主要是淀粉市场不景气，每吨仅比玉米出厂价高 500 多元（价差超过 700 元才有利），目前主要靠延长产业链、深加工弥补亏损。

## 二、存在的主要问题

### （一）生产收获成本明显增加，农民面临增产不增收的危险

据黑龙江省粮食局调查，2012 年每亩水稻生产成本为 1164.2 元、玉米 741.9 元，同比分别涨 12.3% 和 16.5%。其中，建三江管理局水稻生产成本 1365 元，同比涨 200 多元，主要是收割、接粮、倒粮、柴油、翻地等费用增加。省农垦局按粳稻最低收购价每斤 1.4 元估算，农民 2012 年种稻收益将比 2011 年减少 150 ~200 元。吉林玉米斤粮成本为 0.98 元，同比增加 0.09 元，省粮食局按 2012 年玉米临储价每斤 1.1 元测算，种玉米收益基本与上年持平，但成本收益率仅为 23.6%。农安县开安乡农民给我们算了笔账：他家种了 18

亩地，产量2万多斤，按市场价每斤0.9元（自然水）计算，毛收入仅1.8万元，扣除包地费7000元、机收费1500元及柴油、化肥费2000元等，不算人工，2012年种玉米亩收益比上年减少100多元。

**（二）农民惜售心理较重，局部地区可能出现憋粮和卖难现象**

受粮食收获成本大幅增加影响，农民捂粮惜售心理较往年严重。加上部分地区稻谷含水量高，如不及时晾晒和烘干，可能出现霉变、发热等情况，尤其是尚未完成收割的地方，如赶上大雪加霜冻，不仅收获难，且可能再次出现2002年雪压稻谷、造成来年稻谷粉化等现象。

**（三）库容紧张、个体粮商烘干能力有限，加剧调粮难**

目前，黑龙江省可用仓容307亿斤，其中超过175亿斤掌控在国有粮食企业手中；建三江垦区即使将有效的370万吨库存都用上，2012年仍有1780万吨粮食需存放在晒场和田间。吉林省有效仓容314亿斤，到10月底有效库存不足70亿斤，仍需增加100亿斤仓容。受仓容紧张及烘干储运能力大部分集中在国有粮食企业的影响，如果国家不及时启动收储等相关政策，局部地区可能出现粮食仓储难、调运难的情况。

## 三、几点建议

为稳定农产品市场，保护和调动农民种粮积极性，建议国家尽快启动2012年粳稻最低收购价政策，并通过粳稻补库，提高玉米、大豆临时收储价格以及适当增加补贴等多种措施，加快粮食收获、烘干、收储及调运速度，确保粮食颗粒归仓和农民丰产增收。

一是提前启动粳稻最低收购价政策，并在部分产区实行稻谷补库计划。为防止烂粮、坏粮现象发生，建议国家提前启动稻谷最低收购价政策（正常启动为11月16日），并比照2008年以来实行的稻谷轮储计划，在黑龙江等部分受灾严重地区实行稻谷定向收储计划，收储数量建议为100亿斤，价格为每斤1.5元，比2011年提高0.08元。主要是引导市场预期，使农民种稻有收益，稳定2013年生产。

二是尽快出台玉米、大豆临时收储政策。考虑玉米增产、价格有下行压力和东北地区成本涨幅超过12%的实际，以及目前养猪效益有所回升的情况，建议国家继续对东北地区玉米实施临时收储政策，临储价格以每斤1.1元为宜，比2011年提高10%。为保护大豆产业，建议尽快出台大豆临时收储政策，价格水平应高于市场价格，以进一步稳定大豆生产。

三是对粮食收获、收储及调运给予适当补贴。鉴于目前东北地区粮食收获难度加大，为降低种粮成本，建议参照小麦“一喷三防”等政策，对黑龙江部分地区稻谷收获给予每亩 100 元的补贴；同时，加大东北地区储备粮移库、调运工作，并恢复对稻谷、玉米铁路运输费用补贴，调动南方销区和产区多元主体购粮、销粮积极性，确保农民顺畅销粮。

# 关于当前棉花收购及市场情况的调研报告

为了解2012年棉花收购及市场情况，10月下旬，农业部市场与经济信息司组织农研中心、农科院信息所等单位有关人员赴山东省夏津县、武城县及江苏省射阳县、大丰县和邳州市进行了调查。其间，走访了棉农、经纪人、棉花协会、加工厂和纺织企业，并与政府有关部门进行了座谈。总的来看，棉花市场总体低迷，籽棉价格稳中略降，新棉收购进度快于上年；建议比照粮食对棉花生产实行农资综合补贴，并尽早公布2013年棉花临时收储政策，避免棉花生产大起大落。

## 一、当前棉花收购及市场情况

### （一）籽棉价格稳中略降

尽管2012年棉花市场整体不振，但在临时收储政策的支撑下，籽棉价格总体较为平稳。10月中旬以来，受棉籽价格下跌影响，籽棉价格略有下跌。山东省夏津县农户反映，9月中旬棉花开秤价每斤4.1～4.15元，10月27日降至3.99～4.1元，比开秤初期跌2.5%，同比基本持平；棉籽价格从9月中旬的每斤1.17～1.2元降到10月底的1.05～1.1元，对籽棉价格有下拉作用。江苏省射阳县9月底籽棉上市，开秤价每斤4.1～4.2元，11月初降到4.0～4.1元，跌2.4%；棉籽价格由9月初的每斤1.2元降到10月底的1.15～1.16元，跌3.8%。

### （二）收购进度快于上年同期

截至10月26日，全国新棉采摘进度为73.7%，与2011年基本持平。但由于临时收储政策支撑，加之2012年棉花质量总体较好，加工企业收购、交储积极性较高，籽棉收购进度快于2011年。目前全国籽棉交售率为71.3%，同比提高15.8个点。江苏盐城市某棉花公司负责人介绍，截至10月底，公司已收购籽棉1800吨，同比增125%。但山东德州地区棉花因受灾质量较差，销售进度较慢。

### （三）棉花现货市场总体低迷

由于2012年国内外经济整体不振，棉花需求下降，加上国内外差价较大，纺织企业坚持随用随买策略，国内棉花现货市场交易清淡。目前市场上收购籽棉的企业95%以上都是加工后交储，无法交储的200型小型轧花厂基本上退出了市场。山东省武城县某棉业公司负责人说，按照目前每斤4.1～4.2元的籽棉价格加工，每吨皮棉仅原料成本就达19480元，再加上700元的加工费，成本比市场棉价高出1470多元，没有交储资格的企业根本不敢收购。

## 二、存在的主要问题

### （一）农户植棉积极性继续下降

从实地调查情况看，2012年棉花总体长势较好，单产提高，植棉效益较上年增加。但由于棉花生产费工费时，比较效益下降，多数农民不愿意种棉花。山东省武城县老城镇沙庄村农民老赵说，2012年棉花单产较高，亩产450斤籽棉，肥料、地膜、耕地等物质投入444元，人工480元，总成本达924元，按籽棉每斤4元计算，每亩纯收入876元，较2011年增加三成，但不种棉花种粮食，小麦、玉米两茬亩收入比棉花多350多元，且种粮机械化程度高，还可以抽出时间打工，因此，打算2013年棉花面积由3亩减为1亩。夏津县农业局反映，全县冬小麦播种面积从2011年的37万亩增加到2012年的41万亩，增10.8%，这意味着2013年全县棉花面积将减少4万亩。江苏省射阳县棉花协会对20个农户进行了种植意向调查，有15户表示减少棉花种植面积。大丰县农业局根据目前棉花茬口预留情况统计，2013年棉花种植面积约35万亩，同比减少25.5%。

### （二）企业收购资金紧张

棉企普遍反映，由于下游市场需求不振，纱、布、棉花销售不畅，企业资金紧张。江苏省射阳县棉花协会反映，部分企业为了解决收购资金紧张问题，将加工的3级皮棉以每吨18500元的评估价质押给江苏大丰棉花交易中心，获得评估价70%的贷款额，3个月的利率为5.88%，6个月的利率为8.4%，质押价格较上年降5.1%，而利率较上年提高30%以上。

### （三）国产棉销售不畅

2012年以来由于国内外棉花存在较大差价，企业普遍愿意用进口棉而不愿用国产棉，导致国产棉销售不畅。江苏省射阳县棉花企业介绍，2012年以来企业总共用棉3.6万吨，其中外棉3万吨，占83.3%，企业本身有配额

4200 吨，其他都是从棉花贸易公司或者有配额的企业手中买的。企业愿意用外棉除了外棉价格优势明显外，还有两个原因：一是外棉回潮率一般比公定的 8.5% 低 2 ~5 个点，每低一个点每吨成本就降 250 元左右；二是国棉存在亏重现象，与外棉的重量差距每包在 5 ~10 公斤。射阳县某企业老张说，现在部分纺织企业甚至愿意缴纳 40% 的全额关税进口使用外棉。

**（四）纺织企业亏损限产状况突出**

由于纱、布销售不畅，纺织企业库存增加，企业普遍亏损限产。山东省武城县棉花公司介绍，全县 30% 左右的纱厂已经停产，但大部分企业为了留住员工仍在坚持生产，开机率仅为 60% ~70%。江苏省射阳县部分企业反映，目前纯棉纱企业普遍处于亏损状态，32 支纯棉纱价格在 25000 ~26000 元，每吨亏 1000 元左右。江苏省双山集团纱布库存大幅增加，由以前每月 150 万米增加到现在的 280 万米，增幅达 86.7%。

## 三、几点建议

**（一）对棉花实行农资综合补贴**

为稳定棉花生产，促进棉花产业持续健康发展，建议国家比照粮食农资综合补贴办法，对棉农植棉实行农资综合补贴政策。可在新疆先行试点，然后再逐渐推广到全国，以稳定国内棉花供给，避免我国棉花产业重蹈大豆覆辙，受制于国际市场。

**（二）尽早研究并公布明年棉花临时收储政策**

为增强棉农信心，调动棉农植棉积极性，建议国家有关部门尽早研究制定 2013 年棉花临时收储政策，并于棉花播种前向社会公布。

**（三）进一步完善棉花进口配额发放机制**

建议统筹考虑国际国内两个市场，按照适度从紧原则，安排好年度棉花进口总量和进口配额，完善配额发放办法；根据目前内外价差较大的实际，适当调整棉花滑准税，促使企业升级改造，更多使用国产棉，减缓进口棉花对国内市场的冲击。

# 中国生猪市场价格波动规律及展望

长期以来，特别是近年来我国生猪市场价格大起大落，波动剧烈，生猪生产经营者经济效益跌宕起伏，面临巨大的市场风险环境，严重影响了生猪生产者积极性，制约了生猪产业发展。因此，探寻生猪价格波动的内在规律，有利于准确把握未来生猪市场形势，为生猪生产经营者防范市场风险和政府进行有效宏观调控提供技术支撑。

## 一、研究方法及数据来源

### （一）研究方法

当前，对农产品特别是猪肉市场价格走势的分析判断见仁见智。本文认为中国生猪市场价格总体变化是由长期趋势、周期波动、季节波动和随机波动4部分叠加而成。假设生猪价格时间序列为 $P_t$，则有：

$$P_t = L_t + C_t + S_t + I_t, \ t = 1, 2, \cdots\cdots n$$

其中：$L_t$ 代表长期趋势，$C_t$ 代表周期波动，$S_t$ 代表季节波动，$I_t$ 代表随机波动。

本文对生猪市场价格变化分解，首先运用移动平均季节调整法将生猪价格时间序列分解为3部分：周期趋势（$T_t$）、季节波动（$S_t$）以及随机波动（$I_t$）。即：$P_t = T_t + S_t + I_t$。移动平均季节调整法在季节调整过程中通常运用加法模型或乘法模型将时间序列进行分解，本文依据猪肉价格影响因素叠加特点选用加法模型。

在此基础上，再运用 $H-P$ 滤波法将周期趋势（$T_t$）分解为长期趋势（$L_t$）以及周期波动（$C_t$）两部分，即 $T_t = L_t + C_t$。在H－P滤波法中，平滑参数λ的取值存在一个权衡问题，尽管学者们对λ的取值仍不一致，但对于月度数据，多数研究采用λ＝14400，因此本文也选用14400作为权重。

### （二）数据来源

本文数据来源于农业部月度全国生猪市场价格监测数据，时间跨度是从2000年1月至2011年11月，所用数据尺度是月度。

## 二、研究结果

### （一）生猪价格变化及趋势

我国生猪市场价格总体为在周期性波动中上升的变化特征，如果去除周期、季节和随机等各类波动，待宰活猪价格变化长期趋势呈现阶梯型上升特征，平缓趋升和明显上升每隔 2～3 年交替一次，只是不同的时段，曲线上升的斜率有所不同（见图 1、图 2）。

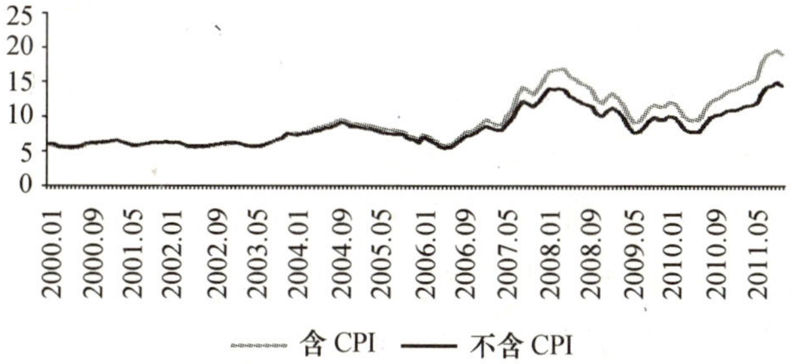


**图 1　全国待宰活猪市场价格总体变化**

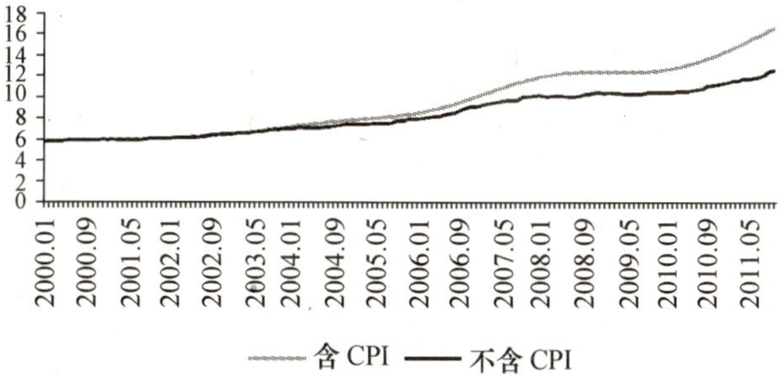


**图 2　全国待宰活猪市场价格长期趋势**

同时，以上两图中的下线均表示剔除 CPI 因素后的生猪价格总体变化及长期趋势，上线与下线的间隔即为通货膨胀因素的影响，尤其从价格长期趋势中可以发现，如果以 2000 年为基期，通胀因素的影响从 2004 年开始显现，并呈现出逐渐增大的趋势。

### （二）生猪价格波动规律和特征

将生猪总体价格剔除长期趋势后的波动进一步分解成周期性波动、季节性波动和随机性波动，逐一分析。

1. 周期性波动特征

如果周期性波动的一个完整周期按照波峰—波峰来计算的话，我国生猪价格波动从 2000 年 1 月到 2011 年 11 月可以划分出 3 个完整的波动周期（见图 3）。这些周期性波动具有明显的规律性特征。第一，每个周期长度约 40 个月（第 1 个波动周期为 2001 年 4 月至 2004 年 8 月，周期长度共 40 个月；第 2 个波动周期为 2004 年 9 月至 2008 年 3 月，共 42 个月；第 3 个波动周期为 2008 年 4 月至 2011 年 8 月，共 40 个月）。第二，每个周期下行阶段和上升阶段分别约 20 个月（第 1 个波动周期下行阶段从 2001 年 4 月至 2003 年 1 月共 21 个月，上升阶段从 2003 年 2 月至 2004 年 8 月共 19 个月；第 2 个波动周期下行阶段从 2004 年 9 月至 2006 年 6 月共 21 个月，上升阶段从 2006 年 7 月至 2008 年 3 月共 21 个月；第 3 个波动周期有所差异，下行阶段从 2008 年 4 月至 2010 年 5 月共 25 个月，上升阶段从 2010 年 6 月至 2011 年 8 月共 15 个月）。第三，周期波动幅度有放大趋势，波动程度愈加剧烈。当前生猪价格变化正处于新旧周期（第 3 和第 4 个波动周期）交替阶段。

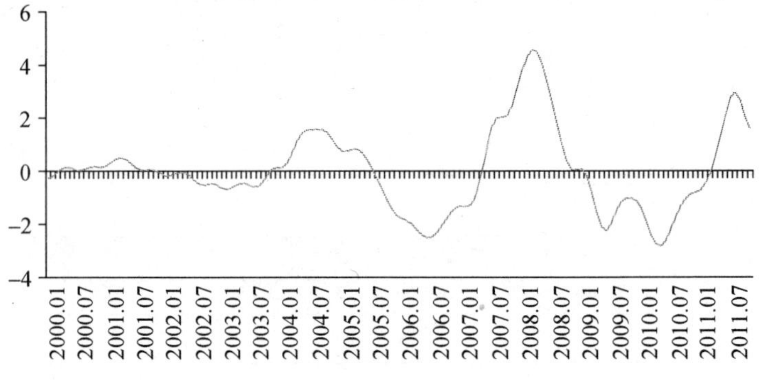


**图 3 待宰活猪价格周期性波动**

2. 季节性波动特征

每年生猪价格遵循有规律的周期性季节变化，年度内生猪价格呈“两头高、中间低”的价格走势（见图 4）。具体来讲，1 月生猪价格为年内最高，是价格季节波动的波峰，2 月价格开始下行，到 5 月达到年内价格最低，是价格季节波动的波谷，6 月价格开始逐步上升，10 月价格略有下调后继续上升到第 2 年 1 月达到高峰。

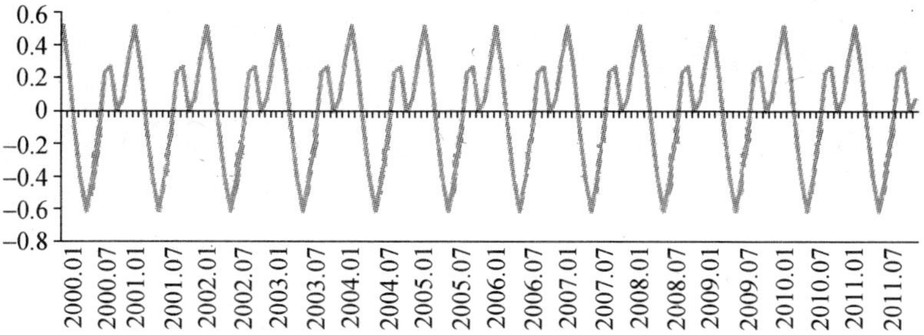


图4 待宰活猪价格季节性波动

3. 随机性波动特征

由分解的生猪随机性价格波动情况可知，随机性价格波动的波幅呈现增大趋势（见图5）。

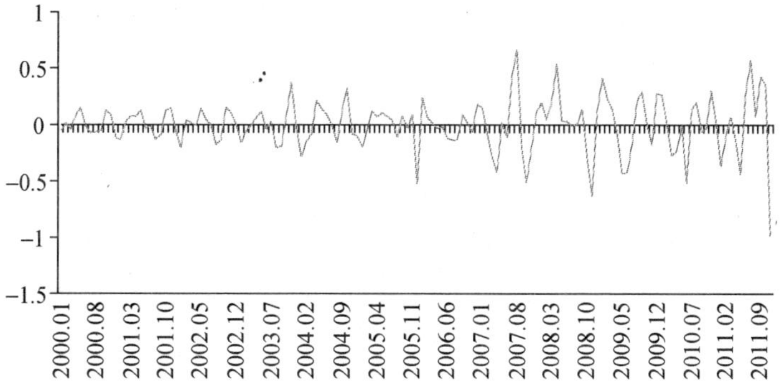


图5 待宰活猪价格随机波动

4. 各波动成分对生猪价格波动贡献率

周期性波动成分对生猪价格波动的贡献率最大，为60.46%，即周期性波动对生猪价格波动的影响最大；其次是季节性波动成分，贡献率为26.19%；随机性波动成分的贡献率最小，为13.35%（见表1）。

表1 各波动成分对生猪价格波动的贡献率

| 波动成分 | 周期性波动 | 季节性波动 | 随机性波动 |
|---|---|---|---|
| 贡献率 | 60.46% | 26.19% | 13.35% |

## 三、生猪价格未来展望

综合分析得出如下结论：

（1）中国生猪价格变化具有一定规律可循，其周期性和季节性波动特征明显。根据上述研究，生猪市场价格大约40个月为一个波动周期，年内季节性波动具有“两头高、中间低”规律。这一生猪价格周期波动特征既受生猪12个月的生产周期（补栏母猪到生猪供应上市需要“3个月配种、4个月妊娠、5个月育肥”）制约，也受养殖户对价格变化反应的滞后期的影响；而生猪价格季节波动特征则主要是受到消费者的消费习惯（如传统节假日）的影响。总之，通过科学分析，生猪价格变动规律和变化趋向是可以基本把握的。

（2）当前生猪价格变化正处于新旧周期交替阶段。2010年以来第3次波动周期因全球经济危机冲击出现复杂性变化，使人们难以判定当前猪价是新周期开始还是旧周期继续，这也是当前对猪价形势判断出现重大分歧的主要缘由。

（3）我们对猪价形势的基本判断是：自2011年9月开始，生猪价格变化已进入自2010年以来第4个波动周期，目前正处于新一周期波动的下行开始阶段，下行阶段将延续约20个月，直到2013年5月左右生猪价格的变动趋向才能转变，当然猪价在下行阶段也会出现季节性反弹，如在连跌3个月后的生猪价格近期开始温和反弹，但这只是每年春节前的季节性上升波动，并不能改变已经进入新一轮周期波动下行阶段的基本趋向。

# 近年来我国粮食成本收益价格比较分析

粮食最低收购价政策实施以来，对稳定粮食生产和调动农民生产积极性发挥了重要作用。但近年来随着农村用工成本和土地租金的大幅增长，粮食生产成本刚性增加，且增长幅度快于最低收购价和市场价的增幅，成本利润率呈下降趋势，农民种粮比较效益仍然偏低。

## 一、粮食成本收益变化情况

### （一）我国粮食生产成本呈逐年上升态势，近年有加快趋势

2004～2010年，三种粮食（小麦、玉米和稻谷，下同）亩均总成本由395.45元上升到672.67元，年均增长9.26%；其中小麦由355.92元增加到618.63元，年均增长9.65%；玉米由375.7元增加到632.59元，年均增长9.07%；稻谷由454.64元增加到766.63元，年均增长9.1%；早籼稻由433.19元增加到702.17元，年均增长8.38%；粳稻由501.8元增加到896.7元，年均增长10.16%。2007年以来，各品种粮食成本上升速度明显加快，与2006年相比，2010年粮食总成本上升51.2%，小麦上升52.83%，玉米上升53.63%，稻谷上升47.93%，早籼稻上升43.71%，粳稻上升43.28%。

### （二）粮食利润总体呈稳步回升趋势，小麦和早籼稻利润下降，玉米和粳稻利润上升

2004～2010年，粮食亩均净利润由196.5元增长到227.17元，增加30.67元；净利润年均增幅2.45%。其中，小麦由169.58元下降到132.17元，下降22.06%；早籼稻由184.41元下降到99.92元，下降46.18%；玉米由134.94元上升到239.69元，上升77.63%；粳稻由389.81元上升到529.84元，上升35.92%。

### （三）从成本构成上看，土地成本、人工成本和物质费用均上升，土地成本比重提高

一是随着建设用地紧张和地价上涨，土地成本上升日益成为成本上涨的重要推动因素。2004～2010年，粮食亩均土地成本由54.07元增加到133.28

元，年均增长16.23%，在总成本构成中所占比重由13.67%提高到19.81%；其中，小麦、玉米、稻谷的比重分别由12.53%、16.35%和12.53%提高到18.45%、21.65%和18.45%。二是随着工资水平的不断提高，人工成本均呈上升趋势。2004~2010年，粮食亩均人工成本由141.26元增加到226.9元，年均增长8.22%，在成本构成中的比重由35.72%下降到33.73%；其中早籼稻、小麦的人工成本占总成本的比重下降较多，玉米的基本持平，表明早籼稻、小麦的机械化程度提高，玉米变化不大。三是由于国际市场原油价格快速上涨，拉高国内农资、柴油等农业投入品价格，导致物质投入增加。2004~2010年，粮食亩均物质费用由200.12元增加到312.49元，年均增长7.71%，在成本构成中的比重由50.61%下降到46.46%；但早籼稻的物质费用不仅增长67.4%，且在成本构成中的比重也上升近2个点，表明近两年早籼稻的物质投入明显增加。

## 二、粮食价格变化情况

### （一）最低收购价稳步提高

2004年以来，国家先后对稻谷、小麦等重要粮食品种实行最低收购价政策，粮食价格总水平不断提高，稻谷、小麦最低收购价格自2008年起均连续5年提高。到2012年，早籼稻、中晚籼稻和粳稻最低收购价分别达到每百斤120元、125元和140元，比2004年提高50元、53元和65元，年均提价幅度为6.70%、7.14%和8.11%；白小麦、红小麦和混合麦最低收购价均提高到每50公斤102元，比2006年分别提高30元、33元和33元，年均提价幅度为5.98%、6.73%和6.73%。

### （二）市场粮价明显上涨

2004年以来，国家全面放开了粮食购销市场，国内市场粮价总体上保持稳步上升态势。尤其是2007年以后，国内粮食市场没有跟随国际粮价的大涨大跌而始终保持小幅上涨趋势，但2011年玉米、早籼稻等个别粮食品种价格涨幅较明显。据国家发改委农本资料调查，2004~2010年三种粮食每50公斤平均出售价年均增长6.60%；其中，玉米、粳稻增幅较大，分别为8.29%、8.16%；小麦和早籼稻增长较慢，分别为4.86%、5.07%。据农业部300多个物价网点县监测，2011年三种粮食市场平均价为每百斤118.42元，比2010年上涨12.33%，比2004年上涨61.86%，年均增长7.12%。分品种看，小麦、玉米、早籼稻和粳稻年均增长6.03%、7.9%、6.95%和7.53%。

## 三、成本收益价格比较分析

### （一）市场价格增幅慢于生产成本增幅

虽然近年来粮食生产成本与市场价格都在稳步上升，但生产成本增长幅度不仅快于最低收购价的提价幅度，且快于市场价格的涨幅。从最低收购价看，2006～2011年，白小麦最低收购价平均提价幅度为5.7%，红小麦和混合麦均为6.15%，分别比同期小麦的生产成本增幅10.74%低5.04个和4.59个百分点；2004～2011年，早籼稻、中晚籼稻、粳稻年均提价幅度分别为5.53%、5.82%、7.94%，分别比同期早籼稻、中籼稻、粳稻的生产成本增幅（13.13%、9.81%和6.74%）低7.6个、3.99个和高1.2个百分点。从市场售价来看，2004～2010年三种粮食出售价格平均增幅较成本增幅慢2.66个百分点。

### （二）成本利润率总体呈下降趋势

虽然粮食利润总体呈稳步上升趋势，但成本利润率却不断下降，2008年、2009年成本利润率均为负增长，2010年小幅回升，也仅达到了2008年的水平。2004～2011年，小麦的成本利润率由47.65%下降至21.01%；早籼稻由42.57%下降至2010年的14.13%，6年下降了28.44个百分点，2011年回升至28.68%；玉米由35.92%上升至41.19%，其间波幅较大，2005年较2007年低20.3个百分点；粳稻2004年最高，达到77.68%，之后不断下降，2008年降至28.01%的最低点后有所恢复，2011年回升至53.25%，但仍比最高点低24.4个点。

### （三）种粮比较收益仍然偏低

我国大多数地区农民粮食经营规模只有2～3亩，种粮收入占农民家庭人均纯收入的比重较低且在下降。与其他经济作物收益相比较，粮食亩均净利润偏低。2004～2010年，粮食亩均净利润约为180.73元，而同期油料为227.29元，棉花为305.77元，苹果为1765.68元。粮食各品种间的收益相差也较大，2011年，小麦、玉米、早籼稻、粳稻的每亩净利润分别为141.64元、302.80元、227.23元和546.93元。

# 2012 年我国农产品市场运行情况及 2013 年展望

2012 年以来，国际农产品价格剧烈波动，国内市场供应总体充足、价格稳中偏弱，其中粮食涨幅趋缓，棉糖振荡下行，猪肉总体低迷，牛羊肉持续上涨，果蔬季节性波动。2013 年，受欧债危机、美国“财政悬崖”、日本经济衰退等影响，国际农产品市场运行的不确定性依然较大；在粮食“九连增”支撑下，我国农产品市场有望继续保持基本稳定，粮食价格稳中有涨，棉糖下行压力较大，生猪可能在下半年企稳回升，牛羊肉将继续温和上涨。

## 一、2012 年市场运行特点

2012 年 6 月以来，受美国等主要产粮国严重旱灾影响，国际粮价快速大幅上涨，玉米、大豆价格创历史新高，市场波动剧烈。国内市场整体运行平稳，但部分品种受供给增加和需求减弱的双重影响，价格走势明显趋弱。据农业部监测，11 月全国农产品批发市场价格指数为 185.0，环比低 1.6 个点，比年初低 13.7 个点，前 11 个月平均比 2011 年同期高 7.5 个点。

### （一）粮食价格涨幅明显趋缓，夏秋粮集中上市期出现回落

受最低收购价和临时收储政策支撑、需求拉动以及成本推动影响，2012 年我国粮食价格总体保持温和上升态势，但涨幅明显趋缓，且在小麦、玉米集中上市期价格还出现了不同程度下跌。据农业部 300 个物价网点县监测，1～11月，三种粮食（小麦、稻谷、玉米）市场平均价为每百斤 124.3 元，同比涨 5.3%，涨幅比上年同期回落 7.4 个点，其中 6 月小麦价格环比跌 1.4%，10、11 月玉米价格环比分别跌 2.4% 和 2.2%。

### （二）棉糖振荡下行，近期企稳略升

棉花价格一季度小幅回升，之后受临储政策结束、棉纺产销不畅等影响，呈不断下跌走势。7 月 328 级棉花月均价跌至年内低点，每吨 18231 元；近期随着新年度临储价格的提高，棉价小幅回升，11 月为 18799 元，环比涨 0.5%，同比跌 1.4%。食糖价格 1～5 月在临时收储政策作用下，稳定在每吨

6500 元左右；6 月以来受国际糖价下跌、国内消费“旺季不旺”影响，糖价持续下行，8 月跌至 5776 元；随后国家按 6200 元继续收储，糖价企稳，11 月为 6040 元，环比涨 4.0%，同比降 15.9%。

**（三）油料价格稳中有涨，食用油与国际基本同步**

国内油料价格稳中有涨。11 月，山东国产大豆入厂价每斤 2.46 元，环比降 0.6%，同比涨 2.8%；湖北菜籽进厂价 2.55 元，环比持平，同比涨 7.0%。食用油价格随国际市场高位波动。11 月山东豆油出厂价每吨 8443 元，环比同比均降 6.0%；湖北菜油出厂价 10518 元，环比降 2.7%，同比涨 5.8%。

**（四）猪肉跌多涨少，牛羊肉涨多跌少**

受生猪存出栏持续增长、供给较为充足影响，除春节期间猪肉价格短暂上升外，上半年逐月小幅下跌，7 月集贸市场月均价跌至每公斤 22.6 元的年内低点，8 月后受季节性需求拉动，价格小幅反弹，但从 10 月第 2 周起，价格再次走低。11 月均价为 23.8 元，环比跌 0.7%，同比跌 15.0%。牛羊肉受供给持续偏紧影响，总体保持小步慢涨特征。前 11 个月平均，牛羊肉价格分别涨 2.2% 和 1.6%。鸡蛋 2011 年 10 月以来持续回落，2012 年 5 月创近 22 个月以来新低，之后大幅反弹，10 月以来再次回落，11 月为每公斤 10.2 元，环比跌 1.7%，同比跌 0.9%。原料奶稳中有涨。前 11 个月平均，原料奶收购价每公斤 3.28 元，同比涨 2.4%。

**（五）蔬菜春落晚、秋跌早，价格波幅加大**

2012 年以来，蔬菜价格大体呈“高—低—高—低—高”的“W”走势，符合常年季节性波动规律，但由于天气影响，春节后菜价不降反升、回落时间推迟，秋季菜价提前下跌、国庆后降幅偏大。年初受南方连续低温阴雨寡照及北方气温回升缓慢影响，蔬菜上市期推迟、供给偏紧，菜价持续走高，3 月农业部重点监测的 28 种蔬菜平均批发价为每公斤 4.26 元，为近五年来最高点；4 月起逐渐回落，6 月降至 2.90 元，比 3 月跌 31.9%；7～8 月季节性反弹；9 月受主产区天气较好、秋冬蔬菜集中上市影响，菜价提前回落，10 月跌至 2.75 元，比 8 月跌 20.5%，同比低 3.5%；11 月菜价进入上升通道，28 种蔬菜均价 3.02 元，环比、同比分别涨 9.8% 和 14.4%。2012 年我国菜价虽然总体高于上年，但秋季大白菜、萝卜等个别品种价格跌幅较大。水果相对平稳，总体走势符合常年规律，但苹果、蜜橘受产量增加、需求不旺影响，集中上市后价格下滑较快，蜜橘上市期价格同比降幅超过 60%。

**（六）进口冲击明显增强，出口优势减弱**

受美国等粮食主产国旱情影响，6 月之后国际粮价快速大幅上涨，国内外价差缩小，我国农产品进口增速有所放缓，但从全年看，不少大宗农产品进口出现倍增，且呈现由非粮向粮食产品延伸、由种植业向畜牧业产品延伸的趋势，棉花、食糖等大量进口对国内市场冲击较大。据海关统计，前10个月，我国谷物进口1255万吨，同比增212.8%；大豆进口4834万吨，增16.4%；棉花进口452万吨，增90.3%；食糖进口335万吨，增67.0%；猪肉进口44万吨，增43.8%；奶制品进口94万吨，增26.7%。在大宗产品进口快速增长的同时，优势品种出口增速放缓或下降。前10个月，蔬菜出口770万吨，同比降4.0%，其中大蒜出口降16.0%；水产品和水果出口额增7.4%和13.4%，但增幅明显回落；我国农产品贸易逆差416亿美元，同比扩大59.3%。

## 二、2013年展望

2012年我国粮食生产实现“九连增”，棉油糖、果菜茶、肉蛋奶、水产品等再次全线飘红，秋冬种形势较好，奠定了2013年农产品市场稳定的坚实基础。同时，来自农业外部的影响不断加深，市场运行环境更加复杂：从国际看，欧元区在债务危机中难以自拔，美国可能陷入“财政悬崖”，日本经济衰退迹象明显，这一方面将抑制农产品需求，另一方面将引发宽松货币政策预期，加剧市场投机；从国内看，尽管2012年下半年以来我国宏观经济筑底企稳，但明年经济增长还存在一定的不确定性，将影响大宗农产品需求。

2004~2012年，全国农产品批发价格指数年均约涨9个点，其中2007~2008年受国际市场大幅上涨带动，涨幅在15个点左右，2008年下半年起在国际金融危机影响下小幅下跌，2010年有所反弹，2011年涨幅扩大至20个点，2012年涨幅趋缓。综合农产品价格变化的历史规律和当前国内外市场形势，预计2013年我国农产品价格总体正常上涨，但涨幅可能会小幅回落。预计2013年全国农产品批发价格指数约为205，比2012年高7个点左右。分品种看，粮食价格稳中上涨，生猪价格下半年可能会进入上升通道，牛羊肉将继续温和上涨，棉糖及部分果蔬等下行压力较大。我们运用中国农业政策分析预测模型（CAPSIM）模拟，2013年国内大米、小麦涨幅在5%左右，玉米涨3%~5%，棉糖分别降3%和7%。

### （一）粮食价格将稳中有涨

从生产看，2012年我国粮食总产量11791亿斤，比上年增3.2%，玉米产量首次超过稻谷，改善了粮食内部结构性矛盾。从库存看，9月末全国粮食库存处于历史较高水平，其中政策性粮食库存增幅较大，国家调控市场能力明显增强。从需求看，明年如果经济回暖趋势较为明显，工业和饲料用粮都将增长。据农业部预警专家委员会预测，2013 年粮食消费总量将超过 12000 亿斤，增 4% 以上。从国际看，据 FAO 最新预测，2012 年全球谷物产不足需，库存消费比降 2 个点，为 20.5%；2013 年全球粮食价格将高位波动，粮食进口价格优势不明显。预计受托市价提高拉动，国内稻谷、小麦将小幅上涨；玉米将结束 2012 年 10 月以来的下跌走势，逐步企稳回升，但大幅上涨的可能性不大，尤其是黑龙江等部分地区因玉米水分含量高、农民惜售，2013 年可能出现集中售粮、价格难涨的局面。

**（二）棉糖价格下行压力凸显**

尽管 2012 年植棉面积下降，但由于单产提高，棉花总产仍持平略增。加上 500 多万吨的国储棉，以及 450 多万吨的进口棉，2013 年棉花供给相当充裕。而在全球经济不景气背景下，我国棉花需求将难以明显改观。预计 2013 年国内棉价将在高库存、低需求的双重挤压下总体走弱，新棉播种前公布的临储价格将左右市场走势。2010 年以来，我国糖料生产恢复性增长。2012 年食糖产量约 1400 万吨，同比增 20% 以上，2012/13 榨季食糖产大约需 150 万吨左右，加之 2012 年食糖进口大增、库存高企，以及国际食糖供大于求、价格明显低于国内，下年国内市场形势将更加严峻，价格将继续承压下行。

**（三）食用油价格将高位运行**

近年来，我国油菜籽面积基本稳定，大豆面积持续下滑，食用油缺口继续扩大。据 FAO 预计，2012/13 年度全球油料与食用油供给总体趋紧，国际市场价格将保持高位。预计下年国产大豆、油菜籽价格将在临时收储政策支撑下小幅上涨，食用油将继续高位运行，受国内库存水平高、调控能力增强影响，价格波动幅度将小于国际。

**（四）猪肉价格下行趋势或将改变，牛羊肉则继续上涨**

2012 年我国生猪和能繁母猪存栏量持续增长，9 月全国能繁母猪存栏环比增幅达到 2011 年以来最高点，10 月生猪、能繁母猪存栏环比仍持平略增，同比分别增 0.8% 和 4.2%。预计 2013 年元旦、春节期间猪肉市场供给充足，如今冬明春不发生严重疫情，全年供给有保障。预计年初价格将在节日需求拉动下小幅上涨，之后将继续低位运行。从历史规律看，2011 年 10 月以来总体处于下跌阶段，按 43 个月波动周期，到 2013 年下半年，猪肉价格可能逐步企稳并进入上行通道。牛羊受资源条件约束，养殖数量受到限制，加之繁育周期长，供应量短期内难有明显增加。同时，饲料及牧草以及人工费用不断上涨，肉牛羊养殖成本逐年攀升，消费需求大幅增长，预计 2013 年牛羊肉价格将继续上涨，随着产能逐渐提高和其他肉类的部分替代，涨势将有所缓和。

**（五）蔬菜市场供给充足，水果价格稳中趋弱**

据农业部580个蔬菜重点县监测，10月底在田蔬菜面积130万亩，同比增3%；产量112万吨，增1.7%。预计元旦、春节蔬菜市场供应有保障，价格涨幅正常，市场行情更多受气候和季度性因素影响。但茄子、豇豆、冬瓜、辣椒等品种在田面积增幅较大，后期下行压力较大。水果生产稳定发展，加之出口不旺、加工需求疲软，2013年市场供给总体充裕，价格将稳中趋弱。尤其是湘、鄂、赣等蜜橘发展快的地方，2013年上半年收购价将继续低迷。

## 三、应重点关注的问题及建议

在我国农产品市场整体供应有保障、价格运行基本平稳的好形势下，种粮收益下滑、棉糖市场扭曲、鲜活农产品波动加剧等问题不断显现，应未雨绸缪，主动应对，为保持2013年农业生产发展和市场稳定奠定基础。

**（一）种粮效益全面下降，建议明年大幅提高稻谷最低收购价水平**

据国家发改委调查，2009年以来，我国小麦收益已连续3年下降，2012年由于成本上升及新麦上市后低价运行，效益将继续下降。农业部对全国10省农户调查，2012年夏收小麦亩均收益152元，比2011年降4.4元，降幅2.8%。玉米2012年受虫灾、台风等影响，生产成本增长较多，但价格涨幅不明显，甚至个别地方还低于2011年水平，收益也将减少。江西等地稻谷生产服务费涨20%多，黑龙江粳稻收获期遭遇连阴雨，亩均成本增100~200元，而市场价格基本与2011年持平，农民预计收益将比上年下降。建议当前要落实好托市政策，谨防“卖粮难”，2013年要加大种粮补贴力度，大幅提高稻谷最低收购价，稳定农民生产积极性。

**（二）棉糖价格明显扭曲，建议增加农民补贴**

2012年国家针对棉糖价格低迷状况，及时启动了临时收储政策，对稳定市场、保护农民利益起到积极作用。但由于国际棉糖价格持续低于国内，导致进口大增，不仅冲击国内市场，且使国内临储棉糖无法顺价销售。2013年在国际市场总体低迷的情况下，棉糖内外倒挂现象将会继续。建议在继续执行好棉糖临储政策的同时，探讨宏观调控新机制，可考虑将收储价逐步调整到与国际价格基本接轨，同时相应增加对棉农和蔗农的补贴，保证农民种植收益不下降。

**（三）鲜活及小宗农产品阶段性、结构性供求失衡凸显，建议探索建立调控目录制度**

近年来，我国部分鲜活及小宗农产品市场波动频繁，价格大起大落，2012 年蔬菜价格波动幅度还有所加大。例如，秋季大白菜和萝卜等冬储菜集中上市初期，价格大幅下降，农民和收购商储存意愿降低，可能导致来年春季大白菜再次出现“白菜荒”；云南花菜和海南尖椒等南方菜也因扩种产量增加，后期销售压力将明显增大。蜜橘等水果市场波动风险也有所加大。建议在加大产销衔接服务的同时，加快建设一批国家级、区域性产地市场和农村田头市场；加强面向生产者的市场信息服务，探索建立鲜活及小宗农产品市场调控目录制度。

**（四）奶业发展形势严峻，建议加强进出口调控**

受成本增加、养殖效益下降影响，2012 年黑龙江、内蒙古、河北等产区奶牛养殖利润同比降三成，成年母牛年利润仅 1000 多元。从 8 月开始，黑龙江富裕、双城等牛奶生产大县部分养殖户缩减养殖规模，散养奶农卖牛、杀牛现象较为普遍，不少将后备母牛、小牛犊卖掉，牛群结构趋于不合理。从趋势看，下年国内外乳品价格倒挂、进口大幅增加、乳品企业奶粉积压状况难以明显改观，可能出现闲散养户大规模退出，对产业安全和市场稳定构成威胁。建议在加大生产环节扶持同时，加强进出口调控，适时启动“特保措施”、“贸易技术壁垒”等技术手段，避免过度进口，降低产业风险。

# 理性看待农产品价格上涨

近期关于“10 元买两根大葱”的消息又引起了社会的广泛关注：广大居民又开始担忧农产品涨价，又有人开始挖掘流通领域的“暴利”、也有人开始担心农产品价格导致的通货膨胀。大葱是很平常的农产品，它的涨价为什么会引起这么大的反响？为什么会受到这么广泛的关注？我想除了大葱作为人们生活准必需品的特性外，更多的应该是公众对市场的不理解、不信任，从而导致的不理性反应。

农产品价格短期的波动应该是正常现象，这既有农业自身的特点，也有市场方面的规律。既有供给方面的原因，包括农民的生产决策、天气、灾害、生产周期和季节性等因素；也有需求方面的原因，如人口及其偏好的变化、收入水平的提升等方面。此外，政府的生产补贴，以及流通体系的效率也都会影响最终农产品的价格。这么多的因素总会有些在变化，也就决定了农产品的价格短期是必然波动的。那么该如何理性看待大葱价格的上涨呢？

## 一、不是个别农产品价格上涨就影响居民的生活水平

个别农产品价格上涨很多时候是市场正常现象，通过市场可以自发进行调节。比如大葱的价格上涨，大家可以暂时少买或者不买大葱而转向洋葱等替代产品，这样大葱就难以维持高的价格。因为农产品一般都数量巨大，生产经营分散，具有易腐烂的性质，即使是投机也没有办法长时间大量完好地仓储和保存，减少购买就会导致价格的回归甚至下降。如果消费者都这样看待大葱涨价，理性消费，这个市场就成熟了，也就不再会有价格的大幅度波动了，消费者的农产品支出水平也就稳定了。从生产的角度看，价格上涨了农民就会增加供给，而价格下降了就会减少供给，价格会引导农民的生产行为。而如果依靠行政干预往往会把握不好复杂多变的供需信息，经常会放大信号、干预滞后，会导致市场价格更大的波动，阻碍农产品价格向均衡状态的回归，到头来还是生产者、消费者两头受害。

虽然我们看到大葱价格上涨了许多，但是市场上并没有出现短缺。而如果干预不当，就会出现短缺或者过剩，就像我们经常遇到的场景：居民有钱也买不到大葱；或者大葱价格极低、烂在地里，农民遭受巨大损失。

如果所有农产品价格都过度上涨，那就有可能是通货膨胀问题。这个时候不仅是农业这一个行业，其他行业也都会出现类似的涨价现象，仅对农产品价格进行控制是无济于事的。

## 二、不是减少了流通环节就可以降低零售价格

初级农产品与其最终产品分别属于两个市场，也就具有两种价格，即农产品生产者价格和市场零售价格。这两端的价格表现不同步，变化幅度不一致。一般来说，初级农产品市场的价格弹性远远低于零售市场，即同样的产品数量变动，农产品生产者价格波动的幅度更大，也就是我们常常看到的农民承受着巨大的价格风险。两端价格之差就是市场盈余（Marketing Spread），主要是流通环节（Marketing）的增值。流通主要包括农产品从田头到餐桌的各增值环节，解决农产品时间、形式、空间和所有权的转变，主要功能包括存储、加工、运输和交易等，一般由各级经销商（包括收购商、加工企业、批发商、零售商等）来完成。

流通连接生产和消费，具有不可替代的作用。一般来说，市场经济越是发达，流通环节越有效率，增值也越大。在美国，1 美元的食物支出中，流通费用占了 81%，而初级农产品仅占 19%（其中还包括 12% 的农业生产投入）。流通环节的存在具有重要的作用和价值，即使取消了一些流通环节或者经销商（形式），流通环节的功能和作用（本质）也不能被消除。在正常的市场经济环境下，流通环节的存在具有必然性，或者说流通环节具有市场效率，经销商做了更加专业和有效的市场活动；把这些活动交给生产者（农民）或者消费者（居民）都会降低效率和福利，尽管农场价格与市场价格的差价会缩小。正是因为农民和居民都不善于做这些流通环节的市场活动，这样才有了流通中介存在的机会和价值。

如果市场经济不够完善，流通环节存在市场势力和垄断，可以通过法律法规加以规制，保障市场的正常运行，这也是政府的重要职能。

发育良好的市场流通体系也会产生价格波动，也不是政府干预了就可以稳定农产品价格，简单地减少中间环节是盲目的，甚至是错误的。认识到农产品的两端价格差异，弄清农产品流通的作用，对于正确引导社会预期、指导农业生产、促进合理价格形成机制、推动调控政策出台等都具有重要的意义。

## 三、不是农产品价格上涨就会导致通货膨胀

通货膨胀是指经济中总体物价水平的上涨，不是简单指农产品价格的上涨，更不是指个别农产品价格的上涨。经济学原理告诉我们：在短期通货膨胀与就业存在权衡取舍，而长期通货膨胀主要是政府发行货币过多，与农产品价格没有什么因果关系。为什么人们总会把农产品价格与通货膨胀联系在一起呢？主要是因为在通用的衡量通货膨胀率的基本指标 CPI 中，农产品价格是一个主要的构成部分。就指标来说，稳定农产品价格能够减少 CPI 的波动，但不要盲目地认为控制了 CPI 指标就控制了通货膨胀，这是治标不治本，只会暂时地掩盖问题，不利于宏观经济的调控和发展。应该认识到，在农业生产结束了传统的刀耕火种阶段以来，它再也不是一个孤立于二、三产业之外的“世外桃源”，农产品生产创造的价值相对于仓储、加工和流通各个环节的比重越来越小，农产品的价格形成已经在很大程度上受到来自投入、人工、流通等多重非农业因素的影响。经济学家是为了衡量经济中整体的物价水平才构建和选择了 CPI 这一指标，是为了便于宏观经济分析，如果选择和计算其他指标（如 GDP Deflator）就和农产品价格关系不太大了。不能本末倒置，农产品价格即使不上涨，也不能控制通货膨胀，宏观经济的问题不能从微观层面得到解决。

由于不同种类的农产品（如粮油、鲜活等）对于广大居民的生活影响程度是不同的，不是农产品价格上涨了，就需要进行干预或者调控。国家主要对粮食生产和流通进行适当干预是十分必要的，这有利于保持粮食价格的稳定，即使在金融危机前后国际农产品价格大幅波动的条件下，我国粮食价格也没有受到世界市场的太大影响。粮食关系国计民生、社会稳定，国家有必要有责任进行干预。而对于像大葱等这样的农产品，既没有必要直接干预，也难以有效干预。农产品种类繁多，替代效应明显，除了粮食之外，其他农产品基本上都是丰富人们的饮食结构，可以通过市场调节供需；如果干预所有的农产品价格，既不能把握供需信息、有效调节，也承担不起巨大的调控成本。

农产品很普通，农产品市场也很平常，但是农业市场经济已经运作得很有效率了，人们几乎很少会在超市、农贸市场上买不到所需要的农产品！人们对这种现象都习以为常了，以至于看到某些个别农产品价格的上涨就觉得不正常。理性地想一想，现在老百姓的衣食住行中只有农产品价格最低廉、涨价幅度最小了。

相信市场、依靠市场，用平常心看待正常的农产品价格波动，用理性行为进行农产品生产、消费决策，农产品市场就会变得更加完善，不再成为社会关注的焦点。

# 第二部分

# 品种篇

中国农产品市场报告. 2013

# 2012年稻米市场形势分析及后市展望

农业部农村经济研究中心 彭 超
农业部信息中心 张 欢

## 一、稻谷生产形势总体向好，有望再获丰收

### （一）早籼稻再度增产

2012年国家提早公布并大幅提高早稻最低收购价，继续实施种粮直接补贴，在早稻播种之前就将第一批农资综合补贴拨付到位，维持早稻的良种补贴标准，扩大农机购置补贴范围，争取实施水稻机插秧作业补贴，将中央财政农业保险保费补贴险种的补贴区域扩大至全国。尤为值得一提的是，继2011年有针对性地应急启动实施了大棚育秧等补助政策后，中央财政专门安排了南方早稻集中育秧补贴，推动了早稻生产的发展。国家统计局公布的数据显示，2012年全国早籼稻再度增产，播种面积达到8647.1万亩，单产达到385公斤/亩，总产量达到3329万吨，分别比2011年增加0.3%、1.4%、1.6%。

### （二）中晚籼稻产量预计保持稳定

中籼稻产量基本保持稳定。根据地方农业部门反映，大部分地区中籼稻产量增加，但部分地区中籼稻产量出现一定程度的减少，原因在于一系列的生产促进政策导致水稻恢复双季种植。晚籼稻产量持平略增。2012年晚籼稻育秧和插秧期间，长江中下游地区出现局部降雨增多的情况；分蘖期，江南中东部和西北部、华南北部的部分地区出现持续晴热高温天气；孕穗期，南方水稻产区又连遭台风袭击；晚稻成熟期，我国冷空气活动频繁，西南地区东部、江南中西部和华南西部多阴雨寡照天气，气温偏低，不利于晚稻收获晾晒。而且，2012年强对流天气频繁、雨水偏多，导致稻飞虱在西南大部、江南西部、长江中游稻区偏重至大发生，三代粘虫成虫在黄淮江淮地区回迁明显。然而，农业气象条件总体上对晚籼稻生产是有利的。8月，持续的台风天气虽然导致部分中晚籼稻被淹、倒伏，但台风带来的降水有效缓解了江南大部高温天气的不利影响，也利于增加库塘蓄水。9月，江南、华南北部晚稻

区气温基本正常，局部出现轻度寒露风天气，但持续时间短，后期气温回升快，光照充足，对晚稻抽穗扬花影响不大，大部时段天气条件利于晚稻孕穗抽穗及灌浆乳熟。10 月，长江中下游大部分气温适宜，光照充足，只有华南局部地区受到寒露风和台风影响，主产区晚稻产量可以保障。更为重要的是，受中央强农惠农政策鼓励，稻谷的种植效益提升较快，2012 年晚籼稻播种面积和单产基本保持稳定。

### （三）粳稻主产区有望增产

2012 年粳稻最低收购价再度提高，国家对东北水稻大棚育秧实施联技计补，农户粳稻种植积极性继续高涨，地方重农抓粮积极性也大大提高。黑龙江省农业厅信息中心介绍，2012 年全省稻谷播种面积有望达到 5585 万亩，同比增加 8.4%。2012 年春播期间，东北地区降水明显，墒情基本有利。进入分蘖期和拔节长穗期后，雨水偏多，气温偏低。但是，进入 8 月后，东北地区气温接近常年同期，大部地区日照时数偏多，土壤墒情适宜，气象条件基本能够满足粳稻生长发育需要。尽管遭遇台风袭击，但粳稻生长发育未遭受明显影响，仅灌浆速度有所降低，生长进程延缓。9 月中旬，东北地区部分早熟品种已开始收获，大部分水稻生长进入成熟期。10 月初，受收获期阴雨天气影响，2012 年东北粳稻整体收获进度落后常年 7 ~ 10 天。由于先进实用技术迅速推广、总体天气较为有利，预计东北粳稻单产将得到一定程度的提高。根据农业部调研组赴庆安县调查所获得信息，该县近年来大面积推广超早钵育水稻技术，示范片平均亩产超过 700 公斤。

## 二、稻谷市场总体平稳运行，没有脱离供需基本面和政策调控方向

### （一）稻谷市场总体平稳运行

2012 年，国内稻谷市场总体运行平稳。其中：早籼稻收购均价由 1.22 元/斤上涨至 1.29 元/斤，累计上涨约 5.7%，除 6 月和 7 月环比下跌、10 月与 11 月出现环比持平，12 月环比下跌，其他月份均保持环比上涨；晚籼稻收购均价由 1.30 元/斤上涨至 1.31 元/斤，累计上涨 0.8%，其价格 5 月之前保持环比上涨，之后出现连续环比下跌；粳稻收购均价由 1.42 元/斤上涨至 1.46 元/斤，累计上涨 2.8%，1 ~ 3 月持续环比上涨，4 月和 5 月出现了两个月的环比持平，6 ~ 8 月连续环比上涨，9 月价格略有回落，10 月出现了环比持平，11 月有所回落，12 月环比上涨。

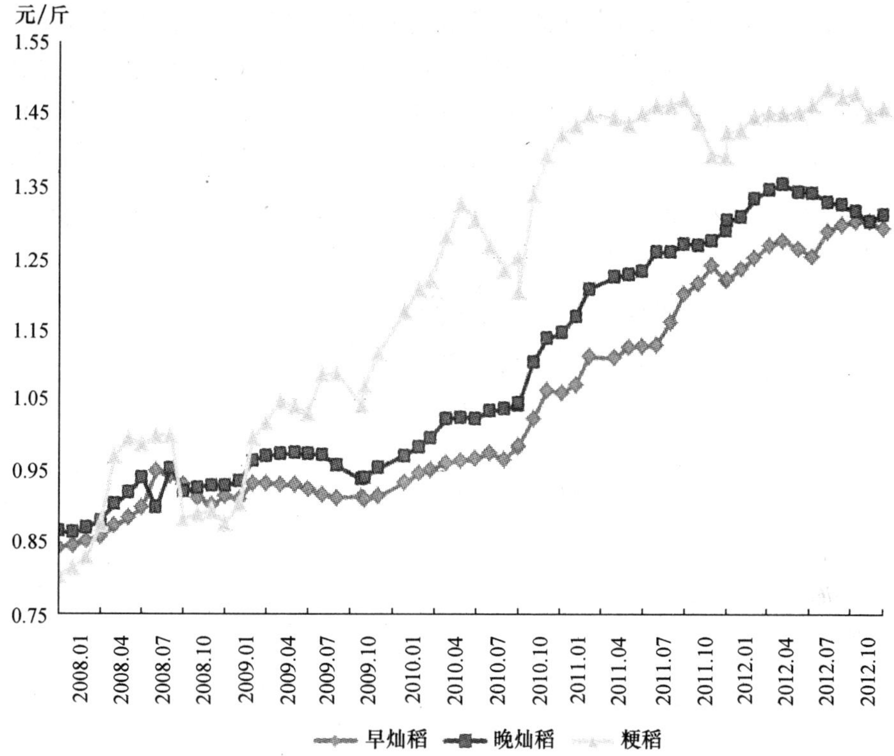


**图 6 2008 年以来三种稻谷价格变化情况**

数据来源：农业部信息中心整理。

## （二）稻谷价格仍然没有脱离供需基本面和政策调控方向

稻谷价格一直维持稳中有涨的格局，供求关系和市场调控政策仍然是其价格走势的决定因素。2 月 2 日，国家发展和改革委员会宣布，我国稻谷主产区 2012 年生产的早籼稻、中晚籼稻和粳稻最低收购价分别提高到每 50 公斤 120 元、125 元和 140 元，比 2011 年分别提高 18 元、18 元和 12 元。受此政策提振，2～4 月全国稻谷价格出现小幅上涨。5 月是储备稻谷轮出相对集中时期，市场粮源供应明显增加，尤其是南方储备籼稻的大量轮出缓解了籼稻供应偏紧的局面，因此，5 月三种稻谷全国均价全部环比持平。从第三季度开始，“籼强粳弱”格局开始出现了进一步的分化。7 月新季早籼稻即将上市，收储加工企业倾向于腾出库存，使得早稻市场供给增加，从而导致早稻价格略有下跌。8 月新季早籼稻集中上市，由于新季早籼稻生产成本比 2011 年上升，导致早稻价格连续环比上涨。5 月之后，晚籼稻价格出现持续环比下跌，这在一定程度上是由于国内籼米市场受到了进口大米冲击，从而波及到了晚籼稻原粮。进入 9 月，收储加工企业倾向于释放库存以收购新季粳稻，因此，粳稻出现环比下跌。10 月新季粳稻上市，市场供应增加，粳稻涨势略为减缓。9 月和 10 月，国家也加大了国家临时存储东北粳稻（含最低收购价）竞价交易的投放数量，这也抑制了粳稻价格的上涨。11 月，粳稻价格出现了下跌走势，黑龙江和南方部分地区相继启动了粳稻最低收购价政策，粳稻价格于 12 月止跌回稳。2012 年 7 ~11 月，早籼稻价格由 1. 26 元小上涨到 1. 30 元，而同期晚籼稻由 1. 34 元小幅跌至 1. 30 元，这是继 2008 年 10 月以来再次出现的早籼稻与晚籼稻同价现象，此后早籼稻价格下跌，晚籼稻价格上涨。

### （三）早籼稻期货价格振荡盘升后回落

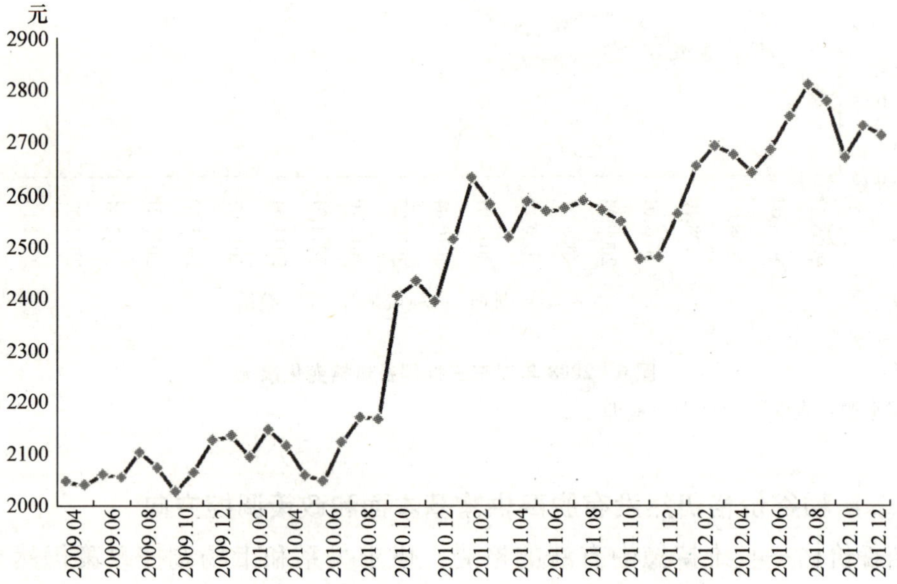


图 7　2012 年早籼稻期货主力合约月均结算价格

数据来源：农业部信息中心整理。

1 ~9 月，早籼稻期货价格一季度冲高，二季度中回落，之后再度冲高，三季度中期再度回落。与 2011 年比较，底部有所上抬，涨跌区间有一定程度的缩小，这与作者 2011 年年度市场分析的结果基本一致。1 月，新季早稻上市前可流通粮源趋紧，市场预期国储早稻库存偏低存在大量补库需求，早籼稻期价振荡上涨。2 月，受国家公布了 2012 年稻谷最低收购价上调方案的影响，大幅提振了期价。3 月，早籼稻主力合约延续 2 月的上涨惯性至 3 月 19 日创出一季度最高价 2718 元/吨（结算价，下同）后开始回落。至 5 月 17 日，主力合约已跌至 2602 元/吨，较 3 月 19 日跌 4. 3%。此后，早籼稻期货价格再度振荡上升，至8月29日冲高至2842元/吨，较5月17日上涨9.2%。进入9月，期价深度下跌。10月跌势略缓，但仍处于振荡盘跌的阶段。至10月31日，主力合约已经跌至2639元/吨，较8月29日跌7.1%。进入11月，早籼稻期货再度振荡上涨，呈现出周期性的走势。

### （四）国储拍卖表现出“籼强粳弱”的态势

2012年，国储粳稻竞价交易较为清淡，进入9月略有起色。全年，国储粳稻共计竞价交易25次，计划交易1873382吨，成交69885吨，成交率为3.73%。其中，由于新季粳稻市场粮源尚未消化完全，1月竞价交易稻谷219645吨，全部流拍，2月和3月的竞价交易成交率分别仅为15.2%和25.6%；9~11月，国家加大了政策性储备粳稻市场投放力度，但是随着新季粳稻产量形势日趋明朗且丰收在望，市场供需格局趋缓，降低了企业参与临储粳稻竞价交易的积极性，9月和10月成交率分别仅为12.5%和0.05%，11月更是全部流拍。相对而言，同期国储中晚籼稻竞价交易成交率较高。全年，国储中晚籼稻累计竞价交易39次，计划交易271837吨，实际成交179514吨，成交率超过66.0%。2~5月、8月以及10月成交率均保持在70%以上。10月只在国庆节假期后进行了一次竞价交易，之后国储中晚籼稻市场投放暂停。国储早籼稻全年只举行了一次竞价交易会，391吨国储早籼稻全部成交。

**表2　2012年1~12月国储稻竞价交易情况**　　单位：万吨

| 品种 | 月份 | 竞拍次数 | 计划交易 | 实际成交 | 成交率 |
|---|---|---|---|---|---|
| 国储粳稻 | 1 | 3 | 2.1945 | 0 | 0.00% |
| | 2 | 3 | 1.9492 | 0.2953 | 15.15% |
| | 3 | 5 | 1.7024 | 0.4362 | 25.62% |
| | 4 | 0 | 0 | 0 | 0.00% |
| | 5 | 0 | 0 | 0 | 0.00% |
| | 6 | 0 | 0 | 0 | 0.00% |
| | 7 | 0 | 0 | 0 | 0.00% |
| | 8 | 0 | 0 | 0 | 0.00% |
| | 9 | 4 | 60.3131 | 6.2567 | 10.37% |
| | 10 | 4 | 60.5898 | 0.0003 | 0.05% |

续表

| 品种 | 月份 | 竞拍次数 | 计划交易 | 实际成交 | 成交率 |
|---|---|---|---|---|---|
| 国储粳稻 | 11 | 6 | 60.5892 | 0 | 0.00% |
| | 12 | 0 | 0 | 0 | 0.00% |
| | 累计 | 25 | 187.3382 | 6.9885 | 3.73% |
| 国储中晚籼稻 | 1 | 3 | 6.0308 | 2.6909 | 44.62% |
| | 2 | 3 | 7.8932 | 5.7890 | 73.34% |
| | 3 | 5 | 2.9362 | 2.3085 | 78.62% |
| | 4 | 4 | 1.1396 | 0.9122 | 80.05% |
| | 5 | 5 | 0.9140 | 0.6505 | 71.17% |
| | 6 | 4 | 1.3189 | 0.6623 | 50.22% |
| | 7 | 4 | 1.8464 | 1.2421 | 67.27% |
| | 8 | 4 | 4.0209 | 3.3475 | 83.25% |
| | 9 | 6 | 1.0030 | 0.2677 | 26.69% |
| | 10 | 1 | 0.0807 | 0.0807 | 100.00% |
| | 11 | 0 | 0 | 0 | 0.00% |
| | 12 | 0 | 0 | 0 | 0.00% |
| | 累计 | 39 | 27.1837 | 17.9514 | 66.04% |
| 国储早籼稻 | 1 | 1 | 0.0391 | 0.0391 | 100% |
| | 2 | 0 | 0 | 0 | 0.00% |
| | 3 | 0 | 0 | 0 | 0.00% |
| | 4 | 0 | 0 | 0 | 0.00% |
| | 5 | 0 | 0 | 0 | 0.00% |
| | 6 | 0 | 0 | 0 | 0.00% |
| | 7 | 0 | 0 | 0 | 0.00% |
| | 8 | 0 | 0 | 0 | 0.00% |
| | 9 | 0 | 0 | 0 | 0.00% |
| | 10 | 0 | 0 | 0 | 0.00% |
| | 11 | 0 | 0 | 0 | 0.00% |
| | 12 | 0 | 0 | 0 | 0.00% |
| | 累计 | 1 | 0.0391 | 0.0391 | 100.00% |

数据来源：国家粮油交易中心。

## 三、国内米价总体稳中有涨，大米加工企业经营成本上升

### （一）国内米价总体稳中有涨

2012 年，国内三种主要大米价格保持稳中有涨态势。其中：早籼米批发价由 1.84 元/斤上涨至 1.91 元/斤，累计涨 3.8%，其中 1～5 月保持环比上涨，此后环比下跌，9 月和 10 月出现环比持平，11 月环比上涨，12 月与 11 月环比持平；晚籼米批发价由 2.01 元/斤上涨至 2.06 元/斤，累计涨 2.5%，2 月出现环比下跌，3 月和 4 月均环比上涨，此后进入振荡走势；粳米批发价由 2.11 元/斤上涨至 2.32 元/斤，上涨 10%，除 10 月环比持平，11 月环比小幅回落之外，各月基本保持了环比上涨态势。

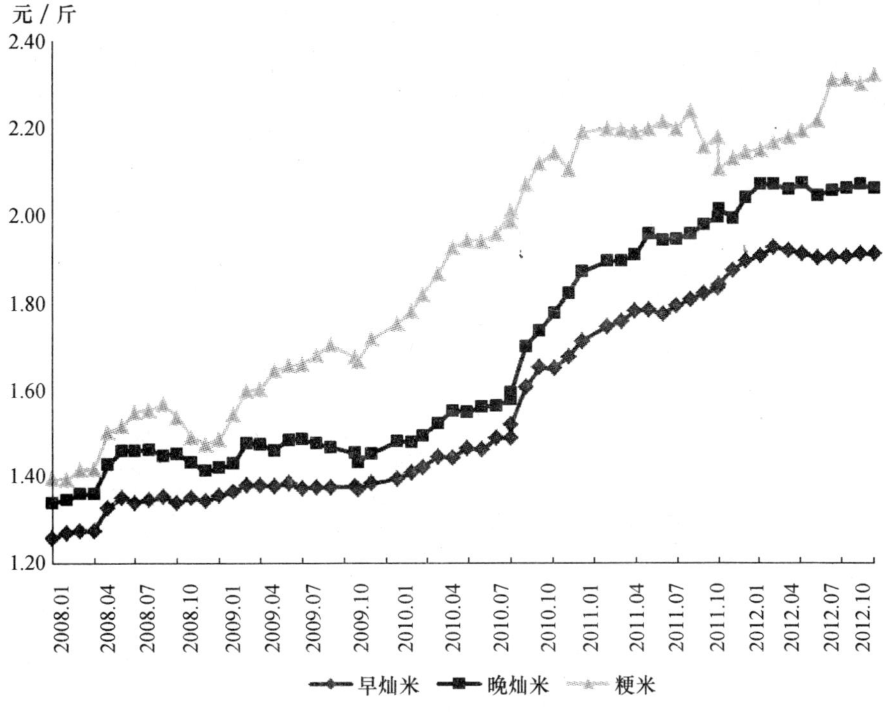


**图 8　2008 年以来三种大米价格变化情况**

数据来源：农业部信息中心整理。

### （二）企业成本攀升推动大米价格上涨

企业生产经营成本不断上涨，导致大米价格持续上涨。随着货币政策趋

于稳健，企业融资成本不断增加。根据国研网工业数据库统计显示，2012 年月谷物磨制企业主营业务成本同比上涨 23.09%，利息支出同比上涨 21.13%。2012 年年内，全国共有 23 个省份上调了最低工资标准，平均增幅 18.0%。最低工资的提高，导致大米加工企业雇工成本不断攀升。2012 年全年，受成本上升影响，尤其是近期用工季节性短缺严重，谷物磨制企业亏损额同比增长 26.63%，其中，大型企业亏损额同比增长 102.39%，中型企业亏损额同比增长 31.87%。农业部稻米预警会商组 8 月实地调查显示，东北大米加工企业开工率出现反复，仍有部分企业处于停摆状态。

**（三）籼米价格先扬后抑，粳米价格保持上涨**

分品种看，上半年籼米价格先扬后抑，粳米价格保持上涨，这主要跟各品种的供需形势有关。籼米价格先扬后抑的原因：由于籼米食用口感比粳米差，多年来一直作为被改良和调整的对象，原粮种植面积趋于减少，市场供给减少导致 1～5 月价格上涨；之后，由于进口大米尤其是来自越南的大米冲击南方大米市场，南方大米消费以籼米为主，从而导致籼米价格下跌。粳米价格保持上涨的原因：一方面，近年来粳米消费需求增加，对价格形成了一定的支撑；另一方面，2011 年新季粳稻上市之后，呈现出高开低走的态势，为此国家加大了政策性储备粮收购力度。6 月底以来，东北粳稻米价格持续走高。

**（四）进口大米对南方籼米市场产生了一定程度的冲击**

目前，进口大米对我国大米市场的冲击主要集中于南方地区。农业部市场信息司和农业部农村经济研究中心 8 月初赴江西等地调研，获得了一部分相关信息。首先，我国广西等地与越南接壤的地方小额边贸发达，凭身份证就可以一次性购买 8000 斤越南大米，关税减半征收，这种大米运到江西南部的价格可能不到 1.8 元/斤。其次，越南到中国的大米走私情况严重。据南方部分地区海关估计，走私数量基本与正常贸易数量相当，走私米运到江西南部的价格可能在 1.2 元/斤左右。低价的越南进口大米冲击了广东、福建等部分销区的大米市场，拉低了南方产区的籼米价格，挤压了部分大米加工企业的盈利空间。根据对大米加工企业成本收益的实地测算，2012 年上半年，江西南部地区的米厂每加工一百斤籼米平均亏损 20 元以上，导致企业收购稻谷的积极性明显下降。受此影响，2012 年晚籼稻收购价不仅平开低走，而且出现了价格水平与早籼稻持平的少有现象。

## 四、多数主产国稻谷丰收，全球大米供需基本平衡

2012/13 年度，全球大米供求基本平衡，产量将再创新高且仍大于消费量。据联合国粮农组织 12 月谷物供需简报（The Cereal Supply and Demand Brief），2012/13 年度全球大米产量 4.8681 亿吨，比 2011 年度增 0.9%；消费量 4.7555 亿吨，增 1.6%。大米产量增长的主要原因是，亚洲稻米主产国普遍增产，非洲国家也略有增产。全球大米产需基本平衡。期末库存 1.6985 亿吨，增 6.6%，这是大米产量连年增加的结果。库存消费比 35.7%，上升 1.7 个百分点。全球贸易量 3759 万吨，同比增 0.8%。

另据美国农业部 12 月供需报告预测，2012/13 年度，全球大米产量为 4.6534 亿吨，比 2011 年度增长 0.1%；全球大米消费量为 4.6851 亿吨，比 2011 年度增长 2.3%。全球大米供求基本平衡，期末库存为 1.0254 亿吨，比 2011 年度减少 316 万吨。全球大米库存消费比为 21.9%，较 2011 年度下降 1.2 个百分点。全球贸易量为 3658 万吨，同比减少 5.4%。

## 五、主要出口国持续干预市场，国际米价周期性波动

### （一）国际大米价格"6 个月周期"现象再现

2012 年，国际大米价格从 552.0 美元/吨（2.15 元/斤）上涨至 564 美元/吨（2.16 元/斤），累计上涨 2.2%。1 月国际米价明显下跌，从 2011 年 12 月的 591.3 美元/吨（2.31 元/斤）跌至 1 月的 552.0 美元/吨（2.15 元/斤），跌幅高达 7.1%，尽管 2 月跌幅收窄，仍然达到 2.9%。自 3 月开始，国际大米价格出现反弹，至 6 月达到 579.5 美元/吨（2.21 元/斤），但是仍然比 2011 年 12 月下跌 2.0%。在经历了 7 月的持平之后，8 月国际大米价格结束了 6 个月的周期，跌至 547.2 美元/吨（2.11 元/斤），环比跌 5.5%，9 月国际大米价格又反弹至 556.0 美元/吨（2.14 元/斤），环比涨 1.6%，10 月，国际大米价格又涨至 564 美元/吨（2.16 元/斤），环比涨 1.4%，10 月、11 月与 12 月连续三个月均是环比略涨。

### （二）国际市场大米供应充足导致 1～2 月国际米价下跌

2011 年，中国、印度、巴基斯坦、越南等国大米获得丰收。全球大米供给相对宽裕，据联合国粮食及农业组织等机构预测 2011/12 年度全球大米产量及库存将达到近 10 年来的最高水平。2012 年以来，巴基斯坦和印度大米出口增加，国际谷物理事会预测 2012 年这两个国家的大米出口量将分别增长 32%。充足的市场供应，导致国际市场对大米形成了降价预期。

## （三）主要大米出口国支持市场价格导致3～7月国际米价反弹

首先，泰国政府一再延长收购项目期限，持续收储稻米，使得泰国国内大米紧俏，贸易商备货困难，大米出口供应略显吃紧；其次，越南政府计划从农户手中收购100万吨冬春稻，也导致越南贸易商货源偏紧，此外，越南食品协会4月9日起将大米最低出口价上调6%；最后，印度农业成本及定价机构建议政府将稻米收购价格上调约16%，以弥补生产成本的增幅，导致印度大米出口价格上涨。

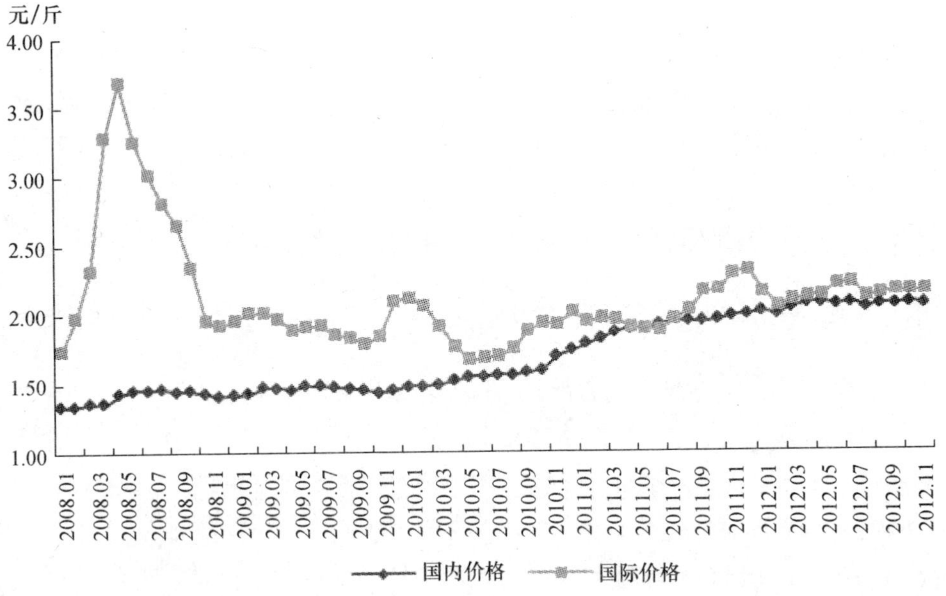


图9 2008年以来国内外大米价格变化情况

数据来源：农业部信息中心整理。

## （四）泰国释放库存和发布收储政策导致8～12月国际米价先抑后扬

8月，泰国政府计划无底价竞价销售庞大的大米储备，尤其是8月20日宣布将出售约75.3万吨库存大米，以提振泰国大米出口。消息一经传出，8月国际米价下跌。9月下旬，泰国商业部部长确认，2012/13年度（10月到次年9月）泰国政府将继续实施稻米收购项目。据悉，2012/13年度普通稻米收购价格不变，仍为每吨1.5万泰铢，香米收购价格也稳定在每吨2万泰铢。但是，这一收购价格仍将远高于市场水平。泰国政府预计，2012/13年度稻米收购量同比增加近50%，达到2600万吨，主季稻米收购量可能达到1500万吨，高于本年度的900万吨。根据2011/12年度的泰国稻谷典押政策执行情况（见

表3），如果政府实现这个目标，那么收购量将占到国内总产量的80%左右。泰国政府确认继续实施稻米收购项目这一事件，为国际大米价格上涨提供了支持，但是泰国、印度等主产国库存高企又一定程度上压缩了国际米价的上涨空间，因此，10～12月出现了连续三个月的环比略涨局面。

**表3　2011/12年度泰国干预收购稻谷数量**　　单位：万吨

| 项目 | 主季稻 | 二季稻 | 总量 |
|---|---|---|---|
| 普通白米稻谷 | 307 | 133 | 1637 |
| 优质茉莉香稻谷 | 344 | 14 | 358 |
| 其他 | 44 | 3 | 74 |
| 总量 | 695 | 1374 | 2069 |

数据来源：泰国大米出口协会。

## 六、我国稻米出口减少，进口增加

据海关统计，2012年，12月我国出口稻米2.1万吨，环比增90.1%，同比减64.4%；进口稻米21.8万吨，环比增46.5%，同比增2.5倍。1～12月累计，出口稻米27.9万吨，同比减45.9%；出口额2.7亿美元，同比减36.2%。进口236.9万吨，同比增3倍；进口额11.5亿美元，同比增1.8倍。进口稻米主要来自越南（占进口总量的65.2%）、巴基斯坦（占24.5%）和泰国（占8.4%），出口目的地主要是韩国（占出口总量的36.4%）、日本（占17.8%）和朝鲜（占17.6%）。

2012年我国稻米进出口贸易呈现出两大特点。第一，进口大幅增加。其中的直接主要原因是越南等国的稻米价格远低于国内。第二，进口来源结构发生变化。越南取代泰国成为我国第一大稻米进口来源，巴基斯坦紧随其后，泰国则跌落至第三位。实际上，越南等国稻米价格远低于国内只是本年度稻米大幅进口的直接原因。背后的因素则是东南亚稻米出口国政策的调整。泰国实施稻谷典押政策，抬高了该国大米的出口价格。泰国大米价格上涨后，我国稻米进口企业纷纷转向价格较为便宜的越南大米。越南大米色泽较亮，卖相较好，但口感较硬，因此很少直接销售。部分加工企业购买越南大米作配米掺入国产大米，或者制作米粉掺入国产米粉中，添加比例一般为5%左右，但也有可能达到35%。

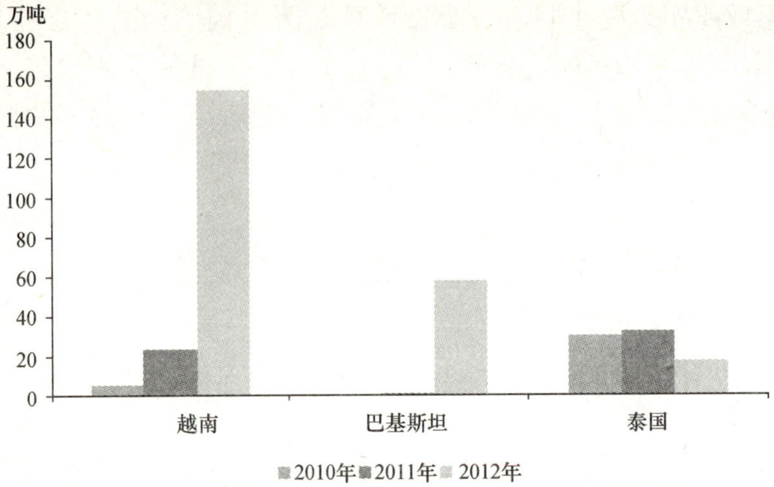


图 10 2010 年以来大米进出口情况

## 七、后市展望

### （一）稻谷价格预计将维持稳中有涨的运行格局

第一，稻谷产量增加为稻谷价格稳定提供了物质基础。2004～2011 年，我国稻谷连续 8 年增产，而且生产区域布局进一步优化，增产尚有潜力。2012 年，早籼稻再度实现增产，中晚籼稻产量预计保持稳定，粳稻有望再获丰收，我国稻谷生产有望实现历史性的“九连增”。FAO 于 11 月发布的粮食展望预测，2012/13 年度我国稻谷产量将达到 14150 万吨（碾磨后）。美国农业部于 2013 年 1 月初发布的世界农产品供需报告预测，2012 年我国大米产量将达到 14400 万吨（碾磨后）。国内有权威机构预测，2012 年我国稻谷产量将达到 20500 万吨。根据以上机构的预测，结合目前稻谷的生产形势，我国稻谷产量将再次达到 2 亿吨以上。

第二，国家强农惠农富农政策为稻谷价格稳定提供了制度保障。2013 年 1 月，为支持春耕生产，中央财政及时向各省（自治区、直辖市）拨付粮食直补资金 151 亿元、农资综合补贴资金 1071 亿元，要求认真做好 2013 年粮食直补和农资综合补贴兑付方案，力争在春耕前将补贴资金兑付到种粮农民手中。同时，为支持地方做好粮食直补和调控工作，中央财政及时拨付 2013 年粮食风险基金中央补助款 315 亿元，加上地方配套资金 67 亿元，目前粮食风险基金规模为 382 亿元。该基金由地方政府按规定用于粮食直补和地方储备粮油补贴等方面支出。为减轻粮食主产区财政负担，目前全国 13 个主产区粮食风险基金已全部由中央财政负担。2013 年 1 月下旬，农业部办公厅和财政部办公厅联合发布了《2013 年农业机械购置补贴实施指导意见》，提高了部分重点农业机械的补贴上限。早在 2012 年 9 月，为支持做好春耕备耕工作，2013 年中央财政第一批农机购置补贴资金 200 亿指标已提前通知到了各地。国家于 2012 年开始实施农业防灾减灾稳产增产关键技术补助政策，在南方早稻产区实施集中育秧专项补贴，在东三省实施东北水稻大棚育秧，这种“联技计补”的农业支持政策有望实现常态化。2013 年“一号文件”提出，“粮食生产要坚持稳定面积、优化结构、主攻单产的总要求，确保丰产丰收”。综上所述，2013 年及今后较长的时期内，国家强农惠农富农政策会进一步加强。在此基础上，农民种粮积极性能够得到有效保障，从而为包括稻谷在内的重要农产品有效供给提供制度保障。

第三，稻谷市场调控政策体系为稻谷价格平稳运行并保持合理上涨提供了政策环境。目前，包括稻米在内的主要粮食的市场调控政策体系已经基本成型，最低收购价、临时收储计划、政策性储备粮拍卖构成了我国对国内粮食市场调控的“三大法宝”。2005 年以来，主要粮食价格一直保持稳中略升的态势。2006 年起，国家每年都在当年稻谷春播之前公布其最低收购价格，在新季粮食开秤收购之前公布详细的执行预案，并且保持了最低收购价逐年上调的态势。2013 年 1 月 30 日，国家发改委宣布，为保护农民种粮积极性，促进粮食生产发展，2013 年国家继续在粮食主产区实行最低收购价格政策。经国务院批准，2013 年生产的早籼稻（三等，下同）、中晚籼稻和粳稻最低收购价格分别提高到每 50 公斤 132 元、135 元和 150 元，比 2012 年分别提高 12 元、10 元和 10 元。至此，我国稻谷最低收购价已连续 7 年提高。可以预见，2013 年 7 月初和 8 月底，国家发改委等部门又会分别发布早籼稻和中晚稻的最低收购价政策执行预案。国家在对包括稻谷在内的粮食实施市场调控政策，对稻谷价格形成了“托市”，从而为稻谷价格保持平稳运行并合理上涨提供了政策环境。

第四，成本因素将是稻谷价格上涨的主要动力。农业部调研组 8 月初赴江西调查了早稻生产和市场情况，8 月底赴黑龙江调查了粳稻生产和市场情况。结果显示，服务费用和雇工费用涨幅较大。早籼稻种植中，服务费用涨幅高达 24.1%，雇工费用涨幅高达 15.6%。粳稻种植中，服务费用涨幅高达 20.7%，雇工费用涨幅高达 50.0%。尤其值得关注的是：首先，2012 年稻飞虱、卷叶螟、粘虫等病虫害多发重发，打药服务或雇工费用涨幅高达 42.5%～50.0%；其次，水稻育秧雇工费用涨幅高达 33.5%～50.0%。这说明，如水稻集中育秧、病虫害统防统治等服务于粮食生产的社会化服务，必须得到进一步健全和完善。

第五，早籼稻期货价格将在短期内先扬后抑。在货币政策微调的背景下，一方面，种植面积增加和生产条件良好等利空因素打压了粮食期货价格，早籼稻期价还存在一定的下跌惯性。另一方面，最低收购价上调及种植成本增加等因素能够一定程度上缓解粮食期货价格下行压力，早籼稻期货价格底部逐年上移，从早籼稻期货价格的历史走势看，第四季度前半段将出现振荡走势，后半段将出上升走势，但是交易量将大幅下降。从早籼稻期货价格的历史走势看，每年年底早籼稻期货价格会有一波大幅反弹走势，这一走势有可能延续到来年 1 月。我国早籼稻主产区均在 3 月开始大面积播种，因此，每年的 3 月、4 月期价都是季节性下跌走势。4 月、5 月在播种面积增加及气候条件基本良好等利空因素打压下，期价振荡下行。第三季度不确定性因素较大，但由于近年来新季早籼稻生产成本比陈稻高，所以一般而言，第三季度会出现冲高走势。此后，随着新季中晚稻上市时间临近，籼稻期价持续回落。第四季度，仍然是由于新季中晚稻生产成本和季节性因素相互交织导致期价振荡，但是交易逐渐归于清淡。因此，根据以上总结的规律，稻米期货主力合约价格将于第一季度出现先扬后抑走势。

**（二）大米价格稳中有涨格局，但“稻强米弱”值得关注**

在成本上涨的背景下，农民惜售心理增强，原粮价格将进一步上涨，大米加工企业融资成本和雇工成本大幅上涨，都给大米价格造成了上涨压力。新季中晚稻大量供应终端市场一般在 10 月以后，加之前期东北粳稻供应减少，销区市场粳米阶段性到货减少，也带动了价格走强。展望后市，季节性消费提振行情已过，短期内大专院校等集团消费减少。尽管目前货币政策出现了微调，但是与往年一样，出于国家宏观调控的需要，大米价格调整比较困难，而且随着未来通货膨胀预期回落，大米价格上涨将在一定的空间之内。2013 年 1 月 1 日起，北京、浙江、陕西、河南四个省市率先提高了最低工资水平。可以预见，2013 年，大米加工企业的劳动力成本将进一步攀升。更为值得关注的是，2013 年稻谷最低收购价提高之后，不少抗风险能力较弱的中小型企业将面临困境，大中型加工企业或将面临一轮洗牌与整合。

**（三）国际米价有可能进入新一轮振荡整理阶段**

国际米价有可能进入新一轮振荡整理阶段。美国联邦公开市场操作委员会（FOMC）9 月 13 日宣布，将推出第 3 轮量化宽松政策（QE3），这对美元形成了贬值压力。从 2008 年国际粮食危机的经验看，美元贬值会为国际粮价上涨的主要动力。但是，货币金融流动性带来的国际米价反弹有可能受到制约。其中的主要原因是，目前全球稻谷库存达到历史新高，主产国有释放库存的压力。亚洲各水稻主产国开始进入收割期，印度和泰国大米库存依然偏高，后期走势取决于泰国和印度释放库存的力度和速度。石油价格与全球农产品生产成本关系密切，因此国际油价的不确定性也会对大米价格造成影响。气候也将是未来粮价波动的不确定因素之一。据世界气象组织（WMO）信息，9 月到 10 月一股弱的“厄尔尼诺”可能在北半球出现，可能持续至 2012 年冬季，这有可能导致明年亚洲主产国稻谷种植期间出现低温冻害影响，并有可能带来干旱。

**（四）稻米贸易持续增长**

由于我国稻谷生产成本刚性增长，加之最低收购价持续提高和需求拉动，我国稻米价格仍将呈稳中有涨走势，普通大米进口价格将保持一定优势，预计后期大米进口仍将维持相对较高水平，但进口增速会有所放缓，主要是因为国际米价上涨和越南大米品质较低。从近几个月情况看，越南大米进口已经出现减缓势头。2012 年 12 月，我国从越南进口大米量已降至 5.0 万吨，环比降 23.1%，较 5 月进口峰值降 85.3%。据大米加工企业反映，进口减缓的主要原因是越南进口的低价大米品质较低、口感偏硬，一般仅作为食品原料、工地食堂大米等销售，有部分企业采取掺兑的方法添加到国产籼米中进行销售，但由于国内消费者接受程度较低，销售情况不太理想。随着南方粮食主销省区与东北粳米产销对接进一步顺畅，东北大米出口可能继续同比减少。从出口去向上看，东亚地区仍然是我国大米出口的主要市场。受到中日关系影响，前一段时间中国大米在日本市场走俏的趋势将有可能减弱。

# 2012 年小麦市场形势分析及展望

农业部农村经济研究中心 曹 慧 农业部信息中心 钟永玲

2012 年我国小麦连续第九年增产，国内市场供应充足。但受饲用需求增加及生产成本上升等因素影响，陈麦价格稳中有涨。尤其是 9 月以后，随着面粉销售旺季的到来，市场粮源紧张状态逐步显现，普麦价格涨势加剧。由于普通小麦价格涨势明显，而优质小麦明显偏弱，普优麦价差重回低点。2012 年新麦上市初期大部分地区开秤价低于国家最低收购价，小麦托市收购再次启动，且收购量高于 2010 年。由于上半年国际小麦价格明显低于国内，我国小麦进口大幅增加，且以澳大利亚小麦为主。2012/13 年度全球小麦产不足需，国际小麦价格于下半年较快上涨。预计后期随着国家政策性粮源投放力度的加大，市场粮源偏紧状况得以缓解，国内小麦价格将保持平稳；2013/14 年度全球小麦供需情况改善，国际小麦价格高位回落。

## 一、2012 年以来小麦市场形势分析

### （一）国内市场形势

1. 全国小麦连续第九年增产，供应充足

2004 年以来，国家不断加强对粮食生产的扶持，小麦生产连续丰收。2012 年入春后小麦生产遭遇低温，部分地区小麦返青推迟，但随着后期升温，加上 3 月以来的有效降水，苗情转化快，小麦产量实现了“九连增”。据国家统计局数据显示，2012 年全国小麦播种面积 2413.9 万公顷，比上年减少 13.1 万公顷，微降 0.5%；单产达 4995 公斤/公顷，比上年提高约 158 公斤/公顷；总产量 12058 万吨，比 2011 年增加 318 万吨，增长 2.7%。小麦的连续丰收，使得市场供应得到充分保证，为稳定价格奠定了坚实基础。

2. 陈麦价格稳中有涨，普优麦价差重回低点

2012 年 1 月以来，国内普通小麦市场呈现稳中有涨态势。从各月环比涨幅来看，除了 6 月、7 月受新麦上市影响价格小幅回落外，其余各月均呈持续上涨趋势。其中，9 月受市场需求旺盛带动涨幅最大，环比达到 4.4%。综合

来看，普通小麦平均批发价格由 1 月的 1.03 元/斤涨至 12 月的 1.18 元/斤，累积涨幅达 14.3%，全年平均价格为 1.08 元/斤，同比上涨 4.6%。与普通小麦不同，优质小麦市场行情明显偏弱。2012 年 5～8 月，国内优质小麦价格连续四个月下跌，单月最大跌幅达 6.08%（7 月）。9 月以后价格虽止跌回升，但涨幅较小，均在 1% 左右。综合来看，优质小麦平均批发价格由 1 月的 1.28 元/斤跌至 8 月的最低点 1.16 元/斤，而后回升至 12 月的 1.17 元/斤，累计跌幅仍达 7%，全年平均价格为 1.22 元/斤，同比跌 2.8%。普优麦价差也呈不断下降趋势，由 1 月的 0.25 元/斤降至 12 月的 0.01 元/斤，再创历史新低。优质小麦行情疲软的原因首先是进口小麦大幅增加，使得北方主产区国产优质小麦需求下降，市场成交数量较少；其次是由于 2011 年优质小麦市场形势较好，一些企业的收储力度较大，2012 年采购积极性明显下降。

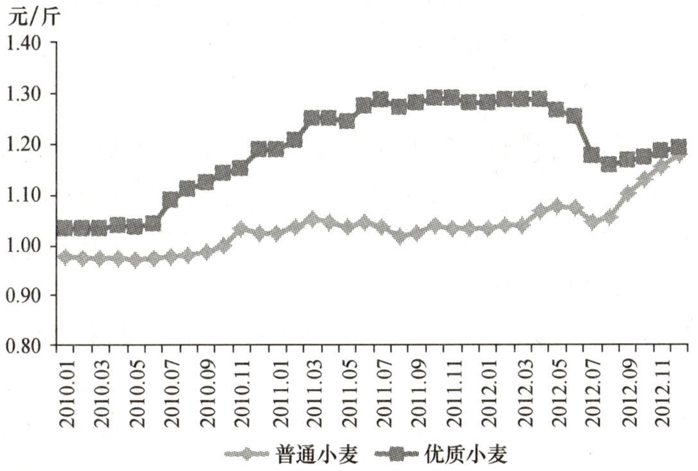


**图 11　2010 年以来国内普通小麦与优质小麦价格走势**

数据来源：中华粮网。

3. *托市收购启动，新麦价格先抑后扬*

2012 年 5 月下旬各地新麦陆续上市后，市场整体较为冷清，大部分地区新麦开秤价低于国家最低收购价。为防止在新麦大量上市时价格下滑，出现“谷贱伤农”现象，自 6 月 12 日起，安徽、江苏、湖北、河南、山东及河北全省或部分地区先后启动了小麦最低收购价执行预案。与往年相比，2012 年全社会收购小麦的进度和数量均高于 2011 年，其中国有粮食企业收购数量增加较为明显，最低收购价小麦的收购数量也较上次预案启动时（2010 年）有所增加。据国家粮食局统计，截至 9 月 30 日，主产省各类粮食企业累计收购 5762.5 万吨，同比增加 30.9 万吨，其中国有粮食企业收购 3884.8 万吨，同比增加 295. 9 万吨。中储粮委托收储库点在河南、江苏等 6 省按最低收购价收购 2325. 4 万吨，比 2010 年增加 84. 5 万吨（2011 年未启动托市）。随着国家收储小麦数量的增加，市场流通余粮减少，国内新麦价格自 8 月初开始呈现上涨态势。尤其是 8 月中下旬以来，随着天气逐渐转凉、大中专院校相继开学，面粉消费逐渐进入旺季，加之新麦性价比优势较为明显，面粉和饲料企业加大了新麦采购力度，新麦价格上涨幅度加大。据农业部监测，9 月白麦、红麦、混合麦国有企业收购价分别为每百斤（下同）106. 13 元、101. 01 元、102. 87 元，比 6 月分别上涨 3. 61%、0. 32%、1. 6%，同比上涨 5. 9%、4. 53%、3. 92%；个体粮商收购价分别为 105. 04 元、100. 85 元、101. 66 元，比 6 月分别上涨 5. 96%、3. 64% 和 3. 87%，同比上涨 4. 77%、4. 88%、3. 06%。9 月初，由于国内小麦市场价格普遍高于最低收购价水平，江苏、安徽等六个小麦最低收购价预案执行地区全部停止了托市收购。

4. 小麦进口大增，来源国结构发生明显变化

自 2011 年底以来，我国小麦产品进口数量急剧增加。2011 年 12 月进口小麦产品 21. 84 万吨，为当年 7 月以来的最大月度进口量，同比增长 33. 7 倍。2012 年以来进口继续大幅增长，全年累计进口小麦产品 370 万吨，同比增长 1. 9 倍，是 2005 年以来进口小麦数量最多的一年；进口额 11. 1 亿美元，同比增长 1. 6 倍；出口 28. 6 万吨，同比减少 12. 9%；出口额 1. 5 亿美元，同比减少 6. 7%。进口小麦产品的主要来源地为澳大利亚（243 万吨，占 65. 7%）、美国（64. 5 万吨，占 17. 4%）、加拿大（40. 2 万吨，占 10. 9%）。出口主要目的地为朝鲜（15. 8 万吨，占 55. 2%）和中国香港（10. 6 万吨，占 37%）。

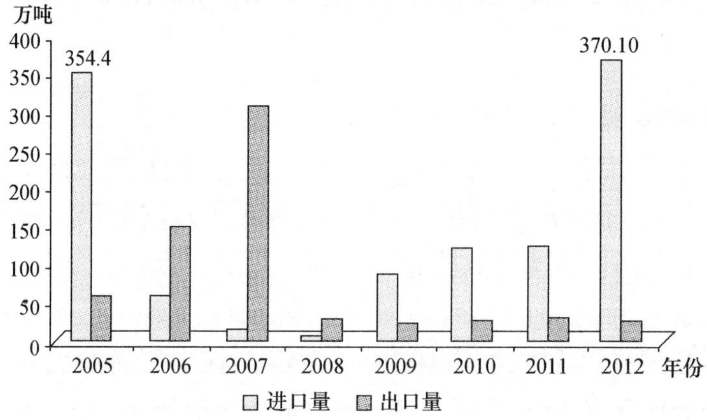


**图 12　2005 年以来小麦产品进出口量变化情况**

数据来源：中国海关。

近年来，我国小麦进口结构发生了较为明显的变化。如表4所示，我国从澳大利亚进口的小麦所占比例越来越高，由2009年的30.9%上升到2012年的65.7%，而从美国和加拿大进口的用于品种调剂的硬质小麦所占比例下降较为明显，从2009年的47.1%降至2012年的28.3%。2012年我国从澳大利亚进口的小麦多为饲料级小麦，主要是由于国内小麦玉米价格倒挂，广东、福建和山东等地的饲料企业多采用小麦来替代玉米，而且从澳大利亚进口的小麦在价格上具有明显优势。

**表4　2009~2012年小麦进口国别结构对比**

| | 澳大利亚 | 美国 | 加拿大 |
|---|---|---|---|
| 2009年 | 30.9% | 42.6% | 4.7% |
| 2010年 | 62.2% | 10.6% | 23.2% |
| 2011年 | 52.7% | 35.6% | 5.6% |
| 2012年 | 65.7% | 17.4% | 10.9% |

数据来源：中国海关。

## （二）国际市场形势

### 1. 国际小麦价格上半年稳中偏弱，7月以后明显上涨

由于2011/12年度全球小麦供应充足，2011年下半年国际市场小麦价格振荡下调，2012年上半年继续保持偏弱走势。2012年1~6月，国际小麦现货和期货价格同比下跌了18%~24%。从7月开始，受世界主产国干旱天气影响，2012/13年度小麦产量预期不断下调，国际小麦价格迅速回升。仅7月一个月，国际小麦期现货价格的环比涨幅就在20%以上，之后涨幅回落至4%以内；10月以后，受美国小麦出口需求疲软影响，国际小麦价格振荡下调。尤其是12月，受美国农业部报告利空因素压制，加上圣诞节前后农产品市场交易非常低迷，国际小麦价格连跌四周，累计跌幅在5%左右。从全年情况来看，墨西哥湾硬红冬麦（蛋白质含量12%）平均离岸价每吨330.56美元，同比跌0.5%；堪萨斯期货交易所硬红冬麦平均期货价每吨286.74美元，同比跌3.7%。

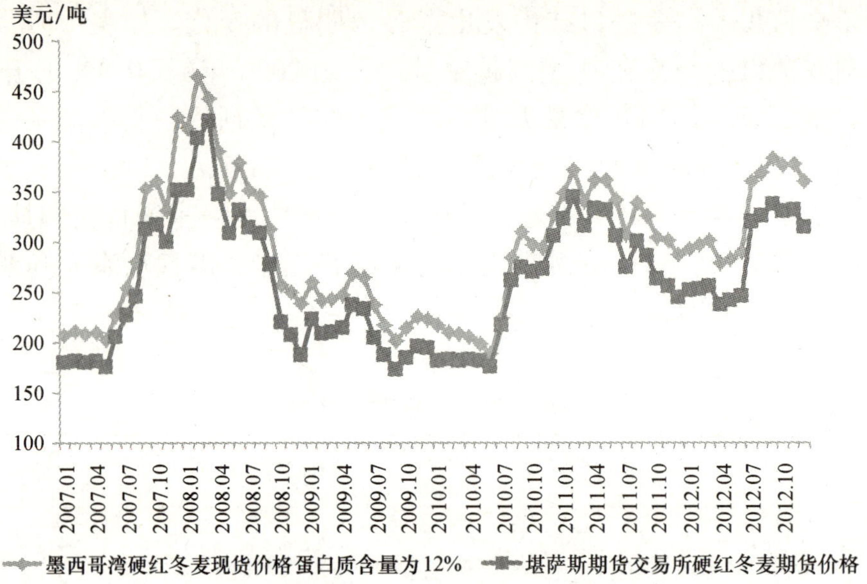


**图13　2007年以来国际小麦期现货价格走势**

2012年上半年，由于国际小麦价格偏弱而国内价格稳中有涨，国内小麦销区价持续高于国际小麦到岸价，且差价幅度一度达到0.15元/斤。但自7月以来，由于国际小麦价格迅速上涨，国际小麦到岸价当月就超过了国内优质麦销区价，国际小麦离岸价也从8月开始超过了国内小麦产区价。10月以后，随着国际小麦价格回调，而国内价格保持上涨态势，国内外差价逐渐缩小。到12月，美国墨西哥湾硬红冬麦（蛋白质含量12%）直接折人民币每斤1.13元，比优质麦产区批发价低0.06元；到岸税后价约每斤1.52元，比同期国内优质麦销区价高0.19元。

2. 2012/13年度全球小麦较大幅减产，库存降至五年来最低

受俄罗斯、澳大利亚及其他一些主产国干燥天气等不利因素影响，2012/13年度以来，粮农组织、国际谷物理事会、美国农业部等机构持续下调本年度全球小麦产量及期末库存量。根据国际谷物理事会2013年1月的供需报告，2012/13年度全球小麦产量为6.561亿吨，同比减少5.7%；全球小麦消费量为6.782亿吨，同比减2.1%。其中，饲用消费1.32亿吨，同比减少10.1%。食用消费4.652亿吨，同比增长1%。工业消费1890万吨，同比增长0.5%；预计全球小麦产不足需2210万吨；期末库存为1.742亿吨，同比减少11.1%，为2008/09年度以来的最低值；库存消费比为25.69%，同比下降2.6个百分点；全球小麦贸易量预计为1.366亿吨，同比减少5.8%。

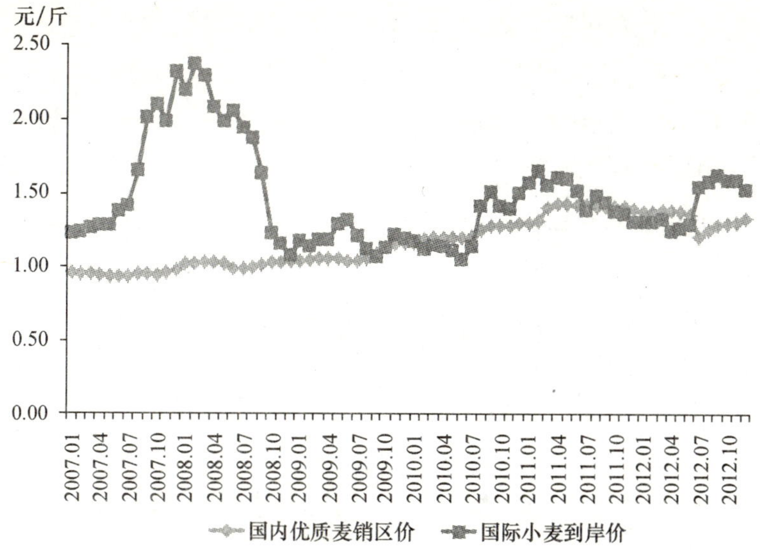


图 14 2007 年以来国内外小麦价格走势

## 二、影响国内小麦市场的主要因素

1. 饲料消费大幅增加

2011 年以来，受国内玉米供需关系偏紧影响，玉米价格快速上涨，并且从当年 5 月开始，玉米价格超过小麦价格，8～12 月玉米与小麦价差每斤曾达到 0.1 元以上。2012 年以来，随着玉米价格整体回落，小麦价格平稳上涨，上半年二者价差回落至 0.1 元以下。但 7 月以后，玉米价格再度上涨，而同期陈麦价格却因终端需求不旺而下跌，二者差价重回 0.1 元以上，9 月的平均差价达到 0.17 元/斤，为 2012 年以来的最高值。由于国内小麦与玉米比价持续倒挂，2011 年下半年以来国内饲料企业采购小麦替代玉米的数量不断扩大，且替代技术也逐步纯熟。以前小麦和玉米替代率的最高值为 30%，再高可能会影响牲畜的消化吸收能力。但若加入消化酶，则小麦和玉米可以达到全替代。在 2012 年的夏粮收购市场上，饲料企业的活跃程度也远高于面粉加工企业。笔者在山东枣庄市调研发现，当地有两个中等饲料加工企业，月收购小麦 2 万吨，收购价格在 1.01～1.02 元/市斤，收购等级质量在 730～760 克/升。小麦饲料用量的增加，对小麦价格形成有力支撑，并成为推动麦价上涨的主要动力。

2. 生产成本继续上涨

由于人工、化肥和农药等费用增加，尽管 2012 年小麦种植面积、单产和总产都有所增加，但农民种粮收益与2011年大体相当，部分地区还有所下降。据河南省地方经济社会调查队调查结果显示：2012年全省每亩小麦的平均生产成本为539.4元，比2011年增长6.6%；每亩小麦的净收益是314元，同比增长14.9%。虽然2012年种植小麦收益有所增加，但实际上这个收益是被严重缩水的。因为河南小麦亩产比上年提高5.8公斤，每公斤小麦的最低收购价又增加了0.16元，2012年每亩小麦收入应增加74.2元。而由于小麦种植成本较2011年增加33.5元，致使每亩小麦的收益增加额仅剩40.7元，有45%的收益被增加的生产成本所抵消。此外，据江苏省物价局监测，江苏省小麦每亩平均成本659.11元，比2011年增加49.33元。按照全省预测小麦产量和最低收购价格测算，2012年全省农民平均每亩收益148.23元，比2011年减少5.73元。生产成本的增加，提升了农民对小麦价格的心理预期。

3. 最低收购价小麦拍卖调控作用明显

自2006年11月以来，国家每周定期举行最低收购价小麦拍卖，为满足加工企业需求、稳定市场价格发挥了重要作用。2011年10月底之后，受面粉消费疲软影响，小麦加工需求下降，国家最低收购价小麦拍卖成交率回落至5%以下。2012年1月以来，尤其是春节过后国家最低收购价小麦拍卖呈现回暖态势，虽然投放量仍保持在每周300万吨左右，但成交量明显增加，从2月下旬到3月，成交率稳定在7%～13%。自2012年4月1日起，国家大幅上调了最低收购价小麦拍卖底价，白麦每吨上调160元，混合麦和红麦每吨上调200元。调整后2010年托市麦（三等）拍卖底价为2040元/吨，红白混麦均无品种价差，2009年托市麦（三等）销售底价为1960元/吨，与市场价大致相当。加上面粉消费逐渐进入淡季，国家最低收购价小麦拍卖成交率大幅回落至1%～3%。8月中旬以后，受市场新麦粮源减少和消费旺季逐渐来临影响，最低收购价小麦交易明显好转，成交率回升至10%以上。为保证市场供应，从10月24日开始，国家将每周最低收购价小麦的拍卖量增加100万吨至400万吨。

12月5日，最低收购价小麦销售底价再次上调，其中储存在河北、山东、江苏、湖北、安徽、河南、新疆的2010年产小麦，竞价销售底价每吨2160元（国标三等仓内交货价，下同）；其他地区每吨2260元。2009年及以前年度产小麦竞价销售底价每吨2040元；其他地区每吨2140元。2012年国家两次提高2010年产小麦的销售底价，累计提高幅度在每吨280元，但由于供需形势偏紧，最低收购价小麦拍卖成交率依然保持在10%以上。总体来看，最低收购价小麦的拍卖对增加市场粮源、保证价格稳定发挥了重要作用。

## 三、后市展望

### （一）国内价格将保持稳中有升

1. 冬小麦播种面积增加，长势总体良好

2012 年冬小麦种植面积预计比 2011 年增加 100 多万亩，播种质量提高，当前苗情长势是近十年同期较好的一年。据农业部农情调度和小麦专家组田间调查分析，截至 12 月底，全国冬小麦一类苗占 45.7%，同比增加 0.5 个百分点；二类苗占 39.3%，增加 1.5 个百分点。一、二类苗合计达到 85%，是近十年仅次于 2004 年的第二好年；三类苗占 13.2%，增加 1.4 个百分点；旺长苗占 1.8%，减少 3.4 个百分点。11 个小麦主产省的冬小麦一、二类苗占 85.1%，增加 2.3 个百分点。其中，河北、山西、江苏、山东、河南、湖北、甘肃、新疆 8 省（区）苗情好于 2011 年同期。

2. 国家大幅提高 2013 年小麦最低收购价

9 月 29 日，国家发展改革委公布了 2013 年小麦最低收购价。2013 年生产的小麦（三等）最低收购价提高到每 50 公斤 112 元，比 2012 年提高 10 元。自 2006 年国家实行最低收购价政策以来，几乎每年都要根据生产成本提高收购价水平。从提价幅度上来看，2013 年小麦最低收购价较 2012 年提升 9.8%，相对幅度虽然低于 2009 年，但绝对值（每 50 公斤提高 10 元）与 2009 年持平，为历年的最大值。2012 年国家再次提高小麦最低收购价，不仅保护了农民的种粮积极性，有利于秋冬播小麦面积的稳定增加，还提升了市场预期，为后期小麦价格走势提供了有力支撑。

**表 5　2006 年以来小麦最低收购价调整情况**　　单位：元/50 公斤

| 年度 | 白麦 | 提高幅度（%） | 红麦、混合麦 | 提高幅度（%） | 红、白麦差价 |
|---|---|---|---|---|---|
| 2006 | 72 | | 69 | | 3 |
| 2007 | 72 | 0.0 | 69 | 0.0 | 3 |
| 2008 | 77 | 6.9 | 72 | 4.3 | 5 |
| 2009 | 87 | 13.0 | 83 | 15.3 | 4 |
| 2010 | 90 | 3.4 | 86 | 3.6 | 4 |
| 2011 | 95 | 5.6 | 93 | 8.1 | 2 |
| 2012 | 102 | 7.4 | 102 | 9.7 | 0 |
| 2013 | 112 | 9.8 | 112 | 9.8 | 0 |

3. 小麦玉米价差倒挂现象结束，小麦饲用消费需求减少

9月以来，随着新玉米上市临近，东北、华北等地贸易商多积极出库，筹备资金及仓容准备新一轮的玉米收储，市场供应量提升导致国内玉米价格行情稳中趋弱。而小麦却受市场粮源减少及双节拉动效应影响，价格不断上涨，小麦玉米价差呈现明显下降趋势。从10月开始，小麦玉米价差倒挂的现象结束，12月普通三等白小麦比二等黄玉米每斤高0.08元。小麦替代玉米的成本优势逐步丧失，使得小麦替代玉米的饲料消费需求将会有所下降，从而抑制未来小麦价格的上涨空间。

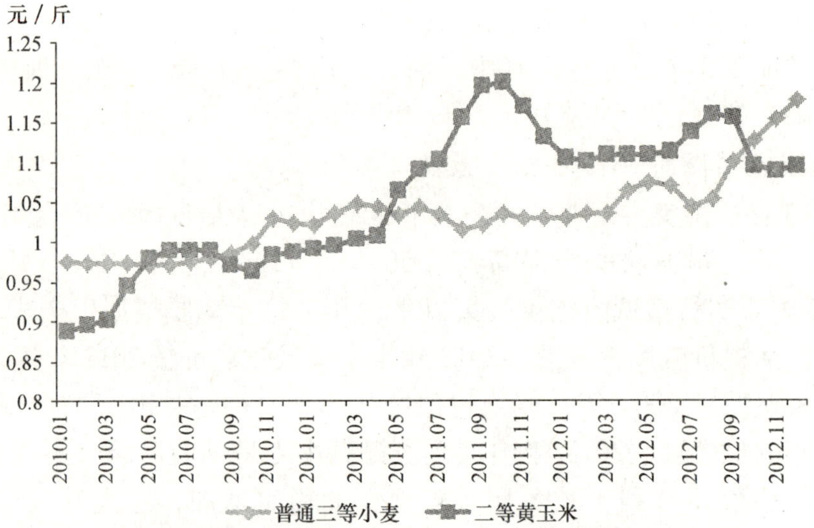


图15 2010年以来国内小麦和玉米价格走势对比

4. 国家政策性小麦投放力度加大，小麦价格看涨预期减弱

12月中旬以来，为缓解市场流通粮源紧张格局，国家政策性小麦投放力度不断加大。首先，国储转临储小麦500万吨进入竞价交易平台，每周向市场投放。国储转临储小麦品质良好，成交率很高，但分布较为分散，加上投放数量有限，限制了增加市场粮源的效果。其次，托市小麦拍卖数量增加。12月26日国家有关部门安排最低收购价小麦拍卖量共计457.66万吨，为2010年8月中旬以来的最高投放量。同时江苏省和湖北省率先投放了2012年产的托市收购小麦。最后，国储小麦提前轮换。国储小麦一般3～4月起进行轮换出库，由于小麦市场紧张，部分地区国储小麦提前至1月开始轮换。在国家加大调控力度的前提下，市场看涨预期减弱，贸易商高位出库意愿增强，贸

易粮也增加较多，市场粮源紧张的形势得到进一步缓解。而且随着春节日益临近，制粉企业备货将接近尾声，再加上春节过后，面粉销售将会面临低谷，企业以消耗库存为主，小麦需求将有所减弱，预计后期国内小麦市场价格将保持平稳。

**（二）国际小麦价格高位回落**

由于2012年北半球冬小麦播种之际国际市场小麦价格处于相对高位，主产国麦农种植积极性较高，全球小麦面积有所增加，各国际机构对2013/14年度全球小麦的供应前景预期较为乐观。国际谷物理事会预计2013/14年度全球小麦收获面积可能增至四年来的最高水平，平均单产反弹，总产量可能达到6.82亿吨。联合国粮农组织预计2013/14年度全球小麦产量将达到6.9亿吨，比上一年度增产4.3%，是仅次于2011年（7亿吨）的历史第二高纪录。粮农组织分析认为，全球小麦增产主要得益于欧洲播种面积的增加和俄罗斯、乌克兰、哈萨克斯坦等主要出口国小麦单产的恢复性增长；不过，美国冬小麦播种面积虽然增长了1%，但2月之前的干旱天气已经严重影响了单产，预计总产量将会降低6%至5800万吨。美国农业部也预计2013/14年度全球小麦产量可能达到新的历史最高水平，补充紧张的供应，小麦价格进一步下跌的几率加大。在2013/14年度全球小麦供需基本面看好的情况下，国际小麦价格高位回落。此外，美元汇率走势的坚挺也使得小麦市场承压，国际小麦价格将维持弱势振荡格局。

# 2012 年玉米市场形势分析及展望

农业部农村经济研究中心　习银生　农业部信息中心　徐伟平

## 一、2012 年玉米市场分析

### （一）国内玉米市场分析

2012 年，国内玉米市场主要表现出以下特点：

1. 玉米生产继续稳步发展，产量再创历史新高

由于玉米种植效益相对较好，2012 年农民生产积极性仍较高，据国家统计局数据，全国玉米面积比上年增加 4.2%，达到约 3495 万公顷。其中，东北产区增加较多，主要是由于黑龙江和内蒙古部分大豆改种玉米，华北黄淮产区基本稳定。从气候条件来看，2012 年东北及华北黄淮两大产区玉米播种均较常年略有推迟，但降雨总体充沛，光照充足，玉米长势普遍好于 2011 年。虽然多雨潮湿使东北、华北、西北等地三代粘虫暴发，8 月下旬台风“布拉万”导致东北产区部分玉米倒伏，但由于灾害不是发生在产量形成的关键时期，并且应对措施较为得力，造成的影响总体有限。生产后期气候适宜，华北黄淮产区未出现连阴雨，东北产区未出现严重早霜危害，有利于产量形成和收获。总体看，2012 年玉米再获丰收，全国玉米产量再创历史新高，总产达到 2.08 亿吨，同比增长 8.0%，玉米产量首次超过水稻，成为我国第一大作物。

2. 市场价格基本稳定，同比涨幅明显回落

2012 年，国内玉米批发价格走势大致可以概括为，年初在国家临储收购政策托市作用下，价格小幅下跌并逐步企稳，此后受优质饲用玉米粮源有限等因素影响，价格稳中有升，但由于深加工消费普遍低迷，饲料消费中小麦替代现象明显，玉米价格涨幅比上年明显缩小，9 月后随着新玉米收获并陆续上市，出现季节性回落。全年产销区批发价格累计涨幅分别为 2.2%、1.7%，涨幅同比分别回落 9.1 个、9.8 个百分点。产区平均批发价格各月环比涨幅分别为 -0.4%、-0.2%、2.4%、1.3%、0.6%、0.6%、1.4%、1.1%、

0.1%、-2.9%、-1.8%、0.3%，销区平均批发价格环比涨幅分别为0.5%、0.8%、1.3%、1.0%、0.2%、-0.1%、0.7%、1.5%、0.4%、-2.3%、-2.1%、-0.1%。12月，产区平均批发价格为每吨2252元，同比涨2.2%。其中，东北产区2306元/吨，同比涨9.3%；华北黄淮产区2210元/吨，同比跌0.7%。而2011年同期分别上涨11.4%、7.5%、12.9%。销区平均批发价格2539元/吨，同比涨1.7%，而2011年同期上涨11.6%。

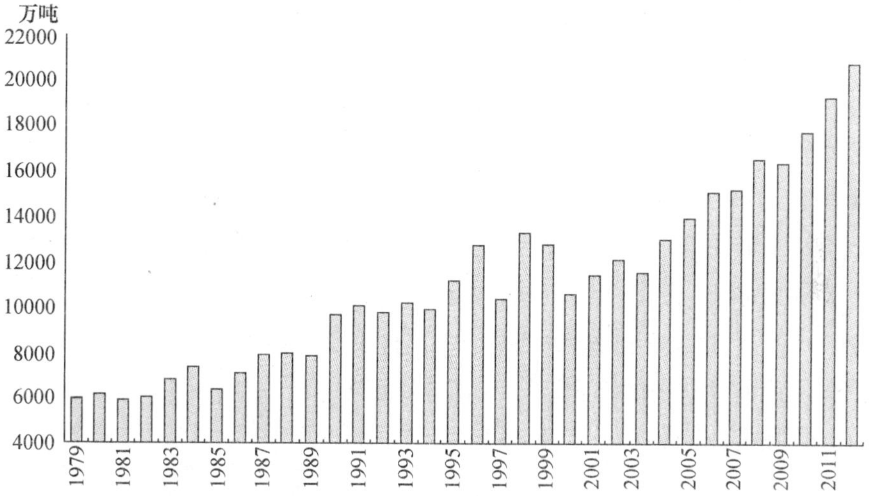


**图16　改革以来我国玉米产量变化**

数据来源：《中国统计年鉴2012》。

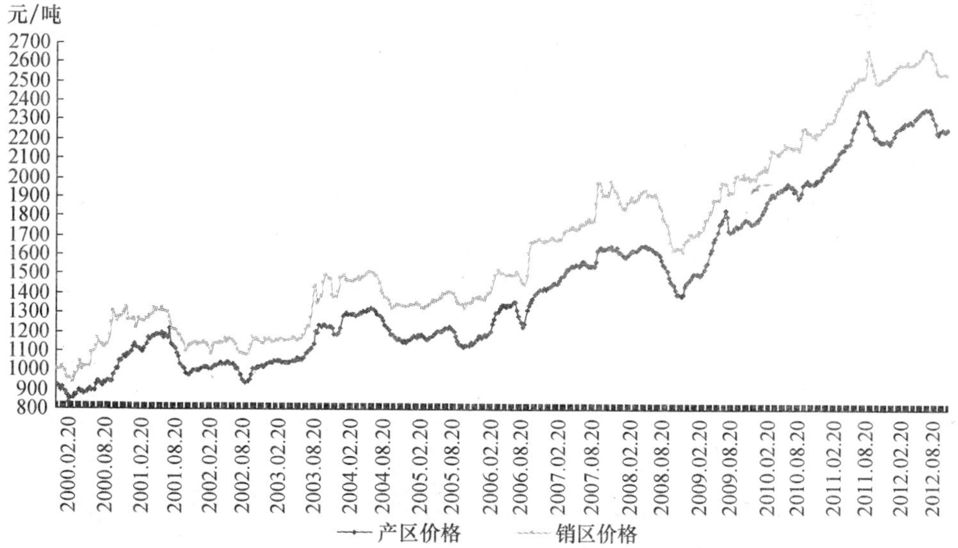


**图17　2000年以来国内产销区平均批发价格走势**

数据来源：根据中华粮网及中国粮油食品信息网等数据整理。

3. 东北产区批发价格走势相对较强，与华北玉米价格形成倒挂

由于上年玉米增产，而需求不旺，2012 年我国玉米供给总体充足，但饲用玉米粮源相对偏紧，主要原因是 2011 年玉米临近收获时，华北黄淮产区曾遭遇连阴雨天气，新产玉米质量较差，霉变率较高，部分地区霉变率高达 20%，而饲料企业对玉米质量要求较高，使得南方销区和华北黄淮产区的饲料企业纷纷转向东北产区集中采购玉米，东北产区货源供应相对偏紧，价格坚挺，特别是 6 月以后玉米市场逐渐进入青黄不接期，东北和华北玉米持续倒挂。6 ~ 12 月，东北产区每吨玉米价格分别比华北产区高出 16 元、2 元、8 元、51 元、120 元、88 元、96 元。全年东北产区玉米价格累计涨幅比华北黄淮产区高出 10 个百分点。

4. 国家临时收储政策出台，新玉米收购价格止跌回升

主产区玉米收获并陆续上市。从收获情况来看，2012 年华北黄淮产区玉米霉变少，质量明显好于上年。从收购情况来看，总体呈回落态势。华北黄淮产区和东北产区的加工企业分别于 9 月上中旬和 10 月上中旬开始挂牌收购新玉米，东北产区开秤价与 2011 年基本相当，开秤后稳中趋降，华北黄淮产区由于上年同期价格处于历史高位，2012 年开秤价明显低于 2011 年，开秤后持续回落。10 月下旬，吉林、黑龙江深加工企业挂牌收购价国标三等（水分含量 14%），分别为每吨 2140 ~ 2160 元、2080 ~ 2120 元，部分企业比开秤价回落 20 ~ 40 元。山东深加工企业挂牌收购价为 2180 ~ 2260 元，比开秤价回落 80 ~ 100 元，同比跌 100 ~ 160 元。11 月中旬，国家出台临时收储政策，托底作用逐步显现，收购价格开始止跌回升。到 12 月底，吉林、黑龙江深加工企业挂牌收购价分别为每吨 2170 ~ 2250 元、2050 ~ 2140 元，比前期低点价分别提高 60 ~ 90 元，同比提高 90 ~ 190 元。其中，吉林长春大成公司收购价为 2250 元，比开秤价提高 90 元，比国家临时收储价高 130 元，同比提高 190 元；华北黄淮产区收购价格回升更为明显，山东深加工企业挂牌收购价为每吨 2350 ~ 2500 元，比前期低点价提高 120 ~ 330 元，同比提高 20 ~ 100元。其中，山东西王集团收购价为 2380 元，比开秤价提高 80 元，同比提高 40 元。

5. 玉米与小麦价格倒挂，消费替代显著增加

2011 年 5 月以来，玉米与小麦价格一直倒挂，2011 年底至 2012 年初价差一度缩小，但 3 月以后，小麦价格相对低迷，而玉米价格稳中有张，价差再度扩大，7 月，全国玉米平均批发价格比小麦高出 10.5%，8 月以来由于小麦价格上涨，价差有所缩小，年底小麦价格已比玉米高出 3%，但由于小麦价格

持续低于玉米价格，2012 年饲料中小麦替代玉米现象明显增加，部分饲料加工企业和养殖户实现了小麦全替代。河北石家庄地区许多养殖户小麦替代率达到 30%，每吨饲料可减少成本 20 元，市场上出现了全小麦饲料，一些地方实现小麦全替代的比例近 10%。河南一些饲料企业以前饲料中不用小麦，但由于价格优势，加上玉米霉变率高，2012 年小麦替代率达到 60% ~70%，比 2011 年增加 1 倍。一些地方粮食局反映，2012 年饲料加工企业从当地国有粮库运走的小麦同比增加 1 倍多。河南一些养殖场只对 15 公斤以下的仔猪喂玉米，母猪和育肥猪全部用小麦替代，小麦综合替代率达到 90%。预计全年全国饲料中小麦替代玉米的数量约 2500 万吨，同比增加 1000 万吨左右。

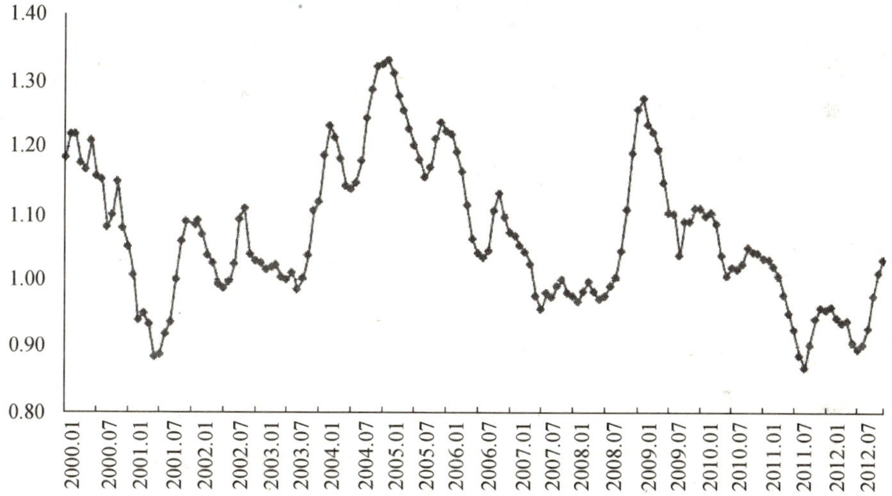


**图 18 2000 年以来全国小麦玉米平均批发价格比价关系变化**

数据来源：根据中华粮网数据整理。

6. 国外玉米一度价格优势明显，玉米进口大幅增加

2012 年上半年国际玉米价格相对低迷，特别是第二季度由于美国预期玉米面积大幅增加，播种进展顺利，全球玉米供求趋于宽松，导致国际玉米价格下跌，而国内价格相对稳定，加上国际海运费走低，4 ~6 月美国玉米到达我国南方港口的到岸税后价持续低于国内玉米价格，价格优势明显，导致 2012 年以来进口玉米大幅增加。累计进口玉米 520.7 万吨，进口额 16.83 亿美元，同比分别增长 1.97 倍、1.93 倍；累计出口 25.71 万吨，出口额 1 亿美元，同比分别增长 89.4%、1.2 倍；累计净进口 495 万吨，同比增长 2.06 倍。进口和净进口量均创 1996 年以来新高。从出口来源和去向看，主要是吉林和

辽宁，分别占出口总量的 53.2%、45.7%，且全部出口到朝鲜。从进口来源看，主要来自美国，占进口总量的 98.7%。进口省份主要有广东、江苏、上海、山东、福建、广西、四川，分别占进口总量的 28.5%、12.5%、11.7%、9.7%、6.4%、4.7%、4.7%。

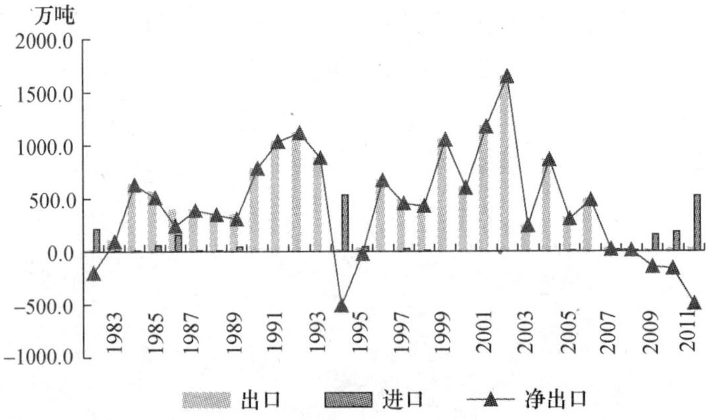


**图 19　1983 年以来我国玉米进出口变化**

数据来源：中国海关。

## （二）国际玉米市场变化

1. 国际价格大幅波动，同比总体明显上涨

2012 年，国际玉米价格剧烈波动。第一季度由于南美因干旱影响玉米产量，而消费继续增长，全球玉米供给趋紧。加上美元汇率走低，原油等大宗商品价格上涨，导致国际玉米价格呈振荡回升态势。进入第二季度以后，北美玉米进入播种期，由于美国预期玉米面积大幅增加，播种进度明显快于常年，加上美国燃料乙醇生产放缓，饲用小麦替代玉米现象增加，导致美国玉米库存高于市场预期。同时，欧债危机持续发酵，美元汇率走高，原油等大宗商品价格普遍下跌，导致国际玉米价格下跌。第三季度，美国中西部玉米带遭遇 59 年来最严重的旱灾，玉米生长受到严重影响，长势优良率同比急剧下降，导致国际价格大幅攀升，并在 8 月创出历史新高，9 月后由于美国玉米出口和消费状况不佳，加上南美玉米产量预期增加，国际价格又振荡回落。1 ~ 12 月，美国墨西哥湾 2 号黄玉米平均离岸价各月环比涨幅分别为 5.1%、3.9%、1.2%、-4.1%、-0.2%、-4.0%、26.3%、0.2%、-1.9%、-1.5%、0.6%、-1.4%；芝加哥期货平均价格各月环比涨幅分别为 5.5%、1.0%、1.8%、-2.7%、-3.8%、-3.4%、25.6%、9.7%、-4.8%、

-2.5%、-1.7%、-2.3%。12 月，美国墨西哥湾 2 号黄玉米平均离岸价为 318.7 美元/吨，同比涨 23.3%；芝加哥期货平均价格 284.3 美元/吨，同比涨 20.6%。

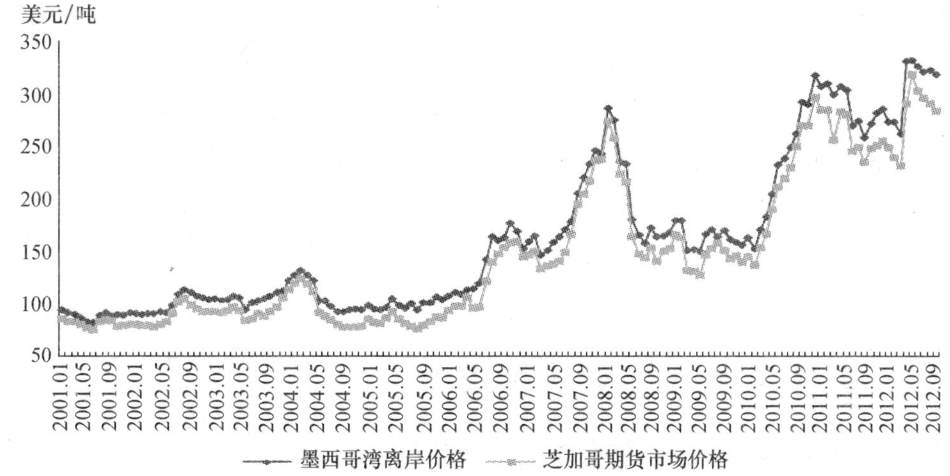


**图 20　近年来国际玉米价格走势**

数据来源：农业部信息中心。

2. 国际供求关系进一步趋紧，库存大幅减少

由于美国预期玉米面积大幅增加，2012 年以来国际玉米供求关系一度趋于宽松，5~6 月美国农业部连续调高全球玉米产量预期，库存随之增加，全球玉米产不足需局面趋于缓解。据美国农业部 6 月农作物供需报告，预计 2012/13 年度全球玉米总产将达到创纪录的 9.5 亿吨，较 2011 年度增产 8.8%；期末库存增加到 1.58 亿吨，比 2011 年度大幅增长 20.6%，库存消费比为 16.9%，比 2011 年度增加 2 个百分点。但 7 月后美国玉米带的严重旱灾使其玉米产量预期连续大幅下调，加上欧洲和加拿大等地也相继发生旱灾，全球玉米供求形势再度趋紧。12 月，美国农业部预计，2012/13 年度全球玉米总产 8.49 亿吨，较 6 月下调了 1.01 亿吨，较 2011 年度减产 3.7%。总消费量 8.63 亿吨，较 6 月下调 6087 万吨，比 2011 年度减少 1.7%。贸易量 9125 万吨，较 6 月下调 1407 万吨，较 2011 年度减少 19.0%。期末库存将下降到 1.18 亿吨，较 6 月下调 3813 万吨，较 2011 年度减少 10.8%，库存消费比 10.2%，比 2011 年度下降 1.3 个百分点。

表 6 美国农业部 2012 年 12 月全球及美国玉米供需平衡预测 单位：百万吨

| | 年度 | 期初库存 | 产量 | 进口 | 消费 | 其中：饲料消费 | 出口 | 期末库存 |
|---|---|---|---|---|---|---|---|---|
| 全球 | 2010/2011 | 145.28 | 831.36 | 92.37 | 849.58 | 501.30 | 91.46 | 127.06 |
| | 2011/2012 | 127.06 | 881.75 | 98.82 | 877.77 | 507.31 | 112.61 | 131.04 |
| | 2012/2013 | 131.04 | 849.09 | 95.32 | 862.52 | 514.74 | 91.25 | 117.61 |
| 美国 | 2010/2011 | 43.38 | 316.17 | 0.70 | 285.01 | 121.80 | 46.59 | 28.64 |
| | 2011/2012 | 28.64 | 313.92 | 0.74 | 279.01 | 115.51 | 39.18 | 25.11 |
| | 2012/2013 | 25.11 | 272.43 | 2.54 | 254.44 | 105.42 | 29.21 | 16.42 |

数据来源：美国农业部网站。

## 二、影响玉米市场的主要因素

影响 2012 年国内玉米市场的主要因素有：

1. 供给明显增加改善了玉米供求关系

2011 年，在政策、市场、气候等各方面条件均有利的情况下，我国玉米生产获得了历史性丰收，面积、单产、总产均创历史新高。据国家统计局公布的数据，2011 年，全国玉米播种面积达到 3340 万公顷，比上年增加 2.9%；单产达到 5.74 吨/公顷，比上年增加 5.2%，总产达 1.93 亿吨，比上年增长 8.2%。2012 年我国玉米又创历史新高，市场供应压力加大。同时，玉米进口超 500 万吨，为 1996 年来最高水平。玉米产量和进口均明显增加有利于改善供求关系趋紧状况，有效抑制了玉米价格涨幅。

2. 玉米消费低迷抑制价格上涨

我国玉米消费主要包括饲料消费和工业消费，但从 2012 年情况来看，这两方面的消费需求都较为低迷，其中，工业消费需求量出现了下降的趋势，饲用消费需求明显受到抑制。从饲料消费来看，2012 年以来，生猪价格持续下滑，猪粮比价不断走低，养殖效益大幅下降。据农业部监测，2012 年 5～7 月生猪养殖普遍处于亏损状态，8 月后养殖效益逐步回升，但猪价同比仍大幅下降。到 12 月底，全国猪肉平均价格同比下跌 6.4%。养殖风险加大，抑制了玉米饲料消费需求增长，加上小麦替代现象显著增加，进一步减少了玉米饲料消费。

从工业消费来看，受宏观经济影响，2012 年受国内经济增速下滑等宏观经济环境影响，2012 年以来，玉米深加工业普遍经营状况不佳，下游产品需求减少，销售不畅，价格下滑，企业持续亏损，限产停产现象大量增加，玉米用量明显下降，部分淀粉和酒精企业产量只有常年的1/3，经营相对较好的企业开工率也只有70%左右，一些业内人士认为2012年酒精行业玉米用量同比下降了10%～20%。2012年全国玉米淀粉和食用酒精平均批发价格分别为3174元/吨、6215元/吨，同比分别下降了2.3%和7.5%，在成本上升的情况下，产品价格下滑进一步压缩了企业利润空间，明显抑制了玉米工业消费用量。

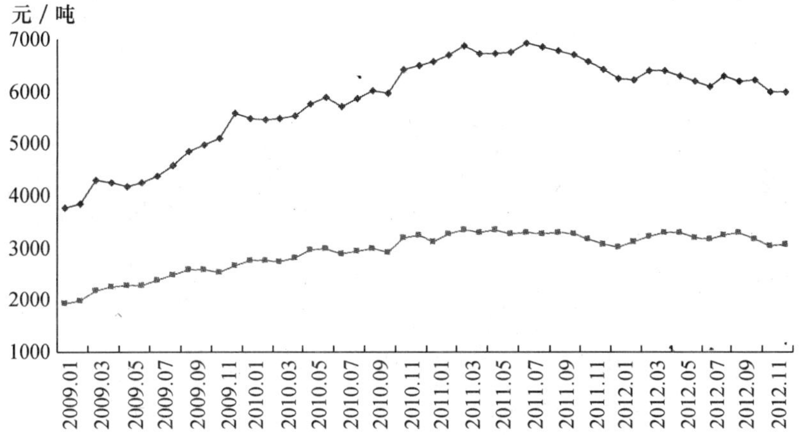


**图21　2009年以来全国食用酒精和玉米淀粉平均批发价格走势**

注：食用酒精数据来源于中华粮网，淀粉数据来源于中国玉米市场网。

3. 国家继续加强对玉米深加工调控政策

2012年3月，国家税务总局发布《关于部分玉米深加工产品增值税税率问题的公告》，决定自5月1日起，将玉米浆、玉米皮、玉米纤维和玉米蛋白粉不列入初级农产品范畴，也不属于免税饲料的范围，适用17%的增值税税率，比原税率高出4个百分点。4月，财政部决定调整生物燃料乙醇财政补贴政策，以粮食为原料的燃料乙醇，补助标准为500元/吨，比以木薯等非粮作物为原料的燃料乙醇补助标准低250元/吨，中粮生化等企业比上年平均补助标准下调了700多元/吨。国家财税政策调整使得处于低谷的玉米深加工企业经营更为艰难，进一步抑制了玉米深加工业的消费需求。

4. 成本刚性增长对价格形成支撑

近年来，国内玉米生产成本持续刚性增长，不仅影响农民种植收益，而且使得玉米价格底部不断抬高，从而推动国内市场价格易涨难跌。根据国家发改委成本收益调查资料，2000～2010年，国内玉米农户销售价格由每50千克42.81元提高到93.62元，上涨50.81元，同期国内玉米成本由每50千克43.72元上升到67.89元，增加24.17元，占价格涨幅的47.6%，表明玉米价格上涨中接近一半是由于成本上升推动的。2012年，玉米生产成本继续上升，据实地调查，河北、河南等地每亩玉米物质费用增加25～30元，人工费每亩增加20～30元，每500克玉米生产成本较上年增加0.05～0.06元。东北产区因防治虫灾及抵御台风等需要，农药、人工等费用增加较多，成本上升将更加明显。

5. 政策性收购启动奠定价格底部

2011年12月中旬，国家决定在东北三省一区实行玉米临时收储政策，国标三等玉米每500克临时收储挂牌收购价分别为：辽宁、内蒙古均为1.00元，吉林为0.99元，黑龙江为0.98元，并实行敞开收购，收购期截止到4月30日。临储政策的出台对市场形成了底部支撑，稳定了市场预期，对国内价格逐步止跌企稳回升起到了关键作用。2012年11月中旬，国家决定继续实行玉米临时收储政策，国标三等玉米每500克临时收储价格平均提高0.06元，与往年相比，2012年托市收购政策提前1个月出台，因此政策效果更为明显，使得新玉米价格在短期内止跌回升。

6. 华北黄淮产区优质玉米减少助推价格上涨

2011年华北黄淮产区玉米收获上市后，当地低温阴雨天气较常年偏多，造成新产玉米降水困难，上市延迟，质量降低，一些地区玉米不完善粒和霉变粒明显增加，不少玉米不适宜饲料加工。由于优质饲用玉米供应较为紧张，造成南方饲料企业甚至不少华北黄淮主产区的饲料企业提前到东北产区采购玉米，成为3月后价格上升的重要诱发因素，也是2012年东北玉米价格走势相对较强的主要原因。例如，黄淮地区作为传统的玉米主产区，2012年以来，当地不少饲料企业和养猪场由于本地缺乏适用的饲料玉米，不得不到东北和内蒙古采购玉米，连运输成本在内，价格高达2600元/吨，比当地玉米采购成本高出300～400元/吨。

## 三、2013年市场展望

1. 2013年生产有望继续稳定发展

由于玉米种植效益较好，与大豆等作物相比具有较明显的优势，我国玉米面积连续九年增加。预计2013年我国玉米面积有望继续保持稳中略增的态势。同时，随着优良品种和先进适用栽培技术的进一步推广，以及机械收获等农业机械化的快速发展和农户种植技术的不断提高，我国玉米生产能力已经得到了较大提高，如果气候正常，2013 年玉米生产有望继续获得丰收。

2. 国内玉米价格稳中有升的可能性较大

供给方面，由于近几年我国玉米连续增产，进口明显增加，国内供求关系趋紧的状况已得到缓解，市场供应将较为充足，同时新产玉米质量普遍较好，饲料行业的原料供给将有保障。需求方面，2013 年玉米消费需求总体将呈增长态势，一方面，国内宏观经济出现了企稳的态势，经济增速有望回升，玉米深加工业可能逐步走出低谷，玉米工业消费有望恢复增长。另一方面，养殖业可能保持平稳发展态势，对玉米的饲用消费需求有望稳中有增，同时小麦最低收购价明显提高，价格倒挂逐渐消退，小麦替代玉米的现象将减少，也会相应增加玉米饲用需求。此外，随着国内经济逐步企稳回升，以及欧美等发达国家新一轮量化宽松政策对我国的输入型通胀影响显现，国内通胀预期可能再度加强。加上成本推动因素，综合分析，2013 年国内玉米价格稳中有升的可能性比较大，涨幅或将大于 2012 年，但小于 2011 年。

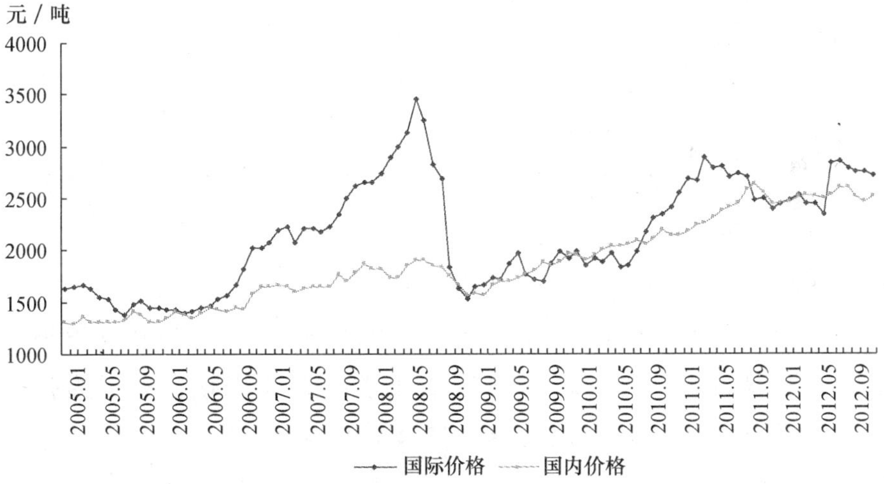


**图 22　2005 年以来国内外玉米到达我国南方港口价格对比**

数据来源：农业部信息中心。

3. 玉米进口将有所减少

目前，国外玉米到达我国港口的税后价比国内玉米价格高出 200 元/吨左右，按照这种比价，后期将很难再签订新的进口订单，进口量将有所下降。但国际玉米价格波动频繁且振荡幅度较大，从国际玉米期货来看，远期合约有走低的趋势，2013 年国内外玉米比价关系或许会发生变化，不排除到时我国再次签订玉米进口订单的可能，但由于当前我国玉米供应充足，加上我国增加进口将会引起国际市场价格明显上涨，因此，预计 2013 年玉米进口量可能有所减少。

## 四、有关政策建议

1. 认真落实玉米临时收储政策

由于玉米丰收，而玉米消费相对低迷，尽管国家出台了临时收储政策，但新玉米大量上市后，市场供给压力仍将较大。建议认真落实国家玉米临时收储政策，加强监督检查，保证农民收益，防止出现“卖粮难”和价格异常波动。同时，2012 年的玉米临时收储政策中新玉米水分扣除标准提高到了1:1.65，由于东北新玉米水分较高，扣水标准提高使农户实际售价相应降低了约 50 元/吨，建议今后制定临时收储政策时充分考虑新玉米水分因素，进一步完善扣水标准，保障农民得到的实惠不打折扣。

2. 加强农资市场监管和调控

农资价格上涨降低了种粮收益，严重影响农民种粮积极性。一些农民反映，现在种田省事了，但化肥太贵，机械作业价格太高，且年年在涨，希望国家的补贴能多一点，化肥价格降一点，粮食价格涨一点。建议加大农资市场监管力度，加强调控，稳定价格。同时，进一步完善农资综合补贴动态调整机制，加大补贴力度，保障农民增产增收。

3. 大力扶持多种形式的规模经营发展

当前，种粮大户、合作社等多种形式的规模经营正在蓬勃发展，成为促进粮食生产发展的重要力量。有的合作社通过土壤深松，免耕直播，单粒播种，统一购置农资，实行土地托管，使单产明显提高，深受农民欢迎。一些地方非农就业机会多，土地流转规模迅速增加，种粮大户大量涌现，通过合作社托管经营的面积也不断扩大。但合作社和种粮大户在融资贷款、粮食仓储、灌溉等方面面临诸多困难，却几乎没有得到国家扶持。建议加大扶持力度，在今后的农业政策中充分考虑他们的诉求，重点扶持多种规模经营持续健康发展。

4. 继续严格控制深加工业过度发展

目前玉米深加工业虽然处于低谷，但产能较大，一旦经济增速加快，企业效益好转，深加工产能就很可能集中释放，因此，应继续坚持玉米深加工业不与粮争地，不与人争粮的原则，坚持饲料优先。严格控制产能过剩、缺少市场销路的酒精类项目，以及柠檬酸、赖氨酸、味精等项目和出口导向型产品，特别是要严格控制利用玉米生产燃料乙醇的项目，不再增加生产企业数量，对已批准生产的四家企业也要严格控制生产规模。加强资源节约和环境保护力度，严格执行环保标准，逐步淘汰一些生产规模小、产品层次低、能耗高、污染大的落后企业，引导玉米加工持续健康发展。

# 2012 年大豆市场形势分析及展望

农业部农村经济研究中心　徐雪高　农业部信息中心　孟　丽

2012 年前三季度，大豆市场价格在曲折中创新高。在南美大豆减产、美国干旱导致减产预期、饲料行业景气等因素的共同作用下，豆类价格一路上涨屡创新高，并带动国内大豆价格持续上涨。进入第四季度，在美国减产不严重的背景下，国际大豆价格大幅下跌，而国内大豆在临储政策的支撑下，维持平稳。随着近期炒作题材的结束，预计 2013 年国内国际大豆价格近期以稳为主，后期价格走势主要受南美天气的影响。

## 一、国内大豆种植面积和产量双下降，并创 20 年新低

受大豆种植效益较低的影响，近年来部分豆农改种玉米、水稻等其他作物趋势明显。在条件便利的地区，旱田向水田转化尤为迅猛，水稻面积增加迅速；部分地区由于水源及地形限制无法转化为水田，在这些地区玉米则占据绝对优势地位。2012 年全国大豆种植面积连续第三年下降，其中黑龙江降幅最为明显，2012 年大豆播种面积调整到 4000 万亩，比上年减少近 1200 万亩。近 4 年来，黑龙江省大豆种植面积呈逐年减少态势，特别是最近两年，大豆种植面积更是以 20% 的速度递减。据国家统计局数据显示，2012 年全国大豆播种面积 717.7 万公顷，较上年减少 71.2 万公顷，减幅为 9%，创 1992 年以来的新低。2012 年大豆主产区天气状况良好，预计单产高于 2011 年，总产仍将继续下滑。据国家粮油信息中心预计，2012 年我国大豆产量为 1280 万吨，同比下滑 11.6%，创 1993 年以来的新低。

## 二、国内大豆价格持续上涨，国际大豆价格大幅波动

### （一）国产大豆价格持续上涨

12 月，黑龙江国产大豆平均收购价 2.24 元/斤，比年初高 0.27 元/斤，累计上涨 13.72%，月均上涨 1.08%；山东地区国产大豆入厂价 2.46 元/斤，比年初高 0.36 元/斤，累计上涨 17.14%，月均上涨 1.33%。山东地区中等豆

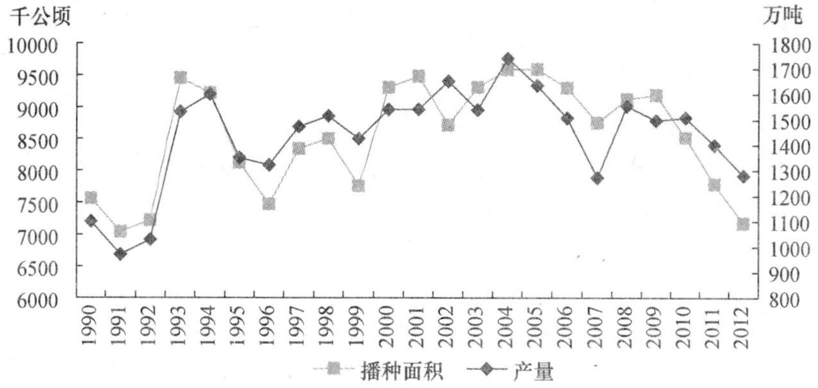


**图 23　2000～2012 年国内大豆播种面积和产量变化**

数据来源：中国农村统计年鉴各年。

粕出厂价 4001 元/吨，比年初高 1055.7 元/吨，累计上涨 35.85%，月均上涨 2.59%。从价格波动幅度看，可分为三个阶段。第一阶段（1～7 月），国产大豆价格小幅上涨阶段。1～4 月，国际大豆明显低于国内大豆价格，但由于 2011 年国家临时收储政策执行还未到期，国产大豆价格比较稳定；随着国际大豆价格的持续上涨，5～7 月，国际大豆价格与国内大豆价格基本持平，因此，虽然 5 月临储政策执行结束，国产大豆价格并没有受到影响。1～7 月，主产区国产大豆收购价格基本保持平稳，价格小幅上涨。6 月，黑龙江国产大豆平均收购价 2.05 元/斤，比年初高 0.08 元/斤，累计上涨 4.27%，月均上涨 0.7%；山东地区国产大豆入厂价格为 2.21 元/斤，比年初高 0.11 元/斤，累计上涨 5.14%，月均上涨 0.84%。第二阶段（8～10 月），快速上涨阶段。从 7 月开始，国际大豆价格快速上升，并一举超过国内大豆价格，从 8 月开始拉动国内大豆价格也较快上涨。8～10 月，黑龙江国产大豆平均收购价累计上涨 10.53%，月均上涨 3.39%；山东地区国产大豆入厂价累计上涨 12.32%，月均上涨 3.95%。第三阶段（11～12 月），基本持平阶段。随着年末临近，部分农民变现意识提高，大豆上市及出售数量有所放大，但农民惜售心理依然较重。国产大豆加工由亏转盈，企业收购积极性有所增加，大豆供销有所恢复，国内大豆价格基本持平。12 月，黑龙江国产大豆平均收购价每斤 2.24 元，环比下跌 0.3%，同比上涨 15.1%；山东地区国产大豆入厂价每斤 2.46 元，环比下跌 0.2%，同比上涨 1.7%。

### （二）国际大豆价格大起大落

1～12 月，美国芝加哥期货交易所（CBOT）大豆平均价格累计上涨 21.56%，

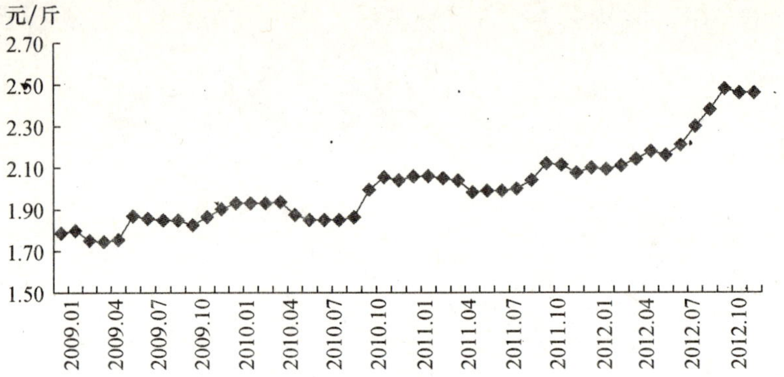


**图 24 2009～2012 年国内大豆价格变化**

注：国内大豆价格为山东地区国产大豆入厂价。

月均上涨 1.64%。从国际大豆价格波动来看，也经历了三个阶段。第一阶段（1～6 月）明显上涨阶段。2011 年 11 月“拉尼娜”现象出现之后，南美大豆在生长关键期遭受严重干旱，巴西及阿根廷的大豆预估产量被大幅下调，从 2011 年 12 月下旬以来国际大豆价格上涨。随着美国农业部对南美大豆减产情况预估不断严重，全球大豆产量不断调低，国际大豆价格持续上涨。4 月，美国芝加哥期货交易所（CBOT）大豆平均价格 524.1 美元/吨，是 2008 年 8 月以来的最高水平，仅低于历史最高价（2008 年 6 月和 7 月的 552 美元/吨），比年初高 81.2 美元/吨，1～4 月累计涨幅 18.34%，月均上涨 4.3%。随着南美大豆的收获，天气炒作结束，国际大豆价格比较平稳。1～6 月，美国芝加哥期货交易所（CBOT）大豆平均价格累计上涨 15.46%，月均上涨 3.66%。第二阶段（7～9 月），大幅上涨阶段。美国遭遇 50 多年来严重干旱，美国农业部预测大豆减产日益严重，国际原油价格持续上涨，9 月美国启动第三轮量化宽松货币政策，导致国际大豆价格持续大幅上涨，并连创历史新高。9 月，美国芝加哥期货交易所（CBOT）大豆平均价格 626.4 美元/吨，比 7 月价格高 53 美元/吨，累计上涨 9.24%，月均上涨 4.52%。第三阶段（10～12 月），大幅下降阶段。10 月，美国农业部公布供需月报，大幅上调美国大豆产量，比 9 月预测数量上调了 615 万吨；11 月，美国农业部继续上调美国产量，比 10 月预测数又上调了 302 万吨。随着美豆收割结束，12 月，美国农业部将美国的产量定为 8086 万吨，比 2011 年减产 333 万吨，减幅仅为 3.96%，远远低于前期估计，导致国际大豆价格大幅下跌。10 月，美国芝加哥期货交易所（CBOT）大豆平均价格 563.6 美元/吨，环比大跌 10.0%；11 月，美国芝加哥期货交易所（CBOT）大豆平均价格又继续下跌 5.4%。

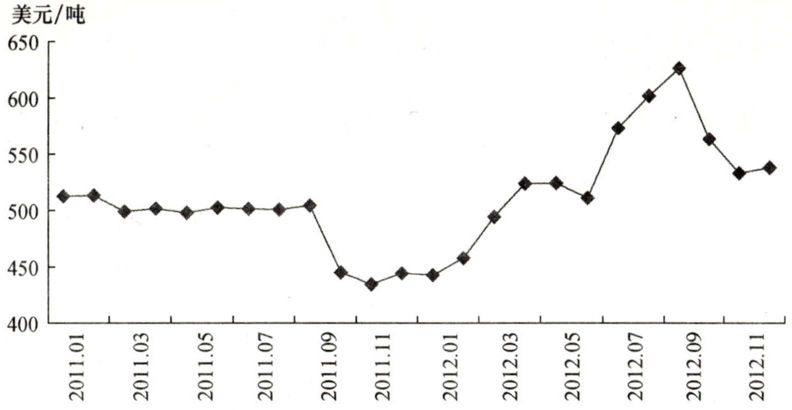


**图 25 2010 年以来 CBOT 大豆价格走势**

数据来源：美国芝加哥期货交易所。

### （三）进口大豆到岸税后价与当地国产大豆价差变化剧烈

受美国大豆干旱减产的影响，从 1 月开始，进口大豆到岸税后价持续上涨。进入 3 月，进口大豆到岸税后价一举超过当地国产大豆价格，特别是进入 6 月后，国际大豆价格大幅上涨，9 月，山东地区进口大豆到岸税后价为 2.61 元/斤，比当地国产大豆价格高了 0.23 元/斤，达到了 2012 年进口大豆到岸税后价超过当地国产大豆价格价差的最大值。10～11 月，受国际大豆价格大幅下跌的影响，山东地区进口大豆到岸税后价大幅回落，11 月，山东地区进口大豆到岸税后价为 2.21 元/斤，比当地国产大豆价格低了 0.25 元/斤，达到了 2012 年进口大豆到岸税后价低于当地国产大豆价格价差的最大值。

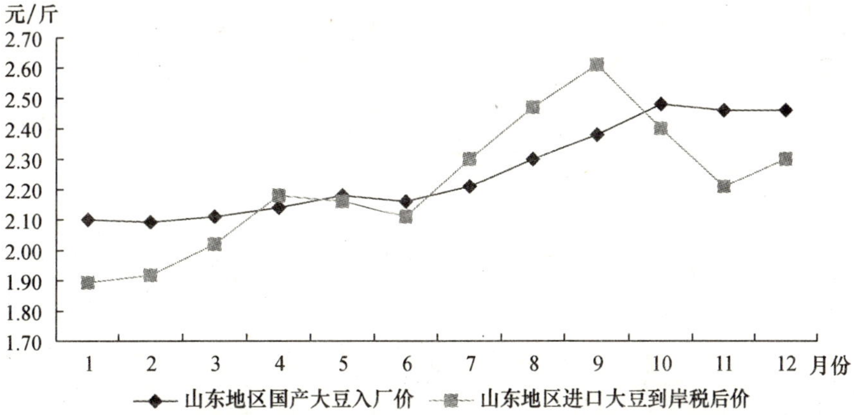


**图 26 山东地区国产大豆与进口大豆 2012 年价格变化**

数据来源：农业部信息中心。

## 三、价格波动的主要影响因素

### （一）国际三大主产国纷纷减产，特别是南美减产严重

2012 年 6 月，美国大部分地区遭遇持续高温干旱天气，是近 50 多年来严重干旱，美国农业部预测大豆减产严重。进入 8 月，美国部分地区迎来了降雨，缓解了大豆旱情。据美国农业部 12 月估计，2012 年美国大豆产量为 8086 万吨，比 2011 年减产 333 万吨，减幅为 3.96%。从 2011 年 12 月开始，南美地区特别是阿根廷遭遇大面积持续干旱，部分地区降雨量创近 40 年来新低。2012 年 1 月中旬以来，阿根廷中部地区降雨有所增加，土壤墒情得到了一定改善，因此大豆生长状况有所好转，但前期严重干旱已对部分地区大豆单产造成无法挽回的损失。据美国农业部 12 月估计，2012 年南美巴西大豆产量为 6650 万吨，比 2011 年减产 880 万吨，减幅为 11.69%；阿根廷大豆产量为 4100 万吨，比 2011 年减产 800 万吨，减幅为 16.33%。

表 7　2012 年三大主产国大豆产量

| 国别 | 2011 年产量（万吨） | 2012 年产量（万吨） | 减产（万吨） | 减幅（%） |
|---|---|---|---|---|
| 巴西 | 7530 | 6650 | 880 | 11.69 |
| 阿根廷 | 4900 | 4100 | 800 | 16.33 |
| 美国 | 8419 | 8086 | 333 | 3.96 |

数据来源：美国农业部 12 月供需月报。

### （二）美国农业部供需月报对大豆市场推波助澜

美国农业部每月根据大豆主产国的天气变化，对产量进行全年的预测，直接影响大豆企业、市场投机者等对大豆价格的预期，从而使大豆价格大幅波动。上半年，美国农业部主要调减的是南美大豆产量。美国农业部根据南美出现的“拉尼娜”现象导致大豆在生长关键期遭受严重干旱，连续调减巴西、阿根廷两大主产国的产量，从而加剧了市场对当年供求关系的判断，直接推动大豆价格上涨。从 2 月开始，美国农业部将巴西大豆产量从 7550 万吨连续调减到 5 月的 6500 万吨，3 个月调减 1050 万吨，减幅达 13.9%；将阿根廷的大豆产量从 4900 万吨连续调减至 6 月的 4150 万吨，4 个月调减 750 万吨，减幅达 15.3%。下半年，美国农业部主要调减的是美国大豆的产量。美国农业部根据本国遭受的干旱现象，连续调减大豆产量，从 6 月的 8723 万吨连续调减至 9 月的 7169 万吨，3 个月内调减了 1554 万吨，减幅达到 17.8%。进入

10月，美国农业部又开始调增本国大豆产量，从9月的7169万吨调高到11月的8086万吨，2个月内调增917万吨，增幅达到12.8%。美国农业部频繁地调减大豆主产国的产量，使全球大豆供求关系处于复杂的变化之中，直接反映在大豆价格变化上。

**表8 美国农业部预测的2012年三大主产国的产量变化**

| 年度 | 巴西（万吨） | 阿根廷（万吨） | 美国（万吨） |
|---|---|---|---|
| 2012年1月预测 | 7550 | 4900 | — |
| 2012年2月预测 | 7550 | 4900 | — |
| 2012年3月预测 | 6850 | 4650 | — |
| 2012年4月预测 | 6600 | 4500 | — |
| 2012年5月预测 | 6500 | 4250 | 8723 |
| 2012年6月预测 | 6550 | 4150 | 8723 |
| 2012年7月预测 | — | — | 8301 |
| 2012年8月预测 | — | — | 7327 |
| 2012年9月预测 | — | — | 7169 |
| 2012年10月预测 | — | — | 7784 |
| 2012年11月预测 | — | — | 8086 |
| 2012年12月预测 | — | — | 8086 |

数据来源：美国农业部。

### （三）生产成本的刚性增长不断推高大豆价格

生产成本是构成价格的最主要的因素。根据黑龙江省黑河市的成本调查，2012年大豆生产总成本平均每亩543.80元，比2011年增长了20.1%。从成本构成看，主要有五方面因素。一是化肥费增加。2012年以来各级政府高度重视粮食生产，加上粮食价格上涨较快，农民种粮积极性高涨，化肥需求增加，致使化肥价格有所上涨，其中涨幅较大的是尿素，平均每吨在2200～2500元，价格比2011年上涨了13.6%。二是农药费增加。主要是受2012年天气影响，农药的使用量增加以及农药价格大幅上涨的影响所致。三是人工成本增加。随着城市化进程的加快，大部分农村劳动力进城务工，导致从事种植业的雇工相对减少，雇工工价也随之提高。四是土地租金增加。由于土地是农业生产中最重要的农业生产资料，又是稀缺资源，加之近年来农业生产收益不断提高，因此农民争包土地意愿强烈，加快了土地承包价格的上涨。五是机械作业费增加。

### （四）临储政策有效发挥了托市作用

2012 年，国家再度启动大豆临储收购政策，东北三省三等大豆 2.3 元/斤，相邻等级之间差价按每市斤 0.02 元掌握，截止日期 2013 年 4 月 30 日。自 2008 年开始，我国已连续 5 年在东北地区实行大豆临时收储政策，收购价格呈逐年上升态势，2008 年为 1.85 元/斤，2009 年为 1.87 元/斤，2010 年为 1.90 元/斤，2011 年为 2.00 元/斤，2012 年收购价格同比大幅提高 15%。大豆临储政策的出台有效地支撑了国内大豆价格。10 月、11 月，国际大豆价格连续下跌 10% 和 5%，但国内大豆价格基本稳定，11 月、12 月涨跌幅在 1% 左右。

## 四、国内大豆进口激增，进口量再创纪录

据海关统计，12 月我国大豆进口量 589 万吨，环比增长 41.63%，同比高 8.65%；进口金额 38.32 亿美元，环比增长 35.96%，同比高 33%。全年我国累计进口大豆 5838 万吨，创历史新高，同比高 10.91%；进口金额 351.91 亿美元，同比高 17.93%。全年我国从美国进口 2597 万吨、巴西进口 2389 万吨、阿根廷进口 589.5 万吨，进口大豆的 44.5% 来自美国，40.9% 来自巴西，10.1% 来自阿根廷。大豆进口量的增加与美国干旱引发的恐慌有关，市场主体对全球大豆供应产生的担忧，使一些企业提前加大大豆的采购和储备量。2012 年我国大豆消费外贸依存度首次跨过 80% 的台阶，达到 83%，比 2011 年增长了约 8 个百分点。

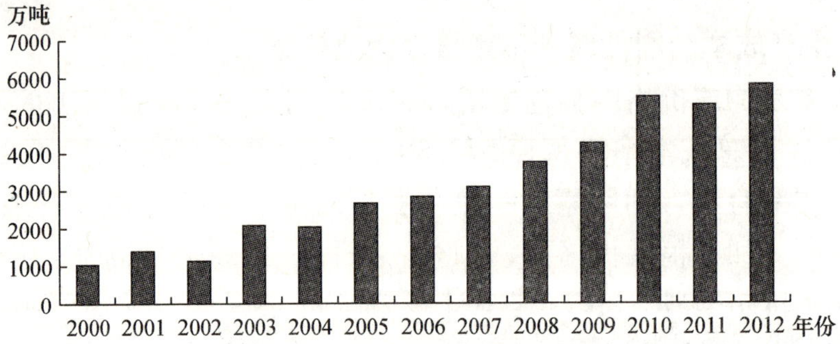


图 27　2000～2012 年大豆进口变化

数据来源：中国海关统计数据。

## 五、后期展望

### （一）近期国际大豆价格以稳为主，后期可能小幅下跌

从近期来看，支撑大豆上涨主要有三个因素。一是美联储新一轮救市政

策。2012 年 9 月 14 日，美联储推出第三轮量化宽松货币政策（QE3），具体措施为每月购买额度400 亿美元的抵押贷款支持证券，继续扭曲操作，延长超低利率政策至 2015 年中期。12 月 13 日，美联储宣布推出第四轮量化宽松 QE4，每月采购450 亿美元国债，替代扭曲操作，加上 QE3 每月 400 亿美元的宽松额度，联储每月资产采购额达到 850 亿美元。除了量化宽松的猛药之外，美联储保持了目前零利率的政策，把利率保持在 0 ~0. 25% 的极低水平。二是南美大豆库存见底。三是美国炒作题材结束。由于 12 月美国农业部报告基本上对美豆有着定产的意味，收割完成后再大幅调整单产可能性很低。根据美国农业部近 31 年的月度单产估计情况来看，最终单产较 12 月单产变动超过 2% 的可能性仅有 1/3 的概率，北美的题材已经基本尘埃落定。因此，当前南美大豆库存见底，美国大豆供应紧俏，明年一季度之前全球大豆供给紧张格局不会改变，对现货价格形成支撑。

从后期来看，主要有两大因素制约大豆价格上涨。一是南美大豆产量。南美新豆播种工作开展，当地农户种植热情较高，而且天气好转的迹象十分明显，大豆种植的时间依然较为充足，因此南美大豆创纪录增产的预期依然存在，南美大豆增产为大概率事件。据美国农业部 12 月估计，2012/13 年度，巴西的产量 8100 万吨，比 2011 年增加 1450 万吨，增长 21. 8%；阿根廷的产量为5500 万吨，比 2011 年增加 1400 万吨，增长 34. 15%。南美大豆的大幅增产很大程度上抑制了大豆价格上涨。二是 2013/14 年度美豆的播种。从历年美豆/玉米比价图里面可以发现，比价在 2. 2 ~2. 6 波动属于正常范畴，如果比价偏离 2. 2 ~2. 6 的正常波动区间，则对下一年度大豆、玉米播种面积的增减将起到重要作用。由于 2012 年美国大豆价格上涨明显，农户种植大豆收益大幅提高，美豆和玉米的比价向均值回归，明年主产区大豆种植面积将大幅增加。

此外，天气因素增加了大豆产量的变数，会直接影响价格。南美虽增产预期强烈，仍需警惕天气因素。假若厄尔尼诺先行指标的下跌导致 2012 年底到 2013 年初重现干旱气候，南美增产前景将受到显著影响，直接影响到价格的波动。

**（二）近期国内大豆价格将稳中有涨，后期可能小幅下跌**

从近期国内市场看，豆油价格将基本稳定，豆粕价格有望提升，国内大豆价格将稳中有涨。从豆油看，国家发改委国家粮食局 2012 年 12 月 21 日，发布《关于做好元旦和春节期间粮油供应的通知》，要求确保“两节”和明年“两会”期间粮油市场供应和价格基本稳定。因此，后期豆油价格将保持稳定。从豆粕看，尽管近期下游的豆粕和豆油价格均有所回升，但企业压榨利润仍然为负，只是亏损幅度有所减少。以江苏张家港地区为例，近期进口大豆港口分销价为4950元/吨，豆粕销售价为3900～4000元/吨，豆油销售价为8900元/吨，那么压榨企业利润为－369元/吨。由于亏损幅度较大，因此压榨企业普遍采取降低开工率，且对下游产品提价意愿强烈。近期猪粮比再次突破6:1，生猪养殖效益好转，再考虑到肉鸡的节前备货对饲料的需求拉动作用，这更加利好于豆粕的长期需求。这些因素共同作用，在临储政策的支撑下，国内大豆价格将可能进一步上涨。随着2013年4月30日临储政策的结束，受国际市场供给充裕的影响，国内大豆价格可能小幅下跌。

## 六、政策建议

大豆是我国最重要的食用油籽消费品种，但产业发展确面临萎缩的困境，应从产业链的角度全面提升我国大豆竞争力，促进产业健康发展。

### （一）加大良种良法的研发推广力度，努力提高大豆产量

大豆产量的提高离不开良种和良法的应用。一是加大新品良种的研发和推广。要加大大豆良种繁育的科研投入，示范推广优良品种，加强农资打假力度，提高统一供种率、良种覆盖率和品种优质率。二是建立起以大豆为核心的合理的“三三”轮作制度。通过轮作，多年种植大豆释放的毒素物质含量逐年降低，土壤理化性状得到改变，减轻了大豆主产区孢囊线虫病、蚜虫等病虫害的大面积发生。据专家测算，通过玉豆、玉麦豆轮作的地块，大豆脂肪含量提高了2.1%，大豆病粒率、虫食率明显降低。同时，大豆根瘤菌有效减少了玉米、小麦等作物氮肥施用量，降低了生产成本。三是大力推进以“垄三”栽培技术为重点的大豆栽培模式。“垄三”栽培技术就是在垄作的基础上，以深松、深施肥和精量播种三项技术为核心的综合高产栽培技术。采用“垄三”栽培技术产量都可以达到亩产300斤以上，条件好的可以达到亩产400斤以上。在推广应用好大豆“垄三”栽培技术的基础上，因地制宜地推广应用其他栽培模式。四是加大农机深松作业补贴力度。黑龙江一些大豆主产区连年使用小四轮整地，致使耕层变浅，犁底层加厚，土壤涵养水分能力低，抗旱涝能力差。建议加大农机深松作业补贴力度，提高抗灾能力。

### （二）探索开展大豆目标价格补贴制度，提高农民种植积极性

目前我国实施的大豆临储价格政策对农民收入的保护非常有限。在大豆价格下跌时，临储收购价起点低，农民按临储收购价拿不到多少实际好处；如果市场价格高时，临储收购价又无实效，也不能靠它增加农民收入。大豆

目标价格补贴政策是一项以保证农民收益的合理和稳定、减轻市场价格波动给种粮收益带来的风险的价格政策，突出体现了政府保护种粮收益的调控意图。一定时期（一年或更长时间）的大豆目标价格，是政府依据这一时期产品成本和合理盈利制定的，能够充分反映产品价值。以这样的目标价格为标准核定的收益补贴水平是合理的，既可以补偿种豆收益在市场价格实现中的不足，又可以消除大豆临储价在保护农民收益上存在的一定程度不确定性。因此，实施大豆目标价格补贴政策，有利于保护种豆农民的收益。同时，产区大豆加工企业可以按市场价格获得豆源，避免由于临储价格定价过高而下游产品价格却相对疲弱陷入大规模停产的困境。

**（三）加强对主产区加工企业扶持，提高企业竞争力**

产区大豆加工企业对当地大豆价格和吸纳劳动力就业有着突出的作用。在调研中，我们发现，凡是加工企业或者购销企业比较集中的地区，大豆收购价格明显高于周边地区。而且产区的企业一般是中小型企业，每百吨加工能力吸纳劳动力的能力要高于大型企业。日处理300吨大豆的加工企业吸纳的劳动力为120人，而日处理为2000吨大豆的加工企业吸纳的劳动力为180人，每百吨加工能力吸纳劳动力的能力前者为40人，后者仅为9人。因此，要加强主产区加工企业的扶持力度。以现代农业示范园区、农业产业化示范基地等为载体，按照加工企业向优势产区集聚，资源要素和加工能力向优势企业集中的原则，促进大豆加工生产要素的流动和集中，优化加工企业布局。扶持大豆加工企业进行有序调整，通过联合、兼并、重组等方式，做大做强，组建有规模、有实力的企业集团。鼓励支持企业发展大豆精深加工，重点发展大豆浓缩蛋白、组织蛋白等功能性蛋白，大力开发市场容量大的大豆粉、豆浆、豆腐等传统大豆食品，提高大豆磷脂、维生素E等产品的规模化水平，增加高附加值产品比重。培养一批高级管理人才和技术人才，建立现代企业制度。具体可以在土地使用、水电费、税收等方面提供优惠政策，对企业新技术新装备改进提供资金支持，对加工企业收购季节提供贷款和进行贴息，为企业管理人员的“走出去”提供机会等方面进行支持，提高企业的综合竞争力。

**（四）完善设施降低费用，提高国产大豆价格竞争力**

加强大豆主产区铁路、公路等物流基础设施建设，形成大豆物流主干通道网络。网络节点要重点以铁路沿线仓储设施较好、接卸能力较强、中转数量大的国有粮库为主，适当选择部分大豆主产县中交通比较便利的非沿线国有粮库为配套。选择一批交通便利、辐射范围广、外运量大、基础设施较为完备的粮食企业进行重点支持，加快扩建仓容和增加配套设施设备。着力降低大豆流通费用。大豆的流通费用包括两部分，一是铁路收费，包括铁路运费、篷布使用费、综合服务费、道口监护费、专用线使用费等10多项费用；二是当地政府附加收费。包括国税、地税、工商管理费、物价调节基金、植物检疫费等。对这些费用要进一步清理，降低国产大豆运到销区的成本，提高国产大豆的竞争力。

**（五）实施非转基因大豆保护战略，实现优质优价**

在国际市场上，非转基因大豆一般要比转基因大豆价格高50%左右。我国大豆是非转基因大豆，但在价格上并没有体现优质优价。因此，一是规范标识管理。建议国家建立东北高油大豆等大豆产地标识体系，促进非转基因大豆品质升级，打造非转基因大豆品牌。对转基因大豆及其产品标识标注管理、使用作出更加严格的强制规定，大幅度提高字体高度最低标准，确保标识起到明显的提示作用。二是加强非转基因食品宣传。要运用电视、网络、展览会等各种宣传载体，大力宣扬非转基因大豆及其制品绿色、天然、营养、健康的优势，扩大非转基因食品影响。

# 2012 年棉花市场形势分析及展望

农业部农村经济研究中心　翟雪玲

受全球经济疲软、国内经济增速下滑，下游消费市场需求不振，棉花供给较为充裕等因素影响，2012 年我国棉花市场持续低迷，市场需求总体清淡，棉花价格一路下探，籽棉、皮棉价格同比大幅下跌。但受国内棉花临时收储政策影响，国内棉价较为稳定，价格下跌幅度小于国际棉花价格。国际棉价在棉花供给充裕、世界经济持续低迷的影响下不断走低，国际棉花价格优势非常明显。展望后期，由于全球经济仍处在危机后的调整期，结构改革不到位和需求增长乏力等问题难以根本改观，金融危机的影响呈现长期化趋势，国内外棉花消费大幅回暖可能性不大。但考虑到未来需求弱复苏，2013 年棉花价格将呈温和上涨趋势。另外，由于当前我国国家储备掌握大量棉花资源，后期棉花价格走势受国内抛储棉花时间、抛储数量影响较大。

## 一、2012 年国内棉花供需形势及特点

### 1. 面积下降产量增加

上年持续低棉价影响了棉农植棉积极性，2012 年全国植棉面积下降。预计全国棉花播种面积约 7246 万亩，同比降 4.1%，总产约 684 万吨，同比增 3.8%。2012 年气候整体适宜，棉花单产提高，约 91.2 公斤/亩，同比增 15.1%，是近几年最好的一年。棉花质量较上年明显好转。受国家临时收储政策影响，2012 年棉农收益高于上年。根据山东省武城县作物栽培站统计资料，2012 年山东武城县籽棉单产 450 斤，肥料、农药、地膜、种子、耕地、浇水等物质投入 444 元/亩，人工 480 元/亩，总成本 924 元/亩。按照籽棉每斤 4 元计算，每亩收入 1800 元，纯收入 876 元，较 2011 年增 30.4%。

### 2. 国内经济增速下滑，棉花需求萎缩

2011 年中后期，为应对国内较为明显的通货膨胀预期，国家实行紧缩的货币政策和稳健的财政政策，连续 3 次加息、6 次提高存款准备金率。由于紧缩的货币政策，社会流动资金量快速萎缩。另外，2012 年以来我国经济增速

进一步放缓的趋势非常明显，企业纱布销售出现不畅，带动棉花需求不旺。根据国家统计局服务业调查中心、中国物流与采购联合会数据，3～9月中国制造业采购经理人指数（PMI）持续在50%荣枯线以下，直到10月中国制造业采购经理指数（PMI）才重新达到荣枯线以上，为50.2%。由于需求不振，国内纱布市场运行疲软。2012年，主要代表品种32支纯棉普梳纱月均价呈振荡走低态势，直到9月由于国家临时收储规模的不断加大支撑棉花价格从而才带动棉纱价格回调。1～12月，32支纯棉普梳纱月均价从26191元/吨下降到25726元/吨，下降1.8%。12月，32支纯棉普梳纱月均价为25726元/吨，同比下跌6.3%，环比持平。尽管纱布市场整体疲软，我国纱线产量仍然增长。2012年1～12月，我国累计纺纱量为3329.85万吨，同比增14.1%。

3. 世界经济不振，纺织品服装出口增速放缓

2011年下半年以来，欧洲债务危机不断恶化，希腊破产预期增强、意大利和西班牙信贷违约评级均被调降，全球经济面临风险。在全球经济降温的背景下，纺织品订单也随之减少，各国用棉需求不容乐观。作为世界纺织品服装的出口大国，受到欧债危机的影响我国纺织品服装出口增速较上年下降明显。2012年，我国纺织品服装出口额累计2549.83亿美元，同比增2.8%，但增速较上年同期减缓17.3个百分点。

4. 棉花及其制品进口大幅增加

由于外棉价格优势突出，棉花进口达到近些年新高。据海关总署统计，2012年我国累计进口棉花513.78万吨，同比增52.8%。其中，美国、印度、澳大利亚、巴西、乌兹别克斯坦是我国主要的棉花进口国，进口量分别占进口总量的28.5%、28.0%、15.9%、7.1%和6.0%。棉花进口贸易方式主要以进料加工贸易、一般贸易、保税区仓储转口货物和保税仓库进出境货物为主，分别占总进口量的41.0%、39.0%、11.4%和8.5%。另外，由于国内外棉纱价格差距较大，棉纱进口量持续扩大。据海关数据，2012年我国棉纱进口量为152.64万吨，同比增长69.0%。

5. 国内棉花市场总体低迷，市场走势受国家调控政策影响较大

由于2012年国内外经济整体不振，棉花需求下降，再加上国内外棉花价格的巨大差价，国内棉花现货市场异常清淡。市场上收购籽棉的企业95%以上都是交国家储备的，无法交储的200型小型轧花厂基本退出了收购市场。山东省武城华兴棉业有限公司介绍，按照每斤4.1～4.2元的籽棉价格加工，每吨皮棉仅原料成本就达到19480元，再加上700元的加工费用，每吨皮棉成本在20180元左右，高出国内市场328级每吨18705元的价格达1475元，因此没

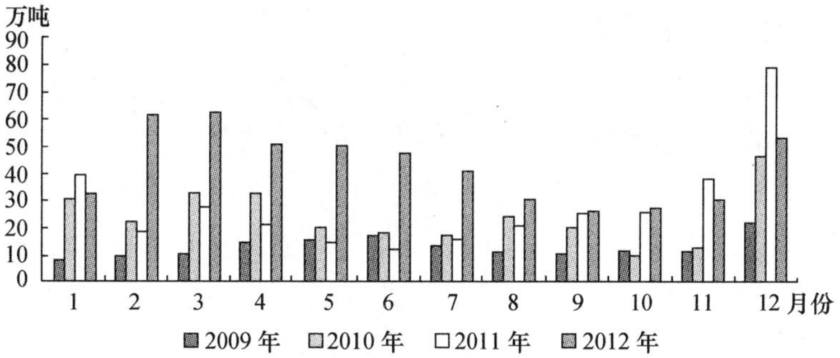


**图 28 2009 ~ 2012 年我国棉花月度进口量**

数据来源：中国海关。

有交储资格的企业根本不敢入市收购。纺织企业由于需求不振及较高的棉花价格观望态度明显，坚持随用随买策略。而有棉花需求的企业由于较大的价差普遍喜欢进口棉，有些企业甚至缴纳 40% 的全额关税进口外棉。在市场需求不足及外棉的冲击下，国棉销售不畅，棉花现货市场整体低迷。由于 2012/13年度每吨 20400 元的国家收储价格远高于市场价，2012 年收获的棉花基本进入国家储备。截至 2012 年 12 月 28 日，2012 年度棉花临时收储累计成交 511. 98 万吨，占年度棉花产量的 78% 左右。其中，新疆累计成交 230. 09 万吨，内地累计成交 154. 22 万吨，骨干企业累计成交 127. 67 万吨。

## 二、国内棉花价格走势

### 1. 籽棉价格较为平稳

进入 2012 年 10 月，全国天气晴好，有利于棉花采摘，新棉采摘进度明显加快。尽管棉花整体需求不足，但是本年度棉花临时收储政策能够保证加工企业每吨有 400 ~ 500 元的利润，因此有交储资格的加工企业积极入市收购棉花。而农户尽管籽棉价格低于预期，但由于担心后期价格下降、储存棉花不便，售棉意愿较强。据国家棉花市场监测系统监测，截至 12 月 21 日，全国新棉采摘进度 98. 7%，同比降 0. 5 个百分点，籽棉交售率（占已采摘的比重）91. 1%，同比升 3. 8 个百分点；棉花加工企业新棉加工率（占已交售的比重）93. 5%，同比升 17. 5 个百分点。受国家临时收储政策支撑，籽棉价格一直较为坚挺，后期由于籽棉品质整体下降，霜黄棉、僵瓣棉所占比重较大，收购价格有所下滑。9 ~ 12 月，3 级籽棉月均价每斤分别为 4. 16 元、4. 22 元、4. 18 元和 4. 14 元，与 2011 年价格基本持平。

2. 棉花销售价格振荡走低

2012年以来，世界经济复苏前景不明朗，欧债危机持续发酵，国际金融市场剧烈动荡，国内经济增速下滑，带动纺织品服装等下游产品市场购销清淡，产品销售不畅，企业停产、限产现象增多，对棉花等原料需求不旺，棉花价格继续上年末的下跌势头。但在国家大规模收储政策的影响下，国内棉价扭转跌势。截至3月31日，2011/12年度棉花临时收储结束，收储累计成交320万吨。国家收储量几乎达到了当年国内产量的一半左右。受此影响，2012年以来国内棉价扭转了2011年4月以来的持续下跌势头，保持了较为平稳格局，1~3月甚至出现了一轮上涨行情。但收储政策结束后，由于需求低迷的状况仍然没有改善，国内棉价在短暂上调后继续下跌。9月以后2012/13年度棉花临时收储政策开始执行，收储价格20400元/吨，较2011年提高600元/吨。由于新年度收储价格远高于市场价格，加工企业交储有一定利润，企业交储积极性非常强，收储规模不断扩大。在国家收储政策的强力带动下，国内棉价出现回调。2012年1~12月，国内328级棉花月均价从19247元/吨下跌到19068元/吨，下跌1.0%。12月，国内328级棉花月均价同比跌0.1%，环比上涨1.5%。

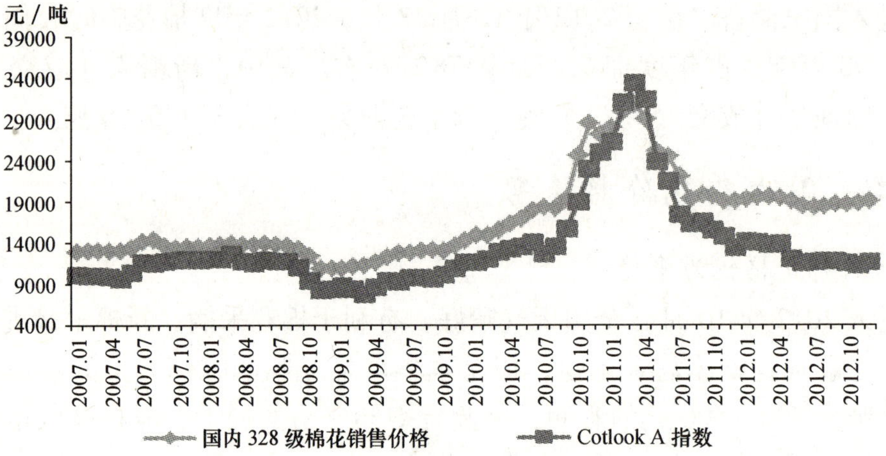


**图29 2007年以来国内外棉花价格**

数据来源：全国棉花交易市场、英国棉花展望委员会。Cotlook A 指数按照上个月第三个星期三的汇率折算为人民币价格。

## 三、国际棉花市场形势分析

1. 全球棉花供需较为宽松

自2009/10年度以来，全球棉花产量连年增长，而消费量不断萎缩，棉花供求形势较为宽裕。根据ICAC最新预测，2009/10～2011/12年度全球棉花产量分别为2217万吨、2520.3万吨和2722.4万吨，增长22.8%；而消费量分别为2547万吨、2451.7万吨和2272.6万吨，下降10.8%。产量大幅增长，消费量不断萎缩，导致棉花库存不断增长。2009/10～2011/12年度中国以外地区的棉花库存消费比分别为39%、49%和55%。尽管2012/13年度全球棉花产量下降4.6%（达2607.9万吨），消费量增长3.1%（达2349.8万吨），但产量仍然大于消费量，期末年度全球棉花库存消费比（除中国外）达到64.0%，这个比例是2004年以来的最高水平。

2. 国际棉价一路走低

2012年1月以来世界经济出现好转迹象，欧美国家陆续发布了采购经理指数（PMI）数据，指数的持续回升反映了2011年以来世界经济下滑趋势有所缓和。受此影响，短期内国际市场信心得到提振，国际棉价在连续下跌10个月后止跌回升。但4月以后，受希腊破产预期、意大利和西班牙信贷违约评级均被调降，欧债危机继续恶化、中国收储政策结束以及2012年度棉花产量预计大幅增加等因素的影响下，国际棉花价格进入了快速下跌通道。直到12月，由于预测新年度全球棉花产量将出现明显下降棉花价格才出现回调。2012年1～12月，Cotlook A指数月均价从101.11美分/磅降到83.37美分/磅，跌17.5%。12月，Cotlook A指数月均价同比跌12.7%，环比涨3.1%。

3. 国际棉花价格优势明显

2012年以来，尽管国际、国内棉花价格都呈现下跌态势，但国际棉花价格的下跌幅度远远超过国内棉花价格，国际棉花价格的优势非常明显，国内外棉花价差达到近些年最高。2012年1～12月，Cotlook A（相当于国内328级棉花）指数折合人民币平均为12397元/吨，每吨比国内棉价平均低6514元左右，其中11月国内外价差达到了7676元/吨，为2007年以来国内外棉花价格差的最高。进口棉价格指数FCIndex M级（M级相当于我国328级棉花）1%关税下折到岸税后价低于国内价格1800～5400元/吨；滑准税下折到岸税后价低于国内棉花价格1400～4400元/吨。

## 四、后期国内外棉花市场形势展望

1. 国内棉花市场展望

综合国内各项经济指标及国内棉花供给状况分析，2013年棉花价格很可能呈温和上涨态势。从需求方面来看，当前国内市场纱布销售率下降，纺企去库存压力增大。自2012年11月以来，国内工业生产环比继续改善，经济企稳迹象进一步显现，但纺织行业低迷状况仍然没有改善，相关数据显示纺织业传统旺季效应开始减弱。据国家统计局、中国物流与采购联合会数据显示，11月纺织业采购经理人指数（PMI）为50%，环比上升0.8个百分点，但增幅较上月减缓6.3个百分点，新订单指数上升0.7个百分点，增幅较上月减缓11.1个百分点。这将对棉花价格继续上涨形成压制。巨大的内外棉差价还导致我国棉纱进口量激增，棉纱的大量进口挤占了部分棉花需求。另外，随着棉涤差价的加大，企业使用非棉纤维替代棉花消费的趋势也较为普遍。从供给方面看，当前我国棉花供给充足。截至12月底，我国国家储备棉花达到900万吨左右，棉花供给相当充裕。从未来国内外经济形势看，由于全球经济仍处在危机后的调整期，结构改革不到位和需求增长乏力等问题难以根本改观，金融危机的影响呈现长期化趋势。但从国内经济看，2013年国内经济增速将在内外需求恢复的背景下出现温和复苏，从而将带动物价涨幅回升。在这些因素的综合影响下，下年度棉花消费量将和本年度差别不大，预计出口增长与上年大体持平，国内消费增长在国家一系列稳增长政策措施的带动下有望保持基本稳定。在这种状况下，棉花价格缺乏大幅上涨的动力，但受宏观经济影响，预计将呈温和上涨态势。由于当前国家掌握了大量棉花资源，棉花价格走势受后期国家抛储时间、抛储价格、抛储数量影响较大。

2. 国际棉花市场展望

国际市场，世界经济整体不振，纺织品服装消费大幅回暖的可能性不大，棉花价格缺乏大幅上涨的动力支撑。但受棉花需求弱回暖以及主要国家货币市场宽松影响将逐渐走出低谷，呈小幅上涨态势。近期联合国发布《2013年世界经济形势与展望》报告，将2013年全球经济增长预期从2.7%下调至2.4%，将2014年预期从3.9%下调至3.2%，确认经济疲软态势延续。近期美国财政悬崖将破坏美国中期经济增长潜力和金融稳定，欧债危机仍将影响全球经济的复苏。经济合作和发展组织（OECD）11月27日发布的展望报告称，未来两年全球经济复苏将迟疑不定且不均衡，总体来讲上涨的动力不足，纺织厂用棉需求很难真正活跃起来。但是全球市场的流动性比较宽松，美国、欧盟和日本将继续维持宽松的货币政策，在一定程度上将支撑大宗商品价格的上涨。综合考虑世界经济形势和棉花供需状况，后期棉花价格很可能呈小幅上涨态势。另外，由于2012年中国收储了大规模棉花，世界棉花库存的40%左右都集中在中国，未来中国的棉花调控政策将直接影响世界棉花价格走势。

# 2012 年油料食用油市场形势分析及展望

农业部农村经济研究中心　董彦彬
农业部信息中心　李　楠

## 一、2012 年国内油料食用油市场分析

### （一）油料产量略有增长，油料生产徘徊不前

2012 年，油菜籽种植收益继续处于劣势，长江中下游夏收油菜籽主产区种植面积下滑，但油菜籽生长期间气候条件较好，2012 年单产情况好于 2011 年。北方秋收油菜籽也获丰收。2012 年夏秋两季油菜籽总产量估计在 1340 万吨左右。花生收购价格屡创新高，农民种植积极性不减，种植面积稳中有升，估计总产量 1620 万吨左右。棉籽产量与 2011 年持平，芝麻、葵花籽等小品种油料产量保持稳定。2012 年国内油料总产量略有增长。

从油料种植面积看，2000 年达到 2. 31 亿亩最高点，随后波动发展，2006 年面积大幅下降了 18%（达 1. 76 亿亩），2007 年继续下滑，随后有三年恢复性增长，但依然没有达到下滑前 2005 年 2. 15 亿亩的水平，2011 年和 2012 年种植面积又是连续两年下滑。从油料总产量看，结合单产情况，2000 年以后油料产量波动增长，2006 年、2007 年由于面积减少产量出现大幅下滑，2008 年开始产量恢复性加快增长，2011 年和 2012 年虽然面积下降，但单产情况较好，因此油料总产量近几年连续增长。2011 年 3306. 8 万吨，2012 年预计在 3340 万吨左右。

油料生产经过 2006 年、2007 年大幅下滑之后，国家出台了相关的扶持政策，2008 年恢复发展，但油料种植收益一直明显偏低，农民种植积极性不高。种植面积在 2 亿亩左右，总产在 3100 万～3400 万吨徘徊，相对快速增长的需求来说，产不足需的状态愈发严峻。

### （二）2012 年油料和食用油进口同比大幅增加

据海关统计，2012 年国内进口食用油籽 6228. 0 万吨，比 2011 年增加

13.6%，进口金额377.5亿美元，增加19.9%；进口食用植物油959.9万吨，比2011年增加23.1%，进口金额108.0亿美元，增加19.9%。其中，油菜籽进口293.0万吨，比2011年增加1.3倍，主要来自加拿大；棕榈油进口634.1万吨，比2011年增加7.3%，主要来自马来西亚和印度尼西亚。

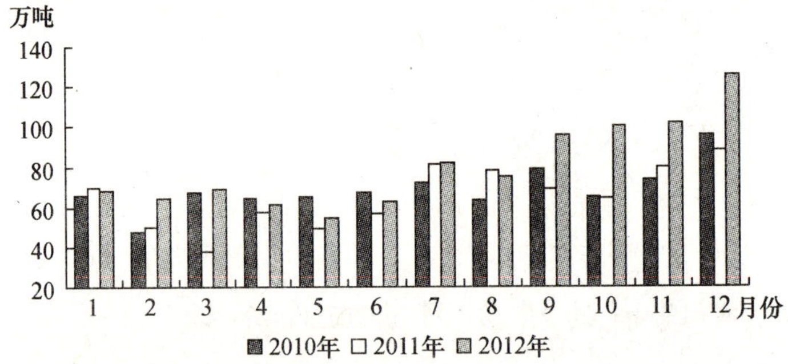


图30 2010年以来国内食用植物油进口情况

国内油料和食用油进口不断增加的主要原因是，国内油料生产长期徘徊不前，主要油料作物大豆生产持续萎缩，而随着经济的发展和城市化进程的加快，食用油刚性需求快速增长，国内产需缺口进一步加大，需要进口大量的油料和食用油弥补缺口，国内进口快速增加。大豆进口屡创新高，食用油进口近十年增加了77%。2009年食用油进口超过950万吨，随后两年油脂行业处于亏损的边缘，企业进口意愿降低，食用油进口量减少。2012年国内油料产量没有明显增长，大豆产量大幅下降，油脂加工企业利润好转，进口积极，从全年油料和食用油进口量比2011年大幅增加，并创下历史新高。在此背景下，国内食用油自给率进一步下降到40%以下。

### （三）油料价格高位运行，食用油价格振荡运行涨跌不一

#### 1. 油菜籽价格高开高走

2012年5月之前，湖北地区陈油菜籽进厂价格一直稳定在每斤2.35元。6月初新菜籽上市后，国家粮食局于6月19日发布了夏收油菜籽临储政策，收储价格每斤2.5元，随后新菜籽上市价格高开高走，开秤价每斤2.44元，比2011年高4.6%，收购进度明显加快。至9月，价格涨至2.55元/斤，比国家收储价高2.0%，随后价格一直稳定在每斤2.55元。随着年底北方秋收菜籽收购接近尾声，菜籽价格继续稳定在国家收储价每斤2.5元左右。由于2012年国家临储价格比2011年提高了8.7%，从全年平均价格来看，2012年油菜籽进厂价比2011年提高了7.5%。

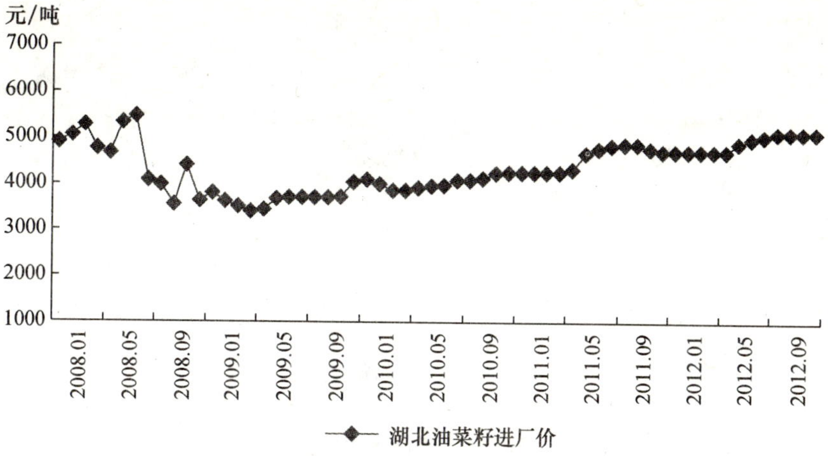


**图 31　2008 年以来国内油菜籽价格走势**

2. 花生仁价格冲高回落

国内花生产不足需，2010 年、2011 年国内花生仁价格两年连续走高，2012 年延续了这一态势，1～5 月花生仁价格持续上涨，并创出了历史最高价格，6 月开始价格逐月回调，至年底基本回到年初水平。供给不足是前五个月花生仁价格上涨的主要原因，春节过后企业开始积极收购，农户惜售心理加重，花生上市量减少，促使价格强势上涨，其中 3 月和 4 月连续两个月价格上涨幅度超过 5%，并最终在 5 月创下每斤 5.47 元的最高价格。6 月耕种结束后农户花生出售量有所增加，加上企业高价收购谨慎，市场价格开始回调，至 12 月，收购价格每斤 4.75 元，但仍比 2011 年同期高 1.2%，与 5 月最高价格相比低 13.1%。全年来看，平均价格比 2011 年提高了 6.7%，2010 年这一数字是 33.3%，2011 年是 26%。下半年花生价格稳中趋弱，但长期看，供不应求仍将使花生价格保持高位运行。

3. 食用油价格振荡运行，涨跌不一

年初开始，国际市场油脂价格走高，国内油料价格上涨，油脂加工企业成本增加，拉动国内食用油价格连续 4 个月上涨。5～6 月，国际市场价格大幅下跌带动国内市场价格走低，同时，国家继续加强对食用油价格的调控，包括发改委约谈油脂企业，强调维护稳定，把价格控制在一个平稳合理的区间，以及 4 月开始国家加大临储大豆的拍卖数量，此间，各主要食用油价格环比下跌。三季度，国际市场走强，进口成本增加，国内油菜籽收储价提高，推动国内市场豆油价格强势回升，菜籽油和花生油也走出近年来的最高价格，棕榈油受外盘影响回升势头较弱。从 10 月开始，油脂加工利润好转，国内油厂

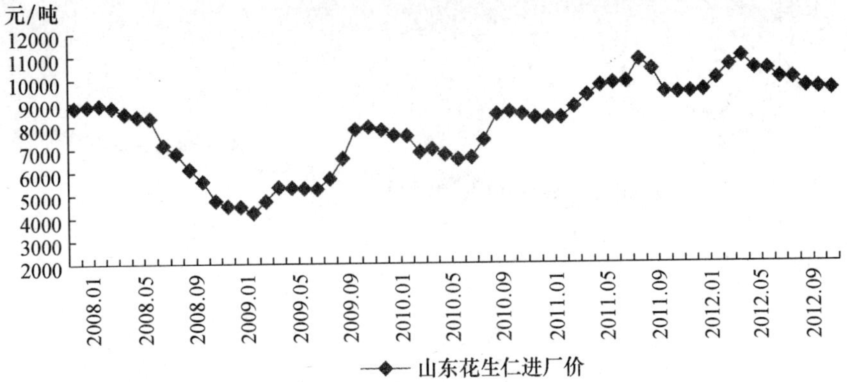


图 32 2008 年以来国内花生仁价格走势

开工率上升，进口增加，豆油库存居高不下，豆油价格在三季度强势回升后出现连续两个月的深幅回吐。在原料成本支撑下，菜籽油价格跌幅较小，花生油价格高位企稳。棕榈油受到国内港口高库存拖累及终端需求没有好转的影响，价格继续振荡下行。12 月，供应商节前备货推动主要食用油价格小幅反弹。12 月均价，山东四级豆油出厂价 8682 元/吨，环比涨 2.8%，同比高 0.8%；天津港 24 度棕榈油到港价每吨 6381 元，环比涨 3.7%，同比低 15.4%；湖北四级菜油出厂价 10590 元/吨，环比涨 0.7%，同比高 9.6%；山东一级花生油出厂价 19500 元/吨，环比持平，同比高 10.8%。从全年平均价格来看，花生油和菜籽油价格比 2011 年分别上涨 14.1% 和 4.6%，豆油和棕榈油价格比 2011 年分别下跌 6.0% 和 14.6%。

### （四）国家政策调控稳定市场

1. “三次”约谈油脂企业，稳定市场价格

国家发改委于 4 月初和 8 月中旬两次约谈相关食用油加工企业，强调维护食用油价格稳定。8 月底再次约谈相关食用油加工企业要求不要热炒豆粕价格。

2. 持续拍卖临储大豆，增加市场供给

截至 10 月 25 日，2012 年国家拍卖临时储备大豆 33 次，其中 1 ~3 月基本无成交量，从 4 月开始成交量明显放大，据估算截至 10 月 25 日大豆拍卖累计成交量约 369.3 万吨，为稳定国内市场起到了重要作用。

3. 继续实施油菜籽临储收购政策，保护农民利益

6 月 19 日国家发布油菜籽临时收储政策，临储价格为每斤 2.5 元，比 2011 年提高 8.7%。截至 9 月 30 日，湖北、四川等 12 个油菜籽主产区各类粮

油企业累计收购2012年产油菜籽590.9万吨，比上年同期增加25.1万吨。国家从2008年开始实施油菜籽临储收购政策，至今已经开展了5年，临储政策为保护农民收益和稳定生产发挥了重要作用。

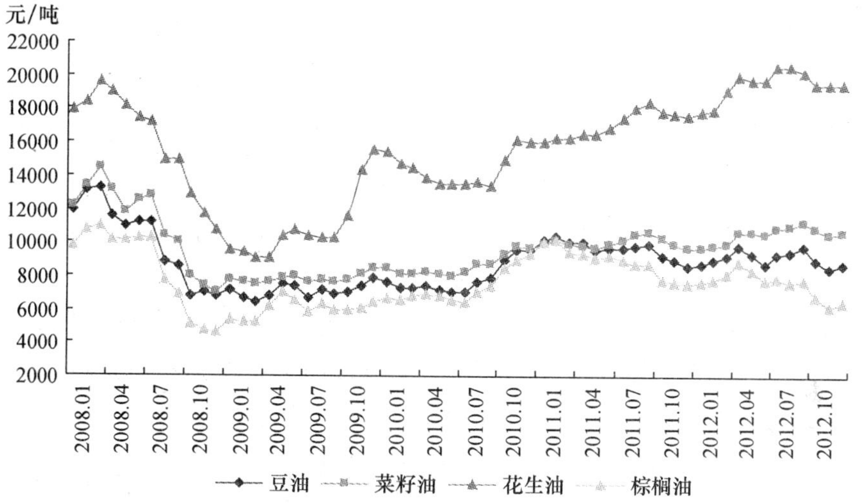


图33 2008年以来国内主要食用油价格走势

## （五）国际市场供求形势偏紧，油脂油料价格宽幅振荡

1. 2012/13年度全球油籽供给增加，食用油库存明显下降

据联合国粮农组织2012年11月预计，2012/13年度全球油料产量4.74亿吨，同比增4.9%。其中，大豆产量2.69亿吨，同比增12.0%；花生仁产量3700万吨，同比增1.2%；油菜籽、棉籽和葵花籽产量分别为6010万吨、4330万吨和3520万吨，同比分别减2.3%、6.8%和9.3%。2012/13年度全球油脂产量1.87亿吨，同比增3.0%；消费量1.86亿吨，同比增1.2%；油脂库存消费比16.0%，同比增0.1个百分点，高于近10年平均水平；2012/13年度全球饼粕产量1.20亿吨，同比增7.9%；消费量1.18亿吨，同比增0.7%；饼粕库存消费比15.0%，同比增0.9个百分点，高于近十年平均水平。

据美国农业部2013年1月预测，2012/13年度全球油籽产量4.6580亿吨，同比增5.5%；消费量4.6133亿吨，增0.2%；贸易量1.1526亿吨，增5.3%。期末库存6657万吨，增2.1%；库存消费比14.4%，增0.2个百分点，低于近十年的平均水平；2012/13年度，全球食用植物油产量1.5696亿吨，增0.8%；全球食用植物油消费量1.5565亿吨，增3.8%；贸易量6555

万吨，增 3.3%；期末库存 1605 万吨，比上年度减 7.0%；库存消费比 10.3%，减 1.2 个百分点，略高于近十年的平均水平。

从报告数据看，2012/13 年度，全球油料产量增长快于消费增长，期末库存水平略有增加，油籽供给状况将略有好转；食用油期末库存水平大幅下降，食用油供给仍趋紧。

2. 国际市场油脂油料价格宽幅振荡

年初开始的美洲干旱，使南美大豆产量预期降低，同时，虽然加拿大油菜籽种植面积大幅增加，但市场预计油菜籽产量可能低于预期，全球油料供给偏紧，支撑国际市场油料食用油价格连续 4 个月上涨。与 1 月相比，4 月加拿大油菜籽、南美豆油和马来西亚棕榈油价格分别上涨了 19.4%、10.8% 和 9.9%。随后，欧债危机影响加剧，市场避险情绪增加，资金离场，另外，美国农业部 5、6 月发布的预测数据均显示 2012/13 年度全球油料产量将创纪录地达到 4.71 亿吨，比上一年度增加 8% 左右，市场担忧油料供给偏紧的情绪得到一定缓解，国际市场油脂油料期货价格连续两个月下跌。其中豆油两个月跌幅超过 10%，棕榈油跌幅近 20%。7 月开始美国遭遇严重干旱，美豆减产预期强烈，支撑国际市场豆油价格强势回升，主产国棕榈油处于增产周期，出口需求低迷，价格呈弱势振荡走势，国际油菜籽因天气炒作价格宽幅振荡。四季度，美国大豆实际产量和南美大豆播种进度成为国际市场豆类期货炒作焦点，国际豆油市场价格宽幅振荡运行；棕榈油产量增加和库存持续攀升让其价格走出近 3 年以来的低点。12 月均价，加拿大油菜籽 CNF 价（离岸价 + 运费）677 美元/吨，环比涨 1.0%，同比高 17.3%；南美豆油 CNF 价 1184 美元/吨，环比涨 5.5%，同比高 1.4%；马来西亚 24 度棕榈油离岸价为 782 美元/吨，环比跌 3.7%，同比低 27.2%。

3. 进口油菜籽价格高于国内，进口豆油价格与国内基本持平

2012 年加拿大油菜籽到我国口岸的税后价格一直高于国内油菜籽价格。其中 1 月价差最小为每斤高 0.02 元，4 月价差最大为每斤高 0.46 元。12 月加拿大油菜籽到我国口岸的税后价格约每斤 2.68 元，比国内油菜籽进厂价每斤高 0.13 元。2012 年前 4 个月山东进口豆油税后价格低于国内或与其持平，后 8 个月高于国内或与其持平。其中 1 月进口豆油到岸税后价格比国内每斤低 0.05 元，6 月比国内每斤高 0.04 元。12 月山东进口豆油税后价每斤 4.36 元，比当地国产豆油出厂价每斤高 0.02 元。

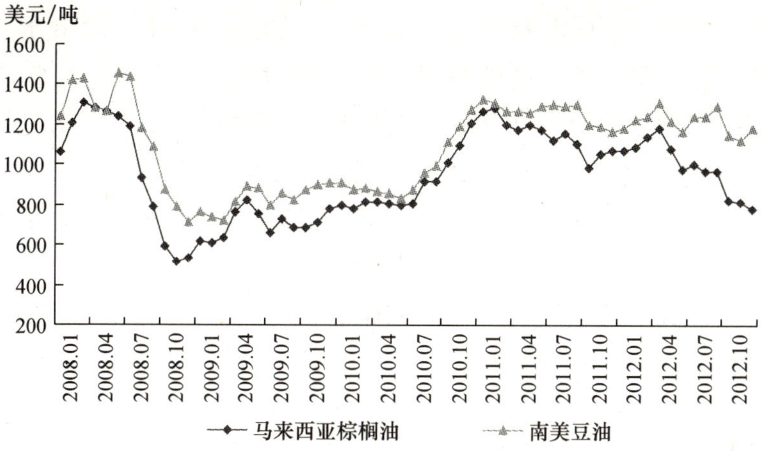


图 34　2008 年以来国际市场主要食用油价格走势

## 二、2013 年油料食用油市场展望

### （一）生产方面

国家政策扶持油料生产力度有限，油料种植收益仍然处于劣势，农民种植积极性不高，2009 年以后种植面积一直维持在 2 亿亩多一点。另外，耕地紧缺也无法提供更多土地种植油料，油料生产前景不容乐观，在保证粮食生产安全的大背景下，未来几年油料面积或将稳定在 2 亿亩左右。其中，花生种植收益较好，目前面积较为稳定，小品种油料规模小，对市场影响力有限，油菜籽种植是国家重点扶持领域，保障种植农户的基本收益、稳定种植面积是当务之急。据农业部农情调度，截至 2012 年 10 月 29 日，全国已播冬油菜 8041 万亩，完成意向播种面积的 76.9%，较 2011 年快 0.3 个百分点。另据湖北省油菜办消息，至 10 月 25 日全省已播栽油菜 1370 万亩，2012 年有望突破 1850 万亩，比 2011 年增加 100 万亩。

值得关注的是，国家已连续 5 年出台油菜籽临时收储政策，同时给与油菜种植少量补贴，较高的收储价格保障了农民的基本收益。如果油料种植收益继续下降的话，油料生产可能会进一步萎缩。

### （二）进口方面

国内油料生产发展潜力有限，消费刚性需求还有空间，油料油脂供给缺口会进一步扩大，同时，国际价格和油料品质具有一定优势，因此 2013 年国内油料油脂进口仍可能保持较高水平。总体上看，影响 2013 年国内进口规模和节奏的主要因素：一是国内宏观经济环境。这影响到进口、加工和终端消费意向等各个环节，进而影响到进口规模。二是国际市场价格水平。如果国际价格具有明显优势，进口动能依然较大。三是国内油料生产情况。产量的增减直接影响进口的多少。四是国家控制进口措施。这在控制进口节奏和数量方面有很大作用。值得注意的是，2012 年国内油料油脂进口量均创下历史最高纪录，也为国内累积了高水平的库存。2013 年初的去库存消费应该持续一段时间，因此一季度进口节奏可能会放慢。

在目前高水平进口规模背景下，我国进口大豆占到国内大豆消费 80% 以上，进口食用植物油（包括进口油料榨油）占到国内食用油消费 70% 左右。国内食用油自给率快速下降，与国家提出的保持国内食用油自给率 40% 以上水平的目标，差距在拉大。目前国内油料和大豆种植面积 3 亿亩左右，未来在种植面积上的潜力极其有限，因此食用油的对外高度依赖或将成为一种常态。

### （三）市场价格

影响 2013 年国内油料食用油市场价格走势的因素主要有：①国内宏观经济环境和油料生产情况。如果经济环境继续好转，消费需求向好，食用油价格或将保持目前较高水平。油料生产如不出现大的变化，并继续实施国家临储政策，油料价格也将大体上保持平稳。②油料生产成本变化。人工、地租和农资价格呈上升趋势，如果高价成本时代真的来临，将大幅增加油料生产成本，必然推动油料价格进一步走高。③头年原料收储收购价格和进口成本对来年食用油市场有决定作用，在原料高成本价格基础上，食用油价格也将保持较高水平。④国际市场价格的影响十分显著。虽然 2012 年国内价格波动明显小于国际市场，但由于对外的高度依赖，国内市场价格与国际市场基本是同步的，或说深受其影响。⑤国家收储政策影响。近年收储价格已成为市场价格的一个标杆，近几年收储价是逐年走高的，如果明年继续提高，油料市场整体价格也将被抬高。⑥2012 年大多油料油脂产品价格都达到了历史最高水平，是真正跨上了一个价格台阶，还是有回调的要求，不确定因素有很多。另外，国内消费快速增长已持续十多年，虽然还有增长空间，但增长势头可能变缓，这对价格会有遏制作用。

### （四）国际市场

2012/13 年度全球油籽供给将有所增加，但食用油库存大幅下降，总体上看，油料食用油供给处于趋紧态势。影响国际市场价格因素很多，包括实际产量、消费和出口需求。国际市场价格波动剧烈，主要是南北半球两个大豆主产区，在其生产和收获季节，资金对其炒作的结果。总体上看，如果全球经济环境有所好转，在全球油料供给偏紧的背景下，国际市场价格依然处于高位运行。

# 2012年食糖市场形势分析及展望

农业部农村经济研究中心　徐　雪
农业部信息中心　马光霞

## 一、2011/12 榨季食糖市场总体情况

我国食糖在结束了连续三年的减产后，2011/12 榨季（2011 年 10 月初至 2012 年 9 月底）风调雨顺，进入产量增长周期，食糖总产量 1151.75 万吨，增 108 万吨，增幅 10%；全国糖料种植面积 2671 万亩，同比增 5.47%。其中甘蔗面积 2339 万亩，同比增 4.32%；甜菜面积 332 万亩，同比增 14.33%。甘蔗糖产量为 1051.015 万吨，同比增 84.975 万吨，占食糖总产的 91.25%；甜菜糖产量 100.735 万吨，同比增 21.355 万吨，占食糖总产的 8.75%。全国甘蔗平均单产 4 吨/亩，同比增 7%；甜菜平均单产 2.9 吨/亩，同比增 11.5%。糖料收购价格较上榨季有所提高，其中甘蔗平均收购价每吨 493 元，每吨增加 17 元；甜菜每吨 481 元，每吨增加 108 元。

据中国糖业协会统计分析，2011/12 榨季我国食糖消费 1330 万吨，同比减少 28 万吨，下降 2.06%；全年人均食糖消费量为 10.13 公斤。食糖消费结构基本稳定，食糖消费总量中民用消费为 36%，工业消费比例 64%。由于近两年糖价大幅上升，国内食品工业对甜味剂需求的市场增长份额已被淀粉糖和高倍化学合成甜味剂所取代。例如淀粉糖的需求方面，2012 年为 1021 万吨，同比增长 10%。

## 二、2011/12 榨季食糖市场运行的基本特点

### 1. 国内增产，糖价跌至成本线

虽然国内食糖增产，但与需求之间仍有 180 万吨的缺口。然而大量进口糖和走私糖逆转了国内食糖市场供给不足态势，国内糖价从榨季初（2011 年 10 月）的每吨 7283 元开始持续大幅下跌，于 2012 年 6 月之后每吨跌至全国制糖企业平均生产成本 6200 元以下，并继续跌至榨季末（2012 年 9 月）的 5764

元，跌幅达 21%。2011/12 榨季国内食糖每吨均价 6477 元，同比跌 8.9%。如果从自然年度看，2012 年全年食糖均价每吨 6173 元，同比跌 6.3%。

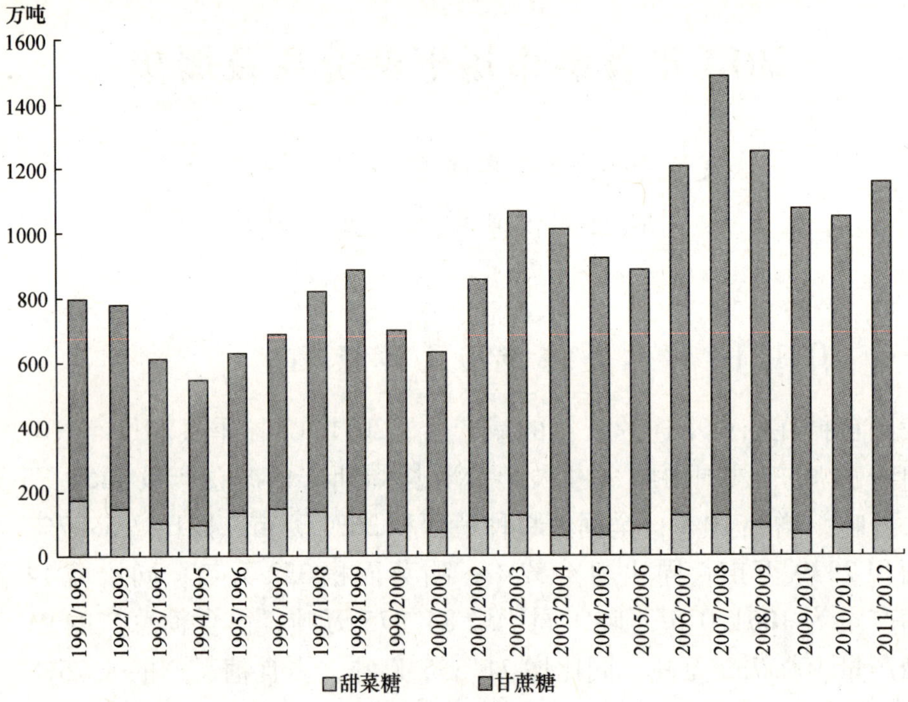


**图 35　我国历年食糖产量**

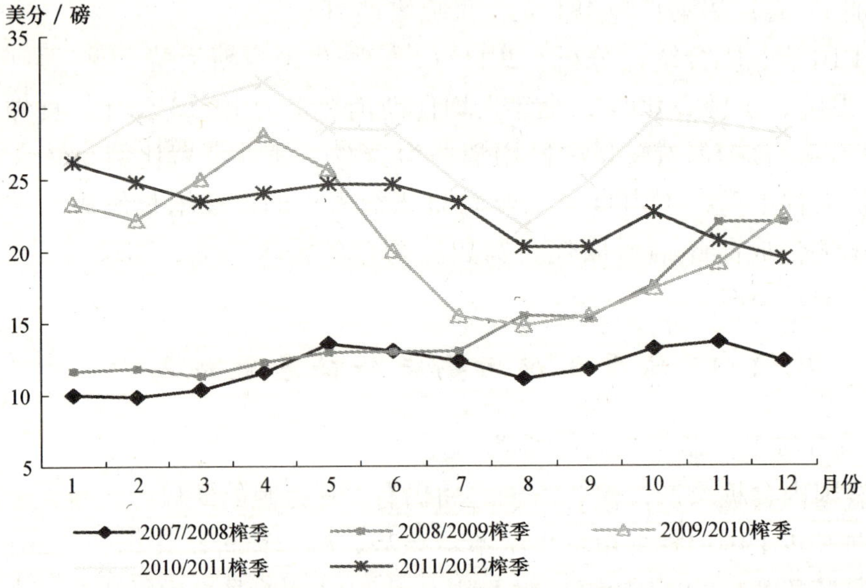


**图 36　近五年我国食糖价格变化情况**

2. 低价国际食糖涌入，严重冲击国内市场

同我国食糖增产周期一致，2011/12 榨季全球食糖市场从产不足需转为供大于求格局，国际糖价振荡中下行。纽约 11 号原糖从榨季初（2011 年 10 月）的每磅 26.2 美分跌至榨季末（2012 年 9 月）的 19.5 美分，跌幅 25.6%。2011/12 榨季纽约 11 号原糖均价为 22.9 美分/磅，同比跌 17.4%。从自然年度看，2012 年国际食糖均价每磅 21.4 美分，同比跌 19.7%。2011/12 榨季国际食糖到岸完税价有 10 个月低于我国食糖主产区批发价格，6 个月每吨价差在 800 元以上，其中 2012 年 6 月国际比国内每吨低 1324 元。进口糖和国内糖的巨大价差导致进口糖和走私糖大量涌入。

**图 37 我国糖价与国际食糖到岸价比较**

注：国内价格为云南昆明、云南甸尾、广东湛江、广西南宁、广西柳州 5 大批发市场蔗糖平均价，国际价格为泰国白糖到珠江三角洲的到岸税后价。

2011/12 榨季我国进口食糖达到历史最高纪录，累计进口食糖 426 万吨，超过进口配额（194.5 万吨）1.2 倍；净进口 421 万吨，是上个榨季的 2.1 倍。同时由于国际与国内食糖价差较大，不小数目的走私糖涌入境内对国内市场造成较大冲击。为了稳定市场，国家分两次共收储了 100 万吨食糖，广西地方储备收储了 50 万吨。即便如此，国内市场仍呈现严重供大于求态势，导致国内糖价阴跌不止。

3. 部分糖企亏损，最大产区广西糖料收益下降

2011/12 榨季全国制糖行业销售收入 775 亿元，同比减少 9.5 亿元，实现利税总额 75.89 亿元，同比减少 96.92 亿元。榨季后期糖价跌到大多数制糖企

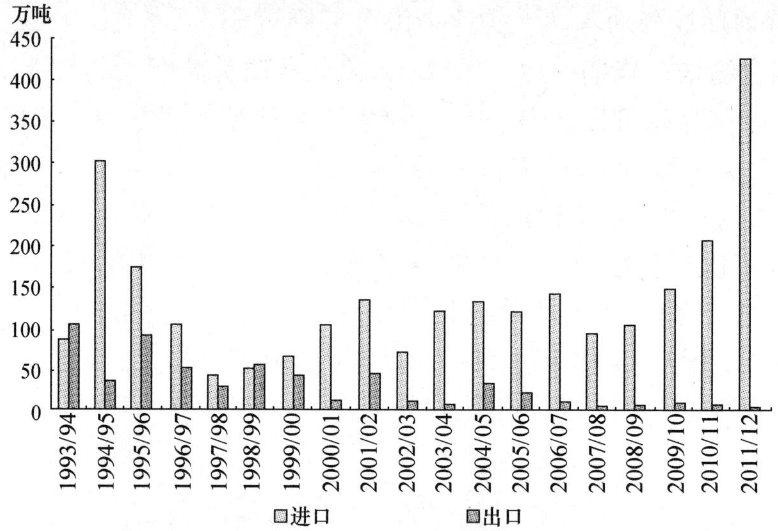


**图 38　我国食糖进出口**

业成本线以下，部分企业出现亏损。根据中国糖业协会统计，在 270 家开工生产的制糖企业中，亏损企业达 38.5%。

2011/12 榨季虽然农民种植糖料收入同比增加 68 亿元，但如果考虑糖料种植成本的迅猛增长，则几乎可以抵消农民净收入的增长。全国食糖最大主产区广西的食糖产量约占全国的 70%，虽然 2011/2012 榨季广西甘蔗收购价上涨到 500 元/吨，只比上榨季结算价的 498.86 元/吨增加 1.14 元/吨。而每亩糖料蔗总成本为 1566 元/吨，比上榨季每亩增加 162 元；农民种蔗每亩收益只有 676 元，净利润减少 199 元，每吨甘蔗净利润减少 36.4 元，比较效益高于水稻、玉米和木薯，远低于桑蚕茧和柑橘。广东地区甘蔗价格由 2010/11 榨季每吨 550～560 元下调至 530 元，而成本大幅增加，特别是人工成本和化肥成本增加，使得收益也有所下降。虽然种蔗收益下降，但由于与粮食相比仍具有比较优势，2012 年甘蔗种植面积将继续扩大。

## 三、2012/13 榨季展望：国内外糖市继续承压，糖价易跌难扬

综合全国产区的情况来看，2012/13 榨季甘蔗和甜菜面积都将继续增长 8% 以上。如果不出现异常天气，食糖产量将增加到 1400 万吨，增幅达 22%。连续第二年大幅增产对目前一蹶不振的国内糖价继续施压。国内糖价从榨季初（2012 年 10 月）每吨 5809 元涨到 11 月的 6040 元，之后跌到 12 月的 5725 元，

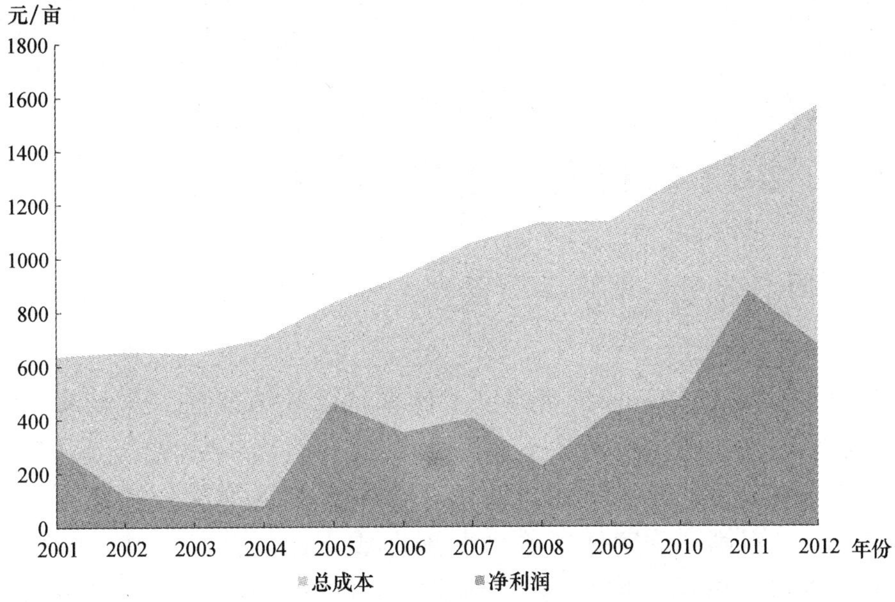


图 39 广西甘蔗成本收益情况

2013 年 1 月进一步下跌到 5612 元，同比跌 13%，已接近大多数制糖企业的成本线。截至 2012 年 1 月 22 日，2012/13 榨季国家已完成食糖收储 150 万吨，收储价格每吨为 6100 元，远远高于目前的市场价格。在进行收储的同时，1 月 26 日国家又轮换出库了 30 万吨白砂糖，竞卖价格每吨 5430 元。收储与轮库政策连续出台，在一定程度上抵消了收储的积极影响。

国际糖组织（ISO）近期预计 2012/13 榨季全球糖产量可能增加 1.4%，创最高纪录至 1.7756 亿吨。全球糖消费量增加 2.0%，达到 1.7138 亿吨，全球食糖供给过剩量上调至 618 万吨，国际糖价将继续承受下跌压力。纽约 11 号原糖糖价从榨季初（2012 年 10 月）每磅 20.7 美分一路下跌至 2013 年 1 月的 18.7 美分，同比跌 22.4%，是两年半的新低。2012/13 榨季 4 个月以来国际食糖到岸价均比国内食糖批发价每吨低 800 元以上，进口糖和走私糖利润丰厚，应谨防进口糖和走私糖大肆进入，重蹈 2012 年覆辙，对国内市场造成冲击。

总的来看，2012/13 榨季国内增产，国际糖市供大于求，国内糖价将承受国内外市场的双重压力。可以说，2012/13 榨季将是“政策年”，国家宏观调控政策将在很大程度上左右国内糖市走势。

# 2012 年猪肉市场形势分析及展望

中国农业科学院农业信息研究所 聂凤英 张学彪

自 2011 年以来，受市场价格高涨、国家扶持政策支撑以及动物疫情稳定等有利因素影响，我国生猪产业获得快速发展，猪肉供给能力持续增强，导致全国猪肉和活猪价格不断下滑。2012 年初局部地区暴发仔猪腹泻疫病，仔猪死亡率较高，对第一季度仔猪价格上涨形成支撑。自 8 月起，随着传统节假日的到来，猪肉市场需求旺盛，拉动了猪价的季节性回升。展望后市，受供给增长、周期性波动和政策性等因素综合影响，预计春节前夕猪肉价格将保持稳中有升态势，春节过后则以季节性回落为主。

## 一、市场运行特点分析

猪肉和活猪价格：1 ~ 7 月持续下滑，8 ~ 12 月季节性回升。据农业部监测，受春节消费拉动影响，2012 年初我国猪肉价格和活猪价格相对较高，分别为每公斤 27.83 元和 17.65 元。在经历了持续 6 个月的下滑走势后，7 月猪肉价格跌至每公斤 22.61 元，累计跌幅为 18.8%；活猪价格跌至 14.0 元，累计跌幅为 20.7%。随后，猪肉价格和活猪价格开始振荡上行，9 月受双节影响，猪肉价格环比上涨 3.7%，活猪价格环比上涨 4.3%，10、11 月略有回落，12 月猪肉价格再次回升至 24.82 元，活猪价格回升至 15.83 元。与 2011 年同期相比，猪价跌势明显，猪肉价格下跌 8.7%，活猪价格下跌 7.7%。

仔猪价格：第一季度迅速攀升，随后以振荡下行为主。据农业部监测，第一季度我国仔猪价格快速上扬，由年初的 30.21 元迅速升至 32.81 元，月度环比涨幅分别为 2.6%、3.7% 和 4.7%。随着能繁母猪存栏量的持续增长以及仔猪成活率的提高，自第二季度起，仔猪价格开始下滑，并持续到 11 月，累计跌幅 21.2%，12 月价格略有回升，环比涨幅为 0.8%。但与 2011 年同期相比，跌幅为 11.5%。

养殖收益：玉米和猪饲料价格先涨后跌，猪粮比价先跌后升。据农业部监测，前三季度我国玉米价格和猪饲料价格持续上涨，玉米价格由年初的 2.35

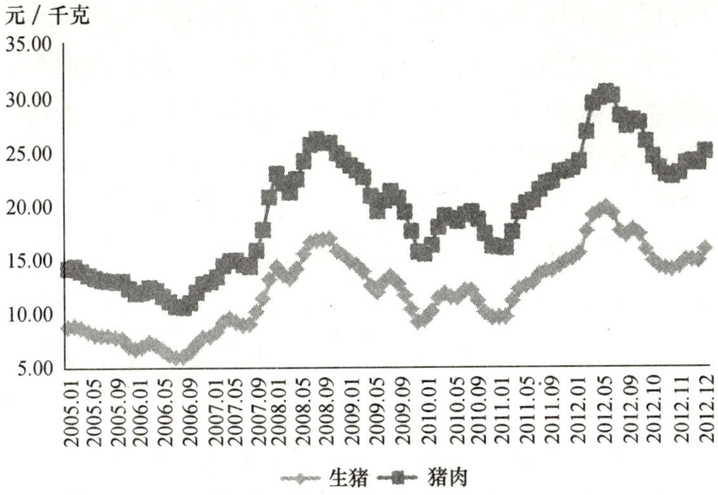


**图 40　2005 年 1 月至 2012 年 12 月我国活猪和猪肉价格波动情况**

数据来源：农业部。

元涨至 2.57 元，累计上涨 9.4%，猪饲料价格由年初的 3.03 元涨至 3.29 元，累计上涨 8.8%。进入第四季度，玉米和猪饲料价格略有回落，12 月时玉米价格为 2.42 元，猪饲料价格为 3.24 元，分别下跌 6.0% 和 1.6%。据监测点反映，近年来人工、防疫、水电等养殖成本已大幅增加，生猪养殖成本处于较高水平，由于猪粮比价由年初 7.51∶1 跌至 7 月的不足 6∶1，养殖收益不断恶化。自 8 月起，随着猪市季节性回暖，猪粮比价逐步反弹，12 月已达 6.56∶1，养殖收益逐步好转。按平均价格测算，年初外购仔猪养殖户出栏一头 100 公斤的肥猪盈利约 280 元，6、7 月处于盈亏边缘，之后逐渐恢复，12 月盈利约 150 元。

## 二、影响因素分析

进入 2012 年，我国猪肉价格先跌后涨，季节性波动明显。由于 2011 年猪肉价格相对较高，同期相比，2012 年猪肉价格跌幅较大，尤其是第三季度跌幅超过 20%。综合来看，自 2011 年以来，受市场价格高涨、国家扶持政策支撑以及动物疫情稳定等有利因素影响，我国生猪产业获得快速发展，生猪存栏和能繁母猪存栏不断增长，猪肉供给能力持续增强，这是 1～7 月猪肉价格连续下滑的根本原因。自 8 月起，随着传统节假日的到来，猪肉市场需求旺盛，拉动了猪肉价格的逐步回升。因此，供需关系变化是影响我国猪肉市场的主要因素。

### （一）供给增加

自 2011 年以来，受市场和政策双重激励，我国生猪产业迅速发展，生猪存栏和能繁母猪存栏在振荡中保持增长势头，猪肉产量持续增加。据农业部监测，2011 年至今，生猪存栏有 16 个月环比增长，能繁母猪存栏有 15 个月环比增长，生猪生产能力持续增强，猪肉市场供给有充分保障。据国家统计局数据显示，2012 年猪肉产量 5335 万吨，增长 5.6%。生猪存栏 47492 万头，比上年增长 1.6%；生猪出栏 69628 万头，比上年增长 5.2%。供给增加是造成 1 ~7 月猪肉市场价格持续低迷的主要原因。

### （二）季节性因素

一般情况下，春节前后是我国猪肉消费的旺季，在需求拉动下，猪肉市场价格也往往保持在较高水平。春节过后，天气渐暖，需求减弱，猪肉消费进入淡季，生猪市场价格随之进入下行轨道。根据 2007 ~2011 年五年月度平均价格显示，猪肉价格季节性波动明显，1、2 月猪肉价格略涨，3、4、5 月处在消费淡季，价格逐步下滑，5 月跌至年内最低点，6 月起猪肉价格逐步回升，9 月涨至年内最高，10、11 月再次回落。从 2012 年来看，猪肉价格下滑由 2 月开始，一直持续到 7 月，自 8 月起猪肉价格逐步回升。2012 年猪肉价格明显高于过去五年平均水平。

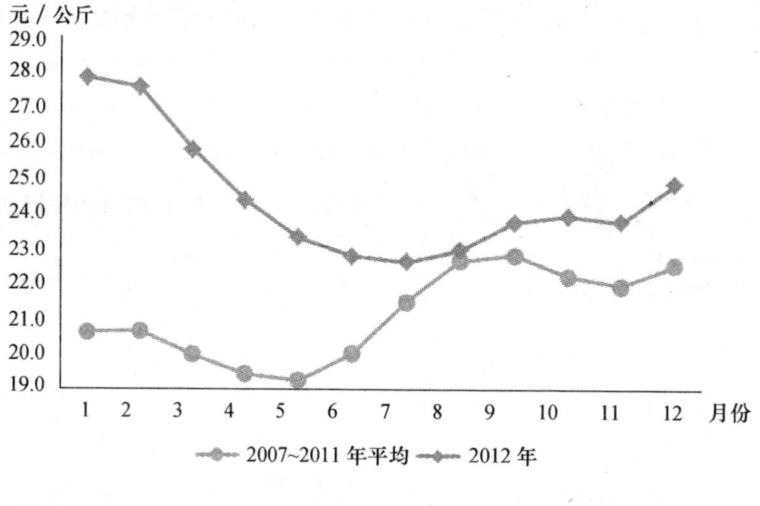


**图 41　2007 ~2011 年五年月度平均价格和 2012 年月度价格波动情况**

数据来源：根据农业部数据整理。

### （三）周期性因素

按照价格周期波动规律，我国猪肉价格循环周期主要受生长特点、饲料成本、饲养方式、消费需求、宏观调控和疫情暴发等因素影响。根据模型测算[①]最新结果，猪肉市场价格波动的一个循环周期约为43个月，当前我国猪肉市场所处的周期始于2010年6月，至2011年8月为上升区间，2012年正处于新一轮的下跌阶段。据预测，这一下跌趋势将至少持续到2013年上半年。

### （四）节日效应

2012年以来，猪肉市场持续低迷，传统节日对市场影响仍然显著。据5月初调研发现，“五一”假期对猪肉市场具有拉动作用，但并不十分显著。新发地市场白条猪价格于4月下旬曾出现短暂小幅回升，每公斤反弹0.5~1元。据山东省监测点反映，4月中旬当地活猪价格跌至谷底，每公斤仅为13元，之后开始上涨，4月底时反弹至14.2元，调研时（5月9日）活猪价格又降到13.8元左右。进入第三季度，在中秋、国庆等传统节日拉动下，猪肉市场价格显著回升，并于10月第1周恢复至较高水平。11月价格略有回落，随着天气骤冷以及春节临近，12月猪肉价格恢复至下半年最高水平。

此外，截至目前，2012年未发生大的生猪疫情，仔猪成活率较高，猪场生产较为稳定，给生猪生产能力增长提供了良好环境。

## 三、贸易情况分析

据海关统计，2012年我国生猪产品贸易逆差12.44亿美元，比上年增加2.87亿美元。累计进口24.76亿美元，同比增长15.7%，猪杂碎和鲜冷冻猪肉分别占进口总额的58.8%和39.6%。累计出口12.32亿美元，同比增长4.3%，加工猪肉和鲜冷冻猪肉分别占生猪产品出口总额的38.6%和23.9%。

### （一）猪肉出口减少，进口增加

出口。2012年鲜冷冻猪肉出口量为6.62万吨，同比减少17.9%，出口额2.95亿美元，同比下降9.5%。鲜冷冻猪肉主要出口到我国香港地区，占出口总额的77.7%。

进口。2012年鲜冷冻猪肉进口量为52.23万吨，同比增长11.7%，进口额为9.81亿美元，同比增长15.8%。德国、西班牙、丹麦、美国和加拿大，是我国猪肉主要进口来源国，合计占进口总额的85.4%。

### （二）加工猪肉出口增长，以出口为主

出口。2012年我国加工猪肉出口量为11.43万吨，同比增长6.8%；出口

---

① 根据模型运算结果，1996年至今，我国猪肉价格波动共经历了四个完整周期，分别是1996年1月至1999年5月、1999年6月至2003年6月、2003年7月至2006年7月、2006年8月至2010年5月，平均每个周期43.3个月。2010年6月至今是一个不完整周期，其中2010年6月至2011年8月处于上升阶段，之后处于下降阶段。

额为4.75亿美元，同比增长17.8%。加工猪肉主要出口到日本和我国香港地区，占出口总额的75.8%。

进口。加工猪肉进口很少，2012年累计进口量为580.69吨，同比增长21.5%，进口额为483.69万美元，同比增长29.0%。加工猪肉的进口主要来自西班牙和美国。

**（三）猪杂碎以进口为主，进口额增长**

我国猪杂碎主要是进口。2012年累计进口量为84.72万吨，同比减少4.0%，进口额为14.56亿美元，同比增长15.0%。主要从美国、丹麦进口，占进口额的69.9%。

**（四）活猪出口增加**

据统计，2012年我国活猪累计出口量为16.78万吨，同比增长7.4%，出口额为4.61亿美元，同比增长1.9%，活猪主要出口到我国香港地区，占出口总额的93.7%。2012年活猪累计进口量为1.71吨，进口额为6.70万美元。活猪从美国进口，主要进口省为北京和河北。

## 四、国际动态

据FAO资料显示，2012年以来，国际肉类价格指数在波动中振荡下行，于4月涨至年内最高水平，达到179.6点，之后持续下滑，7月时跌至年内最低166.5点，随后略有回升，12月为176点。

**（一）产量：美国增加，欧盟减少**

美国。据美农部预测，2012年美国猪肉产量将达231.78亿磅，比上年同期增长1.8%。据第四季度数据，12月1日生猪存栏6630万头，同比略有减少，比前一季度减少2%，其中种猪存栏582万头，比上年同期略有增加。

欧盟。据欧盟委员会预测，2012年欧盟生猪屠宰量为2.53亿头，比上年同期减少0.4%。猪肉产量为2251.67万吨，略低于上年水平。由于2013年实施新的环境和动物福利法案，欧盟新成员国生猪产业正处于调整过程中，这对2012年欧盟猪肉市场价格形成有力支撑。

**（二）价格：美国振荡下行，欧盟快速攀升**

美国。由于生猪屠宰量增加以及种猪生产性能的提升，美国猪肉产量保持增长。与2011年同期相比，猪肉价格以下跌为主，2012年猪肉切块平均价格为84.59美元/英担，同比下跌9.8%；瘦肉率为51%~52%的活猪平均价格为61.16美元/英担，同比下降7.5%。

欧盟。据欧盟委员会资料，2012 年欧盟猪肉价格在波动中持续攀升，由年初的 1514.1 欧元/吨攀升至 9 月的 1901.10 欧元/吨，为历史最高水平，累计涨幅高达 25.6%，之后虽有下降，但全年价格水平远高于上年。预计全年平均价格达到 1707.23 欧元/吨，同比上涨 11.4%。其中，7、8 月，受旅游旺季带动和供应偏紧影响，欧盟南部国家猪肉价格出现大幅上涨，如意大利 8 月猪肉价格环比上涨 9.6%，拉动了欧盟猪肉价格的持续攀升。但是，欧盟北部国家猪肉价格相对稳定，如德国、荷兰等。2013 年欧盟开始执行新的环境和动物福利法案，迫使生猪产业部门进行结构调整，导致 2012 年欧盟猪肉产量减少，对全年猪肉价格形成支撑。

## 五、后市展望

### （一）国内市场

2012 年以来，我国猪肉市场在经历了持续 6 个月的下滑走势后，自 8 月起逐步回升。展望后市，在供给增加、市场调节、季节性影响及宏观调控背景下，猪肉市场供求矛盾仍将存在，预计春节前夕猪肉价格将保持稳中有升态势，春节过后则以季节性回落为主。目前，随着气温骤降导致生猪疫病进入高发期，仔猪流行性腹泻需高度关注。主要影响因素包括：

一是供给因素。据国家统计局和农业部数据显示，2012 年以来，我国生猪存出栏和猪肉产量在振荡中持续增长，猪肉市场供给有充分保障，尤其是 9 月时全国能繁母猪存栏环比增幅达到 2.1%，成为 2011 年以来最大环比增幅。表明目前我国能繁母猪存栏量处于较高水平，后期活猪市场供给保障充分。按生猪生长特点来测算，若无重大疫情等不确定性影响，我国猪肉市场供应充足局面将至少持续到 2013 年 7 月。

二是政策因素。2011 年 7 月国务院常务会议研究确定促进生猪生产持续健康发展的各项政策，重点扶持生猪规模化养殖，2012 年上半年在猪市低迷的同时，许多企业却对养猪业表现出浓厚兴趣，像武钢、德美化工、联想等行业外大型企业甚至也表示要投资猪业。虽然生猪养殖规模化要受到土地、资金、技术和人才制约，但这些大型企业的加入势必推动我国生猪养殖的规模化进程，有利于今后猪肉市场的供给。4 月，国家发改委、财政部、农业部等部门联合发布《缓解生猪市场价格周期性波动调控预案》（简称“新预案”），并组织开展冻猪肉收储工作，防止生猪价格过度下跌，维护养殖户利益。随着各项政策的实施，有利于确保市场供应，增强市场调节功能，减少后期猪肉市场的剧烈波动。

三是宏观经济环境因素。目前，国际形势继续发生深刻复杂变化。受国际金融危机的深远影响，世界经济低速增长态势仍将延续，部分发达国家增长率过低，失业状况无法得到显著改善，全球经济形势仍处于低迷。虽然第四季度我国国民经济出现明显企稳回升，但基础仍不牢固。在此背景下，若政府进一步放松银根，增加货币市场流动性，届时国内通胀或将抬头，推高未来物价水平。

四是疫情影响。自 2011 年 11 月至 2012 年 2 月，我国部分地区出现仔猪腹泻等疫情，且局部地区较为严重，直接推高了第一季度仔猪价格。但是，随着天气转暖，仔猪成活率提高，第二、三季度仔猪价格持续下滑。当前，随着天气骤冷，生猪养殖正进入疫情多发期，应时刻警惕这种不确定性因素对猪肉市场的影响。

五是饲养成本。近年来，随着玉米等饲料原料价格的上扬，以及人工、水电、运输等费用的上涨，推动了生猪养殖成本的不断增加。据测算，2007～2011 年出栏每头育肥猪饲养成本比 1994～2006 年平均水平高出 71%。进入 2012 年，玉米、豆粕等饲料原料价格保持涨势，虽然 10 月后略有下跌，但仍处于较高水平。模型结果表明，滞后 6 期的饲料价格与生猪出栏反向关系显著，即滞后 6 期的饲料价格上涨将导致当期生猪出栏量的减少。因此，当前居高不下的饲养成本将对后期活猪市场供给起到一定的抑制作用。

此外，季节性、周期性、进出口贸易等因素也使后期猪肉市场面临考验。综合来看，若不考虑疫情等不确定性因素，预计春节前夕猪肉市场将呈稳中有升走势，春节过后猪肉市场将以季节性回落为主。

**（二）国际市场**

美国：2012 年美国玉米产量受旱灾影响预计减少，玉米价格维持在较高水平，直接推高了养殖成本，许多养殖户开始缩小养殖规模。据美农部资料显示，2012 年美国活猪屠宰量比 2011 年同期增长 2.1%。但是由于种猪生产性能提升，预计 2013 年美国猪肉产量增幅减少，为 232.85 亿磅。

欧盟：进入 2013 年，在理论上欧盟生猪部门重组已经完成，新成员国仔猪数量和屠宰量持续减少的局面有望逐渐改观，欧盟生猪产业更具竞争力。因此，预计 2013 年欧盟生猪养殖将有所增加，猪肉产量将逐步恢复。受欧元走弱影响，2013 年欧盟猪肉出口前景看好。整体来看，随着玉米等饲料原料价格的高位运行，预计后期猪肉价格维持在相对较高水平。

# 2012年牛羊肉市场形势分析及展望

中国农业科学院农业信息研究所 曲春红 司智陟

2012年春节过后，全国牛羊肉价格出现短暂回落，之后分别于4月和5月重拾涨势，不断创下新高。美国和欧盟牛肉价格小幅回升，羊肉价格继续下跌。2012年我国牛羊肉进口大幅增加。

## 一、国内牛羊肉价格继续上涨，牛肉涨势高于羊肉

从月价看，1~12月牛羊肉价格呈现上涨—短暂下跌—持续上涨的态势。1~2月价格延续2011年涨势，2月牛羊肉价格每公斤分别为42.03元和49.62元，环比分别上涨1.6%和1.4%，同比分别上涨15.4%和21.7%；3月牛羊肉价格均略有回落，环比分别下跌0.1%和0.3%；4月牛肉价格止跌回升，而羊肉价格继续回落；5月羊肉也重拾涨势，但涨幅不及牛肉；12月牛羊肉价格每公斤分别达到52.29元和57.05元，环比分别上涨4.1%和3.1%，同比分别涨31.4%和22.7%。

从周价看，牛羊肉价格在2012年1月第1周延续上年涨势，自2月第2周起，牛肉价格连续3周回落，2月第4周价格较2月第1周价格下跌了0.9%，从2月第5周至3月第3周，牛肉价格较为平稳，牛肉从3月第4周至12月第4周牛肉价格连续40周上涨，12月第4周价格每公斤已达53.18元，较3月第3周上涨了26.6%；羊肉价格在2月第2周至5月第2周期间价格有所波动，经历了4周的回落、2周的企稳、4周的下跌、3周的回升和1周的回落后，从5月第3周起至12月第4周已连续33周上涨，12月第4周价格涨至每公斤57.88元，较5月第2周上涨了17.2%。

12月第4周，河北、辽宁、吉林、山东和河南等主产省牛肉平均价格为每公斤50.29元，环比上涨1.4%，同比上涨31.3%；上海、浙江、福建、广东和江苏等省市牛肉平均价格为每公斤59.82元，环比上涨0.8%，同比上涨29.5%。海南、广东、江西、福建和上海的牛肉价格每公斤都超过60元，有9个省区市的牛肉价格每公斤都已超过55元。

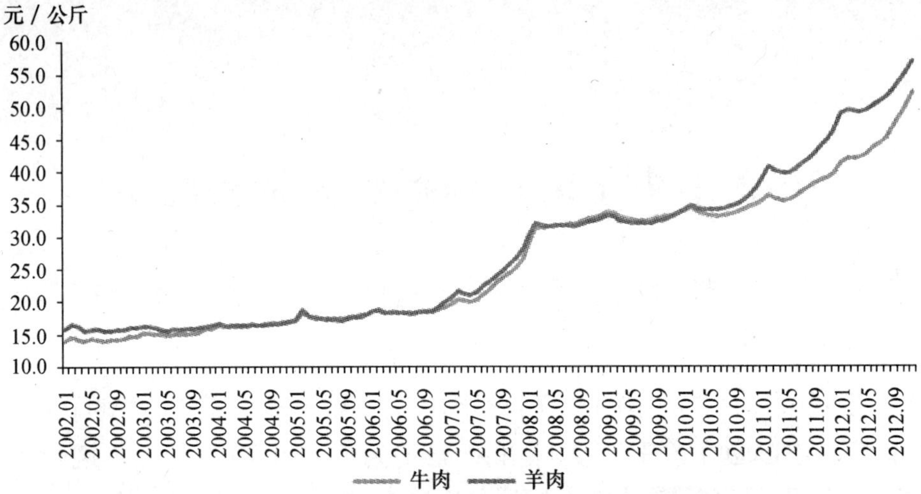


**图 42　2010～2012 年国内牛羊肉集市平均月价**

数据来源：农业部畜牧业司。

12 月第 4 周，河北、内蒙古、山东、河南和新疆等主产省（区）羊肉平均价格为每公斤 56.64 元，环比提高 0.8%，同比上涨 21.8%；上海、浙江、福建、广东和江苏等省市羊肉平均价格为每公斤 60.41 元，环比上涨 0.8%，同比上涨 17.3%。海南的羊肉价格每公斤已高达 73.2 元，有 10 个省区市的羊肉价格每公斤都已超过 60 元。

牛羊肉价格的持续走高，根本因素在于供求失衡所致。由于肉牛肉羊生产能力不足，供给的增长跟不上需求的高涨，供需矛盾日益突出。从消费需求看，我国牛羊肉的消费群体逐步扩大，人们对牛羊肉的需求量日益增加；从供给环节看，牛、羊的饲养周期较长、繁殖能力也较差、投入大、养殖的风险相对较高，一些养殖户不愿扩大规模，供给受限，致使牛羊肉的价格节节攀升。

## 二、我国牛羊肉进口大幅增加

### 1. 2012 年牛肉进口大幅增加，出口减少

2012 年，我国牛肉累计出口量为 1.22 万吨，同比减少 44.5%，出口额为 8060.13 万美元，同比减少 32.6%。主要出口吉尔吉斯斯坦、我国香港地区、科威特和以色列，合计占牛肉出口总额的 82.9%。

2012 年，我国牛肉累计进口量为 6.14 万吨，同比增加 2.1 倍，进口额 2.55 亿美元，同比增加 1.7 倍。主要从澳大利亚、乌拉圭、巴西、新西兰和

加拿大进口。

2. 2012 年加工牛肉进出口均增，以出口为主

2012 年，我国加工牛肉累计出口量为 1.79 万吨，同比增加 4.5%，出口额 9925.67 万美元，同比增加 13.1%。主要出口日本和我国香港地区，合计占出口总额的 92.9%。

2012 年，我国加工牛肉累计进口量为 103.08 吨，同比增加 10.0 倍，进口额 55.17 万美元，同比增加 3.4 倍。主要从巴西进口，占进口总额的 92.8%。

3. 2012 年羊肉进口大幅增加

2012 年，我国羊肉累计出口量 5043.37 吨，同比减少 37.9%，出口额 4250.98 万美元，同比减少 19.9%。羊肉主要出口我国香港地区，合计占出口总额的 76.1%。

2012 年，我国羊肉累计进口量 12.39 万吨，同比增加 49.9%，进口额 4.22 亿美元，同比增加 53.7%。进口来源国主要是新西兰和澳大利亚，合计占进口总额的 98.5%。

## 三、国际市场分析

### （一）产量

1. 2012 年美国牛肉产量减少，羊肉产量增加

据美农部最新数据，美国干旱仍然严重，没有得到缓解。受其影响，从 2011 年秋季开始，牛屠宰量下降，国内供给不足。2012 年美国牛肉产量 1175.38 万吨，同比减少 1.1%；小牛肉产量 5.35 万吨，同比减少 8.9%；羊肉产量 7.08 万吨，同比增加 5.0%。

2. 2012 年加拿大牛屠宰量减少，羊屠宰量增加

据加拿大农业与农业食品部数据，2012 年加拿大共屠宰牛 261.12 万头，同比减少 9.6%；屠宰小牛 22.36 万头，同比减少 4.9%；屠宰羊 16.02 万只，同比增加 4.7%。

### （二）贸易

1. 2012 年美国牛肉出减进增，羊肉进出口减少

2012 年，美国出口牛肉和小牛肉 111.34 万吨，同比减少 11.9%。加拿大、日本和墨西哥仍然是美国牛肉出口的主要国家，其次是韩国、中国香港地区、俄罗斯和越南。同期进口牛肉和小牛肉 100.66 万吨，同比增加 7.9%。

主要从澳大利亚、加拿大和新西兰进口。同期出口羊肉和羊羔肉 0.48 万吨，同比减少 43.3%，进口羊肉和羊羔肉 6.97 万吨，同比减少 4.9%。

2. 2012 年巴西牛肉出口量同比增加 13.4%

2012 年，巴西牛肉累计出口量为 124.25 万吨，同比增加 13.4%，出口额 57.44 亿美元，同比增加 7.4%。主要出口市场是俄罗斯，占巴西牛肉出口总量的 21.1%，其次是中国香港地区（17.8%）和埃及（11.2%）。与上年同期相比，向俄罗斯、中国香港地区和埃及的出口均有不同程度的增加。

3. 2012 年澳大利亚牛肉出口稳定，羊肉出口增加

2012 年，澳大利亚出口牛肉和小牛肉 96.35 万吨，同比增加 1.5%，主要出口到日本、美国和韩国。同期出口羊肉和羊羔肉 32.36 万吨，同比增加 20.8%，其中出口羊羔肉 18.85 万吨，同比增加 17.9%，主要出口到中东和一些亚洲国家。

### （三）价格

1. 美国牛肉价格小幅回升，高于同期，羊肉价格继续回落，低于同期

受干旱影响，美国去骨牛肉（90%新鲜）从 2011 年 11 月至 2012 年 5 月价格持续上涨，6～7 月高点回落，8 月价格季节性回升，9～10 月价格下降，11～12 月价格小幅回升，12 月为每公斤 4.07 美元，环比上涨 0.8%，同比上涨 7.6%。美国东海岸精选羊羔肉批发价格于上年下半年高点回落，2012 年初呈稳中有降趋势，5～11 月持续下降，12 月有所回升，价格为每公斤 5.54 美元，环比升 0.6%，同比下降 22.5%。

2. 欧盟牛肉价格回升，羊肉价格继续回落

2012 年欧盟牛肉价格延续上涨趋势，7 月价格创新高，8～10 月稳中回落，11～12 月回升，12 月价格再创新高，每吨为 4100 欧元，环比升 1.9%，同比涨 9.2%。羊肉价格 2011 年 10 月至 2012 年 4 月价格持续回升，5～12 月价格呈回落态势，12 月羊羔肉（体重在 40 公斤以上）价格为每吨 4583 欧元，环比降 1.7%，同比降 6.5%。

## 四、展望

国内：随着肉类消费的快速增长及健康消费理念的逐步深入，我国牛羊肉消费结构比例将呈递增趋势。与世界平均水平相比，我国人均牛肉消费量还比较低，消费增长的空间仍然较大。从养殖环节来看，与其他食用动物的饲养周期相比，肉牛、肉羊的市场补充能力和应变能力要缓慢得多，尤其是

肉牛的饲养周期更长，牛羊肉价格走高的趋势还将持续。受人工成本增加、饲料原料价格上涨以及社会物价水平总体上升的影响，预计未来牛羊肉价格仍将高位运行。

国际：由于干旱、饲料价格高涨、利润低迷等原因导致全球牛肉产量增长放缓。2013 年预计世界牛肉产量增加 0.6%，增长主要集中在发展中国家，印度产量的增长以及巴西和阿根廷的小幅增长将抵消美国、欧盟和墨西哥产量的下降。2013 年世界牛肉出口将增长 7.6%，亚洲、中东等国家和地区对低价格产品需求旺盛，印度牛肉出口引领世界牛肉贸易。2013 年世界牛肉进口预计增长 4.4%。美国国内供应紧张，进口激增，俄罗斯和日本进口小幅增长，韩国和墨西哥进口增幅明显。

# 2012年禽肉市场形势分析及展望

中国农业科学院农业信息研究所　张　莉　朱增勇

## 一、价格基本呈"V"字形变动，养殖效益不高

总体来看，2012年一季度和二季度我国禽肉价格持续下降，三季度触底反弹，四季度价格持续上涨。1月，禽肉价格受传统节日消费带动小幅上涨，节后2月起逐步转向季节性回落，一直持续至5月，6、7月价格趋于平稳，8月起持续5个月回升，12月已经上涨至超过1月价格，达年内最高水平。具体来讲，活鸡和白条鸡1月价格分别为每公斤17.66元和17.65元，5月分别跌至每公斤16.41元和16.73元，之后2个月趋于平稳，8月起持续回升至12月，价格分别涨至每公斤17.68元和17.70元，累计上涨幅度6.0%以上。12月，活鸡价格同比上涨3.0%，白条鸡价格同比上涨1.8%。由于临近年末消费需求的带动，以及对猪肉和牛羊肉的替代消费，价格上涨幅度加大。就全年的价格水平而言，市场行情相对弱势，活鸡下跌0.5%，白条鸡上涨0.2%。

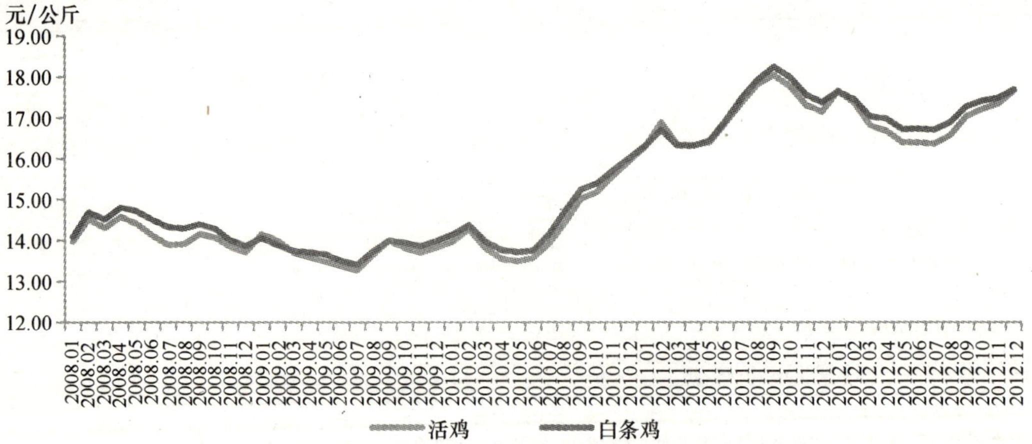


图43　2008年1月~2012年12月禽肉月价格变动

数据来源：农业部畜牧业司。

从周价来看，上半年的价格除1月、6月连续4周呈涨势外，其余月的周价均呈下降态势；进入下半年，7月连续4周下降，8月开始连续10周上涨，截至10月第1周活鸡和白条鸡价格分别上涨至每公斤17.28元和17.53元，10月第2、3周价格开始小幅下跌，自第4周起连续9周上涨。截至12月第4周，活鸡价格每公斤17.71元，环比下跌0.1%，较1月底最高价格下降1.5%；白条鸡每公斤17.67元，环比下跌0.5%，较1月底最高价格下降1.2%。12月第4周价格下跌主要是因为“速成鸡”事件报道，影响了公众的消费信心，需求减少所致。总的来说，2012年禽肉价格涨跌幅度不大，供求相互制约，波动前行，市场运行较为平稳。

2012年前三季度受鸡肉价格走低，饲料价格不断走高的影响，肉鸡养殖效益一直在低位徘徊。10月以后，国内饲料原料玉米、豆粕价格企稳走低，导致肉鸡饲料价格有所下降，由于养殖成本下降，而价格持续走高，肉鸡养殖效益稍有好转。但全年平均养殖收益为1.85元/只，较上年减少20%以上。2012年，饲料成本的不断冲高，使肉鸡养殖风险不断加大，从祖代鸡饲养到商品代肉鸡养殖及鸡肉制品销售，圣农、益生股份等四大家禽上市公司的营业利润均大幅受挫。

## 二、贸易顺差扩大，进口量逐步增加

2012年我国家禽产品进出口双增，贸易顺差约为8.70亿美元，较上年增加4260.78万美元。累计出口额为18.74亿美元，同比增加7.3%。其中，禽肉及杂碎占家禽产品出口总额的26.8%，加工家禽占71.5%，其他活家禽占1.7%。累计进口额为10.04亿美元，同比增加9.2%。其中，禽肉及杂碎是家禽产品进口的主体，占总额的95.2%，其余为种禽占4.6%。

从贸易量来看，2012年我国出口家禽产品48.22万吨，同比减少0.4%，进口家禽产品52.30万吨，同比增加23.9%。2008年我国家禽产品进口量曾达到83.3万吨，自2009年起中国对美国进口白羽肉鸡开展“双反”调查并随后实施进口限制政策，家禽产品进口量逐年下降，到2011年已下降至42.11万吨，2012年又恢复增加至50余万吨。虽然我国肉鸡产业快速发展，但受偏爱鸡腿和鸡爪消费习惯的影响，进口产品种类具有很强的互补性，因此家禽产品进口量不会继续大幅度下降。

### （一）禽肉及杂碎出口减少，进口增加

#### 1. 出口

1～12月，累计出口额为5.02亿美元，同比减少4.2%；出口量19.40万吨，

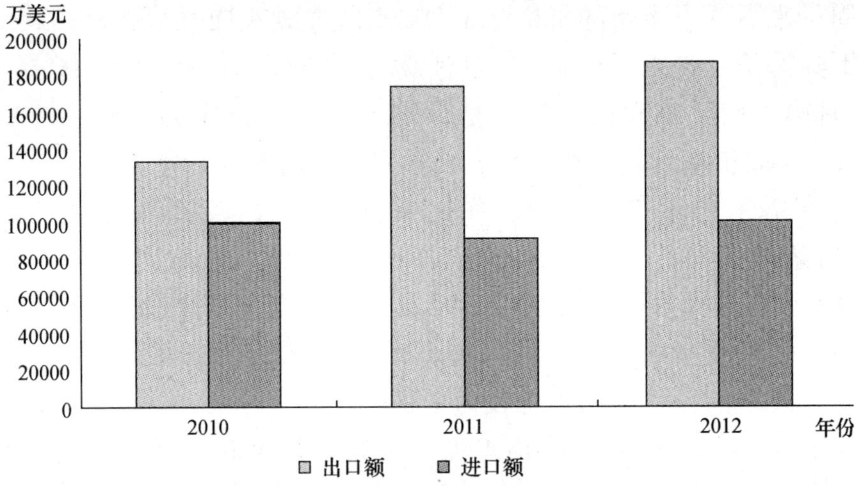


**图 44　2010～2012 年我国家禽产品贸易额**

数据来源：中国海关统计。

同比减少 8.0%。禽肉及杂碎主要出口到我国香港地区，占出口总额的 70.6%。主要出口省份是广东和山东，占出口总额的 71.6%。

2. 进口

1～12 月，累计进口额为 9.56 亿美元，同比增加 9.6%；进口量 52.17 万吨，同比增加 23.9%。禽肉进口主要来自巴西和美国，占进口总额的 85.8%。主要进口省市是广东和上海，占进口总额的 71.6%。

### （二）加工家禽主要出口，出口额增加

截至 12 月，累计出口量 28.71 万吨，出口额为 13.41 亿美元，同比分别增加 5.1% 和 12.3%。主要出口到日本，占出口总额的 81.7%。出口省市主要是山东，占出口总额的 24.2%。

### （三）活家禽出口增加，种禽进口增加

1～12 月，活家禽（种禽除外）累计出口量 1.11 万吨，同比增加 7.8%，出口额 3093.64 万美元，同比增加 8.1%。活家禽主要从广东省出口，绝大部分出口到我国香港和澳门地区。

种禽只有进口，全年累计进口量为 141.55 吨，同比减少 0.1%。进口额 4659.25 万美元，同比增加 2.2%。种禽进口主要来源于美国，主要进口省份是山东。

## 三、国际市场形势

### （一）生产下降

美国产量小幅下降。美国农业部数据显示，2012 年美国鸡肉产量为

370.35 亿磅，同比下降 0.4%。产量下降主要源自屠宰量下降 1.3%，全年共屠宰 84.29 亿只。由于受到大旱引发的玉米、大豆等饲料原料价格高涨的牵累，养殖成本增加制约着美国肉鸡产能的扩张，预计 2013 年的产量为 368 亿磅，同比下降 0.4%。

巴西产量首次下降。巴西统计局数据显示，1～9 月鸡肉产量为 879.72 万吨，同比增加 2.7%；屠宰量为 39.63 亿只，与上年基本持平。巴西鸡肉生产规模受限的主要原因是生产成本的增加，压缩了养殖者的利润空间，部分养殖户和养殖企业缺乏信贷支持。与此同时，国际鸡肉出口价下跌，出口需求刺激减弱，影响了肉鸡业的快速发展。巴西鸡肉生产和出口商协会（ABEF）公布数据显示，2012 年巴西的鸡肉产量为 1264.5 万吨，较 2011 年下降 3.2%，为 2000 年以来的首次下降。受国内消费需求不断增加，以及国际市场开拓计划的实施影响，预计巴西 2013 年的鸡肉产量将增加 3%。

### （二）价格普涨

美国价格分化明显。2012 年美国禽肉价格总体呈涨势，但 12 个城市鸡肉价格涨跌波动频繁，佐治亚州鸡肉价格持续小幅上涨。1 月 12 个城市鸡肉平均价为每磅 81.76 美分，持续上涨至 3 月的每磅 93.23 美分，之后总体呈降势，10 月后价格持续上涨。12 月价格为每磅 97.81 美分，环比上涨 3.5%，同比上涨 21.8%；佐治亚州码头鸡肉批发价格呈涨势，平均价从 1 月的每磅 89.71 美分涨至 97.48 美分，累计涨幅 8.7%，12 月价格环比上涨 1.1%，同比上涨 9.4%。

欧盟价格呈现涨势。2012 年欧盟禽肉价格基本呈倒“V”字型变动，先涨后跌。价格自 2 月起回暖，其中 4、5 月价格上涨较为明显，涨幅达到 1.4%。6 月后继续稳步小幅回升，8 月涨幅达 1.7%，9 月平均价创年内最高纪录，每公斤 1.97 欧元，10 月后价格开始持续走低。12 月价格降至每公斤 1.94 欧元，环比下降 0.5%，同比上涨 4.2%。

### （三）贸易趋缓

美国出口量增加。2012 年美国出口鸡肉 72.81 亿磅，同比增加 4.4%。出口增加主要是因为对中国、俄罗斯、墨西哥、安哥拉的出口量有较大幅度的增加，增幅分别达到 40.0%、25.4%、22.7% 和 11.4%。但是，由于来自巴西的出口价格竞争，美国失去了中国香港和日本等这一大的亚洲市场。截至 12 月，对中国香港和日本的出口分别下降 55.8%、53.8%。受国际需求旺盛驱动，2012 年美国鸡肉出口比较活跃，预计在高饲料粮价格的影响下，2013 年的出口略有回落，出口量为 70.50 亿磅，同比下降 2.0%。

巴西出口量略降。2012 年巴西出口鸡肉 374.07 万吨，与上年基本持平，出口额72.11亿美元，同比下降5.4%。从具体贸易流向来看，除了对埃及、中国、阿拉伯联合酋长国和沙特阿拉伯的出口有不同程度增加外，对其他市场的出口均有所下降。其中，对委内瑞拉的出口降幅高达43.7%，对科威特和伊拉克的降幅在20%以上，对日本下降13.9%。2012年巴西鸡肉平均出口价为每吨1928美元，同比下跌5.2%。由于高饲料成本，出口价格下挫，全年鸡肉出口下降0.2%，但仍为世界第一大鸡肉出口国。预计由于亚洲和非洲的需求增加，2013年的出口会增长3%。2013年，巴西将不断提升出口产品的质量，并增加高附加值鸡肉产品的出口。亚洲市场的主要目标国家是印度、印度尼西亚和马来西亚。

## 四、后市展望

### （一）国内市场价格稳中回升，季节性波动

2012年我国肉鸡存栏和出栏均有所下降，主要原因是肉鸡养殖成本较大幅度的提高，其中主要是饲料成本、人工成本和燃油成本。在成本上升、肉鸡价格低迷的影响下，肉鸡养殖规模很难扩大。与此同时，肉鸡价格很大程度上受到猪肉价格的影响，猪肉弱势行情与鸡肉消费市场需求联动。随着新玉米上市，饲料玉米价格缺乏上涨动力，10月肉鸡饲料价格趋于下降，但空间有限。11～12月随着消费需求的拉动，给肉鸡价格带来继续上升的空间。12月中下旬发生的“速成鸡”事件，使鸡肉价格小幅振荡。但影响很快消去，预计对2013年上半年的行情影响不大。2012年是肉鸡养殖行情比较低迷的一年，按照禽肉价格的波动规律，预计2013年的价格将处于回落后的缓慢恢复阶段。加之据预测2013年宏观经济增速将加快，经济环境的改善对肉鸡产业也将形成利好因素，价格以季节性波动为主。

### （二）国际市场价格高位运行，盈利水平有限

由于高饲料价格的预期，2013年肉鸡养殖成本将进一步攀升，预计会支撑国际禽肉价格。2013年美国鸡肉产量预计有所下降，主要是由于美国国内经济低迷，肉鸡生产企业将降低产能。但饲养肉鸡下降的数量和时间将由美国国内经济改善、其他畜产品价格和出口需求决定。由于产量下降，而且预估牛肉产量降低将导致替代消费增加，2013年鸡肉价格可能会有所上涨，预计为每磅92～98美分。饲料成本高企是2013年全球家禽业面临的一大挑战，如巴西饲料成本45%的增加使多数养殖企业陷入财政困难，但在需求增长的带动下，特别是亚洲地区的消费增长，预计全球产量、贸易继续小幅增长，增幅在2%左右，禽肉价格较高位运行，但盈利水平有限。

# 2012年禽蛋市场形势分析及展望

中国农业科学院农业信息研究所 李哲敏 于海鹏 李于琼

## 一、国内市场价格分析

### （一）全国鸡蛋零售均价同比大幅下跌

总体看，2012年鸡蛋价格明显低于2011年同期。根据农业部集贸市场畜禽产品价格定点监测，2012年，全国鸡蛋零售均价为9.50元/公斤，与上年同期10.06元/公斤相比大幅下跌5.6%。

从月度走势看，2012年前5个月鸡蛋零售价格连续下跌，1月全国鸡蛋零售均价为9.84元/公斤，环比、同比均持平；至5月跌至2012年以来的最低点，为8.23元/公斤，环比下跌2.1%，同比大幅下跌13.5%。6月鸡蛋价格出现大幅反弹，为9.29元/公斤，环比大幅增长12.9%。进入7月，鸡蛋价格经历短期振荡后继续保持上涨走势。截至9月，全国鸡蛋零售均价蹿升至10.60元/公斤，环比大幅上涨9.3%，逼近2011年同期历史最高水平。10月、11月鸡蛋价格回落，而后12月鸡蛋价格又攀升至10.54元/公斤（见图45）。

从周价格走势看，2012年初全国鸡蛋零售价格仍处于相对高位，从2012年第1周开始，全国鸡蛋零售均价持续了20周的平稳下跌走势，截至第20周价格跌至全年的最低点，为8.12元/公斤，环比下跌0.9%，同比大幅下跌15.4%。2012年第22周开始，全国鸡蛋零售价格连续3周快速上涨，累计涨幅达15.1%，之后又开始连续5周振荡下跌。自2012年第30周开始，鸡蛋价格持续平稳上涨，至第39周，涨至全年鸡蛋零售价格最高点，为10.71元/公斤，环比持平，但与2011年同期相比依然下跌2.3%。第40周开始鸡蛋价格连续6周的价格回调，第46周至年底，鸡蛋价格持续7周平稳上涨（见图46）。

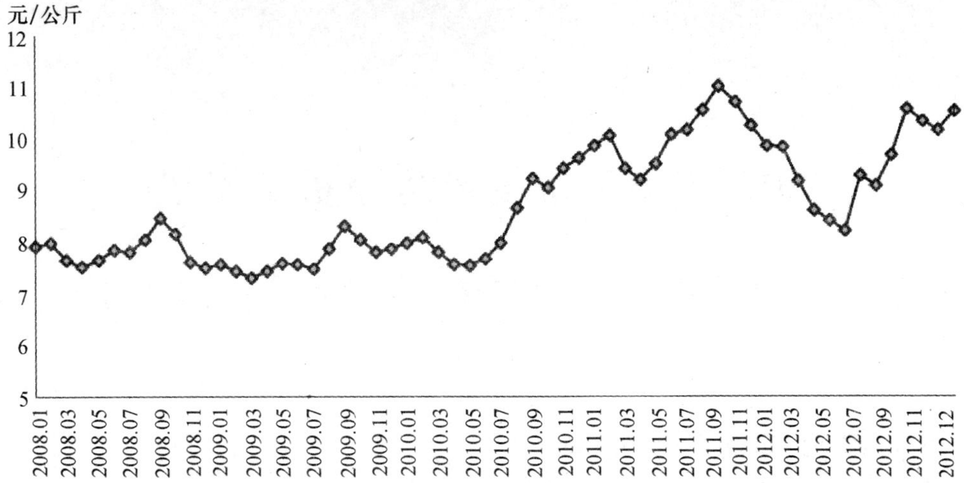


**图 45　2008 年 1 月至 2012 年 12 月全国鸡蛋零售价格变化情况**

数据来源：农业部畜牧业司。

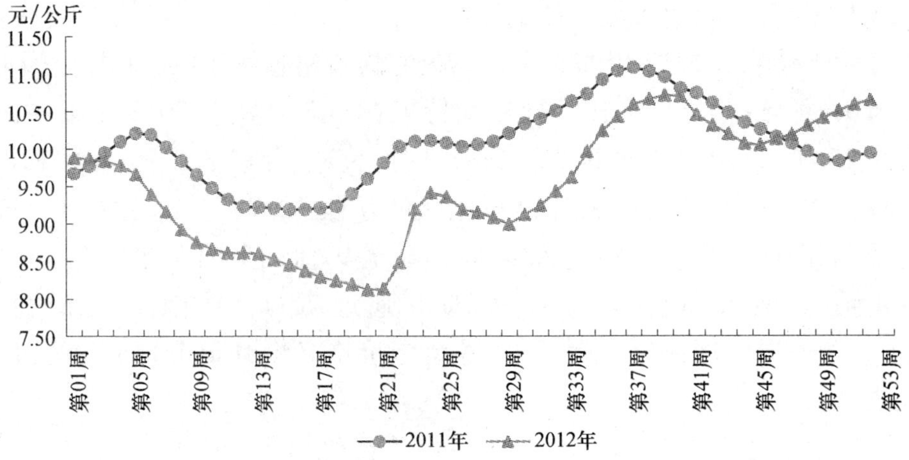


**图 46　2011 年和 2012 年全国鸡蛋零售价格变化情况**

数据来源：农业部畜牧业司。

与往年相比，2012 年鸡蛋价格波动具有“前期持续低迷时间长、后期反弹剧烈”的特点，其主要原因有：一是蛋鸡产能处于历史高位致使上半年鸡蛋价格持续低迷。自 2011 年下半年以来，受市场利好行情影响，养殖户补栏积极，截至 2011 年年底蛋鸡存栏量达到近 4 年来同期最高水平。2012 年年初以来，虽然蛋鸡产能得到逐步释放，但仍然相对偏高，鸡蛋市场总体供大于求，致使蛋价持续低迷。二是后期蛋鸡存栏下降，鸡蛋供给偏紧。由于上半年鸡蛋行情低迷，影响养殖户补栏积极性，产蛋鸡存栏量相应减少，造成鸡蛋市场供应紧张，推高鸡蛋价格。三是鸡蛋价格周期性波动影响。临近中秋、国庆，鸡蛋需求大幅增加，助推价格上涨。后期随着节日效应消退，鸡蛋价格开始也随之回落。

### （二）蛋鸡配合饲料价格同比大幅上涨

2012 年，全国蛋鸡配合饲料均价为 2.99 元/公斤，与上年同期相比大幅上涨 6.2%；全国玉米价格为 2.45 元/公斤，同比大幅上涨 7.0%；全国豆粕价格为 3.89 元/公斤，同比大幅上涨 8.5%（见图 47）。

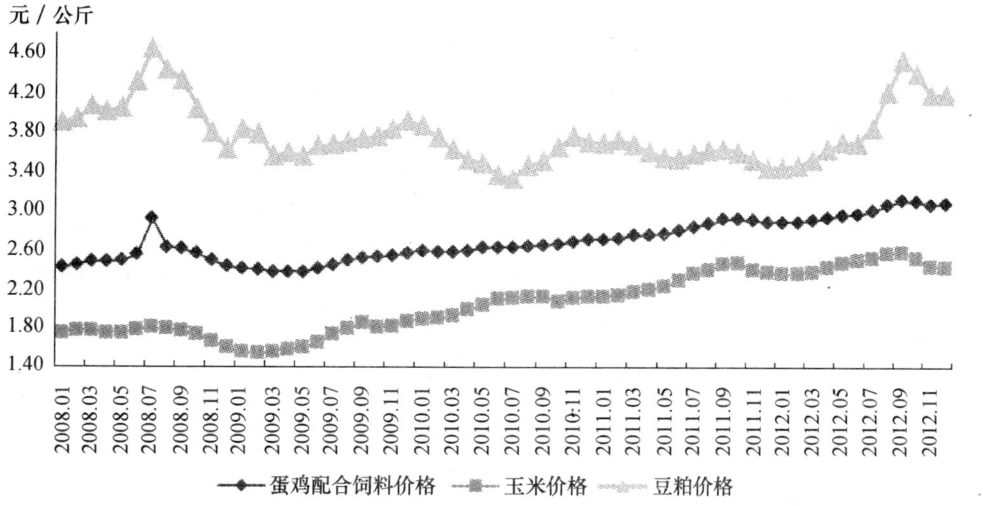


**图 47 2008 年 1 月～2012 年 12 月全国蛋鸡配合饲料价格**

数据来源：农业部畜牧业司。

### （三）蛋雏鸡价格低迷，同比小幅下跌

2012 年，全国蛋雏鸡均价为 3.14 元/只，与上年同期相比小幅下跌 2.1%。自 2011 年 9 月达到历史最高水平 3.53 元/只后，蛋雏鸡价格连续 6 个月下降；2012 年 4 月开始持续低位振荡走势，一直徘徊在 3.12 元左右的价位，至 12 月全国蛋雏鸡价格为 3.17 元/只，环比稳中有跌 1.6%，同比大幅下跌 5.1%（见图 48）。

### （四）蛋料比价波动明显，同比跌幅较大

2012 年，全国平均蛋料价格比为 3.18，与上年同期相比下降 11.2%。2012 年 1～5 月，全国蛋料比价连续下降，养殖效益低迷，3 月跌破盈亏平衡

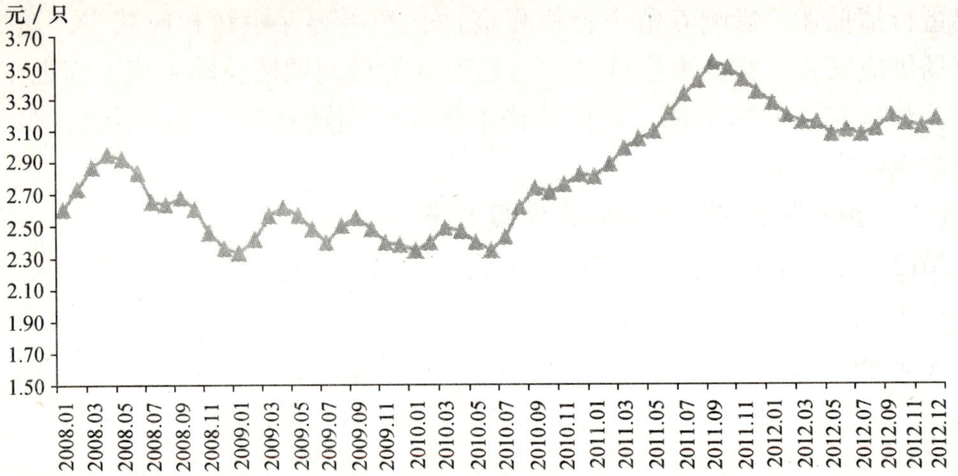


**图48　2008年1月至2012年12月全国商品代蛋用雏鸡价格**

数据来源：农业部畜牧业司。

点（3.0），为2.97，4、5月进一步下降，分别为2.88和2.77，同比分别下降了13.9%和19.6%；进入6月全国蛋料价格比快速反弹，保持振荡上涨走势，至12月涨至3.44，环比大幅上涨5.6%，同比持平（见图49）。

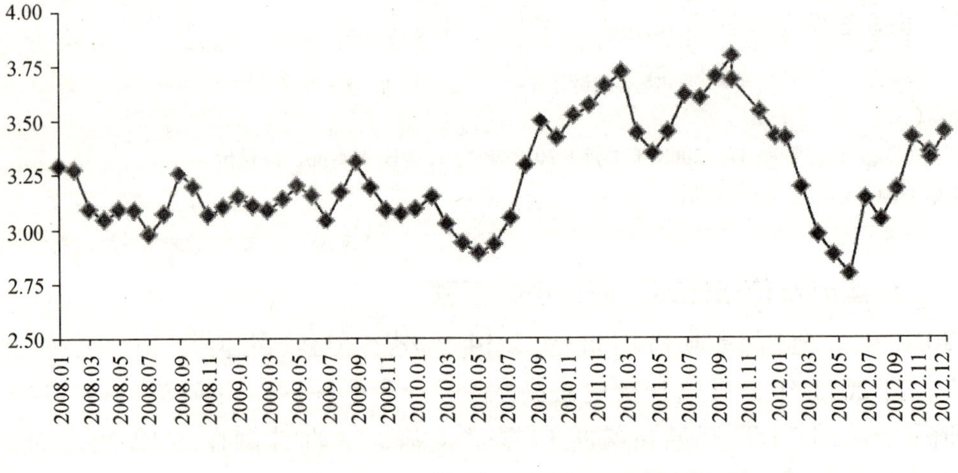


**图49　2008年1月至2012年12月全国蛋料价格比**

数据来源：农业部畜牧业司。

## 二、进出口贸易分析

与2011年同期相比，2012年我国禽蛋进口规模大幅下降；出口额略有增加，但出口数量减少。

### （一）禽蛋进口规模同比大幅下降，出口额和出口量变化不一

根据中国海关统计，进口方面，2012 年我国禽蛋进口金额为 66.8 万美元，与上年同期相比下降 44.5%；进口数量为 26.0 吨，同比下降 62.0%。出口方面，出口金额为 17712.0 万美元，同比增加 2.1%；累计出口 102491.0 吨，同比下降 1.8%（见表 9）。

**表 9　2012 年我国禽蛋进出口情况**　　单位：万美元、吨

| 项目 | 进口 | | 出口 | |
|---|---|---|---|---|
| | 金额 | 数量 | 金额 | 数量 |
| 2012 年 | 66.8 | 26.0 | 17712.0 | 102491.0 |
| 2011 年 | 120.4 | 68.3 | 17343.6 | 104405.3 |
| 同比 | -44.5% | -62.0% | 2.1% | -1.8% |

数据来源：中国海关。

### （二）带壳禽蛋出口略有下跌，去壳禽蛋出口明显增长

2012 年，带壳禽蛋出口金额为 15558.5 万美元，同比降低 1.5%；出口数量为 96831.6 吨，同比下降 2.9%。去壳禽蛋出口金额为 2153.5 万美元，同比增长 38.5%；出口数量为 5659.4 吨，同比增加 21.3%。其中干蛋黄、其他蛋黄、干去壳禽蛋的出口规模同比均有不同程度增长（见表 10）。

**表 10　2012 年我国禽蛋出口情况**

| 项目 | 出口额（万美元） | | | 出口量（吨） | | |
|---|---|---|---|---|---|---|
| | 2012 年 | 2011 年 | 同比 | 2012 年 | 2011 年 | 同比 |
| 带壳禽蛋 | 15558.5 | 15788.8 | -1.5% | 96831.6 | 99740.8 | -2.9% |
| 去壳禽蛋 | 2153.5 | 1554.7 | 38.5% | 5659.4 | 4664.5 | 21.3% |
| 其中： | | | | | | |
| 干蛋黄 | 276.5 | 215.9 | 28.1% | 349.4 | 320.1 | 9.2% |
| 其他蛋黄 | 133.2 | 68.5 | 94.3% | 303.5 | 175.6 | 72.8% |
| 干去壳禽蛋 | 841.1 | 460.8 | 82.5% | 1391.0 | 738.2 | 88.4% |

数据来源：中国海关。

## （三）对马来西亚禽蛋出口额增长最为明显，对印度尼西亚出口大幅下降

在我国禽蛋出口目的地国家或地区前十位中，对马来西亚禽蛋出口额增长最为明显，对印度尼西亚出口大幅下降。2012 年，我国对香港地区的禽蛋出口依然位居榜首，出口金额为 12380.0 万美元，同比减少 1.9%；出口数量为 79458.2 吨，同比下降 3.7%。对马来西亚的出口增长最为明显，出口金额为 191.4 万美元，同比增长 28.3%；出口数量为 1133.8 吨，同比增加 21.0%。对印度尼西亚出口大幅下降，出口金额和数量分别为 110.4 万美元和 861.3 吨，同比分别下降 38.0% 和 30.2%（见表 11）。

**表 11　2012 年我国禽蛋主要出口国家或地区**

| 国家或地区 | 出口额（万美元） | | | 出口量（吨） | | |
|---|---|---|---|---|---|---|
| | 2012 年 | 2011 年 | 同比 | 2012 年 | 2011 年 | 同比 |
| 中国香港 | 12380.0 | 12615.0 | -1.9% | 79458.2 | 82482.9 | -3.7% |
| 日本 | 1336.1 | 1111.7 | 20.2% | 4404.9 | 4037.6 | 9.1% |
| 中国澳门 | 1242.3 | 1270.3 | -2.2% | 8923.4 | 8666.2 | 3.0% |
| 美国 | 612.3 | 507.5 | 20.7% | 1688.4 | 1707.1 | -1.1% |
| 新加坡 | 521.9 | 501.8 | 4.0% | 2564.7 | 2410.8 | 6.4% |
| 韩国 | 293.7 | 231.6 | 26.8% | 674.1 | 599.5 | 12.4% |
| 加拿大 | 291.5 | 288.2 | 1.1% | 1073.5 | 1090.3 | -1.5% |
| 马来西亚 | 191.4 | 149.2 | 28.3% | 1133.8 | 937.3 | 21.0% |
| 印度尼西亚 | 110.4 | 178.2 | -38.0% | 861.3 | 1234.9 | -30.2% |
| 澳大利亚 | 85.6 | 99.7 | -14.1% | 252.5 | 256.3 | -1.5% |

数据来源：中国海关。

## （四）武汉海关禽蛋出口大幅增加，大连海关禽蛋出口大幅下降

2012 年，与 2011 年同期相比我国禽蛋出口前 10 位海关中，武汉海关禽蛋出口大幅增加，大连海关禽蛋出口大幅下降。据海关统计，2012 年，深圳海关的出口规模最大，出口金额为 7893.7 万美元，同比增长 9.3%；累计出口量 48519.5 吨，同比增加 3.5%。武汉海关出口金额为 164.9 万美元，同比增长 38.0%；出口数量为 523.3 吨，同比增加 34.9%。大连海关出口金额和数量分别为 4152.6 万美元和 22543.6 吨，同比分别下降 45.6% 和 16.0%（见表 12）。

表 12　2012 年我国禽蛋主要出口海关

| 国家或地区 | 出口额（万美元） | | | 出口量（吨） | | |
|---|---|---|---|---|---|---|
| | 2012 年 | 2011 年 | 同比 | 2012 年 | 2011 年 | 同比 |
| 深圳海关 | 7893.7 | 7219.0 | 9.3% | 48519.5 | 46884.5 | 3.5% |
| 大连海关 | 4152.6 | 7638.7 | -45.6% | 22543.6 | 26827.0 | -16.0% |
| 青岛海关 | 1753.4 | 1756.1 | -0.2% | 11074.0 | 10394.8 | 6.5% |
| 拱北海关 | 1354.3 | 1377.0 | -1.6% | 9806.4 | 9544.0 | 2.7% |
| 福州海关 | 791.6 | 771.1 | 2.7% | 2486.4 | 2692.5 | -7.7% |
| 天津海关 | 493.3 | 367.6 | 34.2% | 1468.6 | 1652.7 | -11.1% |
| 江门海关 | 463.1 | 608.6 | -23.9% | 3681.7 | 4215.5 | -12.7% |
| 厦门海关 | 389.8 | 386.6 | 0.8% | 1358.6 | 1475.6 | -7.9% |
| 上海海关 | 191.5 | 164.2 | 16.6% | 566.0 | 535.7 | 5.7% |
| 武汉海关 | 164.9 | 119.5 | 38.0% | 523.3 | 387.9 | 34.9% |

数据来源：中国海关。

## 三、国际市场分析

2012 年，美国鸡蛋批发价格同比大幅上涨；加拿大市场鸡蛋收购价格企稳，同比大幅上涨。

### （一）美国市场情况

根据美国农业部价格监测，2012 年美国 12 个大中城市的鸡蛋批发价格平均为 112.32 美分/打，与上年同期相比大幅上涨 4.2%。其中纽约市场批发价格平均为 117.78 美分/打，同比上涨 2.7%（见图 50）。

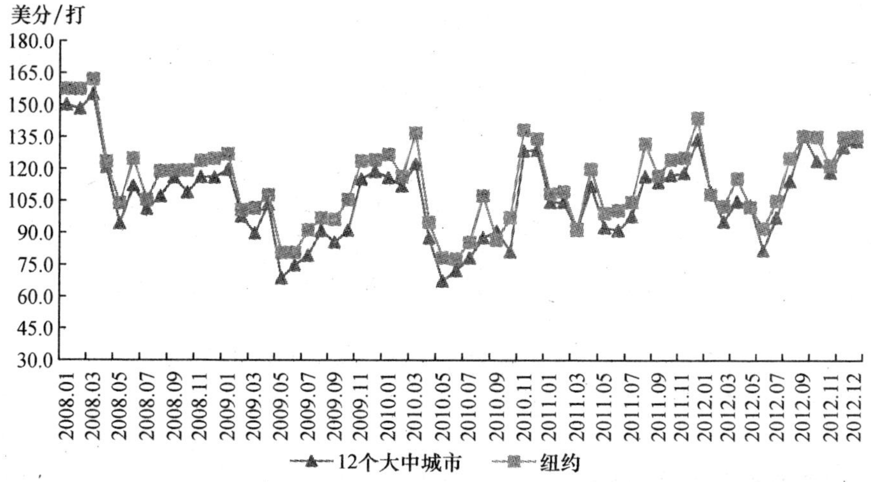


图 50　2008 年 1 月至 2012 年 12 月美国鸡蛋（A 等级）批发价格

数据来源：美国农业部。

鸡蛋产量同比增加，其中食用鸡蛋产量增加，种用鸡蛋产量下降。2012年全年，美国鸡蛋总产量为927.1亿个，同比增长0.9%。其中，食用鸡蛋产量803.4亿个，同比增长1.6%；种用鸡蛋产量123.8亿个，同比下降3.2%（见表13）。

**表13 2012年美国鸡蛋产量** 单位：亿个

| | 鸡蛋总量 | 食用鸡蛋 | 种用鸡蛋 |
|---|---|---|---|
| 2012年 | 927.1 | 803.4 | 123.8 |
| 2011年 | 918.6 | 790.9 | 127.8 |
| 同比 | 0.9% | 1.6% | -3.2% |

数据来源：美国农业部。

鸡蛋出口同比增加。据美国农业部监测表明，2012年1～11月鸡蛋出口总量为27592.1万打，与上年同期相比略增8.7%。其中，带壳鸡蛋出口量为13865.7万打，同比增长10.9%；去壳鸡蛋出口量为13722.8万打，同比增长6.5%（见图51）。

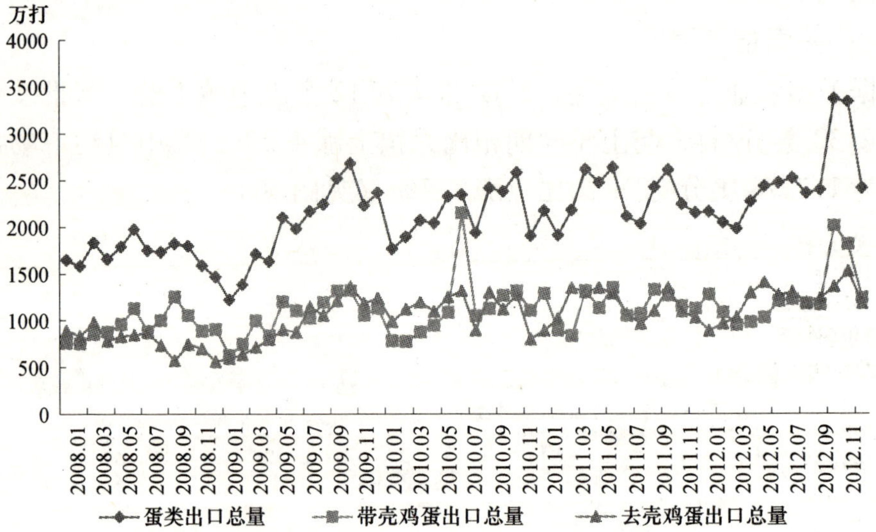


**图51 2008年1月至2012年11月美国鸡蛋出口情况**

数据来源：美国农业部。

### （二）加拿大市场情况

加拿大市场鸡蛋收购价格企稳，同比大幅上涨。根据加拿大农业部监测，

2012 年，加拿大 4 类 A 等级的鸡蛋收购价格走势平稳。4 类 A 等级鸡蛋的平均收购价格为 1.82 美元/打，同比大幅上涨 6.2%。

从不同等级的鸡蛋看，2012 年 A（巨大）等级鸡蛋的平均收购价格为 2.02 美元/打，同比大幅上涨 5.5%；A（大）等级鸡蛋的平均收购价格为 2.01 美元/打，同比大幅上涨 5.6%；A（中等）等级鸡蛋的平均收购价格为 1.85 美元/打，同比大幅上涨 6.1%；A（小）等级鸡蛋的平均收购价格为 1.41 美元/打，同比大幅上涨 8.5%（见图 52）。

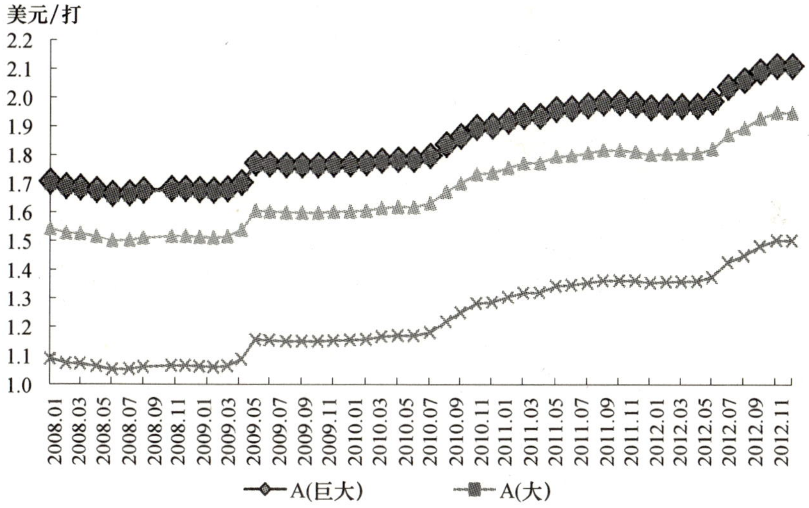


**图 52　2008 年以来加拿大鸡蛋（A 等级）批发价格**

数据来源：加拿大农业部。

## 四、后市展望

### （一）国内市场

预测 2013 年春节之前鸡蛋价格将继续高位运行。进入 12 月以来，受持续降温和降雪天气的影响，导致鸡蛋收购和运输的成本增加；随着传统节日春节临近，加上冬季有利于鸡蛋存储，部分蛋商囤积鸡蛋等待行情；目前蛋鸡配合饲料价格企高，且蛋雏鸡价格有所回升，养殖成本总体在上涨。综合分析，预测 2013 年春节之前鸡蛋价格将继续呈高位运行态势。

### （二）国际市场

根据美国农业部 2012 年 12 月发布的《世界农产品供需预测报告》，美国禽蛋年产量为 77.0 亿打，与上月预测持平；出口数量为 3.0 亿打，与上月预测相同。进口数量为2030万打，与上月预测相同；种用蛋消费数量为9.4亿打，与上月预测相同；食用消费数量为64.95亿打，与上月预测量持平。

市场价格方面，美国农业部公布前三季度价格分别为108.7美分/打、99.7美分/打、131.9美分/打，预测四季度价格为130～133美分/打；全年平均价格为118.0美分/打，高于2011年115.3美分/打的平均水平。

# 2012年奶业市场形势分析及展望

中国农业科学院农业信息研究所　李志强　董晓霞　吴建寨

2012年，我国原料奶收购价格高于往年，鲜奶零售价格相对稳定，奶粉零售价格整体上涨；乳品进出口贸易均明显增长，进口增幅大于出口，贸易逆差进一步拉大；世界主要乳品生产国原料奶产量7月有所下滑，但全年产量同比略增，大多数国家的原料奶收购价格稳中略降，国际市场主要乳品价格触底后强劲反弹。预计2013年，由于国内饲养成本上升、养殖效益下降以及国际市场低价乳品冲击，国内奶业生产形势仍会较为严峻，国内原料奶收购价格与鲜奶零售价格可能小幅上涨，国际市场主要乳品价格将稳中略升。

## 一、国内奶业价格形势

### （一）原料奶收购价格高于2011年，9月后翘尾走势明显

据农业部监测，2012年1～12月我国原料奶收购价格保持高位运行，价格走势与2011年基本相似（见图53），但表现出了比同期更为稳定的价格变动走势。其中，1～2月，原料奶收购价格保持2011年9月以来的持续上涨趋势，稳中略升；3月价格企稳；4月开始，由于我国原料奶产量进入旺季，内蒙古、黑龙江、河北、北京等主产省份的原料奶收购价格开始略有回落；4～8月价格持续保持稳定，均为每千克3.27元，略低于2～3月的每千克3.28元；9月开始现翘尾趋势，9～12月累计涨幅3.36%。

### （二）鲜奶零售价格相对稳定，年底价格略低于年初

2012年1～12月，我国鲜奶零售价格相对稳定，袋装利乐枕基本维持在每500克4.30～4.34元，盒装纯牛奶基本维持在每500克5.22～5.28元，鲜奶零售价格平均保持在每500克4.76～4.81元。盒装纯牛奶2012年3月开始就出现略降趋势，随着5～8月消费淡季来临，零售价格跌入低谷，9月价格虽有较大幅度的提升，但10～12月价格再次陷入低迷。袋装利乐枕的波幅虽小于盒装纯牛奶，但波动趋势基本相似，年底价格均略低于年初水平（见表14）。

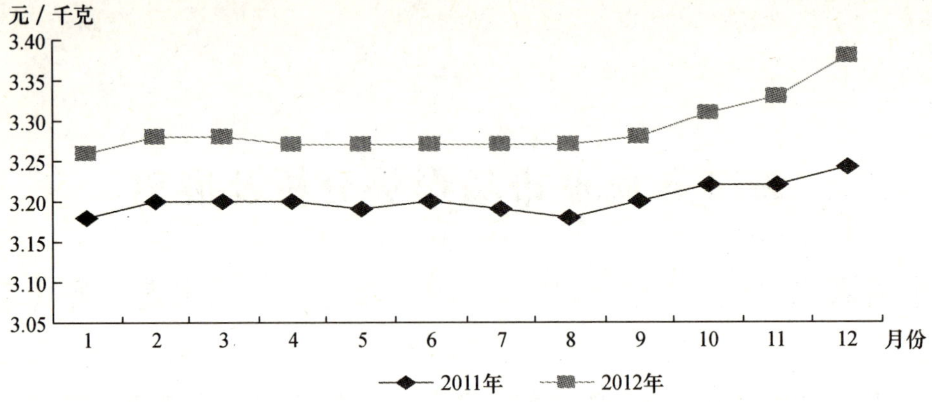


**图 53　2011～2012 年奶业主产省原料奶收购价格**

数据来源：农业部畜牧业司。

**表 14　2012 年鲜奶零售价格**　　单位：元/500 克

| 月份 | 袋装利乐枕 | 盒装纯牛奶 | 鲜奶平均 |
|---|---|---|---|
| 1 | 4. 34 | 5. 28 | 4. 81 |
| 2 | 4. 32 | 5. 28 | 4. 80 |
| 3 | 4. 32 | 5. 26 | 4. 79 |
| 4 | 4. 33 | 5. 26 | 4. 80 |
| 5 | 4. 32 | 5. 24 | 4. 78 |
| 6 | 4. 32 | 5. 22 | 4. 77 |
| 7 | 4. 30 | 5. 24 | 4. 77 |
| 8 | 4. 32 | 5. 24 | 4. 78 |
| 9 | 4. 34 | 5. 28 | 4. 81 |
| 10 | 4. 30 | 5. 22 | 4. 76 |
| 11 | 4. 32 | 5. 22 | 4. 77 |
| 12 | 4. 30 | 5. 24 | 4. 77 |

数据来源：中国价格信息网。

### （三）奶粉零售价格总体上涨，国产奶粉价格涨幅略高于进口奶粉

与鲜奶零售价格的变动不同，2012 年奶粉价格在波动中总体呈现上涨趋势，且国产奶粉的涨幅高于进口奶粉。根据中国价格信息网监测，2012 年 12 月，国产三段幼儿配方奶粉价格为每 500 克 76. 16 元，与 2012 年 1 月相比提高了 2. 84%；进口三段幼儿配方奶粉价格为每 500 克 104. 65 元，与 2012 年 1

月相比提高了1.80%（见表15）。总体看，进口三段幼儿配方奶粉价格比国产三段幼儿配方奶粉价格高出近40%，差距很大。

表15 2012年三段幼儿配方奶粉的零售价格 单位：元/500克

| 月份 | 国产配方奶粉 | 进口配方奶粉 |
|---|---|---|
| 1 | 74.06 | 102.80 |
| 2 | 74.24 | 104.01 |
| 3 | 74.84 | 105.23 |
| 4 | 75.28 | 105.24 |
| 5 | 75.11 | 103.84 |
| 6 | 74.69 | 103.96 |
| 7 | 74.66 | 104.25 |
| 8 | 74.54 | 104.65 |
| 9 | 75.85 | 106.10 |
| 10 | 76.28 | 105.56 |
| 11 | 76.38 | 105.48 |
| 12 | 76.16 | 104.65 |

数据来源：中国价格信息网。

## 二、乳品贸易形势

### （一）乳品进出口贸易均明显增长，贸易逆差进一步拉大

总体上看，2012年1~12月我国乳制品进出口同比均出现增长，进口增幅尤其明显。据海关总署统计，截止到2012年12月底，我国乳制品进口数量、进口金额分别为114.58万吨和321583.08万美元，同比分别增长了23.95%和19.49%；乳制品出口数量、出口金额分别为4.51万吨和8307.87万美元，同比分别增长了4.16%和4.32%；2012年1~12月我国乳品贸易逆差为313275.21万美元，与2011年同期的261159.49万美元相比，增加了52115.72万美元，增幅达19.96%（见表16）。

### （二）我国奶粉进口增加明显，从新西兰进口比重提高

2012年，全国进口奶粉数量与2011年同期相比明显增加，从新西兰进口奶粉数量也明显增加。据海关总署统计的数据，2012年1~12月，我国进口奶粉数量为57.31万吨，进口金额为192918.74万美元，同比分别增长了27.47%

表 16　2012 年 1～12 月我国乳制品进出口情况

| | 进口 | | 出口 | |
|---|---|---|---|---|
| | 数量（吨） | 金额（万美元） | 数量（吨） | 金额（万美元） |
| 2012 年 1～12 月 | 1145833.72 | 321583.08 | 45125.59 | 8307.87 |
| 2011 年 1～12 月 | 924431.58 | 269123.14 | 43323.19 | 7963.65 |
| 同比变化率（%） | 23.95 | 19.49 | 4.16 | 4.32 |

数据来源：海关总署。

和 17.24%；同期，从新西兰进口奶粉数量为 49.55 万吨，进口金额为 166985.56 万美元，同比分别增长了 35.00% 和 23.06%（见表 17）。同时，从新西兰进口奶粉数量占全国进口奶粉数量的比重为 86.46%，金额比重为 86.56%，与 2011 年同期相比，数量和金额比重都增加了 4 个百分点。2012 年 2 月，我国即时启动实施了特保措施，是《中新自贸协定》实施以来启动最早的一年。

表 17　2012 年 1～12 月奶粉进口情况

| | 全国进口奶粉 | | 从新西兰进口奶粉 | |
|---|---|---|---|---|
| | 数量（吨） | 金额（万美元） | 数量（吨） | 金额（万美元） |
| 2012 年 1～12 月 | 573110.18 | 192918.74 | 495515.93 | 166985.56 |
| 2011 年 1～12 月 | 449591.90 | 164553.20 | 367053.36 | 135693.18 |
| 同比变化率（%） | 27.47 | 17.24 | 35.00 | 23.06 |

数据来源：海关总署。

### （三）奶粉进口价格持续走低，同比降幅较大

2012 年，奶粉进口价格整体低于 2011 年，且下半年以来降幅较大。由表 18 可以看出，2012 年 1～12 月，我国奶粉进口价格为每吨 3370 美元，与 2011 年同期相比，下降了 8.85%。2012 年初，奶粉进口价格同比还是略涨，3 月开始出现同比下滑，4 月以后，奶粉进口价格一直处于走低态势，8 月后奶粉价格同比降幅均在 20% 左右。过低的奶粉进口价格是我国奶粉进口大幅度增加的主要原因，以 2012 年 11 月为例，奶粉进口价格每吨 2956 美元，按 6.35 的汇率计算，进口奶粉价格折合成原料奶价格仅为 2.68 元/千克，远远低于同期全国 3.33 元/千克的原料奶收购价格。

表 18　2012 年奶粉进口价格情况

| 月份＼奶粉的价格 | 2012 年（美元/吨） | 2011 年（美元/吨） | 同比变化率（%） |
|---|---|---|---|
| 1 | 3541 | 3414 | 3.72 |
| 2 | 3581 | 3481 | 2.87 |
| 3 | 3632 | 3513 | 3.39 |
| 4 | 3622 | 3601 | 0.58 |
| 5 | 3563 | 3767 | -5.42 |
| 6 | 3532 | 3977 | -11.19 |
| 7 | 3315 | 3955 | -16.18 |
| 8 | 3074 | 4063 | -24.34 |
| 9 | 3091 | 3900 | -20.74 |
| 10 | 2957 | 3825 | -22.69 |
| 11 | 2956 | 3687 | -19.83 |
| 12 | 3141 | 3627 | -13.40 |
| 1~12 | 3370 | 3697 | -8.85 |

数据来源：根据海关总署数据计算。

## 三、国际市场形势

### （一）上半年北半球原料奶产量稳步提升，下半年受气候影响出现一定幅度下降

2012 年，全球原料奶产量供应以 7 月为分水岭，上半年同比保持稳定增长，下半年出现全面下降。据荷斯坦奶农俱乐部统计，上半年，美国原料奶产量为4645 万吨，同比增长 3.59%（见图 54）；欧盟原料奶产量为 7216.7 万吨，同比增长 2.24%；英国原料奶产量为 701.5 万吨，同比增长 1.64%（见图 55）。下半年，由于美国遭受 1936 年以来最严重的干旱，英国、德国、法国、爱尔兰等国家（地区）也遭遇不利天气，北半球原料奶产量出现下滑。据统计，2012 年下半年欧盟原料奶产量同比下降了 1.02%，英国同比下降了 5.64%，美国同比下降了 0.64%。

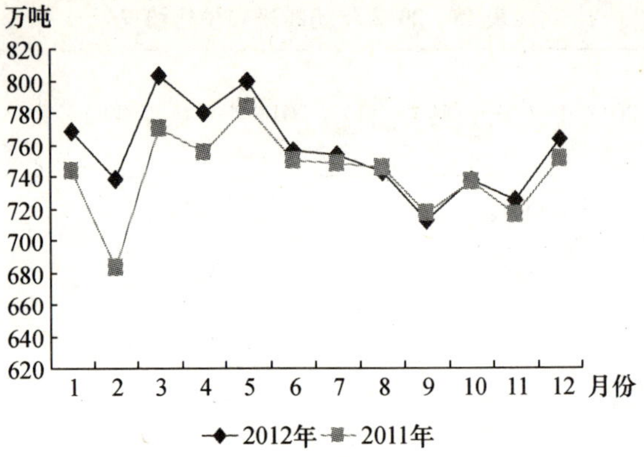


**图 54　2012 年美国原料奶产量变化**

数据来源：荷斯坦奶农俱乐部。

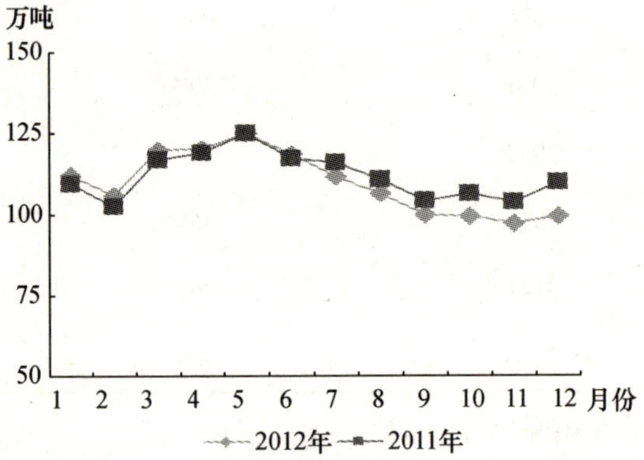


**图 55　2012 年英国原料奶产量变化**

数据来源：英国环境、食物与农村事务部。

### （二）世界各国原料奶收购价格总体走低，欧洲降幅较大

根据荷斯坦奶农俱乐部对亚洲、欧洲、美洲、大洋洲 4 大洲 20 个国家的监测，2012 年世界各国原料奶价格除亚洲稳中略升外，大洋洲、美洲、欧洲多数国家的原料奶收购价格都不同程度下跌。其中，德国、比利时、丹麦、意大利、澳大利亚、法国、巴西的年末价格与年初价格相比，降幅都在 7% 以上，其中德国和比利时的降幅最大，均超过了 20%，丹麦降幅超过了 16%（见图 56）。亚洲仍然领跑国际原料奶收购价格，其中日本原料奶收购价格全球最高，韩国第二，2012 年 1 ~ 10 月日本原料奶收购价格平均为每千克 7. 03 美元，韩国为每千克 5. 55 美元。

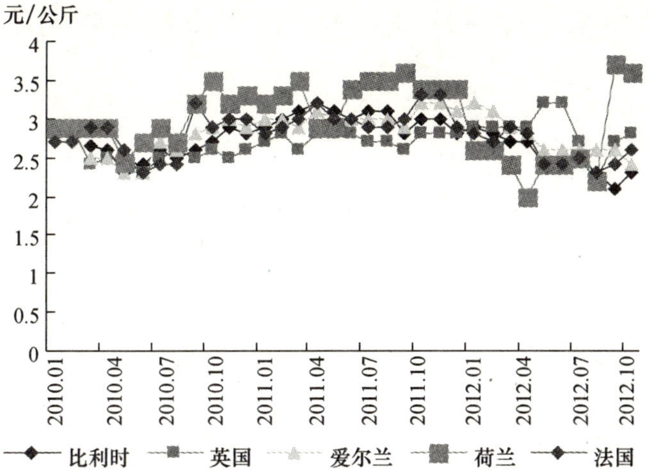


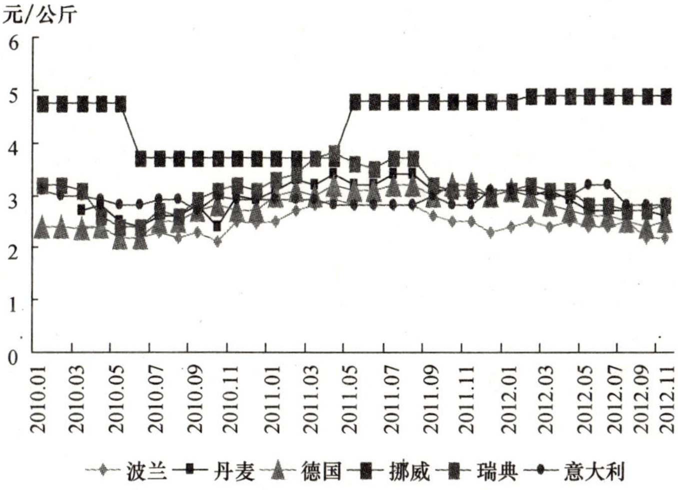


**图 56　2012 年欧洲主要国家的原料奶收购价格**

数据来源：根据荷斯坦奶农俱乐部资料整理。

## （三）国际市场主要乳品价格波动显著，后期反弹强劲

2012 年，国际市场主要乳品批发价格波动明显，前后两个阶段表现出截然相反的变化特点。2012 年 1 ~ 5 月，延续了 2011 年下半年的趋势，呈现持续下跌的态势，6 ~ 11 月，表现出触底反弹的特征。据英国环境、食物与农村事务部监测，2012 年 11 月，国际市场上黄油、脱脂奶粉、全脂奶粉、切达干酪价格均出现明显上涨，分别达到每吨 3901 美元、3386 美元、3721 美元、4196 美元，与 5 月相比，每吨分别上升了 785 美元、743 美元、594 美元、706 美元。其中脱脂奶粉和黄油的涨幅最为明显，涨幅均超过了 20%（见图 57）。虽然 12 月，国际市场黄油和切达干酪价格略有下滑，但脱脂奶

粉和全脂奶粉价格依然保持略涨态势，国际市场主要乳品价格反弹趋势不变。

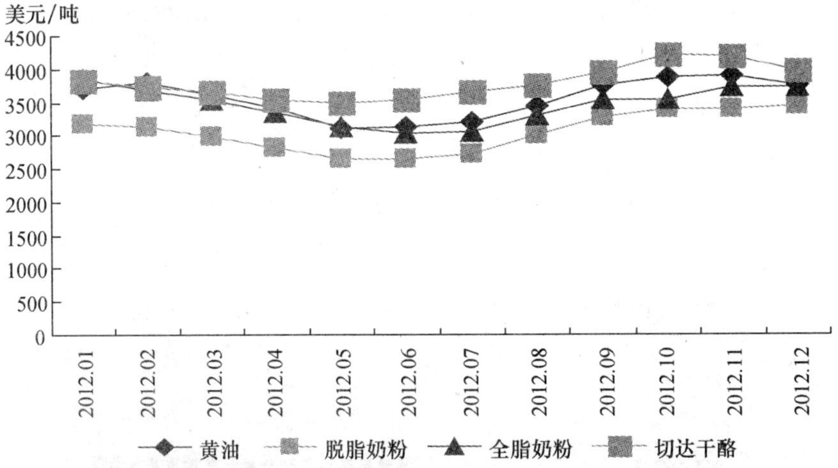


**图 57　2012 年 1 至 12 月国际市场主要乳品批发价格**

数据来源：英国环境、食物与农村事务部。

## 四、奶业形势展望

### （一）2013 年国内奶业生产形势依然严峻

2012 年，国内原料奶收购价格总体稳定，玉米、豆粕、鱼粉、苜蓿等饲料牧草价格出现较大幅度上涨，奶农利益受到极大挤压，养殖户亏损面明显扩大。目前，黑龙江、内蒙古、河北等奶业主产省（市、区）养殖户的利润同比下降近 35%，成母牛的年利润每头才 1600 多元。由于成本的增加，原料奶收购价格上涨滞后，奶牛养殖户亏损面积明显增加。

养殖成本不断上涨以及奶牛养殖比较效益低下，严重影响了奶农的生产积极性，2012 年 8 月开始，很多养殖户缩减养殖规模，卖牛、杀牛现象非常普遍，不少养殖户甚至直接退出了奶牛养殖业。一些仍在坚守的养殖户，牛群结构也极不合理，只养殖高产泌乳牛，其他的牛都卖掉，甚至母牛犊也直接卖掉。

总体来看，当前我国奶业发展受生产、消费、进口三重因素的影响，产业压力不断加大，已进入转型的关键期和阵痛期，必须引起政府管理部门的高度关注，尽早采取有效措施，避免奶业再次出现大的滑坡。

### （二）国内原料奶收购价格和乳制品市场价格上涨趋势明显

2012 年底，原料奶收购价格翘尾特征明显。一方面是由于原料奶生产的季节性降低，而乳制品消费却处于旺季，导致市场供求关系的变化推高原料奶价格；另一方面，2012 年由于饲料价格上涨，导致原料奶生产成本增加明显，预计未来原奶价格可能继续保持上行趋势。

由于原料奶收购价格走高，以及人工、物流、包材等费用的明显上涨，造成终端乳制品生产成本上涨明显，价格有所上调。如光明乳业发布公告称，该公司自 2012 年 12 月 18 日适当上调部分新鲜牛奶、新鲜酸奶的价格，平均幅度约为 5%。三元乳业也于 2013 年 1 月 20 日发放"到户产品调价告知书"，200 克产品上调 0. 30 元左右，平均涨幅超过 10%。预计未来鲜奶与奶粉的零售价格继续上行概率较高，同时由于奶源品质差异化导致的终端产品价格分化会更加明显。

### （三）国际市场将呈现稳中有升态势

2013 年，北半球干旱的影响还将继续存在，而国际乳品需求将持续增长，尤其是中国等亚洲国家；同时，希腊国债违约威胁加剧、全球第二轮金融危机等问题也会引发全球市场动荡。美国农业部和澳洲国民银行预测 2013 年乳制品价格将小幅上涨，国际市场乳品的期货价格进一步证实了上述预测。

根据 2012 年 12 月 18 日最近一次的恒天然乳品竞拍情况，全部合同期乳品价格平均上涨了 1. 1%。其中，2013 年 1 月交货的乳品价格平均上涨了 4. 0%，2 月交货价格保持稳定，3 月交货价格增长 2. 1%。各品种间变化存在差异，脱脂奶粉所有合同期平均价格上涨 1. 1%，全脂奶粉下跌 0. 6%，切达干酪上涨 4. 9%。综合分析认为，未来国际市场乳品价格可能保持稳中有升态势。

# 2012 年水果市场形势分析及展望

中国农业科学院农业信息研究所　赵俊晔　王　川

2012 年国内水果市场运行较为平稳，多数大宗水果品种价格高开低走，年中水果价格同比提高，年末价格上涨乏力，年内水果整体价格的峰值和谷值的差距变小，波幅小于 2011 年。大宗品种中，鸭梨、富士苹果和香蕉的价格相对平稳；柑橘、葡萄和西瓜的价格波动较大，特别是柑橘价格第四季度大幅下跌，季节性波动特点较为突出。2012 年我国水果及制品总体为净出口，净出口量同比持平，净出口额同比提高 7.27%，其中鲜果仍为净进口；水果及制品进口量和出口量均持平略增，但价格提高；逐月的进出口量波动较大。2013 年，水果总体增产为保障国内市场供给奠定了基础，但如何避免结构性矛盾引起的部分水果品种价格的大涨大跌，增产的同时如何保障果农增收还是亟待解决的关键问题。受国际经济形势影响，水果及制品对外贸易的不确定性仍较大，持续提高出口优势水果产业的国际竞争力需要关注。

## 一、国内水果价格高开低走，年末上涨乏力，波幅变小

2012 年，国内水果市场运行相对平稳，没有太大的波动。1 ~2 月大宗水果平均批发价格稳定在 6 元/公斤左右；3 ~4 月价格逐渐回落，降至 5.73 元/公斤；5 ~8 月价格较大幅度持续下滑，其中 6 月价格环比 5 月下降 11.97%，至 8 月价格降为 4.24 元/公斤；9 月价格止跌回升，上扬 2.12%；10 月，大宗水果平均批发价格 4.74 元/公斤，环比提高 9.47%，之后到 12 月价格稳定在 4.7 元/公斤左右。

与往年相比，2012 年中期水果价格提高，年末价格降低，全年的价格波动幅度变小，价格趋于平稳。同比来看，2 ~5 月和 11 ~12 月水果平均批发价格低于 2011 年同期，其中 4 月同比降低 10.33%，11、12 月同比分别降低 12.83% 和 19.91%；1 月和 6 ~10 月同比高于 2011 年同期，其中 7、8 月同比高出 10% 左右，9 月同比提高 7.71%，10 月同比提高 2.60%。

1 ~9 月富士苹果价格在 6.5 ~6.8 元/公斤小幅波动，9 月以后价格持续走

低，到12月价格降至5.8元/公斤。上半年，富士苹果价格同比2011年增降幅度在4%之内，7~9月同比2011年提高10%以上，11~12月同比价格显著降低。第四季度苹果价格的降低主要是因为主产区气象条件适宜，特别是黄土高原产区产量增势明显，国内市场苹果供应充足。

柑橘价格1~4月稳定在4.3元/公斤左右，5月以后持续上涨，8~9月达到6.1元/公斤以上，10~11月价格骤降至2.01~2.38元/公斤，降幅大于60%。同比来看，除9月价格同比持平外，柑橘价格显著低于2011年同期，第四季度价格同比降幅50%左右，尤其是湖南石门等产区的早熟柑橘滞销，销量和收购价格显著低于2011年，显著影响了果农收益。柑橘价格明显低开，其原因主要是不同产地柑橘丰歉不一，局部区域在短期内供需失衡凸显。

西瓜价格1~4月一直呈上涨趋势，5~8月价格持续下跌，下降幅度均在10%以上，进入9月，西瓜价格止跌回升。同比来看，1~4月和11~12月西瓜批发价格低于2011年同期，5~10月显著高于2011年同期。

鸭梨价格一直在3.4~3.8元/公斤之间小幅波动，同比来看，除1、9、10月价格显著高于2011年同期外，均不同程度低于2011年同期。

葡萄价格基本呈先升后降的趋势，6月达到12.85元/公斤的峰值，7~9月持续大幅下跌，10月小幅回升，11~12月回落。同比来看，2月价格同比降低2.06%，11~12月同比降低14.14%和18.91%，其他月均不同程度提高，其中5月价格高于2011年同期18.94%。

除2月和9、10月价格持平略涨外，香蕉价格一直呈现下降趋势，其中5月和7月降幅均大于7%。同比来看，除1~2月、7~8月价格显著高于2011年同期外，其他月价格显著低于2011年同期。

## 二、水果及制品总体为净出口，鲜果为净进口；进出口量持平略增，价格提高；进出口量逐月波动较大

2012年，我国水果及制品共计净出口134.74万吨，净出口额19.10亿美元，同比分别提高0.87%和7.27%。其中果汁和水果罐头净出口量分别为52.31万吨和54.69万吨，净出口额分别为9.78亿美元和6.98亿美元，鲜果净进口量为3.42万吨，净进口额为1.70亿美元。

2012年，水果及制品出口量共计456.25万吨，同比持平，出口额55.47亿美元，同比增加10.20%。其中，鲜果出口量291.14万吨，出口额28.50亿美元，同比分别增长6.07%和22.71%；果汁出口量61.04万吨，出口额

11.81 亿美元，同比分别降低 12.66% 和 1.60%；水果罐头出口量 57.41 万吨，同比降低 5.84%，出口额 7.26 亿美元，同比增加 3.36%。

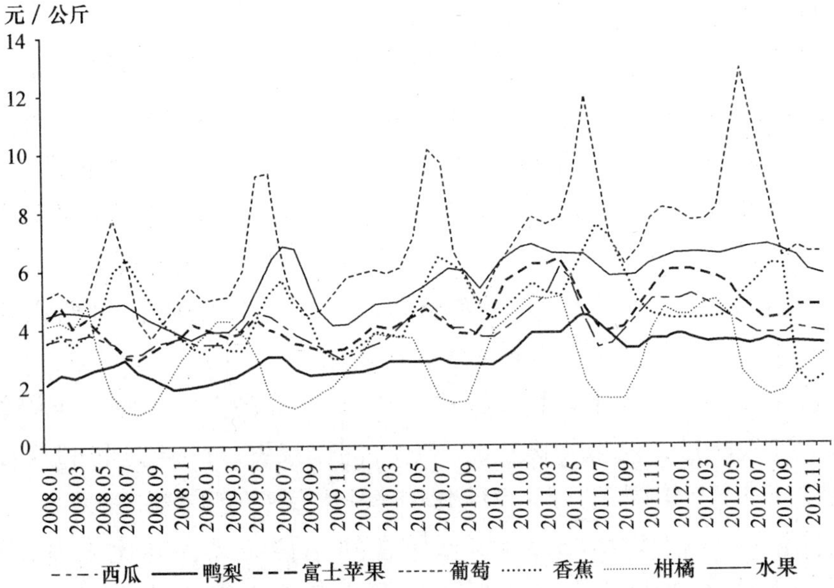


**图 58 2008 年 1 月至 2012 年 12 月水果批发价格变化**

数据来源：农业部批发市场大宗。

水果及制品进口量共计 321.51 万吨，同比持平，进口额 36.37 亿美元，同比增长 21.85%。其中，鲜果进口量 287.72 万吨，同比减少 2.87%，进口额 30.20 亿美元，同比增长 28.40%；果汁进口量 8.73 万吨，进口额 2.04 亿美元，同比分别减少 18.35% 和 10.58%；水果罐头进口量 2.72 万吨，同比增加 18.82%，进口额 2716 万美元，同比增长 23.72%。

逐月同比来看，2～7 月和 10 月，鲜果出口量显著高于上年同期，1、7、12 月，出口量显著低于上年同期；果汁出口量 1～7 月和 12 月均低于上年同期，8～11 月则显著高于上年同期；水果罐头出口量在 6～7 月和 9～10 月显著高于上年同期，其他月则不同程度同比降低。鲜果进口量在 1～4 月和 9 月同比显著提高，其他月不同程度缩减；水果罐头进口量除 1、4～5 月同比缩减外，其他月同比均显著增长。

环比来看，水果及制品的出口量月度波动较大，上半年除 3 月出口量环比增长 15.02% 外，其他月环比均显著缩减；下半年除 8 月环比持平外，其他月环比均显著增加。鲜果出口量环比变化趋势与水果及制品出口量总变化趋势基本一致。果汁出口量1、2、4、9月环比显著缩减，其中2月降幅达到41.26%，3、5、11、12月环比显著增长，其中3、11月增幅均大于37%。水果罐头出口量2、4、6、8、10月环比缩减，其中2月降幅达到45%，3、9月环比显著增长，增幅分别达到63.66%和13.48%。

水果及制品进口量月度波动也较大。水果及制品进口量在2、5~7、10月环比显著缩减，降幅均在19%以上，其他月环比增长，其中3、8、12月增幅均在30%以上。鲜果进口量环比变化趋势与水果及制品进口量总变化趋势基本一致。果汁进口量在1、3、8、9月环比显著缩减，降幅均在20%以上，4~7月和11~12月环比增长。水果罐头进口量在1、4、7月环比缩减，降幅均在30%以上，10月环比降低5.28%，其余月环比显著增长，增幅均在10%以上。

## 三、后市展望

从供应角度来看，2012年水果整体丰产为2013年初期国内水果市场的充足供应提供了保障，但春季新上市水果品种较少，产量较低，储藏水果的上市成本提高，支撑水果价格有所上调。需求角度，国内市场对水果及制品的需求量仍趋于增长，对产品品质的要求也不断提高；而国际市场对我国果品的需求受经济形势影响较大，导致加工需求不旺。从2013年果业发展来看，稳定水果生产的基础上，大力提高果品产量、品质与市场的匹配度尤为重要。

从国际市场来看，作为我国水果及制品出口的重要目的国，美国、欧洲、日本等国家和地区的经济形势并不乐观，我国果品出口形势的不确定性较大。2012年8月13日开始，浓缩苹果汁期货合约在美国明尼阿波利斯谷物交易所开始交易，但其对我国苹果产业和苹果汁加工出口的影响尚不明确，浓缩苹果汁是我国重要出口优势农产品，我国是否需要适时推出苹果汁期货，或采用其他应对措施需要进一步研究。

# 2012 年蔬菜市场形势分析及展望

中国农业科学院农业信息研究所
孔繁涛　张玉梅　李辉尚　王东杰

2012 年，我国蔬菜在国内市场形势特点：价格呈现“五段式”波动；总体高位运行，峰谷差异明显；受天气影响，季节性波动显著；叶类菜和花类菜价格波动呈“三涨两跌”态势；果类菜价格上半年价格偏高，以降为主，下半年平稳中逐步回升；茎类菜、菌类菜振荡上行；根类菜先升后降。蔬菜贸易方面，蔬菜出口减少，进口增加，蔬菜贸易顺差缩小。预期 2013 年，随着农业部新的蔬菜发展规划的制定，各地“菜篮子市长”负责制的加强，2013 年的蔬菜供应问题应该是有保障的；由于春节临近，消费拉动增强，蔬菜价格会继续维持高位，但随着国务院降低流通费用提高流通效率综合工作方案的出台，蔬菜的价格不会过度上涨，预期春节后在不出现大的自然灾害的情况下，蔬菜价格会逐步回落。2012 年受蔬菜出口退税补贴取消等因素的影响，蔬菜出口明显减少，尤其是干蔬菜的出口下降最为显著。2013 年蔬菜出口形势尚未见好转迹象，出口形势仍需进一步密切关注。

## 一、国内市场形势分析

2012 年我国蔬菜市场呈现了“五段式”的波动，与 2011 年相比，价格处于高位运行，受气象灾害的影响，蔬菜价格季节性波动明显，并且具体品种的价格涨跌不一。

### （一）蔬菜价格呈现“五段式”波动

从农业部监测的 28 种蔬菜品种的平均批发价格看，蔬菜价格呈“三升两降”的特点。年初受南方连续低温阴雨寡照和北方气温回升缓慢的影响，蔬菜生长较慢，上市期推迟，3 月价格最高达 4.15 元/公斤；4～6 月，随着天气逐步转暖，供应增加，蔬菜价格逐步回落，6 月下降到 2.91 元/公斤；7～8 月蔬菜价格总体出现小幅反弹，8 月仍继续上扬，达 3.47 元/公斤；9 月和 10 月秋季菜喜获丰收，供应量增加显著，导致菜价逐步回落，尤其是 10 月，跌破

2011 年同期水平，达 2.7 元/公斤，部分蔬菜品种出现卖难现象；之后随着天气变冷，露地菜减少，设施蔬菜增加，11 月，蔬菜价格又出现季节性回涨，到 12 月已经回升至 3.65 元/公斤（见图 59）。

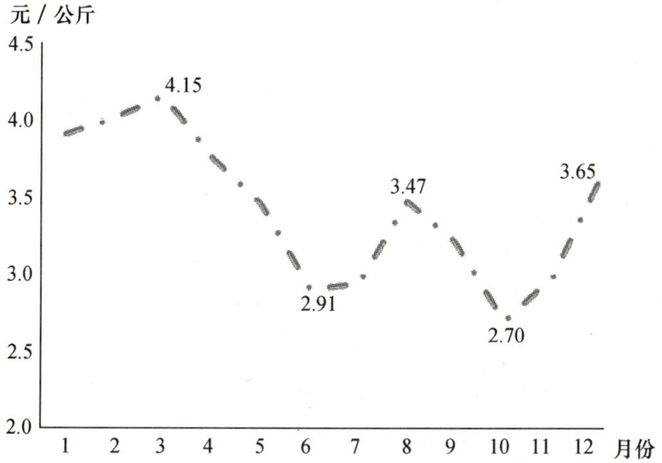


**图 59　2012 年 28 种蔬菜平均批发价格**

数据来源：农业部农产品批发市场监测信息网。

从农产品批发价格总指数和“菜篮子”产品批发价格指数走势看，同样可以体现出 5 阶段波动的特征：2012 年农产品批发价格总指数和菜篮子产品批发价格指数分别从 1 月的 198.70 和 200.4，持续上涨到 3 月的 203.3 和 205.7；之后指数逐步回落，到 7 月分别降至 191.8 和 191.2；8 月出现小幅上涨；9 ~ 11 月继续下跌；到 12 月又分别涨到 196.2 和 195.7。

**（二）价格总体高位运行，峰谷差异显著**

从国家统计局的居民蔬菜消费价格指数看，2012 年，鲜菜消费价格指数上涨了 15.90%，涨幅和 2010 年的环比涨幅相当，是近年来的又一次大涨。蔬菜价格上涨幅度高于食品的消费价格指数上涨幅度（4.80%）和居民消费价格指数的上涨幅度（2.60%）。对比 2009 ~ 2012 年农业部监测的 28 种蔬菜品种的平均批发价格，2012 年 1 ~ 3 月最高，都在 4 元/公斤左右，10 月降至最低为 2.70 元/公斤。除 10 月 28 种蔬菜的平均批发价格略低于 2011 年同期价格水平外，其余月的蔬菜价格水平都比 2011 年高，尤其是 4 月、5 月、8 月和 12 月均比 2011 年同期高出 20% 左右。2012 年价格的波峰和波谷的差异也比往年明显，3 月的最高价和 10 月的最低价的差距达 1.35 元/公斤，明显高于 2011 年的 1.23 元/公斤和 2009 年、2010 年的 1.0 元/公斤（见图 60）。

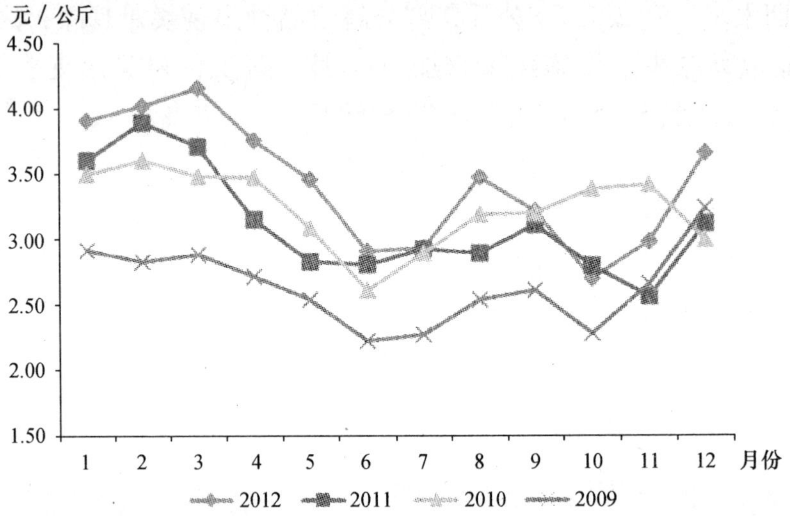


**图 60　2009～2012 年 28 种蔬菜平均批发价格**

数据来源：农业部农产品批发市场监测信息网。

### （三）受天气影响，季节性波动明显

低温阴雨导致价格季节性回落出现时滞。受我国南方连续低温阴雨寡照和北方气温回升缓慢影响，蔬菜生长较慢，市场供给偏紧，导致春节过后，蔬菜价格不降反升，季节性回落从 2 月推后到 4 月；4～6 月，随着天气逐步转暖，蔬菜价格逐步回落；7～8 月，受高温天气影响，叶类菜不耐储，易腐烂，蔬菜价格总体出现小幅反弹，8 月受全国多地暴雨天气影响，蔬菜生产和运输都受到一定影响，供应偏紧，价格仍继续上扬；9 月和 10 月气温相对较高，蔬菜生长较快，秋季菜喜获丰收，供应量增加显著，导致菜价逐步回落。11 月，受降温影响、露地菜被大棚菜取代，蔬菜价格由跌转升，特别是 11 月 14 日前后北方降温、多地降雪；12 月 19～23 日，我国大部地区再次出现剧烈的大风降温和雨雪天气，有的地方甚至创下低温纪录。灾害性天气的频发不仅影响了蔬菜正常生产，而且增加了蔬菜运输难度，从而造成蔬菜市场供给偏紧、价格上涨。

### （四）叶、花、果类菜价格波动最频繁

2012 年，叶、花、果类菜月均价格波动率分别为 20.39%、16.63% 和 20.42%。其中，叶类菜[①]价格异常波动明显。这与其易受天气影响，易受冻、

① 叶类菜包括：大白菜、菠菜、大葱、韭菜、芹菜、生菜、洋白菜、油菜。

损耗大、难储藏的特点直接相关。1～3月价格在高位不断攀升，3月同比上涨幅度接近八成；7～8月由于受阴雨天气影响，价格出现上涨；9～10月叶类菜大量上市，价格又直线下降；进入11月，天气转冷，叶类菜生产减少，价格又出现回升。如2012年大白菜的价格从春季的2.00元/公斤骤降到10月的0.8元/公斤，一度出现了滞销的状况，其月均波动率达到了29.11%。油菜、菠菜和生菜的月均波动率也分别达到了32.41%、31.59%和29.46%。

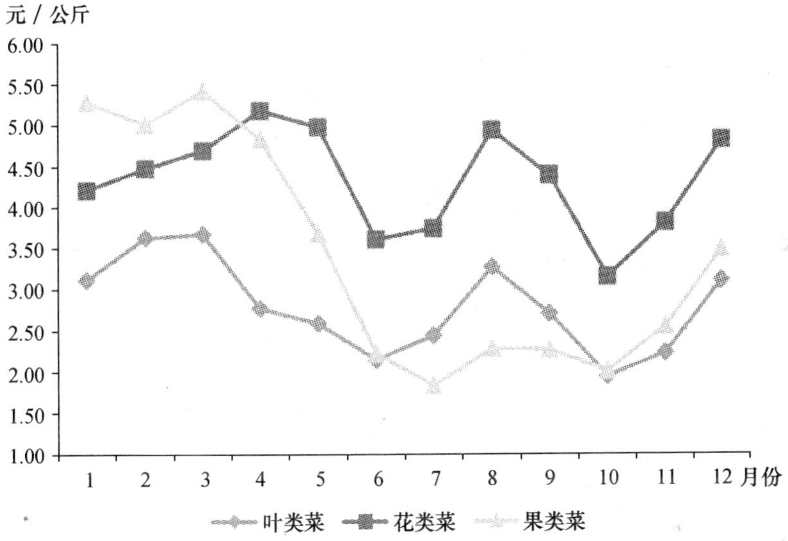


**图61　2012年叶、花、果类菜平均批发价格**

数据来源：农业部农产品批发市场监测信息网。

果类菜[①]上半年格偏高，以降为主，下半年平稳中逐步回升。3月后果类菜价格开始逐步回落，5月出现了较大幅度下降，跌势持续至7月最低点，平均批发价格为1.83元/公斤，之后开始振荡上行，到12月已经回升至3.48元/公斤。如黄瓜和西葫芦分别从1月的6.73元/公斤和4.99元/公斤下降到6月的1.45元/公斤和1.33元/公斤，跌幅达到了78.45%和73.35%；但到了7月和8月，又逐步回升，8月分别达到2.73元/公斤和2.18元/公斤，9月和10月又有所下降，11月和12月又开始季节性回涨，12月分别涨至4.08元/公斤和3.77/公

① 果类菜包括：冬瓜、豆角、黄瓜、南瓜、茄子、青椒、西红柿、西葫芦。

斤。花类菜[1]价格三涨两跌，波动频繁。4 月、8 月和 12 月分别涨至 5.17 元/公斤、4.92 元/公斤和 4.81 元/公斤，6 月和 10 月分别跌至 3.60 元/公斤和 3.15 元/公斤。其中西兰花月均波动率为 14.61%，加剧了花类菜的波动。

**（五）茎、菌类菜振荡上行，根类菜先升后降**

茎类菜[2]稳步上升。2012 年茎类菜的运行较为平稳，从 1 月开始逐步上涨，到 8 月上涨至最高点 3.54 元/公斤，之后出现连续两个月的回落，从 11 月开始又逐步上涨，到 12 月重新恢复到 3.54 元/公斤的最高水平，其中莴笋的价格波动较为频繁，月均波动率达到了 17.58%，大蒜和土豆价格维持回升状态，到 12 月分别达到了 5.94 元/公斤和 2.07 元/公斤；菌类菜[3]波动中上行，但波动率较小。菌类菜上半年在涨落中价格逐步上升，3 月价格降至 6.46 元/公斤，之后又涨至 8 月的最高点，之后虽然下降，但是到 12 月价格仍然高于年初的水平，相对而言，菌类菜的波动较小，月均波动率仅为 5.98%；根类菜[4]先强后弱。根类菜价格在 1~5 月以涨为主，5 月涨至最高点，同比涨幅超过八成，平均批发价格达 2.33 元/公斤。6~12 月为振荡下行态势，11 月降至最低点，平均批发价格仅为 1.27 元/公斤，其中白萝卜价格波动较大，月均价格波动率为 19.28%，10~11 月一度出现了滞销的状况。

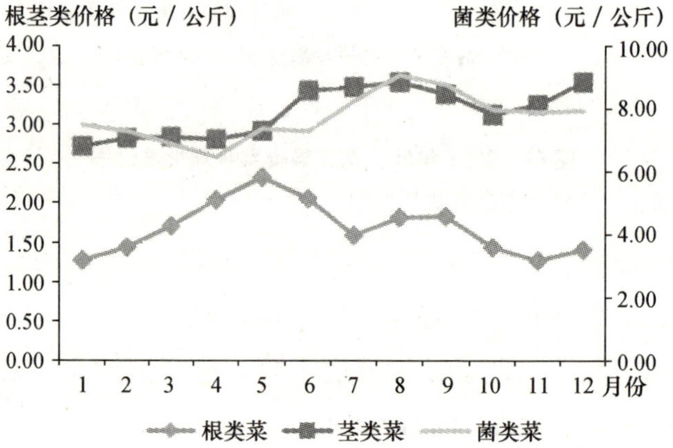


**图 62　2012 年根、茎、菌类菜平均批发价格**

数据来源：农业部农产品批发市场监测信息网。

---

① 花类菜包括：西兰花、菜花。

② 茎类菜包括：葱头、大蒜、莲藕、生姜、土豆、莴笋。

③ 菌类菜包括：平菇和香菇。

④ 根类菜包括：白萝卜和胡萝卜。

## 二、市场影响因素分析

2012 年蔬菜市场的变化主要是受到了生产成本上涨，产销信息不对称，产地市场建设落后以及蔬菜品种自身固有的一些特性的影响。

### （一）生产成本推动了蔬菜价格上涨

根据全国蔬菜成本收益调查，蔬菜总体生产成本在逐年增加，大中城市的主要蔬菜每亩的平均成本从 2005 年的 1744 元涨至 2011 年的 2979 元，累计涨幅超过一半，年均涨幅也约为 9%，其中，雇工成本和流转地租金上涨比较快，分别从 2005 年的 99. 18 元/亩和 14. 13 元/亩上涨到 2011 年的 237. 56 元/亩和 72. 12 元/亩，年均上涨幅度分别接近两成和三成。另外，根据笔者 2012 年在河北行唐县的调研，河北省女工费用上涨幅度较大，从 2010 年的 30 元/天涨到 2012 年的 40 元/天，上涨幅度 35% 左右；据广西调研，樱桃、番茄生产成本为每亩 7410 元，而人工费用占到了生产成本的 34. 3%，人工费用上涨成为蔬菜成本上扬的直接推手。

### （二）品种特性易引起价格波动

从近年蔬菜品种波动情况看，易波动的蔬菜主要是一些露地叶类菜、冬储菜、南方反季节蔬菜和小品种蔬菜。叶类菜生长周期短，受到天气的影响最大，夏季叶类菜易腐烂、不易储存，浪费大，价格高；而在秋季，比较适合叶类菜生长，供应比较多，价格偏低；冬储菜（大白菜和萝卜）秋季容易集中上市，价格下降，而在来年春季，又会受到冬储菜容量大小的影响，如果储存量太少，则春季价格上涨，如 2012 年的大白菜价格“冰火两重天”就印证了这一点；对于海南、广西和广东的反季节蔬菜，如果和北方大棚菜交叉撞车上市，则易导致价格大幅下跌；大蒜和生姜等小品种蔬菜产地集中，量小易储存，如遇灾害或囤积炒作，则易造成价格大起大落。

### （三）产销信息不对称引发市场波动

产销信息不对称造成生产者不均衡供应与消费者稳定需求的错位。蔬菜生产上具有季节性和周期性，品种上具有多样性和特殊性，蔬菜市场的供需经常出现区域结构、时间结构和品种结构的不匹配、不持续、不均衡。一方面，小农经营背景下，由于缺乏生产信息引导，农民种什么往往是一哄而上，上年什么贵，2012 年就种什么多，跟风种植造成供给过剩。如 2012 在山东调研生姜、大蒜时，菜农就反映因为缺乏信息指导，无法把握市场走势和产销脉搏，基本上是跟着感觉走，结果总比市场慢半拍，造成整个市场的阶段性过剩和短缺并存的局面，导致了价格的波动。另一方面，我国居民的蔬菜消费基本上是稳定的，不会因为价格高了就少消费很多，价格低了就多消费很多。所以，当某种农产品集中上市时，生产过度供给与消费稳定需求的这种错位就更加明显，蔬菜的滞销问题也就变得愈发突出。

### （四）产地市场建设落后

蔬菜产地市场是衔接生产和销售的重要纽带，一头连着广大农民，一头连着收购批发商。目前，产地蔬菜市场数量少、规模小、基础设施相对落后，跟不上蔬菜产业发展的需要。蔬菜批发市场的基础配套设施落后，在产品分级、保鲜冷藏、包装、质量检测、电子结算等功能和服务方面存在明显缺失和不足，难以提升产品质量、增加产品附加值和提高市场信誉。例如，河北行唐县虽然是重要的蔬菜主产县，但是缺乏大型的农产品批发市场，蔬菜交易主要靠地头交易为主，或者是直接运到石家庄销售，遭遇行情低迷时，蔬菜销售较为被动。广西田阳县农产品批发市场建于1999年，目前规模初现；而新亚东（田东）农产品批发市场则建于2010年11月投入运营，田东县另一家农产品批发市场刚刚破土动工。已建成或正在建设中的市场，迫切需要资金扶持，以上规模、上档次、上水平，增强辐射带动能力。

## 三、贸易形势分析

2012年，蔬菜出口总额为85.90亿美元，同比下降22.37%，而蔬菜进口总额为2.43亿美元，同比增长约两成，为此，贸易顺差缩小至82.47亿美元，比2011年减少26.16亿美元，同比减少24.12%。

### （一）蔬菜出口形势低迷，以干蔬菜出口下降最为显著

2012年蔬菜出口量和出口额分别为807.26万吨和85.90亿美元，分别同比下降14.44%和22.37%。鲜冷冻蔬菜、加工蔬菜和干蔬菜的出口量值均同比减少，尤其以干蔬菜出口降幅最显著。其中，鲜冷冻蔬菜的出口量为514.55万吨，同比减少11.91%，出口额为38.41亿美元，同比下降21.79%；加工蔬菜累计出口268.30万吨，出口额为34.01亿美元，分别比2011年减少15.10%和5.64%；干蔬菜出口量和出口额分别仅为24.41万吨和13.47亿美元，分别同比减少43.64%和47.15%。由于各类蔬菜的出口额涨跌不一，各类蔬菜占蔬菜出口总额的比例也发生了明显的变化。干蔬菜的出口额占蔬菜出口总金额的比重从2011年的23.03%下降到15.68%；加工蔬菜的出口额比重从32.58%提高到39.60%；鲜冷冻蔬菜的出口额比重变化较小，维持在44%左右。

表 19 2012 年我国蔬菜出口量值情况

| | 2012 年 | | 2011 年 | | 同比增长（%） | |
|---|---|---|---|---|---|---|
| | 数量（万吨） | 金额（亿美元） | 数量（万吨） | 金额（万美元） | 数量 | 金额 |
| 鲜冷冻蔬菜 | 514.55 | 38.41 | 584.14 | 49.12 | -11.91 | -21.79 |
| 加工蔬菜 | 268.30 | 34.01 | 316.01 | 36.04 | -15.10 | -5.64 |
| 干蔬菜 | 24.41 | 13.47 | 43.32 | 25.48 | -43.64 | -47.15 |
| 合计 | 807.26 | 85.90 | 943.47 | 110.64 | -14.44 | -22.37 |

数据来源：中国海关统计数据。

### （二）蔬菜出口仍以亚洲为主，出口量值仍低于 2011 年

2012 年，位居前 10 位国家和地区的蔬菜出口额共占我国蔬菜出口总额的 68.56%，为 58.89 亿美元，同比减少 5.74%。在前十位国家和地区中，7 个是亚洲的国家或地区，占蔬菜出口总额的 54.88%。首先，对日本的蔬菜出口额为 20.00 亿美元，基本与 2011 年持平，占全部蔬菜出口额的 23.28%。其次，对韩国和美国的蔬菜出口额也相对较大，分别居第二位和第三位，出口额分别为 7.19 亿美元和 5.86 亿美元，分别同比下降了 5.19% 和 19.27%，共占我国蔬菜出口总额的 15% 左右。最后，对马来西亚、泰国、印度尼西亚、越南和俄罗斯联邦的蔬菜出口额比重均在 5% 左右，对其他国家的蔬菜出口额比重较小。尤其值得注意的是，对东盟国家的蔬菜出口额减幅显著。例如，对马来西亚和越南的出口额分别同比下降 42.41% 和 50.33%，对印度尼西亚的蔬菜出口也同比减少了 33.23%，对泰国的蔬菜出口额的同比下降 22.37%。

表 20 2012 年我国蔬菜出口前 10 位国家（或地区）

| 国家或地区 | 2012 年 | | 2011 年 | | 同比增长（%） | | 出口金额占比（%） |
|---|---|---|---|---|---|---|---|
| | 数量（万吨） | 金额（亿美元） | 数量（万吨） | 金额（亿万美元） | 数量 | 金额 | |
| 世界 | 807.26 | 85.90 | 943.47 | 110.64 | -14.44 | -22.37 | 100.00 |
| 日本 | 129.11 | 20.00 | 133.96 | 20.26 | -3.62 | -1.27 | 23.28 |
| 韩国 | 90.36 | 7.19 | 91.41 | 7.58 | -1.15 | -5.19 | 8.37 |
| 美国 | 35.99 | 5.86 | 43.97 | 7.25 | -18.15 | -19.27 | 6.82 |

续表

| 国家或地区 | 2012 年 | | 2011 年 | | 同比增长（%） | | 出口金额占比（%） |
|---|---|---|---|---|---|---|---|
| | 数量（万吨） | 金额（亿美元） | 数量（万吨） | 金额（亿万美元） | 数量 | 金额 | |
| 马来西亚 | 51.36 | 4.43 | 66.99 | 7.69 | -23.33 | -42.41 | 5.16 |
| 越南 | 51.50 | 4.26 | 56.47 | 8.57 | -8.79 | -50.33 | 4.95 |
| 泰国 | 31.83 | 4.19 | 34.52 | 5.40 | -7.80 | -22.37 | 4.88 |
| 印度尼西亚 | 49.14 | 4.04 | 54.71 | 6.05 | -10.18 | -33.23 | 4.70 |
| 俄罗斯 | 53.40 | 3.90 | 70.02 | 4.84 | -23.73 | -19.51 | 4.54 |
| 中国香港 | 50.27 | 3.04 | 70.71 | 4.51 | -28.91 | -32.71 | 3.54 |
| 德国 | 10.91 | 2.00 | 12.92 | 2.40 | -15.60 | -16.90 | 2.32 |
| 合计 | 553.86 | 58.89 | 635.68 | 74.56 | -12.87 | -21.01 | 68.56 |

数据来源：中国海关统计数据。

### （三）蔬菜罐头出口平稳，蘑菇等品种出现下降

2012 年，蔬菜罐头出口保持平稳，鲜冷冻大蒜头出现下降。其中，蔬菜罐头出口额为 14.95 亿美元，基本与 2011 年持平，占到了蔬菜出口总额的 17.41%。鲜冷冻大蒜头出口量和出口金额均出现较大幅度的减少，出口量和出口金额分别为 134.22 万吨和 12.71 亿美元，分别同比减少 15.64% 和 34.13%，占蔬菜出口总额的 14.79%。

2012 年鲜或冷藏的胡萝卜及萝卜、鲜或冷藏的番茄、冷冻菠菜、鲜或冷藏的芦笋和冷冻甜玉米均呈现同比增长态势。其中，鲜或冷藏的胡萝卜及萝卜出口金额达到 2.74 美元，同比增长 6.76%。虽然鲜或冷藏的番茄和冷冻菠菜以及芦笋的出口份额均不到 1%，但这些蔬菜品种却保持了较好的出口态势，分别比 2011 年同期增加超过两成，尤其是芦笋的出口额同比增长 315.42%。

另外，蘑菇、蔬菜汁、洋葱、木耳、马铃薯、辣椒、莲藕和芹菜等蔬菜出口额也都出现了不同程度的同比下降（见表 21）。其中，蘑菇出口金额为 6.11 亿美元，同比下降了 51.01%。

表 21 2012 年我国各种蔬菜品种的出口情况

| | 2012 年 | | 2011 年 | | 同期增长（%） | | 2012 年出口金额比重（%） |
|---|---|---|---|---|---|---|---|
| | 数量（万吨） | 金额（万美元） | 数量（万吨） | 金额（万美元） | 数量增长率（%） | 金额增长率（%） | |
| 其他鲜蔬菜 | 182.76 | 158471 | 227.24 | 198469 | -19.57 | -20.15 | 18.45 |
| 蔬菜罐头 | 150.52 | 149549 | 156.40 | 150888 | -3.76 | -0.89 | 17.41 |
| 鲜冷冻大蒜头 | 134.22 | 127062 | 158.64 | 192903 | -15.40 | -34.13 | 14.79 |
| 其他加工蔬菜 | 72.13 | 119248 | 109.79 | 134418 | -34.30 | -11.29 | 13.88 |
| 暂时加工保藏蔬菜 | 45.57 | 71203 | 48.18 | 72277 | -5.41 | -1.49 | 8.29 |
| 蘑菇 | 3.94 | 61082 | 7.66 | 124691 | -48.59 | -51.01 | 7.11 |
| 其他干蔬菜 | 19.14 | 53834 | 33.89 | 103225 | -43.53 | -47.85 | 6.27 |
| 鲜或冷藏的胡萝卜及萝卜 | 59.50 | 27390 | 57.05 | 25655 | 4.30 | 6.76 | 3.19 |
| 鲜或冷藏的洋葱 | 60.23 | 27234 | 71.89 | 27693 | -16.22 | -1.66 | 3.17 |
| 木耳 | 1.34 | 19766 | 1.74 | 26749 | -23.15 | -26.11 | 2.30 |
| 鲜冷冻马铃薯 | 36.62 | 14131 | 37.99 | 17714 | -3.60 | -20.23 | 1.65 |
| 鲜或冷藏的番茄 | 17.73 | 7766 | 13.02 | 6033 | 36.17 | 28.72 | 0.90 |
| 冷冻菠菜 | 5.31 | 6062 | 4.77 | 4910 | 11.25 | 23.46 | 0.71 |
| 鲜冷冻豌豆 | 3.06 | 5086 | 3.59 | 6713 | -14.80 | -24.24 | 0.59 |
| 鲜或冷藏的辣椒 | 6.44 | 3421 | 8.59 | 4603 | -25.04 | -25.68 | 0.40 |
| 冷冻甜玉米 | 3.29 | 2704 | 2.90 | 2494 | 13.54 | 8.43 | 0.31 |
| 莲藕 | 2.35 | 2091 | 2.41 | 3055 | -2.45 | -31.55 | 0.24 |
| 鲜或冷藏的青葱 | 1.78 | 2081 | 2.30 | 2389 | -22.71 | -12.89 | 0.24 |
| 鲜或冷藏的芹菜 | 1.24 | 600 | 1.42 | 1010 | -12.60 | -40.59 | 0.07 |
| 蔬菜汁 | 0.07 | 123 | 1.32 | 2453 | -94.57 | -94.99 | 0.01 |
| 鲜或冷藏的芦笋 | 0.02 | 50 | 0.01 | 12 | 158.88 | 315.42 | 0.01 |

数据来源：中国海关统计数据。

**（四）蔬菜进口以加工蔬菜为主，并且量值同增**

2012 年全年蔬菜进口总额为 2.43 亿美元，同比增长 20.26%，进口量为 18.28 万吨，同比增长 17.76%。其中，进口以加工蔬菜为主，加工蔬菜的进口额和进口量分别为 1. 84 亿美元和 15. 56 万吨，均同比增幅超过三成，占蔬菜进口总额的 85%，比 2011 年提高近 10 个百分点。鲜冷冻蔬菜进口额为 2923 万美元，同比增长 8. 70%，但是其进口额却比 2011 年同期减少了 10. 48%。干蔬菜进口量值均明显减少，进口额和进口量分别为 2983 万美元和 0. 38 万吨，分别同比减少 22. 41% 和 65. 59%。

**表 22　2012 年蔬菜进口量值及同比变化**

| | 2012 年 | | 2011 年 | | 同比增长（%） | |
|---|---|---|---|---|---|---|
| | 数量（万吨） | 金额（亿美元） | 数量（万吨） | 金额（万美元） | 数量 | 金额 |
| 鲜冷冻蔬菜 | 2. 34 | 2922. 58 | 2. 61 | 2688. 75 | －10. 48 | 8. 70 |
| 加工蔬菜 | 15. 56 | 18375. 46 | 11. 81 | 13655. 98 | 31. 84 | 34. 56 |
| 干蔬菜 | 0. 38 | 2983. 27 | 1. 11 | 3845. 16 | －65. 59 | －22. 41 |
| 合计 | 18. 28 | 24281. 30 | 15. 53 | 20189. 88 | 17. 76 | 20. 26 |

数据来源：中国海关统计数据。

## （五）进口蔬菜仍然主要来自美国，但从欧洲进口的蔬菜明显增加

2012 年，从前 10 位国家或地区进口的蔬菜总额占到我国进口蔬菜总额的 86. 70%。其中，美国仍然是我国最主要的蔬菜进口国，进口数量和进口额分别为 12. 16 万吨和 1. 46 亿美元，分别同比增长 30. 63% 和 38. 73%，占蔬菜进口总额的六成，比 2011 年增加了近 8 个百分点，另外，从比利时、新西兰、意大利和荷兰四个欧洲国家进口的蔬菜增长较快，进口额分别同比增长 105. 22%、59. 40% 和 11. 06%。然而，从加拿大、马来西亚和印度尼西亚进口的蔬菜额明显减少，蔬菜进口额分别减少 26. 49%、19. 26% 和 9. 71%。

**表 23　2012 年中国蔬菜进口前 10 位来源国（或地区）**

| 国别 | 2012 年 | | 2011 年 | | 同期比（%） | | 进口金额比重（%） |
|---|---|---|---|---|---|---|---|
| | 数量（万吨） | 金额（万美元） | 数量（万吨） | 金额（万美元） | 数量 | 金额 | |
| 世界 | 18. 28 | 24281 | 0. 00 | 20190 | 17. 76 | 20. 26 | 100. 00 |
| 美国 | 12. 16 | 14589 | 9. 31 | 10516 | 30. 63 | 38. 73 | 60. 08 |
| 印度尼西亚 | 0. 23 | 1442 | 0. 28 | 1597 | －16. 96 | －9. 71 | 5. 94 |
| 泰国 | 0. 74 | 874 | 0. 69 | 750 | 6. 45 | 16. 56 | 3. 60 |

续表

| 国别 | 2012 年 | | 2011 年 | | 同期比（%） | | 进口金额比重（%） |
|---|---|---|---|---|---|---|---|
| | 数量（万吨） | 金额（万美元） | 数量（万吨） | 金额（万美元） | 数量 | 金额 | |
| 比利时 | 0.89 | 826 | 0.51 | 518 | 75.72 | 59.40 | 3.40 |
| 加拿大 | 0.62 | 721 | 0.84 | 968 | -26.39 | -25.49 | 2.97 |
| 荷兰 | 0.65 | 624 | 0.58 | 562 | 12.71 | 11.06 | 2.57 |
| 马来西亚 | 0.08 | 584 | 0.13 | 723 | -41.54 | -19.26 | 2.40 |
| 新西兰 | 0.48 | 552 | 0.25 | 269 | 88.71 | 105.22 | 2.27 |
| 埃及 | 0.40 | 424 | 0.40 | 424 | 0.00 | 0.00 | 1.75 |
| 意大利 | 0.36 | 416 | 0.28 | 310 | 28.35 | 34.20 | 1.71 |
| 合计 | 16.61 | 21051.41 | 13.28 | 16636 | 25.13 | 26.54 | 86.70 |

数据来源：中国海关统计数据。

## 四、市场展望

2013 年蔬菜生产供应有保障。农业部也在 2012 年 11 月发布了《新一轮“菜篮子”工程建设指导规划（2012～2015 年）》（以下简称《规划》），这也是进一步落实《国务院办公厅关于统筹推进新一轮“菜篮子”工程建设的意见》的重要举措。在规划的指导下，2013 年的蔬菜生产应该是有保障的。就春节供应而言，据农业部种植业司统计，12 月，580 个蔬菜重点县信息监测点蔬菜面积为 105 万亩，同比增长 2.0%。北方设施蔬菜面积增加，南菜北运蔬菜生产基地光温匹配较好，利于蔬菜生长发育，产量增幅较大，尤其是华南与西南热区冬春蔬菜优势区增长 7.6%，长江流域冬春蔬菜优势区增长 6.1%。花椰菜、白萝卜和冬瓜等 10 种蔬菜的面积都增加 3% 以上。为此，春节期间，蔬菜的供应没有问题。

2013 年价格继续在季节性波动中存在变数。天气依旧是重要的影响因素，另外，针对我国流通业一直存在费用过高、效率偏低的问题，尤其是生鲜产品的流通费用占总成本的 70%，比国际上高出 20 个百分点以上。2013 年 1 月 11 日国务院办公厅关于印发了《降低流通费用提高流通效率综合工作方案的通知》，具体包括降低农产品生产流通环节用水电价格和运营费用、规范和降低农产品市场收费、强化零售商供应商交易监管和完善公路收费政策等方面。

这些措施将有助于减少蔬菜价格上涨的幅度。就春节期间消费而言，受节日消费的拉动，菜价仍会继续保持一定的上涨趋势。但在春节过后，随着天气的好转，菜价将出现季节性的逐步回落。

随着蔬菜生产成本的增加和蔬菜价格的持续上涨，我国的蔬菜生产比较优势出现下降。另外，受到自 3 月 1 日取消蔬菜出口退税补贴和比较优势下降等因素的影响，2012 年蔬菜出口明显减少，蔬菜出口形势不容乐观，尤其是干蔬菜的出口下降最为显著。目前，2013 年的蔬菜出口形势未见好转迹象，出口形势仍需进一步密切关注。

# 2012年水产品市场形势分析及展望

农业部农村经济研究中心　刘景景

2012年以来，面对国内经济下行压力、欧美需求减弱等不利因素，我国水产品市场和贸易总体保持稳定发展态势，但增速有所放缓，尤其外贸增速低位趋稳。

## 一、国内水产品市场总体形势

### （一）渔业生产形势保持稳步增长

从农业部公布的水产品生产情况来看，预计2012年全国水产品总产量达到5906万吨，同比增长5.4%。其中，养殖产量4305万吨，增长7%；捕捞产量1483万吨，与2011年基本持平。据估算，2012年全国渔民人均纯收入继续保持万元以上，达到11256元，比2011年增加1244元。渔业经济总产值持续增长，预计达到17255亿元，增长15%。

### （二）2012年年初水产品批发价格延续上涨态势，下半年价格走势回稳，但价格总水平仍远高于2011年同期

2012年春节以后，水产品价格一反往年常态，呈现出不降反升的趋势，6月随着成鱼上市量的增加，水产品价格逐渐企稳，但价格总水平仍远高于上年同期。中国农业信息网批发市场价格监测数据显示，2012年重点监测的31种水产品成交总量为116.55万吨，平均价16.56元/公斤，同比分别增长7.79%和17%（见图63）。分品种看，25个产品价格同比上升，占重点监测品种总数的80.65%，6个产品价格下降。小平鱼和小黄花鱼价格涨幅均在30%以上。从近几年的水产品价格水平来看，其上升势头十分明显。2009～2012年水产品的平均批发价格分别为11.50元/公斤、12.03元/公斤、14.16元/公斤和16.56元/公斤，年均增长率为12.93%。

随着养殖技术和流通效率的提高，水产品一年四季都能正常供应，传统淡旺季的产销形势日渐淡化，但上市量仍会有所差异，价格变化也呈现一定的规律性。一般而言，春节后成鱼存塘量显著下降，3、4月份淡水鱼苗处于

养殖繁育阶段，存塘成鱼有限而新鱼尚未长成，市场处于青黄不接的时期，淡水鱼的售价也会相应提高。淡水鱼价格的明显上升一般在“五一”前后表现突出，而2012年的淡水鱼价格却出现了淡季不淡的行情，其中原因之一是2012年立春较晚，淡水养殖投苗相应推迟，凸显了水产品生长周期所致的供需矛盾。除季节性因素外，渔业生产成本增加是推动价格上升的主要原因。2012年以来水产饲料、塘租、人工费用等养殖生产环节成本出现全面上涨，特别是饲料投入成本总体加大。江西省的调查资料显示，2012年前三季度水产苗种、渔用饲料、人工费用（特别是短期人工费用）和渔用其他生产资料价格同比分别上涨了10%、5%、15%和8%。渔业生产成本的提高，特别是水产饲料价格的不断上涨拉动了水产品价格上升。

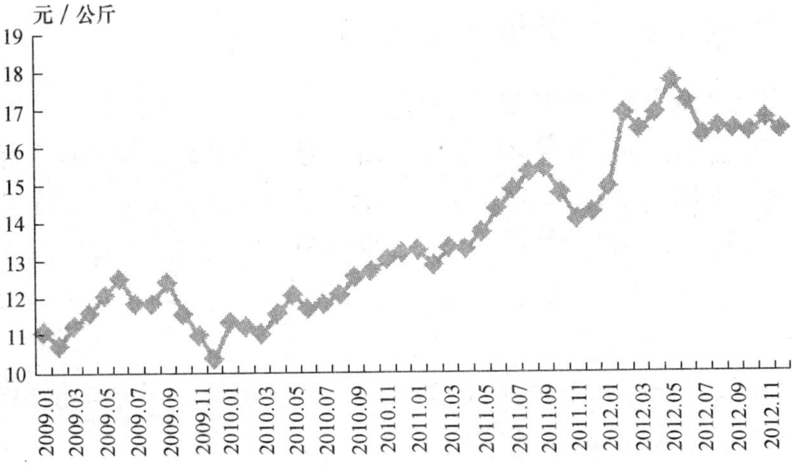


图63　2009～2012年水产品批发市场平均价月度走势

### （三）水产品居民消费价格涨幅趋缓，农村涨幅超过城市

国家统计局数据显示，2012年1～11月水产品居民消费价格同比上涨8.1%，涨幅仅次于食品大类中的鲜菜价格。其中，城市增长7.9%，农村增长9.1%，农村涨幅超过城市。随着城乡市场的逐步统一，城镇居民消费价格水平上升幅度较小，而农村居民消费价格水平升幅较大，城乡居民消费价格的绝对水平向趋同方向发展。从图64可以看出，1～11月各月的水产品居民消费价格指数均高于上年同月水平，但涨幅逐渐趋缓。

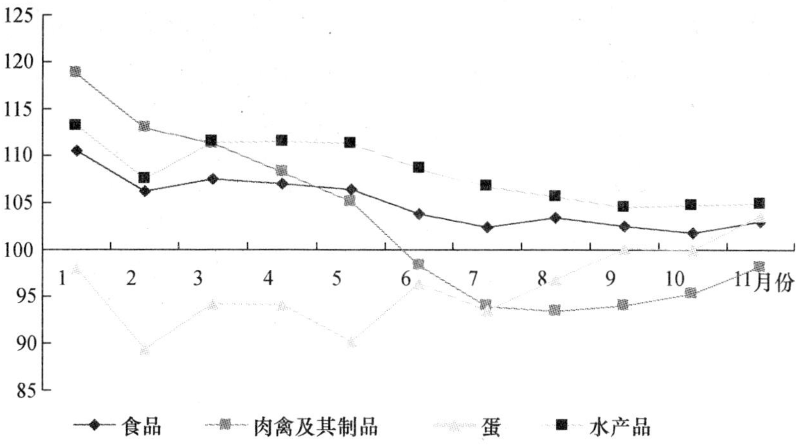


**图64　2012年1~11月各类食品消费价格变化**

数据来源：国家统计局（上年同月=100）。

## 二、分品种价格走势

### （一）淡水鱼价格同比大幅提高，月度价格先扬后抑

2012年初以来淡水鱼价格呈现持续上升的势头，6月价格更创下近几年来新高，达到14.59元/公斤（见图65）。由于上半年淡水鱼价高位运行，养殖利润增加，提高了养殖户的积极性，不少养殖户加大鱼苗投放量，使9、10月淡水鱼大量集中上市。加之下半年原本是成鱼上市旺季，出塘量增加，以及气温回落，运输成本下降，淡水鱼价格在7~12月出现了连续回落。中国农业信息网数据显示，2012年我国淡水鱼成交总量达到93.83万吨，平均价13.41元/公斤，同比分别增长5.33%和8.15%。14个淡水鱼监测品种中，养殖鲶鱼和虹鳟价格较2011年下降9.17%和13.07%，其他淡水鱼价格均同比

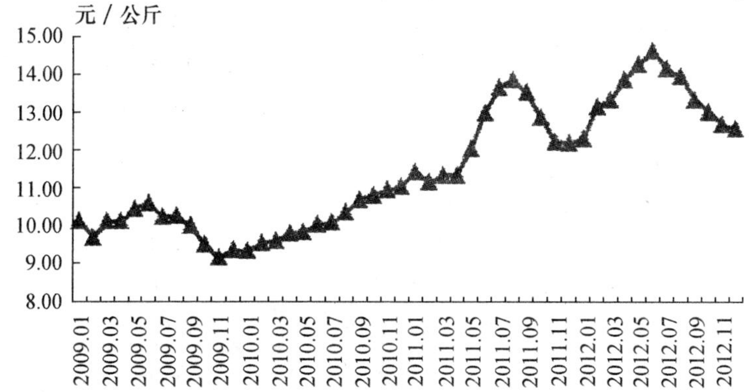


**图65　2009~2012年淡水鱼平均价月度走势**

上升，其中6个大宗淡水鱼品种价格全部上扬，平均价为11.94元/公斤，成交总量88.31万吨，同比分别增长7.13%和5.09%（见表24）。

表24 2012年大宗淡水鱼批发市场交易情况

| 品种 | 平均价（元/公斤） | 同比（%） | 成交量（吨） | 同比（%） |
|---|---|---|---|---|
| 活鲤鱼 | 12.36 | 1.97 | 134785.32 | 6.66 |
| 活草鱼 | 13.38 | 5.40 | 264541.30 | 6.82 |
| 活鲫鱼 | 14.45 | 10.82 | 165154.66 | 2.51 |
| 白鲢活鱼 | 8.14 | 7.72 | 244207.79 | 2.59 |
| 花鲢活鱼 | 12.26 | 6.64 | 66880.17 | 6.22 |
| 武昌鱼 | 17.79 | 14.22 | 6629.00 | 58.76 |

数据来源：中国农业信息网。

## （二）海水鱼价格同比继续上升，环比走势平稳

受过度捕捞和环境污染的影响，这两年近海捕捞的经济效益只能维持低水平，渔民出海仅维持薄利。随着油价和用工成本快速上涨，如果没有柴油补贴等惠农政策扶持，估计八成左右的渔民都会出现亏损。目前绝大部分传统优质经济品种已难形成生产群体，多数经济种群主要由1龄以内的幼鱼组成。中国农业信息网数据显示，2012年重点监测的9个海水鱼类平均价为30.65元/公斤，同比提高8.07%，成交量12.29万吨，同比增长27.2%。从月度变化看，2012年的海水鱼价格整体走势较往年平稳。分鱼种来看，除鲈鱼外，其他8个监测鱼种的价格均较上年同期有所提高，涨幅最大的是小平鱼，同比上升34.72%。

表25 2012年海水鱼平均价及成交情况

| 品种 | 平均价（元/公斤） | 同比（%） | 交易量（吨） | 同比（%） |
|---|---|---|---|---|
| 大带鱼 | 27.79 | 21.16 | 46020.25 | 30.72 |
| 小带鱼 | 16.12 | 5.12 | 3656.55 | -33.14 |
| 大黄花鱼 | 31.34 | 7.16 | 35373.58 | 50.81 |
| 小黄花鱼 | 21.93 | 31.48 | 823.59 | 37.13 |
| 大平鱼 | 48.50 | 25.26 | 4658.00 | 35.75 |
| 小平鱼 | 31.98 | 34.72 | 4505.20 | 7.20 |
| 鲈鱼 | 29.04 | -17.92 | 15542.20 | 9.64 |
| 鲅鱼 | 30.78 | 18.82 | 11704.80 | 28.25 |
| 石斑鱼 | 190.84 | 1.52 | 636.20 | -34.59 |

数据来源：中国农业信息网。

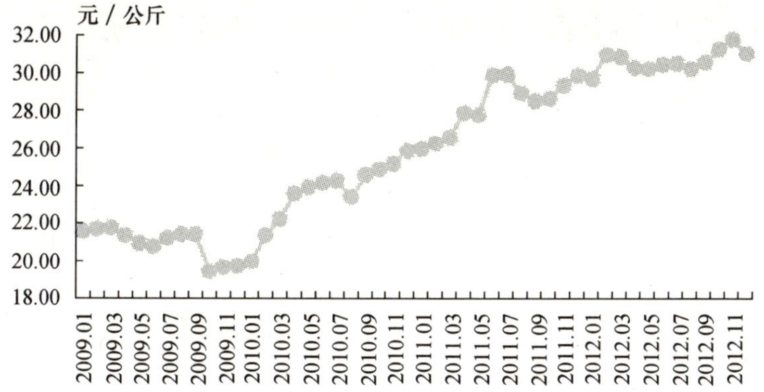


**图 66　2009～2012 年海水鱼平均价月度走势**

## （三）虾蟹类成交量提高 2 倍，价格经历“过山车式”波动；贝类市场量减价增

2012 年虾蟹类批发价格出现了剧烈波动，这主要受单价较高且波动幅度大的基围虾价格影响。中国农业信息网数据显示，2012 年虾蟹类成交总量 1.77 万吨，平均价 107.52 元/公斤，同比分别提高 2.35 倍和 11.91%。其中，对虾价格下降 1.77%，基围虾和梭子蟹价格同比分别提高 4.68% 和 1.25%。

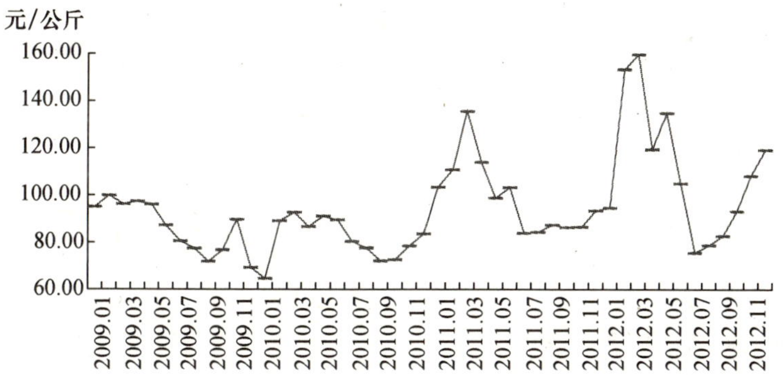


**图 67　2009～2012 年虾蟹类平均价月度走势**

贝类市场呈现量减价增的局面。2012 年贝类市场成交总量 8.07 万吨，下降 1.79%，平均价 8.29 元/公斤，同比增长 7.31%。监测的 3 种贝类产品中，海蛎价格同比下降 34.34%，蛏子和蛤蜊价格分别较 2011 年同期增长 19.92% 和 13.59%。受年初气温较低及捕捞强度下降的影响，贝类交易量 1 月出现下滑，2 月开始复苏，批发价则连涨两月，其中 2 月涨幅如此高主要受蛤蜊价格疯涨及成交量提高一半所致，3 月以后随着气温回升，贝类产量增加，市场成

交量趋于平稳，5 月以后随着气温回升，贝类价格趋于稳定。

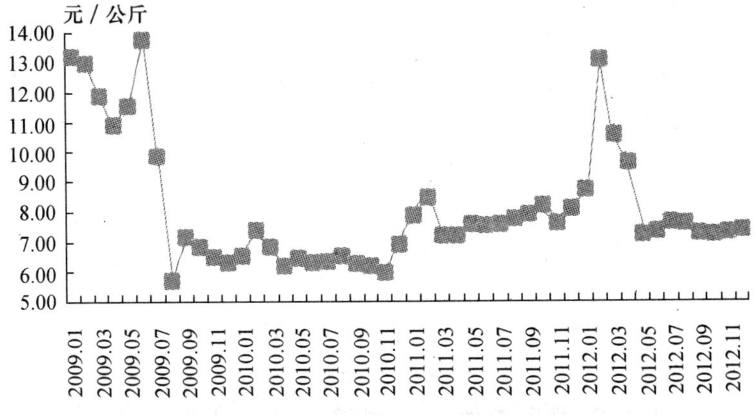


图 68 2009~2012 年贝类平均价月度走势

表 26 2012 年虾蟹类、贝类平均价及成交情况

| 品种 | 平均价（元/公斤） | 同比（%） | 交易量（吨） | 同比（%） |
|---|---|---|---|---|
| 对虾 | 74.89 | -1.77 | 1373.55 | 11.71 |
| 基围虾 | 113.85 | 4.68 | 12954.20 | 538.74 |
| 梭子蟹 | 96.63 | 1.25 | 3410.20 | 67.99 |
| 蛏子 | 22.49 | 19.92 | 1244.30 | 38.05 |
| 蛤蜊 | 8.20 | 13.59 | 69569.00 | -4.30 |
| 海蛎 | 7.15 | -34.34 | 9847.60 | 15.34 |

数据来源：中国农业信息网。

## 三、总体贸易形势

### （一）水产品进出口量同比下降，贸易增速低位趋稳

据海关统计，2012 年我国水产品进出口总量 792.50 万吨，进出口总额 269.81 亿美元，同比分别下降 2.85% 和提高 4.54%。其中出口量 380.12 万吨，出口额 189.83 亿美元，同比分别下降 2.83% 和提高 6.69%；进口量 412.38 万吨，进口额 79.98 亿美元，同比分别下降 2.87% 和 0.23%，进出口增速较 2011 年同期明显回落。贸易顺差 109.85 亿美元，较 2011 年同期提高 12.37 个百分点。根据贸易数据测算，2012 年水产品出口平均价格上涨 9.80%，进口平均价格上涨 2.72%，出口价格增幅高于进口。从月度变化看，

受企业春节前抢出口、春节后集中进口影响，加之2011年2月春节长假导致的进口基数偏低，所以2月进口增速较高，达到67.9%。在国际市场需求有所回升、前期出台的“稳外贸”政策措施逐步落实等因素带动下，9月进出口增速低位反弹，出口从8月的下降1.92%回升至增长8.24%，进口从8月的下降13.76%转为下降7.6%，降幅缩小，10、11月的外贸增速再次在低位徘徊，伴随年底消费旺季临近，外贸增速又稳中趋升。

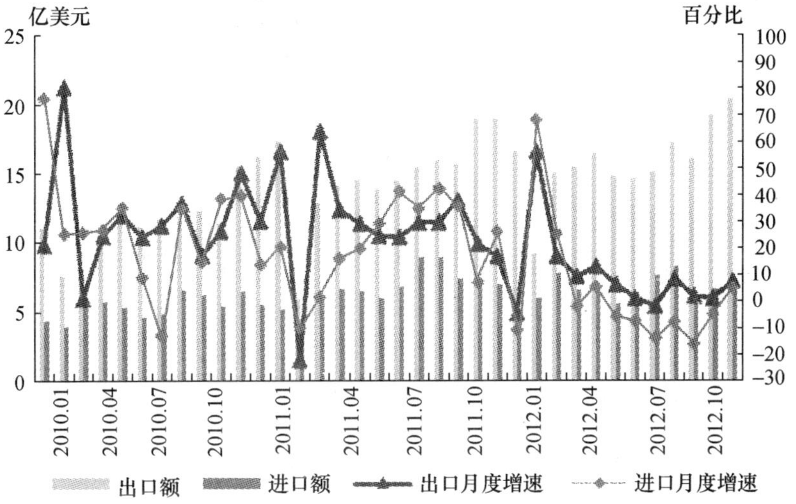


图69 2010-2012年水产品进出口月度增速

### (二) 对发达国家出口明显分化，新兴优势市场逐步培育

据海关统计，2012年我国向179个国家和地区出口水产品。从市场结构看，我国传统市场出口份额总体呈下降趋势，日本、美国和欧盟仍为我国水产品出口的三大市场，对以上三国和地区的出口额占我国水产品出口总额的49.37%，较上年同期下降3.65个百分点。在主要出口市场中，随着美国经济温和复苏，零售市场回暖，2012年我国对美国水产品出口额29.47亿美元，同比增长1.14%。对欧盟、韩国出口呈现快速下降趋势，韩国已跌至我国水产品出口市场的第六位。受欧盟经济陷入衰退、市场需求明显萎缩影响，我国对欧盟出口额较上年同期下降了9.73%，其中对德国下降5.99%，对西班牙下降23.19%。图70数据显示，3月以来我国对欧盟出口急剧下滑，7月当月同比降幅接近30%。欧盟作为我国水产品贸易三大伙伴之一，其严重下滑态势已经成为影响我国水产品出口总体增速减缓的主要因素。由于新兴经济体经济增长相对较快，以及出口企业深入推进市场多元化战略，我国对新兴

经济体出口总体保持快速增长势头，其中对东盟、俄罗斯、乌克兰、斯里兰卡、朝鲜、南非等国家和地区的出口额增速分别达到 23.80%、20.34%、25.86%、62.95%、43.97%和43.04%。

**表 27　2012 年水产品出口市场结构（按国家和地区）**

| 出口市场 | 出口量（万吨） | 同比变化（%） | 占总出口量的比重（%） | 出口额（亿美元） | 同比变化（%） | 占总出口额的比重（%） |
|---|---|---|---|---|---|---|
| 国家总计 | 380.12 | -2.83 | | 189.83 | 6.69 | |
| 其中：日本 | 67.93 | -4.45 | 17.87 | 42.16 | 3.53 | 22.21 |
| 美国 | 53.84 | -1.33 | 14.16 | 29.47 | 1.14 | 15.52 |
| 欧盟 | 51.25 | -10.78 | 13.48 | 22.10 | -9.73 | 11.64 |
| 东盟 | 49.29 | -1.06 | 12.97 | 21.26 | 23.80 | 11.20 |
| 中国香港 | 20.15 | 13.28 | 5.30 | 20.59 | 31.89 | 10.84 |
| 韩国 | 44.39 | -11.51 | 11.68 | 14.83 | -6.84 | 7.81 |
| 中国台湾 | 12.10 | 8.22 | 3.18 | 10.74 | 27.72 | 5.66 |

数据来源：中国海关。

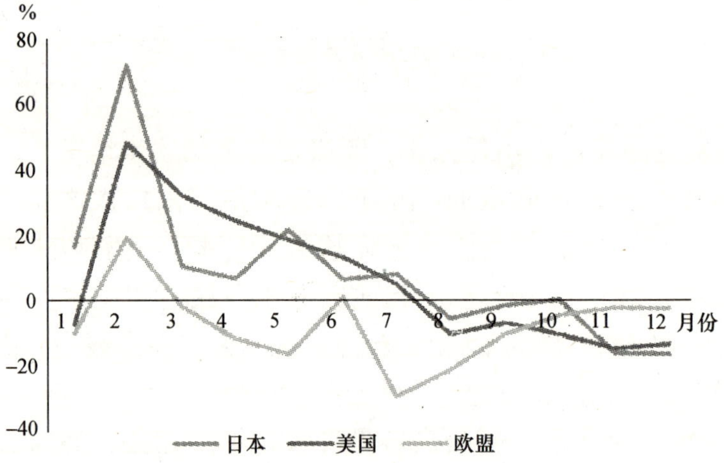


**图 70　2012 年我国对日、美、欧水产品出口月度增速变化**

### （三）进口贸易量额双降，自俄罗斯、秘鲁、挪威进口额下降，日本跌出我国进口市场前十位

2012 年我国水产品进口呈现量额双降的态势。俄罗斯、美国和秘鲁为进

口前三大市场，自上述市场的进口量占我国水产品进口总量的58.53%，进口额占水产品进口总额的49.86%。在我国进口市场前七位中，自俄罗斯、秘鲁、挪威进口出现下降，自其他市场进口额均有不同程度增长。日本已跌出我国水产品进口市场的前十位。

表28　2012年水产品进口市场结构（按国家和地区）

| 进口市场 | 进口量（万吨） | 同比变化（%） | 占总进口量的比重（%） | 进口额（亿美元） | 同比变化（%） | 占总进口额的比重（%） |
|---|---|---|---|---|---|---|
| 国家总计 | 412.38 | -2.87 | | 79.98 | -0.23 | |
| 其中：俄罗斯 | 95.90 | -6.86 | 23.26 | 14.33 | -13.86 | 17.92 |
| 美国 | 60.67 | -4.29 | 14.71 | 13.81 | 1.37 | 17.27 |
| 秘鲁 | 84.79 | 0.48 | 20.56 | 11.74 | -8.00 | 14.68 |
| 东盟 | 41.18 | 11.57 | 9.99 | 7.43 | 25.15 | 9.29 |
| 智利 | 21.12 | -5.39 | 5.12 | 5.19 | 14.02 | 6.49 |
| 挪威 | 16.82 | -7.89 | 4.08 | 4.05 | -3.64 | 5.07 |
| 加拿大 | 6.72 | -7.08 | 1.63 | 3.46 | 10.39 | 4.32 |

数据来源：中国海关。

### （四）鲜、冷冻鱼片，冻鱼和制作保藏的鱼是主要出口大类

在海关统计的9大类出口水产品中，鲜、冷冻鱼片，冻鱼和制作保藏的鱼是主要大类，三者出口量占我国水产品出口总量的65.37%。与2011年同期相比，9大类产品中冻鱼、干、盐腌的鱼和制作保藏的甲壳动物出口量有所提高，其他6类产品的出口量均同比下降。从出口额来看，鲜、冷冻鱼片出口额下降，其他类别产品出口额较上年同期有不同幅度增长。

### （五）重点品种出口情况

一是对虾减产，出口量缩减，内销比例不断增大。由于冬棚虾养殖成功率和往年相比总体较低，对虾产量出现明显下降，2012年开春之后各地对虾价格都创下新高。以广东地区为例，南美白对虾出现了普遍减产现象，亩产由往年的400公斤降至250公斤，部分地区甚至出现亩产50～100公斤的大幅减产。产量减少，同时生产成本增加，2012年上半年对虾市场价格一直持续高位运行，40～50头/斤规格的南美白对虾5月价格达到40元/公斤以上。进入6月以后，随着早造虾上市，价格才逐步回落。尽管虾价走高，但由于产量太低，至少有8成养殖户出现亏损。大幅减产不仅导致养殖户亏损严重，

表 29 2012 年水产品出口结构（按 HS 编码前四位统计）

| 品种 | 出口数量（万吨） | 同比变化（%） | 出口金额（亿美元） | 同比变化（%） |
|---|---|---|---|---|
| 活鱼（0301） | 8.02 | -6.17 | 5.16 | 3.74 |
| 鲜、冷鱼（0302） | 3.48 | -1.33 | 1.81 | 13.98 |
| 冻鱼（0303） | 96.63 | 0.22 | 22.76 | 7.29 |
| 鲜、冷冻鱼片（0304） | 101.44 | -6.41 | 42.19 | -4.02 |
| 干、盐腌的鱼（0305） | 7.81 | 4.84 | 4.51 | 14.57 |
| 甲壳动物（0306） | 18.95 | -12.12 | 14.66 | 5.97 |
| 软体动物（0307） | 41.40 | -2.54 | 20.83 | 2.15 |
| 制作保藏的鱼（1604） | 50.40 | -1.33 | 30.22 | 14.73 |
| 制作或保藏的甲壳动物（1605） | 39.21 | 3.70 | 37.79 | 12.76 |

数据来源：中国海关。

也影响了虾类产品的出口。2012 年重点统计的 17 个虾类产品的出口量 27.37 万吨，出口额 22.53 亿美元，同比分别下降 10.34% 和提高 2.92%。作为我国养殖的最大宗的虾类产品，南美白对虾不仅是重要的出口品种，近年其国内消费量也在逐渐增加，目前 85% 的对虾在国内市场销售，且这一比例有进一步增加的趋势。

二是罗非鱼出口形势低迷，加工企业处于近几年利润最低点。2012 年我国罗非鱼养殖产量约为 145 万吨。由于全球各地罗非鱼养殖的兴起，我国罗非鱼养殖量在全球总产量中的比例呈下滑趋势，已从 2010 年的占比 41.6% 下降至 2012 年的 38.3%。目前，我国半数以上的罗非鱼用于加工出口，低迷的世界经济造成罗非鱼出口形势恶化，加工出口订单稀少，罗非鱼主产区塘边收购价格从 2012 年初就持续下跌，罗非鱼产业链整体处于微利甚至亏损状态。以海南文昌地区的精养罗非鱼为例，平均养殖成本为 4.13 元/斤，而全年塘头价在 3.8～4.2 元/斤，其中仅 12 月份鱼价高出平均成本线。据海关统计，2012 年我国罗非鱼出口量 36.2 万吨，出口额 11.63 亿美元，同比分别增长 9.59% 和 4.91%，出口额增幅明显低于出口量，可见出口价格明显下滑。虽然出口量增长，但企业处境困难、内销没有发挥作用，随着生产成本增加，加工厂利润为近年来最低，甚至亏损。

三是鳗苗持续减产致鳗价高涨，出口呈现量减额增态势，鳗苗歉收局面或再现。世界鳗鱼及其制成品的消费市场主要在日本。近年来亚欧鳗苗生产持续减产，加之日本因遭遇地震、海啸和核泄漏事件影响国内鳗鱼养殖，骤然加大了市场需求，致使国际鳗鱼市场价格陡涨。2012 年 9 月，广东菜鳗收购价格达到 12 万元/吨，广东鳗鱼养殖和加工出口企业获得了超预期回报，鳗鱼养殖热潮再次形成。据海关统计，2012 年我国鳗鱼出口量 3.68 万吨，出口额 11.99 亿美元，同比分别下降 13.79% 和提高 10.38%，鳗鱼出口呈现量减额增的态势。然而 2013 年的鳗苗捕捞仍不乐观，截至 2 月初，中国大陆和台湾地区的鳗苗捕获量不足 3000 公斤，其中中国大陆捕获 1800 公斤，日捕获量一般维持在 100 公斤以上，台湾地区 1100 公斤，按照这种进度，捕捞期结束时台湾地区当地捕获量将达到 1500 公斤，鳗苗歉收的局面或再次呈现。

## 四、贸易形势展望

近段时间以来，我国经济增速趋于稳定，并出现积极变化。随着各国宏观政策力度加大，水产品贸易发展的国内外环境也略有改善，世界经济下滑势头有所缓解。但同时也应看到，世界经济复苏动力仍然不足，外需低迷的态势难有根本好转。预计 2013 年我国水产品贸易有望保持稳定增长态势，但可能难以再现前些年的持续高速增长。

首先，从国内市场来看，经济企稳的基础尚不稳固，渔业生产成本依然高企，水产品价格总体仍将处于高位运行区间。目前，我国经济运行总体平稳。党的十八大的胜利召开将进一步激发各方面加快发展的积极性，有利于继续推动经济平稳较快增长。国际货币基金组织等机构普遍预计，2013 年中国经济增长将快于 2012 年。但目前经济企稳的基础还不稳固，国内需求增长受到一些体制机制因素的制约，企业生产经营仍然面临较多困难。从渔业生产的角度分析，成本是影响水产品价格的最关键要素。近年来随着水产养殖技术提升、养殖面积扩大、养殖密度提高，养殖总量逐年不断增加，水产品对饲料的依赖程度越来越大。2012 年以来，水产饲料价格呈现一路飙升。随着鱼粉、豆粕价格的大幅攀升，其他饲料生产成本也同步增加，各饲料厂商以此为由轮番涨价，除甲鱼饲料价格与 2011 年基本持平外，各品种饲料价格全线上涨。其中，水产一般性综合饲料比上年同期净涨 200 元/吨以上，高档膨化饲料上涨幅度高达 500 元/吨，且呈现持续上涨态势。值得关注的是，水产品价格高涨的同时已经开始带动新一轮池塘投标租金的上扬。浙江水产技术推广总站的资料显示，部分海水养殖地区如普陀、温岭等池塘新投标租金在 3600 ~4000 元/亩，上虞虾塘新投标租金达到 3500 元/亩。渔业生产成本的持续攀升预计将导致 2013 年水产品价格继续高位运行。

其次，从国际市场看，2013 年我国水产品外贸发展面临的内外部环境可能略好于 2012 年，但制约外贸稳定回升的阻力依然存在，贸易增速总体将低位趋稳。随着各国宏观政策力度加大，欧债危机略有缓和，美国经济复苏态势趋于稳定，市场信心和发展预期有所提振，2013 年全球经济发展环境可能有所改善。但发达国家主权债务问题削弱经济增长潜力，刺激经济政策措施的副作用日益凸显，新兴经济体面临的困难较多，加上贸易投资保护主义加剧，世界经济低增长、高风险态势不会明显改观。水产品贸易发展面临的制约因素错综复杂，形势仍不容乐观。具体表现在三个方面：一是外需不足的矛盾尚未根本缓解。在世界经济复苏态势疲软、风险持续高企的情况下，出口企业订单不足的问题依然突出，特别是短单、小单多，长单、大单少的局面还将持续。二是企业成本上升，尤其是用工成本上升。过去 3 年城镇职工平均工资上涨 33%，过去 2 年大部分地区每年上调最低工资标准 20% 以上，2012 年以来又有部分地区上调，企业“五险一金”支出也相应增加。目前，水产品出口企业对外普遍缺乏定价权，利润空间受到压缩，经营压力加大。三是整体贸易环境趋紧。近年来，欧美、东盟等地区对进口水产品检验检疫标准不断翻新，我国水产品由于价格低廉，在国际市场上往往扮演着“低端产品”的恶劣形象，遭遇的贸易摩擦和贸易壁垒也日益增多。美国商务部 2013 年 1 月 18 日宣布，对从中国等 7 个国家进口的冰冻温水虾发起反补贴调查，这是 2013 年美国对中国产品发起的第 1 项反补贴调查。目前美国已对我国的冰冻温水虾征收了反倾销税，受此影响，2011 年美国从中国进口的冰冻温水虾价值比 2010 年减少了 8.4%。

# 2012年饲料市场形势分析及展望

中国农业科学院农业信息研究所　张　峭　徐　磊

饲料工业是支撑现代畜牧水产养殖业发展的基础产业，是关系到城乡居民动物性食品供应的民生产业。2012年，面对资源约束越发严峻，通胀压力依然较大，欧债危机、原油价格波动等不确定性因素增多的世界复杂经济环境，中国饲料产业抓住国民经济实力快速增长、强农惠农政策体系不断完善、城乡居民收入水平稳步提高的战略机遇，克服养殖业效益滑坡、质量安全事件频发等不利因素的冲击，总体上实现了市场的平稳运行。

## 一、饲料原料价格走势及特点

### （一）豆粕价格大幅上涨

2012年，国内豆粕市场一改2011年以来的弱势行情，呈现大幅上涨的基本态势：市场平均价格达到3.90元/公斤，较2011年市场平均价格（3.58元/公斤）同比大幅上涨8.94%。具体而言，2012年国内豆粕市场价格走势大致可以分为以下3个阶段：①持续反弹阶段。1~6月，国内豆粕市场一向对国际豆粕市场价格极为敏感，上半年南美大豆减产预期十分强烈，同时北半球新季大豆种植面积存在下调的可能，从而奠定了国内豆粕反弹基调。②大幅飙升阶段。7~9月，受美国世纪大旱的持续影响，国际豆粕价格持续攀升并创出新高点，从而极大地提振了国内豆粕市场价格，加之国内饲料厂买涨不买跌的心理导致豆粕原料备货的步伐加快，国内豆粕市场价格在上述多重因素的共同推动下大幅上涨，截至9月，国内豆粕市场价格达到4.52元/公斤的历史新高，较年初大幅上涨31.72%。③高位下滑阶段。10~12月，由于缺乏支撑和推动美国大豆再创新高的条件和题材，加之美国新季大豆即将大量上市以及南美大豆播种面积预期增加，国际大豆市场价格疲态尽显，从而奠定国内豆粕下跌基调，加之双节效应的退去，终端消费低迷，国内豆粕市场价格在诸多利空因素的打压下迅速下跌，截至12月，市场平均价格下滑为4.18元/公斤，与9月的历史高位相比下跌了7.48%，但较1月的涨幅仍高达21.87%（见图71）。

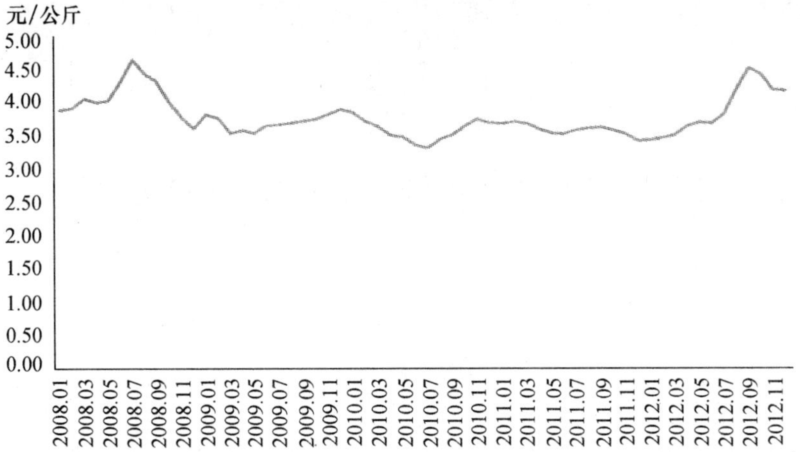


**图71　2008～2012年国内豆粕价格走势**

数据来源：农业部畜牧业司。

**（二）玉米价格高位上涨**

2012年，国内玉米市场总体上延续了2011年以来的强势行情，呈现高位上涨的基本态势：市场平均价格为2.45元/公斤，较2011年市场平均价格（2.29元/公斤）同比大幅上涨6.99%。具体而言，2012年国内玉米市场价格走势大致可以分为以下两个阶段：①持续上涨阶段。1～9月，尽管2012年我国玉米生产有望再获丰收，但在饲用玉米消费稳步增长、工业消费快速增长的背景下，国内玉米需求呈刚性增长的趋势，玉米供求趋紧的格局并未发生根本性变化；加之美国经历了56年来最严重的持续干旱，市场预期全球玉米供求重回"紧平衡"状态，从而引发国际玉米价格大幅攀升。上述多重利好因素对国内玉米价格上涨形成一定的推动，截至9月，国内玉米市场平均价格创下2.57元/公斤的历史新高，较年初上涨9.36%。②高位下跌阶段。10～12月，在全国玉米产量喜获丰收的大背景下，新季玉米持续增量上市，加之以酒精、淀粉为代表的玉米下游需求持续疲软，国内玉米供需偏紧的状况有所缓解，从而导致国内玉米平均价格出现阶段性小幅下滑，截至12月，市场平均价格为2.42元/公斤，虽然与1月相比仍上涨了2.77%，但较9月的历史高位其跌幅则达到了5.96%（见图72）。

**（三）鱼粉价格止跌反弹**

2012年，国内鱼粉市场价格总体上呈现止跌反弹的基本态势：进口鱼粉市场平均报价为10.97元/公斤，较2011年市场平均价格（10.96元/公斤）同

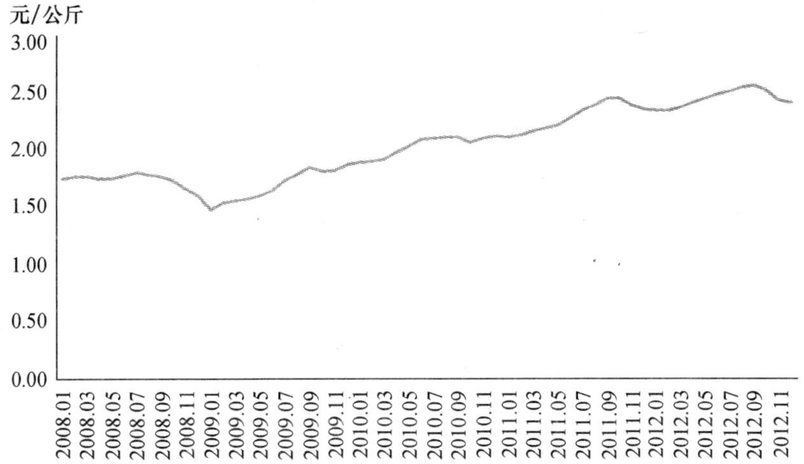


**图 72　2008 ~ 2012 年以来国内玉米价格走势**

数据来源：农业部畜牧业司。

比基本持平。具体而言，2012 年国内鱼粉市场价格走势大致可以分为以下两个阶段：①不断下滑阶段。1 ~ 3 月，南方持续阴冷的天气使得水产养殖启动较为缓慢，在一定程度上限制了鱼粉需求，加之港口鱼粉库存的增加，多重利空因素导致国内鱼粉价格下滑至 10. 57 元/公斤。②持续反弹阶段。4 ~ 9 月，外盘鱼粉价格快速上涨奠定国内鱼粉市场基调，加之从 4 月中下旬开始，海南、广东、浙江等沿海地区养殖户积极开展鱼虾投苗工作，提升鱼粉消费市场人气，多重利好因素推动国内鱼粉价格止跌反弹，截至 9 月，国内鱼粉市场平均价格反弹至 11. 30 元/公斤，较年初上涨 6. 00%；10 月，由于天气转冷，国内水产养殖逐步清淡，鱼粉需求下降，对国内鱼粉市场价格形成利空，从而导致国内鱼粉市场价格呈现小幅下跌的态势，进口鱼粉市场平均价格为 11. 23 元/公斤，环比下跌 0. 59%；进入四季度，伴随着气温的进一步降低，国内水产养殖十分冷清，鱼粉消费需求疲软，从而对国内鱼粉市场价格形成利空，不过从秘鲁捕季形势来看，秘鲁捕鱼进展缓慢，并且多次传来禁捕的消息，使得业内人士担忧后期捕鱼配额能否顺利完成，从而导致外盘鱼粉价格的强势运行并支撑国内市场，国内鱼粉市场价格在多空博弈中不降反升，截至 12 月，国内鱼粉市场平均价格达到 11. 73 元/公斤，较 1 月其涨幅高达 9. 99%（见图 73）。

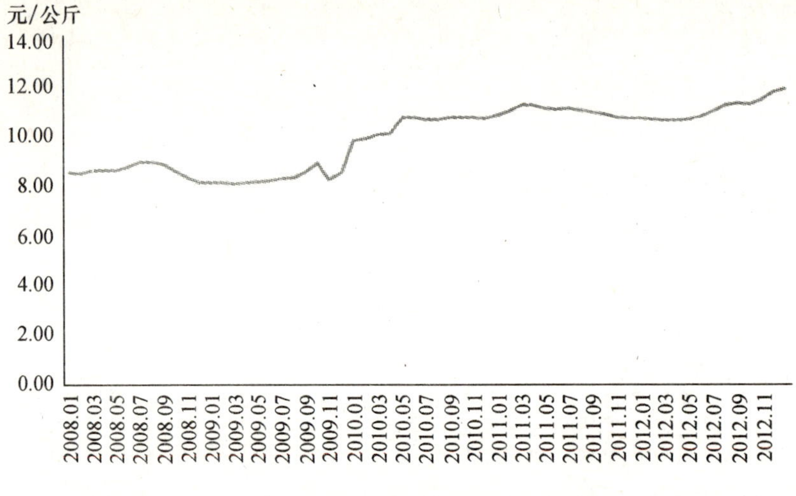


图 73　2008～2012 年国内鱼粉价格走势

数据来源：农业部畜牧业司。

## 二、饲料产品价格走势及特点

### （一）育肥猪配合饲料价格不断上涨

2012 年，国内育肥猪配合饲料市场仍在延续 2011 年以来的上升势头，市场平均价格为 3.15 元/公斤，较 2011 年市场平均价格（2.94 元/公斤）同比大幅上涨 7.14%。具体而言，2012 年国内育肥猪配合饲料市场价格走势大致可以分为以下两个阶段：①持续上涨阶段。1～9 月，国内生猪价格相对疲软，对上游饲料价格形成一定压力，但所幸得益于重要原料玉米和豆粕价格的强力支撑作用，国内育肥猪配合饲料市场在多空博弈中不降反升，截至 9 月，国内育肥猪配合饲料市场平均价格创下 3.29 元/公斤的历史新高，较年初上涨 8.58%。②趋稳下滑阶段。10～12 月，重要原料玉米、豆粕等价格的下跌对育肥猪配合饲料市场价格产生利空，加之双节效应的退去、猪肉价格的低迷也对育肥猪配合饲料市场价格有所拖累，在多重利空因素的作用下，国内育肥猪配合饲料市场价格最终未能延续 2012 年 3 月以来的持续上涨行情，呈现趋稳下滑的基本态势，截至 12 月，国内育肥猪配合饲料市场价格下滑至 3.24 元/公斤，与 9 月的历史高位相比下跌了 1.52%，但较 1 月的涨幅仍高达 6.93%（见图 74）。

### （二）肉鸡配合饲料价格稳步上扬

2012 年，国内肉鸡配合饲料市场基本上延续了 2011 年以来的上升势头，

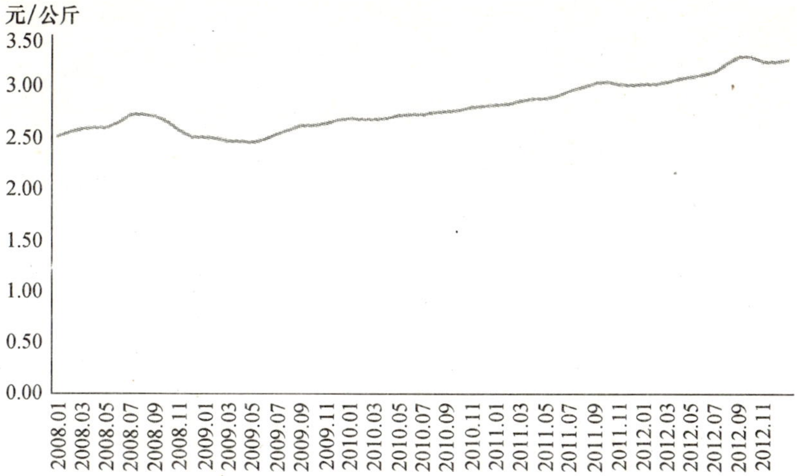


**图 74 2008～2012 年国内育肥猪配合饲料价格走势**

数据来源：农业部畜牧司。

国内市场平均价格为 3. 25 元/公斤，与 2011 年市场平均价格（3. 07 元/公斤）同比大幅上涨 5. 86%。具体而言，2012 年国内肉鸡配合饲料市场价格走势大致可以分为以下两个阶段：①持续上涨阶段。1～9 月，尽管活鸡、西装鸡等下游畜产品市场价格相对疲软，从而对上游饲料价格形成利空，但得益于重要原料玉米和豆粕价格的支撑作用，国内肉鸡配合饲料价格在多空博弈中稳步上扬。进入三季度，活鸡、西装鸡等下游畜产品市场价格相对疲软的状况有所改观，从而对上游饲料价格形成利好，加之重要原料玉米、豆粕等价格上涨的强力支撑，国内肉鸡配合饲料价格在多重利好因素的带动下继续上涨并再创历史新高，截至 9 月，国内肉鸡配合饲料市场平均价格达到 3. 38 元/公斤，较年初上涨 7. 30%。②小幅下跌阶段。10～12 月，重要原料玉米、豆粕等价格的下跌奠定肉鸡配合饲料价格下行基调，加之双节效应的退去，活鸡、西装鸡等下游畜产品市场价格相对疲软，国内肉鸡配合饲料价格在多重利空因素的作用下呈小幅下跌的态势，截至 12 月，国内肉鸡配合饲料市场价格下滑至 3. 34 元/公斤，与 9 月的历史高位相比下跌了 1. 18%，但较 1 月的涨幅仍高达 6. 03%（见图 75）。

**（三）蛋鸡配合饲料价格呈上行趋势**

2012 年，国内蛋鸡配合饲料市场基本上延续了 2011 年以来的上升势头，国内市场平均价格为 2. 99 元/公斤，与 2011 年市场平均价格（2. 81 元/公斤）同比上涨 6. 41%。具体而言，2012 年国内蛋鸡配合饲料市场价格走势大致可

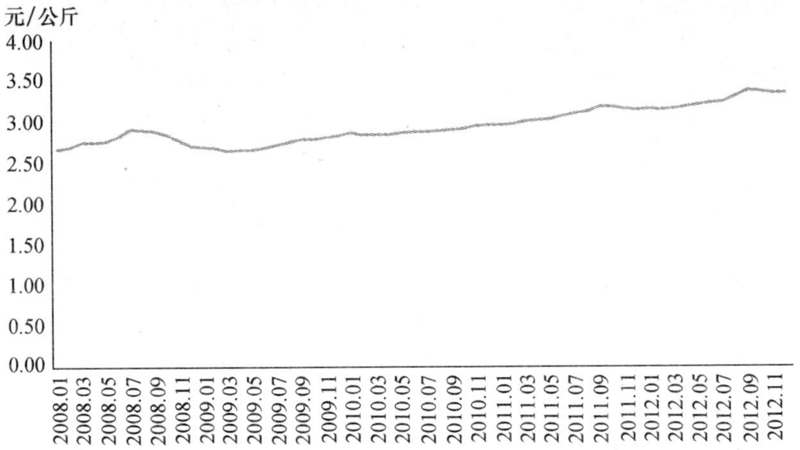


**图75 2008～2012年国内肉鸡配合饲料价格走势**

数据来源：农业部畜牧司。

以分为以下两个阶段：①持续上涨阶段。1～9月，国内鸡蛋价格长期处于低位运行状态，从而对上游饲料价格形成利空，但所幸得益于重要原料玉米和豆粕价格的支撑作用，多空博弈导致国内蛋鸡配合饲料价格不降反升，并屡创历史新高，进入三季度，鸡蛋市场价格相对疲软的状况已有明显改观，从而对上游饲料价格形成利好，加之重要原料玉米、豆粕等价格上涨的强力支撑，国内蛋鸡配合饲料价格在多重利好因素的带动下继续上涨并再创历史新高，截至9月，国内蛋鸡配合饲料市场平均价格达到3.11元/公斤，较年初上涨7.99%。②趋稳下跌阶段。10～12月，由于双节效应的退去，鸡蛋市场价格略显疲软，从而对上游饲料价格形成利空，加之重要原料玉米、豆粕等价格下跌的拖累，国内蛋鸡配合饲料价格在多重利空因素的作用下未能延续2012年3月以来的持续上涨行情，呈现趋稳下跌的基本态势，截至12月，国内蛋鸡配合饲料市场价格下滑至3.06元/公斤，与9月的历史高位相比下跌了1.29%，但较1月的涨幅仍高达6.25%（见图76）。

## 三、饲料市场变化和影响分析

2012年饲料市场的涨声一片，使得冲击效应、替代效应、进口效应和重组效应成为我国饲料行业的主基调。

### （一）冲击效应

冲击效应主要体现在对养殖户层面的影响上。2012年我国饲料及其原料价格持续上涨，而生猪、西装鸡等下游畜产品市场价格相对疲软，从而使得我

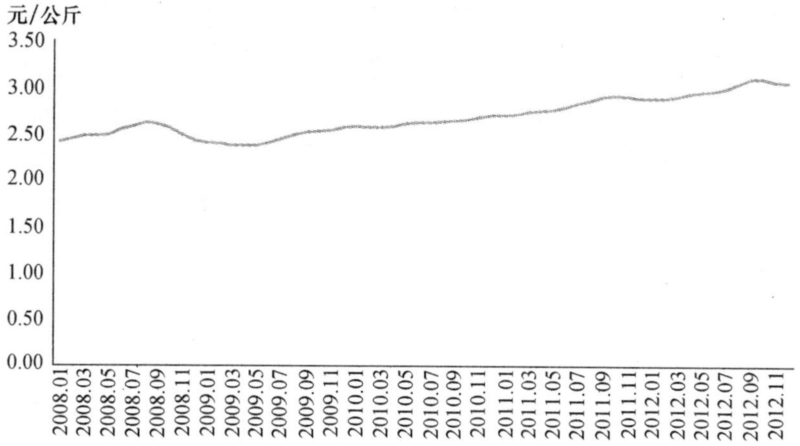


**图 76　2008～2012 年国内蛋鸡配合饲料价格走势**

数据来源：农业部畜牧司。

国猪粮比（生猪价格和玉米价格）和肉料比（生猪价格和猪饲料价格）总体上呈现不断下滑的走势。我国养殖业盈亏平衡点不断被抬高，受此影响，国内从事养殖业的企业利润均出现了不同程度的下滑，特别是从事养殖业的中小农户则基本处于亏损状态。在对北京市家禽养殖户的调查显示：饲料等市场价格的波动已成为仅次于疫病的主要风险。冲击效应成为 2012 年中国饲料市场的突出问题。

**（二）替代效应**

玉米和小麦都可以作为饲料，消费替代关系明显。一般而言，玉米和小麦的消费比价在 1∶1.1 左右较为合理，倘若玉米价格持续上涨，两者之间的比价关系逐渐偏离合理区间，甚至出现价格倒挂，则会导致消费替代现象明显增加。2012 年国内玉米市场需求保持旺盛，价格持续上涨并屡创历史新高，玉米和小麦的价格倒挂甚至达到 200 元/吨，从而导致国内饲料企业的小麦替代比例一直处于较高水平。据估计，2012 年小麦饲料消费达到 2300 万吨，较上年增长 70% 以上（1350 万吨），小麦消费中用作饲料的比例已从 2011 年的 12.2% 迅速提高至 2012 年的 18.8%，饲料企业小麦消费成为支撑 2012 年小麦价格的突出亮点。

**（三）进口效应**

2012 年国际玉米价格总体呈大幅攀升态势，加上海运费、关税、港杂费等费用，国外玉米到达我国港口的完税价仍要远低于国内玉米价格，全年国外玉米到达港完税价平均为 1883 元/吨，比国内玉米市场平均价要低 570 元/吨。

由于国际玉米市场存在价格“洼地”，在国内玉米饲料和深加工消费的推动下，2012 年我国玉米进口量高达到 520.8 万吨，同比激增 197.0%；与此同时，由于玉米和小麦价格倒挂，间接刺激小麦进口 370.1 万吨，同比大幅增加 194.2%。进口效应成为 2012 年中国饲料市场的显著特点。

### （四）重组效应

2012 年，伴随着饲料价格的上涨，散养户逐步退出，规模养殖户增加，饲料行业联合、重组、兼并步伐加快，生产经营方式转变呈现新格局。年产 50 万吨以上的饲料企业或企业集团约 30 家，饲料产量占全国总产量的 50% 左右，中国饲料产业的产业集中度明显提高。重组效应成为 2012 年中国饲料市场的主旋律。

## 四、饲料市场后期展望

### （一）饲料原料价格保持高位运行

饲料原料价格后市运行状况取决于供给层面（主产区是否遭受重大自然灾害）、宏观层面（货币投放量、通货膨胀预期）、国际层面（全球粮食价格上涨的传导效应）以及预期等诸多因素的作用，但就总体而言预计继续保持高位运行的可能性较大。①就豆粕价格走势而言，预计将高位盘整上行的基本态势。基于 Holt – Winters 无季节模型、ARIMA、灰色 GM（1，1）的组合预测模型预测显示：2013 年国内豆粕市场平均价格为 4.18 元/公斤，较 2012 年上涨 10.42%；年度高位出现在 9 月（4.34 元/公斤）。②就玉米价格走势而言，预计将呈振荡小幅上行的基本态势。基于 Holt – Winters 无季节模型、ARIMA、灰色 GM（1，1）的组合预测模型预测显示：2013 年国内玉米市场平均价格将达到 2.52 元/公斤，较 2012 年上涨 2.93%；年度高位出现在 9 月（2.61 元/公斤）。③就鱼粉价格走势而言，预计将稳步上行。基于 Holt – Winters 无季节模型、ARIMA、灰色 GM（1，1）的组合预测模型预测显示：2013 年国内鱼粉市场平均价格为 12.11 元/公斤，较 2012 年上涨 8.05%；年度高位出现在 9 月（12.32 元/公斤）（见表 30）。

### （二）饲料产品价格保持持续上行

饲料产品价格运行状况主要取决于成本和消费层面的因素，受饲料原料价格的支撑作用，特别是国内畜禽养殖效益逐步好转的影响，预计继续保持持续上涨的可能性较大。①就育肥猪配合饲料价格走势而言，预计将呈持续上扬的基本态势。基于 Holt – Winters 无季节模型、ARIMA、灰色 GM（1，1）的组合预测模型预测显示：2013 年国内育肥猪配合饲料市场平均价格为 3.33 元/公斤，

表 30 2013 年中国饲料市场价格模型预测结果

| 品种 | 1月 | 2月 | 3月 | 4月 | 5月 | 6月 | 7月 | 8月 | 9月 | 10月 | 11月 | 12月 |
|---|---|---|---|---|---|---|---|---|---|---|---|---|
| 豆粕 | 4.22 | 4.12 | 4.09 | 4.07 | 4.06 | 4.11 | 4.21 | 4.28 | 4.34 | 4.28 | 4.22 | 4.16 |
| 玉米 | 2.44 | 2.46 | 2.47 | 2.49 | 2.51 | 2.54 | 2.57 | 2.59 | 2.61 | 2.56 | 2.52 | 2.50 |
| 鱼粉 | 11.84 | 11.87 | 11.96 | 11.98 | 12.10 | 12.16 | 12.23 | 12.27 | 12.32 | 12.30 | 12.13 | 12.20 |
| 猪饲料 | 3.26 | 3.27 | 3.28 | 3.29 | 3.31 | 3.32 | 3.33 | 3.34 | 3.36 | 3.37 | 3.38 | 3.39 |
| 肉鸡饲料 | 3.35 | 3.33 | 3.34 | 3.36 | 3.37 | 3.40 | 3.44 | 3.46 | 3.50 | 3.49 | 3.47 | 3.46 |
| 蛋鸡饲料 | 3.08 | 3.09 | 3.10 | 3.11 | 3.13 | 3.14 | 3.15 | 3.16 | 3.17 | 3.18 | 3.19 | 3.20 |

数据来源：模型运算结果。

较 2012 年上涨 5.56%；年度高位出现在 12 月（3.39 元/公斤）。②就肉鸡配合饲料价格走势而言，预计将呈持续上行的基本态势。基于 Holt - Winters 无季节模型、ARIMA、灰色 GM（1，1）的组合预测模型预测显示：2013 年国内肉鸡配合饲料市场平均价格为 3.41 元/公斤，较 2012 年上涨 5.05%；年度高位出现在 9 月（3.50 元/公斤）。③就蛋鸡配合饲料价格走势而言，预计将呈持续上涨的基本态势。基于 Holt - Winters 无季节模型、ARIMA、灰色 GM（1，1）的组合预测模型预测显示：2013 年国内蛋鸡配合饲料市场平均价格为 3.14 元/公斤，较 2012 年上涨 5.07%；年度高位出现在 12 月（3.20 元/公斤）（见表 30）。

## 五、政策建议

饲料产业一端连着种植业，一端系着畜牧业，是一个在生产上“多不得、少不得、不多不少很难得”，在市场上“涨不得、跌不得、不涨不跌更难得”的重要农产品。展望 2013 年，适应农业进入高投入、高成本、高风险发展时期的客观要求，努力确保和实现中国饲料市场的平稳运行需要进一步加大政策扶持力度和强化信息服务能力。

### （一）加大政策扶持力度

继续执行饲料产品免征增值税等税收扶持政策。把养殖场散料储运设施设备纳入农机购置补贴范围，推广“厂场对接”低成本产销模式。充分发挥公共财政资金引导作用，支持优质饲料原料、新型饲料添加剂生产基地建设，大力推进秸秆养畜。坚持玉米优先满足饲料工业需要，严格控制以玉米为原料的酒精、淀粉等深加工业发展。加强信贷扶持和金融服务，积极引导社会资本投资饲料工业，支持饲料生产企业兼并重组和推进产业化经营。

### （二）强化信息服务能力

要重点解决饲料市场信息服务中存在的“看不到、听不懂、用不上”问题，发挥信息引导作用，防止价格暴涨暴跌和生产大起大落，着力建立和完善省、市、县饲料市场监测预警体系。在监测内容上实现生产、流通、价格和成本收益的全覆盖；在价格体系上实现生产者价格、批发价格和零售价格的全覆盖；在数据来源上实现农业生产者、经销商和批发市场的全覆盖；在信息研判上实现农业行政管理机构与专家研究机构的全覆盖；在信息发布上实现网络、短信、语音、电视、广播等多种媒体的全覆盖。不断增强基层面向农户的信息服务能力，提高饲料市场信息服务的科学性、时效性和针对性。

# 2012 年农资市场形势分析及展望

农业部农村经济研究中心　龙文军　姜　楠　苏　祯

2012 年，我国化肥产量持续增长，供给总体充足，市场运行比较平稳，为全年粮食丰收奠定了良好基础。农用柴油价格明显上涨，在一定程度上提高了农业生产成本。7 月以后，化肥等农资产品价格有所下跌，有效保证了秋冬季农业生产的顺利开展。后期受全球经济增长乏力、国际市场价格低迷、竞争不断增强等因素影响，我国化肥出口量将呈减少趋势，加上 2012 年新增产能，国内货源比较充足，预计 2013 年化肥价格仍将下行，但由于原材料、运输等成本支撑，价格跌幅不会太大。建议进一步提高农资综合补贴金额，控制生产成本，加强农资市场监管。

## 一、2012 年农资[①]市场运行特点

2012 年我国化肥产量继续保持增长态势。据中国资讯网统计，2012 年我国化肥总产量达到 7612.1 万吨，同比增长 20.34%；其中，氮肥、磷肥、钾肥产量分别为 5040.54 万吨（折纯）、2048.13 万吨、521.7 万吨，同比分别增长 15.93%、31.30%、24.51%。总体来看，化肥货源充足，市场供大于求，产能过剩明显。

### （一）国内市场走势平稳

1. 尿素产品

2012 年国内尿素价格前期上涨，后期下跌。农业部监测数据显示，全年国产尿素平均市场价格为 2420 元/吨，同比上涨 6.71%。上半年，受原材料价格不断攀升、国际尿素价格大幅上涨等多重因素影响，国内尿素价格持续上涨，6 月平均市场价格达到 2530 元/吨。高利润给企业带来生产积极性，新疆、内蒙古、宁夏、青海等地新装置相继投产，随着产能的逐步释放，从 7 月开始尿素价格持续回落，12 月价格跌至 2359 元/吨，环比下跌 0.08%，比

① 本研究中的农资产品包括尿素等主要化肥品种和农用柴油。

6月下跌6.77%。受出口减少、产能过剩等因素影响，预计后期国内尿素价格仍将小幅下跌。

2. 磷酸二铵

2012年国内磷酸二铵价格稳中略涨。从全国均价看，1～12月国产磷酸二铵平均市场价格为3567元/吨，同比上涨2.96%；其中7月价格达到本年度最高的3612元/吨，8月以后持续下跌，12月跌至3539元/吨。从供应方面看，2012年我国磷酸二铵产量明显增长，达到1570.8万吨，同比增长19.2%，产能过剩的局面依然没有改变，预计后期二铵市场价格仍将小幅下滑。

3. 氯化钾

2012年国内氯化钾价格稳中略涨。1～12月国内氯化钾平均市场价格为3463元/吨，同比上涨2.14%；其中8月价格达到本年度最高的3502元/吨，之后持续下跌。2012年上半年，我国国产钾肥实物量为430万吨左右，进口钾肥实物量为371万吨，加上2011年200万吨以上的市场库存，按照往年我国钾肥平均消费量1100万吨计算，上半年我国钾肥总供应量就已接近全年钾肥总消费量。在国内产能过剩的大背景下，后期钾肥市场将以稳为主。

4. 复合肥

2012年国内复合肥价格前期稳中略涨，后期有所下跌。1～12月国内复合肥平均市场价格为3169元/吨，同比上涨7.56%；其中5月价格达到本年度最高的3206元/吨，之后持续下跌，12月跌至3146元/吨。受原料价格持续下跌影响，预计短期复合肥价格仍将小幅下跌。

5. 农用柴油

根据农业部监测数据，2012年国内农用柴油平均价格为8826.4元/吨，同比上涨3.26%。随着我国农业机械需求增长迅速，农业用油显著增长，2012年上半年农用柴油价格持续处于高位，4月涨至9345.2元/吨的历史高位，5月和7月国家发展改革委两次发布关于降低国内成品油价格的通知，柴油供应价格每吨分别降低220元和400元，5月之后农用柴油价格持续下跌。受国际原油价格不断走高影响，柴油采购和加工成本明显提高，8月开始农用柴油价格有所反弹，9月大幅回调至8952.4元/吨，同比上涨2.45%，环比上涨6.21%，10月继续涨至8988.1元/吨，11～12月略有下跌。后期随着春耕逐步展开，农业用油将有所增加，预计国内农用柴油价格仍将小幅上涨。

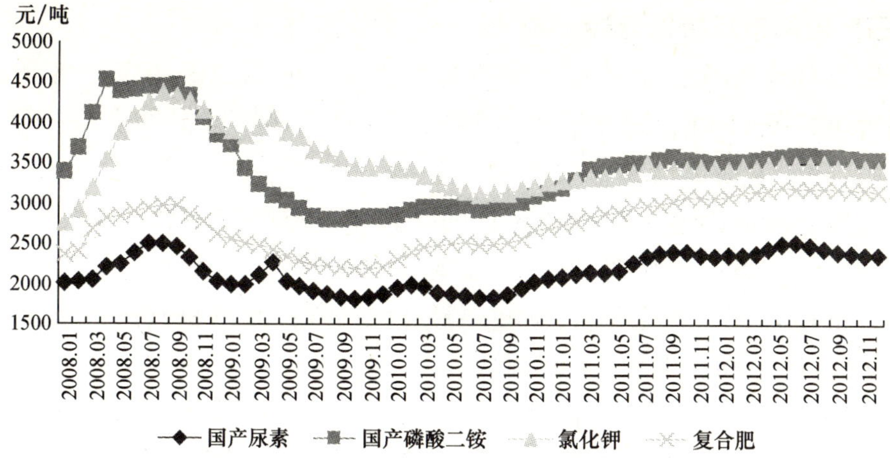


**图 77　2008～2012 年国内化肥市场价格走势**

数据来源：农业部监测数据。

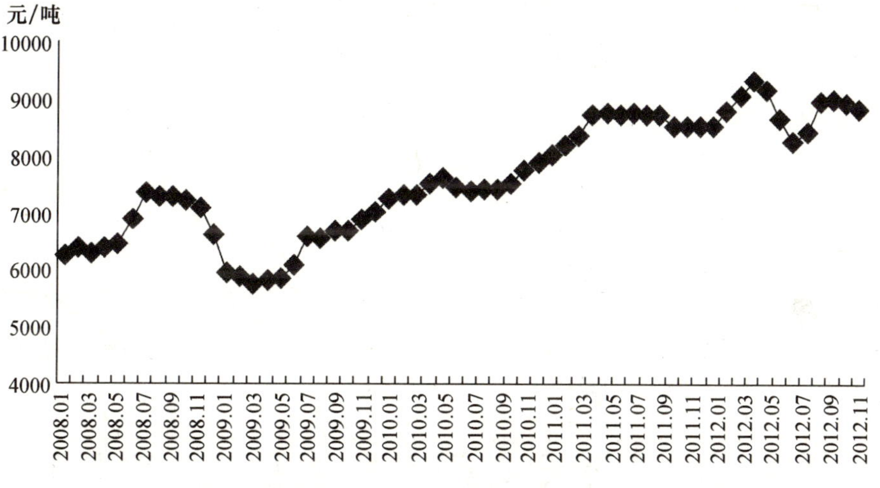


**图 78　2008～2012 年国内农用柴油市场价格走势**

数据来源：农业部监测数据。

### （二）化肥进口增加出口减少

2012 年，我国累计进口化肥 839.59 万吨，同比增长 6.40%；其中尿素、磷酸二铵、氯化钾、复合肥分别进口 16.36 万吨、15.98 万吨、634.21 万吨、131.86 万吨，同比分别增长 79 倍、71.43%、-0.93%、29.51%。2012 年累计出口化肥 1764.92 万吨，同比下降 5.30%；其中尿素、磷酸二铵、氯化钾、复合肥分别出口 355.88 万吨、393.40 万吨、29.64 万吨、4.30 万吨，同比分别增长 89.33%、-2.08%、6.67 倍、80.86%。这表明国家近几年的化肥出口关税调控政策发挥了积极的作用。

### （三）国际市场持续低迷

2012 年国际尿素价格小幅下跌。其中，波罗的海地区小颗粒散装离岸平均价格为 405 美元/吨，同比下跌 2.33%；尤日内小颗粒散装离岸价格为 412 美元/吨，同比下跌 2.56%。

全球磷肥市场仍处于疲软状态，国际磷肥价格持续下跌。2012 年美国海湾地区磷酸二铵离岸价格为 537 美元/吨，同比下跌 13.43%；波罗的海磷酸二铵离岸价格为 558 美元/吨，同比下跌 11.72%；摩洛哥磷酸二铵离岸价格为 566 美元/吨，同比下跌 13.68%。

国际氯化钾价格略有下跌。2012 年约旦氯化钾离岸价为 426 美元/吨，同比下跌 3.42%；以色列氯化钾离岸价为 431 美元/吨，同比下跌 2.08%；西北欧地区氯化钾离岸价为 426 美元/吨，同比下跌 3.09%。

国际复合肥价格保持稳定，但较 2011 年同期有所上涨。2012 年独联体 48%含量离岸价格为 452 美元/吨，同比上涨 0.35%；东南亚 48%含量到岸价格为 508 美元/吨，同比上涨 4.05%。

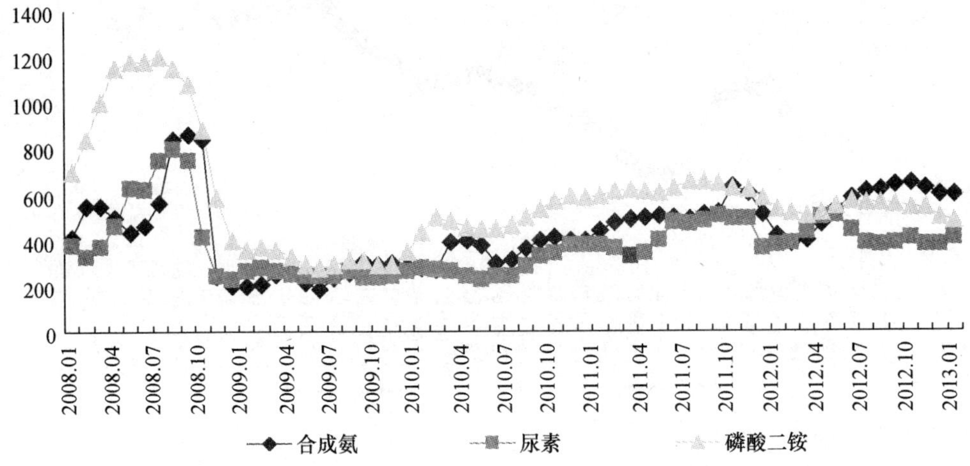


**图 79　2008～2013 年国际化肥市场价格走势**

注：以上价格分别为合成氨尤日内离岸价（美元/吨）、尿素尤日内离岸价（美元/吨）、磷酸二铵美国离岸价（美元/吨）。

数据来源：中国资讯网。

## 二、国家相关政策对农资市场的影响

2012 年，国家继续加大农业生产资料综合补贴力度，针对 2011 年农资价格波动的情况，及时出台了化肥进出口调节政策，同时进一步完善化肥淡储政策，推广测土配方施肥。这些政策的实施，对于保持农资市场稳定，维护国家粮食安全，促进国民经济持续健康发展起到了重要作用。

1. 农资综合直补政策

2012 年中央进一步完善农资综合补贴动态调整制度，根据化肥、柴油等农资价格变动，遵循“价补统筹、动态调整、只增不减”的原则，2012 年农业“四补贴”资金规模达到 1653 亿元，比 2011 年增加 247 亿元，其中农资综合补贴资金 1078 亿元，比 2011 年增加 218 亿元。自 2006 年我国农资综合补贴政策实施以来，补贴力度逐年加大，从 2006 年的 120 亿元增长为 2012 年的 1078 亿元，增加了 958 亿元，并且农资补贴在四补贴中的比重从 38.71% 增长为 65.21%。农资综合补贴资金的增加，对减轻因柴油、化肥等农资价格上涨对农民种粮收益的影响，确保我国粮食增产起到了十分重要的作用。

**表 31　我国农业四补贴资金规模及农资补贴比例**　单位：亿元

| 年份 | 四补贴合计 | 农资补贴 | 农资占四补贴的比例（%） |
|---|---|---|---|
| 2012 | 1653 | 1078 | 65.21 |
| 2011 | 1406 | 860 | 61.17 |
| 2010 | 1345 | 835 | 62.08 |
| 2009 | 1275 | 756 | 59.29 |
| 2008 | 1030 | 716 | 69.51 |
| 2007 | 514 | 276 | 53.70 |
| 2006 | 310 | 120 | 38.71 |

2. 化肥进出口调节政策

2012 年，国家针对氮磷二元复合肥、氯化铵、重钙及 10 公斤以下小包装产品征收淡旺季关税。氯化铵关税与尿素淡旺季时间相同，其他三种跟磷肥淡旺季时间相同，出口小品种跟大化肥品种出口时间一致。从某种意义上讲，出口之路基本被堵死。以小包装为例，成本比大包装高 60 元/吨左右，相同的关税情况下，小包装很难有大量出口。

2012 年的关税政策明确了尿素和磷铵的基准价不含税，这相当于变相调高了尿素和磷铵的出口基准价格，有利于这两种产品的出口。但磷矿石的出口配额减少 30 万吨，可以看出，国家有意保护不可再生资源，减少出口；同时，硫磺的进口关税有所下调。

2012 年的关税调整基本可以概述为：小品种出口收紧，大品种基价微调，进口硫磺降税。调整的目的应该是保证国内化肥价格在正常的水平，防止出口带动国内化肥价格的大幅上涨，达到控通胀稳物价的目的。

**表 32　2012 年化肥进出口政策调整**

| 项目 | 2011 年 | 2012 年 |
|---|---|---|
| | 出　口 | |
| 磷矿石 | 35%（出口配额 150 万吨） | 35%（出口配额 120 万吨） |
| 肥料用氯化铵 | 0 | 7～10 月：7%<br>1～6 月、11～12 月：82% |
| 肥料用硝酸钾、硝酸铵钙；氰氨化钙；尿素硝铵液 | 7% | |
| 尿素 | 旺季（1～6 月，11、12 月）：110%；淡季（7～10 月）：当出口价格不高于基准价格时，7%；当出口价格高于基准价格时，税率 =（1.07－基准价格/出口价格）×100%（基准价格按 2100 元/吨计算） | |
| 其他未列名氮肥 | 7% | 7～10 月：7%<br>1～6 月、11～12 月：82% |
| 硫酸铵 | 0% | |
| 普钙 | 7% | 7% |
| 重钙；其他化学肥料 | 7% | 6～9 月：7%<br>1～5 月、10～12 月：82% |
| 磷酸一铵 | 旺季（1～5 月，10～12 月）：110%，淡季（6～9 月）：当出口价格不高于基准价格时，7%；当出口价格高于基准价格时，税率 =（1.07－基准价格/出口价格）×100%（基准价格按 2900 元/吨计算） | |
| 磷酸二铵 | 旺季（1～5 月，10～12 月）：110%，淡季（6～9 月）：当出口价格不高于基准价格时，7%；当出口价格高于基准价格时，税率 =（1.07－基准价格/出口价格）×100%（基准价格按 3400 元/吨计算） | |
| 氯化钾；硫酸钾等钾肥 | 105% | |
| 磷钾二元肥 | 7% | |
| 氮磷二元肥 | 7% | 6～9 月：7%<br>1～5 月、10～12 月：82% |

续表

| 项目 | 2011年 | 2012年 |
|---|---|---|
| 三元复合肥 | 1~9月：110% 10~12月：95% | |
| 制成片状及类似形状或每包毛重不超过10公斤的31章各货品 | 7% | 6~9月：7%<br>1~5月、10~12月：82% |
| 出口价格计算 | 出口价格包括货物的货价、货物运至中华人民共和国境内输出地点装载前的运输及其相关费用、保险费 | 出口价格包括货物的货价、货物运至中华人民共和国境内输出地点装载前的运输及其相关费用、保险费，但是其中包含的出口关税税额，应当予以扣除 |
| 进　口 | | |
| 硫磺 | 3% | 1% |
| 磷矿石 | 0% | |
| 其他肥料 | 1% | |
| 实行进口关税配额管理的尿素、二铵和三元复合肥 | 配额内：1% 配额外：50% | |

数据来源：作者根据关税政策整理。

3. 化肥淡储政策

化肥产品旺季时间短，淡季时间长，淡储制度的落实有效缓解了化肥供需淡旺季的矛盾，培养了一批稳定成熟的经营企业，支持了化肥生产企业健康发展，为我国粮食安全提供了有力保障。从2004年淡储政策实施以来，化肥淡储规模不断扩大，从最初的600万吨增加到2012年的1530万吨，承储企业也从最初的20余家扩展到90余家。近期淡储开展顺利，库存量有所增加，为春耕用肥提供了有力支撑。

4. 推广测土配方施肥技术

从2005年开始，我国全面推广应用测土配方施肥技术，通过测土了解和掌握土壤供肥性能、土壤肥力的变化状况，合理配置肥料资源，提高肥料利用率，促进农民节本增效。中央和地方财政给予补贴，免费为农民提供测土配方施肥的技术服务。测土配方施肥实施7年来，中央财政累计投入资金57亿元，项目县（场、单位）达到2498个，基本覆盖所有农业县（场），实现了从无到有、由小到大、由试点到“全覆盖”的历史性跨越。2012年，中央财政投入资金7亿元，测土配方施肥技术推广面积达12亿亩以上，惠及全国2/3的农户。据对农户抽样调查，应用测土配方施肥技术的田块，小麦、水稻、玉米亩均增产3.7%、3.8%、5.9%，增收30元以上；蔬菜、果树等作物亩均增收达100元以上。截至2011年，通过实施测土配方施肥，全国累计减少不合理施肥700多万吨，据专家推算，相当于节约燃煤1820万吨，减少二氧化碳排放4730万吨。从2012年开始，测土配方施肥的重心转移到配方肥的推广应用，努力改进粗放施肥方式。

综合来看，国家出台的这些政策对稳定国内农资价格、维护农民利益、调动农民生产积极性和促进粮食生产起到了积极作用。

## 三、目前存在的主要问题

### （一）企业生产成本持续增加

2012年以来，氮肥和磷肥主要原料价格均有上涨，加上运费、电费、人工费等上升，企业生存压力越来越大。2012年，氮肥企业用气成本同比增长5%，平均电价同比上涨15.8%，每千公里运费增加6.6元/吨。磷肥重点企业磷矿石到厂价格同比增长20%，合成氨到厂价格同比增长8%，磷酸二铵原材料成本同比增加250元/吨。

### （二）化肥企业经济效益持续下滑

根据氮肥和磷肥协会统计，氮肥企业和磷复肥企业经济效益持续下滑。上半年亏损的氮肥企业有117个，亏损面高达31.5%；销售利润率只有5.3%，资产利润率只有1.9%。亏损的磷复肥企业153家，同比增长17.7%；亏损额3.5亿元，同比增长45.5%；磷肥行业销售利润率和资产利润率分别为3.0%和1.7%，复混肥行业销售利润率和资产利润率分别为4.2%和3.5%，均低于石化行业平均水平。骨干磷铵、复肥企业利润均出现下滑，尤其是磷铵企业利润大幅下滑，利润平均下降了77%。

### （三）规模以上化肥企业风险加大

受全球经济环境和下半年大宗商品下行预期影响，化肥市场呈下跌走势，基层经销商为规避市场风险，库存量减少，以快进快销、随卖随进为主，很多为“零库存”。化肥供应“蓄水池”的责任和压力更多地集聚在规模较大的化肥企业上，大企业面临的风险加大。保定利民农资市场反映，现在市场上的库存量比往年下降30%左右，主要原因是市场无起落，经销商持观望的心态。

### （四）肥料市场质量问题日益严重

近几年，假劣农资又有明显的抬头之势，部分生产企业在产品的有效成分含量上大做文章，含量不足比较普遍，以次充好，以假乱真。相关打假部门的执法力度明显减弱，化肥产品标签不规范，虚标养分、偷减养分含量等行为较为普遍，严重侵害经营企业和农民群众的合法权益。

## 四、后市展望和政策建议

### （一）后市展望

虽然生产成本、流通运输费用增加等因素支撑化肥后市价格，但由于化肥产能增加，市场供应保障程度高于上年。据估算，2013 年春耕期间，国内市场尿素供应量将达到 2600 万吨，其中 2012 年底结转约 1100 万吨、一季度产量 1500 万吨；磷酸二铵供应量将达到 750 万吨，其中 2012 年底结转约 400 万吨、一季度产量 350 万吨。预计春耕期间尿素需求量约 1900 万吨，磷酸二铵需求量约 550 万吨，可满足用肥需求。另外，淡储开展顺利，备肥较为充足。截至 2012 年 12 月末，淡储企业累计调入量同比增长 5%，库存量超过 1800 万吨，同比增长 3.3%。总体上看，春耕用肥供应总体上是有保障的。但受原材料价格上涨以及北方雾霾天气及春运造成的运输紧张等因素影响，局部地区、部分品种价格有可能出现波动。

### （二）政策建议

1. 严格控制化肥企业生产成本

加大资源整合、兼并重组力度，通过宏观调控，不断淘汰落后产能，限制盲目重复建设行为，逐步使资源需求回到正常增长的轨道上来。鼓励化肥企业或扩大自身规模，或参股上、下游企业，只有向上游资源延伸，才能从根本上突破目前的成本困局。对采取节能技术的化肥企业给予适当的财政补贴，鼓励企业进行流程改造、技术更新和产业升级，使生产管理过程的标准化、专业化和简单化，促进企业提高资源的使用效率，增强企业的核心竞争力。铁路部门要确保化肥运输车皮的供应，对农用化肥，不分企业的所有制性质，一律执行运价优惠政策，切实降低化肥运输费用，严肃查处各种乱收费、乱加价的行为，严厉打击以车谋私的违法行为。

2. 加大农资市场监管力度

要及时监测国内外农资市场动态、原材料价格动向，特别是煤、天然气等价格的波动，整体物价指数等，严厉打击恶意炒作行为。在关注化肥价格上涨的同时，一定要高度关注市场可能出现假劣农资的现象。规范农资市场经营行为，围绕肥料、农药等大宗农资商品质量，农业、质监、工商、供销等相关部门要联合行动，强化市场专项整治行动，构筑一道阻断假劣农资流入市场的坚实“防火墙”，严厉打击制售假冒伪劣农资的农害农行为，切实维护广大农民的合法权益。

3. 认真执行年度化肥淡储政策

化肥淡储在平抑市场价格、保障农民利益等方面起到了不可忽视的作用。化肥承储企业应在认真完成淡储任务的同时，从淡储化肥协议、购进、付款、运输、入库等每一个环节入手，加强自律、自查，做到账账相符、账表相符、账实相符，切实做好化肥淡季商业储备工作。有关部门要加强监督，建立退出机制，对不认真执行淡储任务的企业，按照《化肥淡季商业储备管理办法》和《化肥淡季商业储备管理办法补充规定》和化肥淡储承储协议书的要求进行处理。

# 2012年农产品贸易形势分析及展望

农业部农业贸易促进中心 马建蕾 韩一军 张 姝

在世界经济低迷、全球主要农产品供给阶段性宽松，国内需求不断增长以及政策调控等因素的综合作用下，2012年我国粮棉油糖等大宗农产品进口量激增，全面净进口态势增强，农产品进口额继续快速增长；果蔬、水产等优势农产品出口增长乏力，农产品出口额增速大幅回落；贸易逆差进一步急剧扩大。综合考虑宏观经济走势、农产品供求状况、价格竞争力等因素，预计未来粮棉油糖等大宗农产品全面净进口格局仍将持续，但进口激增态势将得到缓解；农产品出口形势将有所好转，但难以回到以往两位数的增速。农产品贸易"进易出难"的新局面要求我们加强农业贸易政策创设，切实采取有效政策措施，更加有力地调控进口、促进出口。

## 一、我国农产品贸易总体变化特征

总的来看，2012年我国农产品贸易主要呈现如下特点：

第一，出口增长乏力，增速大幅回落。果蔬、水产等优势产品出口增长乏力，部分产品出现明显下滑。尽管水果出口量与上年持平略增、出口额同比增幅超过10%，但水产品出口量小幅下滑，出口额同比增速不足7%，属于入世以来的较低水平，蔬菜出口更是一改入世以来的快速增长趋势，出现了量额齐跌，出口量下滑近4%，出口额下跌近15%。综合来看，全年实现农产品出口额633亿美元，比上年有所增加，但同比增速仅为4.2%，远低于过去10年14.2%的平均水平。

第二，进口继续快速增长，贸易总额和逆差再创新高。与出口增长放缓形成鲜明对比的是，2012年农产品进口仍保持了快速增长态势，进口额超出1100亿美元，同比增长18.6%。在进口的强劲拉动下，尽管出口同比增速不足5%，全年农产品贸易总额仍实现了两位数的增速，同比增长12.9%，达到1757.7亿美元，迈上1700亿美元的新台阶。由于进口增速高于出口增速近15个百分点，农产品贸易逆差在上年基础上进一步大幅扩大，全年贸易逆差为

491.9 亿美元，同比扩大 44.2%。

第三，粮棉油糖等大宗农产品进口量激增，全面净进口态势进一步增强。棉花、大豆、食用植物油、食糖等传统净进口产品的进口量继续大幅增长，均创历史新高。特别是，继 2011 年玉米、小麦、大米三大谷物产品出现全面净进口之后，2012 年谷物进口量再次大幅增长，净进口态势进一步增强。小麦、玉米、大米进口量分别增加 1.9 倍、2 倍和 3 倍；净进口量方面的增长更为明显，分别同比增加 2.7 倍、2.1 倍和 24.5 倍。综合来看，2012 年粮棉油糖等主要大宗农产品均呈净进口，且净进口态势进一步趋强。

## 二、主要农产品贸易形势变化及原因分析

分产品来看，主要产品进出口贸易变化、原因以及对国内的影响情况如下：

谷物：国内外价差导致进口激增，但进口占国内产量的比重仍很低，对国内市场的影响有限。受年初全球谷物预期增产以及供求紧张形势有所好转的影响，上半年国际市场谷物价格高位回落，而国内谷物价格受需求拉动、成本推动以及价格政策等因素影响稳中趋升，进口谷物具有明显的价格优势。特别是大米，3 月之后低端越南大米到岸税后价比国产大米（晚籼米，标一）批发价低 700～1100 元/吨，刺激了进口。虽然受主产国严重干旱影响国际小麦、玉米价格快速上涨，国内外价差缩小，进口增速放缓，但由于前期进口和签约量较大，全年进口量仍较高。小麦、玉米、大米进口量分别达到 370 万吨、521 万吨和 237 万吨。若加上 238 万吨的干玉米酒糟（DDGS），玉米相关产品的进口量将近 760 万吨，已超出 720 万吨的关税配额量。总体来看，小麦、玉米、大米进口量占国内产量的比重均未超过 3%，进口对国内谷物供需总量平衡格局和价格的影响不大。但部分大米加工和贸易商在国产米中掺兑低端进口米销售的行为既损害了消费者利益，也对未能获取进口米的企业形成了不公平竞争。

棉花：国际棉价振荡下行而国内棉价较为稳定，巨额价差刺激了进口，进口量创历史新高。2011/12 年度全球棉花供大于求，国际棉价持续下跌。相比之下，国内棉价在临时收储政策的支撑下基本保持稳定，国际棉价显著低于国内，存在着 1000～4500 元/吨的巨大价差。由于价差过大，企业使用进口棉花的动力强劲，不仅 1% 关税配额和滑准税配额成为争夺的对象，一些企业甚至以 40% 的配额外关税进口。全年棉花进口量为 541.3 万吨，同比增长 51.8%，创历史新高，进口量已接近当年国内产量的 80%。大量低价进口棉

挤占了国产棉的需求空间，一方面导致上年度收储的棉花抛售不畅；另一方面也导致新年度棉花因缺乏市场需求而大量进入收储，国家收储的数百万吨棉花积压在库，既产生了巨额的仓储费用，也给棉价带来沉重的下行压力。

油菜籽和食用油：受需求、价格、预期等因素的影响，油菜籽和食用植物油进口恢复快速增长势头，大豆进口量超出 5800 万吨，再创历史新高。2012 年上半年，国际大豆价格处于相对低位，进口大豆价格优势明显，在国内压榨需求和养殖业豆粕需求继续增长、预期下半年美国大豆因灾减产等因素的作用下，加工企业进口意愿增强，大豆进口一改上年小幅下降的局面，恢复了快速增长。美农部对旱灾引发大豆减产的悲观预测导致第三季度国际大豆价格飙升，在一定程度上抑制了进口，但全年大豆进口量仍高达 5838 万吨，进口额为 350 亿美元，量额均创历史新高。随着世界大豆生产形势的逐渐明朗，后期国际大豆价格从高位回落，进口高价大豆的企业面临亏损。上年油菜籽减产使得国内供给紧张，再加上受国家临储收购政策的影响，油菜籽和菜油价格高于国际，刺激了进口。

食糖：国内外价差以及国内供需缺口导致进口激增，进口量再次大幅超出关税配额。由于印度、泰国等主产国食糖产量大幅增长，2011/12 年度全球食糖供给严重过剩，国际食糖价格振荡下行，食糖到岸税后价持续低于国内，甚至出现了配额外进口原糖加工成本低于国内糖价的现象，刺激了进口。此外，我国食糖在 2009～2011 年连续三年减产，为保障市场供应国家多次向市场投放储备糖，国储糖库存亟待补充，有关部门利用国际糖价处于低位的时机积极采购补库。在上述因素的共同作用下，食糖进口激增，全年进口 374.7 万吨，连续第二年超出关税配额。食糖进口有利于补充库存，增加国内供给，但由于 2012 年国内食糖实现增产，巨额的进口导致国内市场供大于求，糖价面临较大下行压力。

水产品：受欧债危机和世界经济不景气影响水产品进口市场需求不足，出口量明显下滑。水产品出口呈量减额增格局，出口量为 380 万吨，同比下降 2.9%，出口额为 190 亿美元，同比增长 6.7%。这主要是由于如下原因：一是受欧债危机及本国经济不景气影响，欧盟、日本、韩国等传统出口市场消费需求萎缩，向这些市场的出口量出现不同程度的下降。例如，向欧盟的出口量下降了 10.9%。二是受资源约束、自然灾害影响贝类等产品产量下降，价格趋涨，提升了出口价格。三是随着国内生产成本的上升及人民币升值，我国水产品相对于越南、泰国等新兴出口国水产品竞争力下降。由于出口量的下降，部分水产品出口企业不得不转向内销。

果蔬产品：受取消初级产品出口退税影响蔬菜出口量额齐跌，在国内价格上涨的带动下水果出口量稳额增。2012年国内蔬菜供应充裕，价格较上年大幅回落，但出口量不增反降。出口量为935万吨，同比下降4%；出口额为100亿美元，同比下降14.8%。这主要与国家在2012年3月取消蔬菜初级产品出口退税有关。一般来说，蔬菜出口企业收购原料时纳税税率低于出口退税税率，出口退税事实上构成了企业的隐性利润。蔬菜初级加工产品出口退税的取消导致企业利润被压缩，出口积极性下降。蔬菜出口的下跌将对主产区农民就业增收产生不利影响。水果出口量稳额增，扭转了前两年出口量连续下滑的趋势。主要原因：一是对东盟、美国等市场出口量实现增长，弥补了对欧盟出口量的下降，阻止了出口量的下滑。二是苹果、梨等主要出口品种的国内价格出现上涨，出口价格也相应提高，带动了出口额的增长。

## 三、我国农产品贸易发展趋势展望

未来我国农产品贸易发展趋势主要受如下因素的影响：

**（一）全球经济增长缓慢，贸易保护主义抬头，农产品出口环境不容乐观**

据国际货币基金组织（IMF）2013年1月报告的预测，2013年全球经济增长率为3.5%，比2012年的3.2%略高。发达经济体增长率为1.4%，其中美国增长率为2%，比2012年下降0.3个百分点；日本为1.2%，比2012年下降0.8个百分点；欧元区仍然呈负增长。全球经济增长缓慢既抑制了农产品消费需求，也将导致技术性贸易措施增加，不利于农产品出口。

**（二）国际谷物、油料处于紧平衡状态，而棉花、食糖仍然供大于求，大宗农产品价格涨跌互现**

据联合国粮农组织（FAO）和国际谷物理事会（IGC）估计，2013年世界谷物、大豆总体上处于紧平衡状态，库存量较小，价格容易受到偶然因素的影响。在全球流动性过剩导致热钱充斥、农产品成为重要的投资和投机选项的背景下，农产品价格存在诸多变数。2013年世界棉花、食糖仍然严重过剩，价格下行压力较大。

**（三）国内农业生产形势总体向好、大宗农产品上年进口量较大，供给充裕，但国内价格仍呈稳中有升态势**

我国粮食实现“九连增”，蔬菜、猪肉、禽蛋、水产品等主要农产品全面增产，加上2012年棉花、大豆、食糖的进口量均较高，供给充裕，预计2013年除了大豆主要大宗农产品不太可能出现因产不足需而大量进口的情形。尽管国内粮食等主要农产品供给充裕，农产品价格仍会在成本推动、需求拉动以及最低收购价、临时收储等政策的支撑下稳中有升。

**（四）主要农产品国际价格竞争力呈下降态势，在市场因素的驱动下未来我国农产品“易进难出”**

国际市场除了玉米、大豆等供求较为紧张的产品价格在波动中高涨之外，农产品价格涨幅相对较小，棉花、食糖等产品价格甚至振荡下行。相比之下，受生产成本上涨影响，我国农产品价格持续小幅上升，再加上人民币升值的作用，我国农产品日益缺乏价格竞争力。一方面，即使在国际农产品价格处于历史高位的情况下，国内大宗农产品价格仍然高于国际，进口的市场驱动力较大。另一方面，出口农产品的价格竞争优势不断削弱，越来越多的外商把订单转向东南亚国家。

综合考虑上述因素，预计2013年我国农产品进口激增态势将得到缓解，但在价差的作用下进口压力仍较大，进口额可能保持两位数增速；随着企业对于取消蔬菜初级加工产品出口退税政策适应能力的增强，以及各级政府出台的农产品出口促进政策的实施，出口形势有望好转，但难以再现入世以来近15%的年均增速。由于进口基数较大且仍快速增长，预计农产品贸易逆差仍将处于较高水平。

## 四、对策建议

**（一）加强农业贸易政策创设研究，积极探索超关税配额进口关税政策和管理办法**

2012年粮棉油糖等大宗农产品进口量激增，食糖进口量再次超出关税配额，玉米加上DDGS的进口量也已超出关税配额。根据我国的资源禀赋和需求结构变化前景可以预测，未来大宗农产品全面净进口的态势难以逆转，谷物、食糖等产品超关税配额进口的情形会频繁出现。要尽早研究制定谷物、食糖等产品超配额进口关税政策和管理办法，在考虑配额内外关税差异较大的基础上，采取过渡性办法，既要确保产业安全，又有利于贸易的平稳发展。

**（二）确定切实可行的大宗农产品阶段性自给率目标，逐步提升对大宗农产品贸易的掌控能力**

要根据不同大宗农产品的需求结构、特点和趋势，以及在粮食安全中的地位，结合利用国际市场的可能和发展国内生产的潜力，确定切实可行的阶段性自给率目标和合理的大宗农产品产业结构。要研究建立必要的体制机制，有效统筹国内生产和进口需求，确保国内生产力布局与充分利用国际市场相匹配，国内供需趋势与进出口调控相协调。要以逐步提升对大宗农产品贸易的掌控能力为目的，加强农业国际合作的战略性规划和布局，不断改善贸易环境、拓展贸易渠道、实现进口来源的多元化。

**（三）加强产业政策与贸易政策协调，完善棉花临时收储等价格支持政策**

临时收储政策使得国内棉价在国际价格持续下跌的背景下得以保持稳定，保护了棉农利益，但由于缺乏边境政策的配合，也引起了其他问题。一是导致进口激增。临时收储政策使得国内棉价远远高于国际，巨大的国内外价差促使企业转向采购进口棉花，在国内供给充裕的情况下进口仍然激增，致使国储库存积压。二是国内棉价高于国际的状况使得纺织业出口竞争力下降。三是在国际棉价下行、低价进口棉激增的情况下国家收储棉难以顺价销售，面临巨额亏损。例如，2012 年棉花抛储价比 2011 年收储价低 1300 元/吨，加上每年 2000 元/吨的资金、库存费用，抛储时每吨亏损 3000 元以上，300 万吨棉花抛储约亏损 90 亿元。建议将关税配额和滑准税配额与抛储竞拍相挂钩，缓解国储库存压力。同时探索实行棉花直接补贴制度，变收储为直补。

**（四）进一步稳定和完善出口促进政策，努力促进农产品出口平稳发展**

针对蔬菜初级加工产品出口退税政策调整带来的影响，加强调研，提出应对建议和措施，确保农产品出口的稳定发展。同时，要支持和引导农产品出口企业逐步转变出口发展方式，提升综合竞争优势。如加大对出口基地支持力度，鼓励精深加工农产品出口；加大海外营销促销力度，培植公共品牌，提升我国农产品整体形象；加强对农产品出口市场的跟踪分析和决策服务，协助企业开拓市场。

# 第三部分

# 地方篇

中国农产品市场报告. 2013

# 2012年天津市主要农产品市场运行情况

天津市农委市场信息处

## 一、2012年农产品市场运行情况

从全年情况看，在消费结构调整、生产成本增加和异常天气（夏季暴雨侵袭）等诸多不利因素的影响，我市主要农产品价格呈现出季节性、周期性波动。

### （一）蔬菜

对天津市5家大型蔬菜批发市场14种重点蔬菜价格监测显示，2012年1月至4月、8月和12月，我市重点监测的蔬菜均价一直在年平均价格（2.74元/公斤）以上运行，平均价格分别为每公斤3.64元、3.92元、3.87元、3.33元、3.18元和3.14元（见图80）。元旦春节期间，蔬菜总体价格同比2011年大幅上涨，各品种价格环比波动剧烈，春节期间蔬菜价格同比2011年春节上涨25.8%。

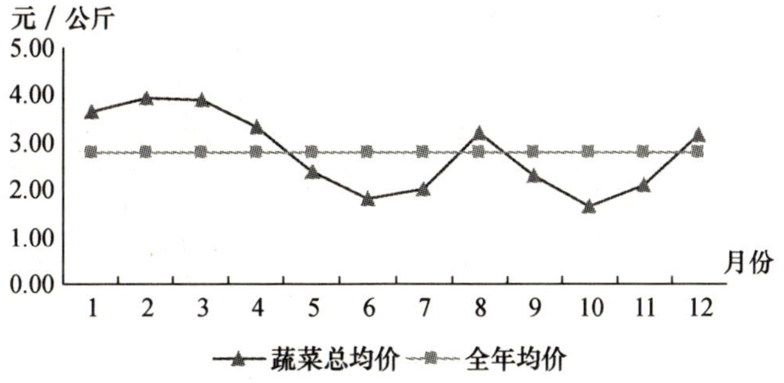


图80 2012年天津市蔬菜市场价格走势

5月至7月、9月至11月蔬菜均价在年平均价格以下，价格由5月的每公斤2.37元降至6月1.79元，又上涨到7月2.00元；9月蔬菜平均价格为每公斤2.31元降至10月1.65元，又上涨到11月2.11元。

与2011年同期相比，除7月和10月价格同比降低外，其余月均为同比增长。其中，6月、9月和11月，同比增幅在10% ~20%；1月和2月，同比增幅在20% ~35%；3月和5月，同比增幅在45% ~50%；4月和8月，价格同比分别增长63.69%和63.08%（见图81）。

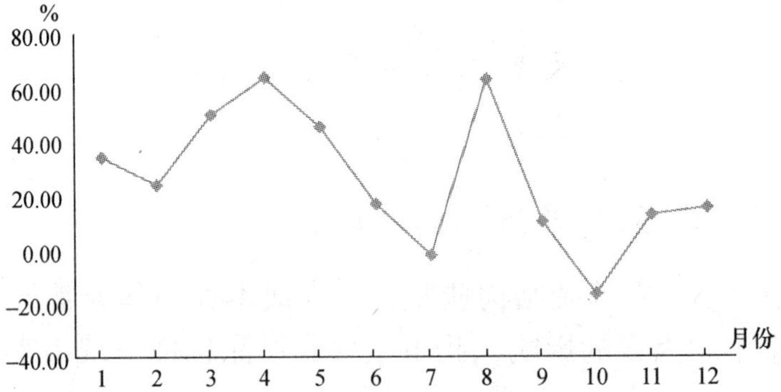


**图81　2012年天津批发市场蔬菜平均价格同比变化**

部分品种价格涨幅较大。2012年1月至11月，重点监测的5种叶菜类蔬菜、5种果菜类蔬菜和4种耐储菜平均价格同比分别涨63.84%、20.76%和9.89%。14种重点监测蔬菜中，洋白菜、芹菜、菠菜、油菜和洋葱同比涨幅最明显，以上蔬菜五个批发市场平均价格同比分别上涨92.97%、87.01%、71.75%、71.09%和67.54%（见表33）。其中，5月上旬个别品种如青椒、菠菜更表现出“过山车式”剧烈波动，芹菜、大白菜持续上涨，芹菜环比涨2.37倍，同比涨4.57倍。

**表33　14种蔬菜平均价格同比增幅情况**

| 序号 | 蔬菜 | 同比涨幅（%） | 序号 | 蔬菜 | 同比涨幅（%） |
|---|---|---|---|---|---|
| 1 | 洋白菜 | 92.97 | 8 | 黄瓜 | 35.07 |
| 2 | 芹菜 | 87.01 | 9 | 茄子 | 33.90 |
| 3 | 菠菜 | 71.75 | 10 | 青椒 | 30.67 |
| 4 | 油菜 | 71.09 | 11 | 西红柿 | 22.73 |
| 5 | 洋葱 | 67.54 | 12 | 胡萝卜 | 9.59 |
| 6 | 生菜 | 67.02 | 13 | 豆角 | 8.48 |
| 7 | 大白菜 | 41.29 | 14 | 土豆 | -15.17 |

进入 12 月以来，蔬菜价格出现季节性上涨，特别是 12 月中下旬，大雪、持续阴雾以及强降温天气，对蔬菜的生产、采摘、运输和销售产生了一定的影响，也是我市蔬菜价格连续走高的重要原因。12 月，14 种被监测蔬菜均价 3.14 元/公斤，环比涨 48.82%，同比涨 15.44%。与 11 月相比，12 月全市除胡萝卜价格略降 2.36% 外，其他蔬菜均出现不同程度的上涨。分品种看，大白菜、菠菜价格为每公斤 0.87 元和 3.42 元，环比分别涨 1.29 倍和 1.01 倍；黄瓜、青椒、茄子、油菜、芹菜、洋白菜、生菜价格涨幅在 54% ~ 90%；洋葱和豆角价格涨幅在 23% ~30%；西红柿和土豆分别涨 19.68% 和 10.86%。

（二）畜产品

1. 生猪市价长期低迷

从市统计局公布的数字和实地调查情况看，生猪存、出栏及母猪存栏总量均有所增长，生猪产能依然过剩。生猪市场价格长时间低迷。2012 年以来，特别是春节过后生猪价格一路下行，并长时间处于低价位运行，由 18.12 元/公斤直降到 5 月底的 14.24 元/公斤，后一直保持在每公斤 14.25 ~ 14.94 元。11 月底到 12 月生猪价格才有所回升。全年生猪平均价格 15.3 元/公斤，同比降 11.1%。生猪产能过剩和进口增加两大因素是影响生猪价格低迷的主要原因。仔猪价格总体平稳，全年仔猪平均价格为 29.46 元/公斤，同比涨 2.15%。2012 年出栏一头生猪年均利润 50 ~ 100 元左右，效益明显低于 2011 年，部分企业甚至出现亏损。

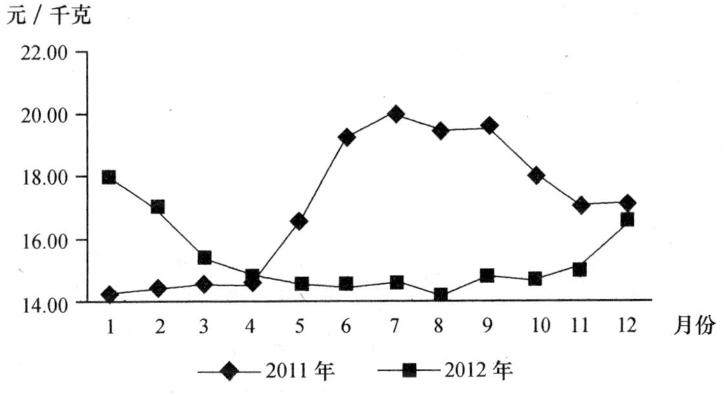


**图 82　2011 年、2012 年天津生猪价格**

2. 鸡蛋价格低于上年同期水平

2012年，鸡蛋价格总体呈“三涨三降”态势。5月、8月快速蹿升至近10元，10月底受天气降温影响，蛋鸡产蛋量减少，鸡蛋价格呈小幅缓慢上涨外，全年整体表现低迷，平均价格为8.42元/公斤，同比降5.83%，销售1千克鸡蛋可保本或略有盈余。

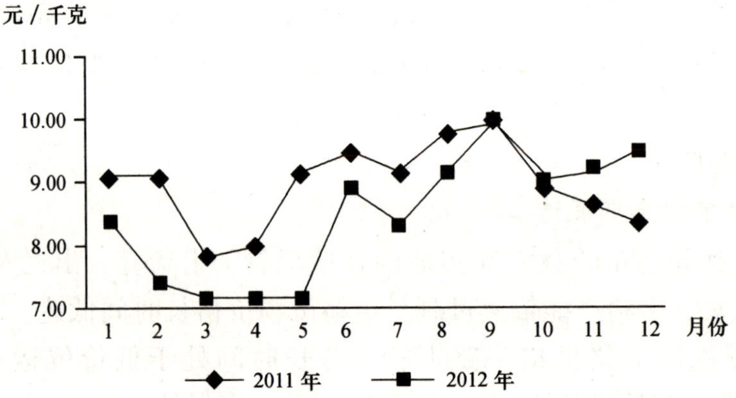


图83 2011年、2012年天津鸡蛋价格

3. 奶牛存栏量稳定，生鲜乳价格平稳

奶牛存栏量及生鲜乳产量基本稳定，生鲜乳价格基本平稳，但年末小幅上扬，全年平均价格3.42元/公斤，同比涨0.82%。受饲料、人工等成本上涨影响，养殖利润减少明显，一头年单产8吨的成母牛年获效益2000元左右，如年单产低于7吨，养殖户则处于亏损状态。

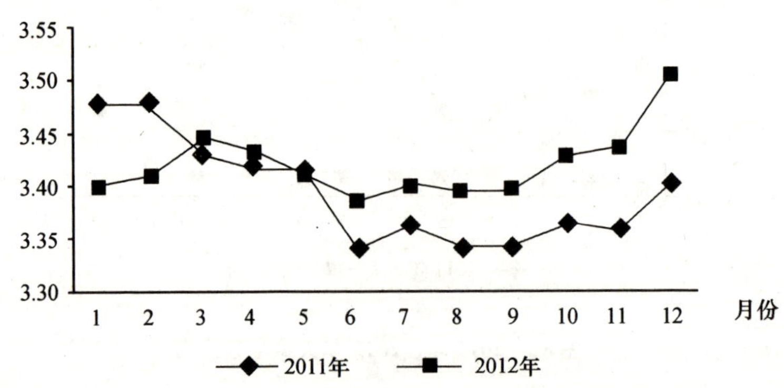


图84 2011年、2012年天津生鲜乳价格

4. 饲料等成本整体上涨，养殖利润空间受到挤压

受雨灾、虫害等自然灾害影响，2012年玉米、豆粕减产，而这两项在配合饲料中占的比例最高，其价格的上涨直接拉升了配合饲料价格。全年玉米平均价格为2.31元/公斤，同比上涨3.61%；豆粕平均价格为3.65元/公斤，同比上涨10.99%；蛋鸡料、肉鸡料、育肥猪料全年平均价格分别为2.79元/公斤、3.28元/公斤、2.92元/公斤，同比分别上涨4.84%、6.98%、8.02%。饲料成本的不断上涨，加之人工、水电、兽药等其他成本的增加，进一步挤压了养殖利润空间。

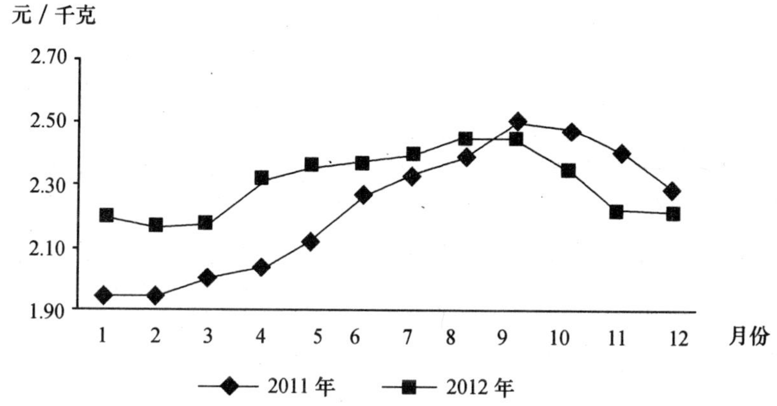


图85　2011年、2012年天津市玉米价格

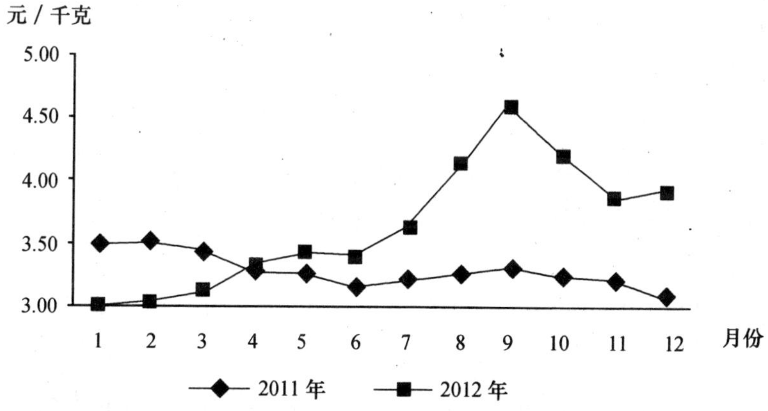


图86　2011年、2012年天津市豆粕价格

**（三）水产品**

2012年水产品市场基本稳定，全市主要水产品价格如下（见表34、表35、表36）。

表 34　大宗淡水鱼类价格　　单位：元/公斤

| | 春季价格 | 夏季价格 | 秋季价格 | 12 月价格 |
|---|---|---|---|---|
| 鲤鱼 | 12 | 16 | 10 | 18 |
| 鲫鱼 | 14 | 18 | 12 | 20 |
| 草鱼 | 18 | 20 | 14 | 20 |
| 鲢鱼、鳙鱼 | 10 | 10 | 7 | 11 |

表 35　海水鲆、鲽类价格　　单位：元/公斤

| | 春季价格 | 夏季价格 | 秋季价格 | 12 月价格 |
|---|---|---|---|---|
| 大菱鲆 | 100 | 100 | 80 | 120 |
| 舌鳎 | 160 | 170 | 160 | 180 |

表 36　南美虾价格　　单位：元/公斤

| | 春季价格 | 夏季价格 | 秋季价格 | 12 月价格 |
|---|---|---|---|---|
| 南美虾 | 50 | 40 | 40 | 50 |

水产品价格的波动主要原因：一是产品与当时供应量有关，量大时价格下行，货源紧张时价格上涨。二是与承包费上涨有关，水面承包金连年增长，养殖企业面临更大的压力。三是和饲料、人工费上长有关。

### （四）主要粮食作物

1. 小麦

2012 年 1 ~10 月小麦价格基本稳定在 2 ~2. 1 元/公斤，11 月价格上涨至 2. 2 元/公斤左右，12 月价格波动在 2. 2 ~2. 4 元/公斤区间。

2. 玉米

2012 年玉米价格波动较大，全年波动区间在 2. 0 ~2. 7 元/公斤。2011 年 1 月到 2012 年 1 月玉米价格一直保持在 2 元/公斤左右，2 月上涨到 2. 2 元/公斤，3 月到 6 月在 2. 2 ~2. 4 元/公斤区间；7 月受美国干旱玉米价格大幅上涨影响，全市玉米价格也出现上涨，为 2. 6 元/公斤以上，一直高价格运行到 9 月底新玉米大量收获，价格大幅回落，10 月玉米价格又回到年初的 2. 04 ~2. 1 元/公斤；12 月回升至 2. 2 元/公斤。

3. 稻谷

2012 年全年稻谷价格趋于稳定，平均在 3. 4 ~3. 6 元/公斤。12 月，全市

大米市场价格在4.8元/公斤左右，价格运行总体平稳。

## 二、2012年确保市场平稳运行的政策措施

### （一）保障供给，提高农产品自给率

近年来，天津市委、市政府高度重视发展都市现代农业，加大农业投入，实施了设施农业“4412”工程，新建成高标准设施农业45万亩，农业产业园区20个，畜牧养殖小区100个，水产养殖小区55个，全市设施农业总规模达到60万亩，形成了一批规模化设施农产品产业带。2012年还启动了设施农业提升工程，着力打造一批现代化设施种植业生产基地，规模20万亩。不仅从生产环节上，保证了全市农产品的供给和安全，还有效地调节了全市蔬菜的种植结构，平衡了全年的供应。2012年，全市农产品市场整体供应充足。全年蔬菜播种面积同比增长3%；总产量同比增长1.6%。生猪存栏同比增长1.3%，出栏同比增长6.1%；奶牛存栏同比下降1.33%；禽蛋产量同比下降0.05%。粮食作物生产实现“九连丰”；水产比上年略有增加。蔬菜能够周年供应市场，猪肉、禽蛋、牛奶自给率分别达到65%、74%和100%，国内大城市自给率继续保持较高水平。

### （二）搭建平台，搞好产销衔接

根据农产品市场波动和销售情况，适时与学校、工厂、企业合作，开展农市对接、农校对接、农企对接、农超对接等多种形式的产销衔接活动，减少农产品流通环节，降低销售成本，促进农产品销售。以津洽会、农交会为平台，开展农产品营销促销活动。

### （三）加强监测，开展多渠道产销信息服务

建立天津市农产品市场监测预警分析师队伍，其中分析师7名，监测员10名，覆盖了农口各系统以及有农业区县；设立农产品产销信息监测采集点100余个；开发《天津市农产品市场信息监测预警系统》，建立了生产环节、流通环节和销售末端全覆盖的信息采集体系；编发《天津市农产品批发价格分析》简报71期；《农产品每日价格》260余期，开展农产品产销信息监测，多渠道、多层次发布监测信息，为政府宏观决策提供重要参考和依据，促进了农业增效和农民增收。

# 2012 年河南省主要农产品及农资市场运行走势分析报告

河南省农业厅市场与经济处　魏　萍

2012 年，河南省粮食迎来“九连增”，经作产品稳步发展，全省农产品市场供应充足。粮食市场受最低收购价支撑，价格较为稳定；棉花市场需求不振，价格持续低迷；油料及食用油价格持续攀升，全年涨幅较大；主要畜产品市场涨跌互现，下半年逐步走高；蔬菜价格受季节性影响较大，冬春季节高位运行，夏秋季节价格回落。

## 一、主要原粮市场运行走势

2012 年河南省粮食产量达到 5638.6 万吨，比上年增 96.1 万吨，增 1.7%，实现连续九年增产，连续七年超千亿斤，标志着河南省粮食综合生产能力已稳定在千亿斤以上。小麦生产迎来“十连增”，全省小麦产量达到 3177.5 万吨，同比增 54.5 万吨，增 1.75%；占全国小麦产量的 1/4 强，成为全国唯一一个小麦产量超过 3000 万吨的省份。

### （一）小麦

2012 年小麦市场价格温和上涨。一季度受春节市场消费拉动，小麦价格稳中有升，河南省均价在 104 ~ 105 元/50 公斤。春节后随着面粉消费进入淡季，畜禽养殖整体低迷，饲用小麦用量下降，小麦市场动能不强，第二季度 4 月、5 月全省小麦均价在 105 ~ 105.55 波动，整体稳定；6 月新麦上市后受水分、杂质、品质等影响，价格下降，新麦上市初期河南省均价在 100 元/50 公斤左右；随着收购的推进，小麦市场逐步回升，由弱变强，8 月、9 月小麦价格上涨速度较快，9 月河南省小麦均价达到 108.19 元/50 公斤，每 50 公斤较 6 月上涨 7.21 元，涨幅 7.14%。2012 年 9 月底国家五部委公布了 2013 年小麦最低收购价格（2013 年产三等小麦每 50 公斤最低收购价提高到 112 元，比 2012 年提高 10 元），筑牢了市场底部，并引领市场预期，对冬小麦的播种起到了积极的推进作用。国庆节过后，市场供应渠道单一、粮源较少、加工需求及储备需求旺盛、政策性小麦交易底价提升等因素共同推动小麦价格持续小幅攀升，全省小麦由10月初的109.5元/50公斤涨至12月底的114.5元/50公斤，3个月上涨了4.56%。全年小麦市场价格平均106.12元/50公斤，同比涨4.62%。

图87 河南省2012年小麦价格与2011年对比走势

托市收购为国家调控粮食市场打下坚实基础。2012年6月18日，河南省启动小麦最低收购价执行预案，中储粮河南分公司确认委托收储库点1000多个，准备仓容2500万吨。收购初期，受资金审批、库点设置、质量控制及入库核查把关较严影响，收购进展缓慢，市场性收购因资金限制、风险控制，入市较为谨慎，收购市场较为清淡。全省新麦价格普遍集中在100元/50公斤左右，新麦较大的成本优势促使饲料企业保持了较高的小麦替代比例，入市收购积极性较高。7月下旬中储粮总公司又批准河南省增加收储库点，收购量增加较快，价格逐步攀升至103元/50公斤左右。小麦收购期间（6~9月），全省各粮食主体累计收购新季小麦1717.5万吨，收购量占全省小麦产量的54%，占6个主产省收购量的42.12%，为各省收购量之首。其中：按最低收购价收购981.5万吨，按市场价收购736万吨。

临储拍卖满足市场供应需求。据中华粮网统计，2012年度，河南省通过拍卖市场累计拍卖临储小麦15499.72万吨，共成交1447.02万吨，成交率9.33%，成交均价2160元/吨。由于市场供应充裕，临储小麦拍卖成交率较低，只有3月和11月拍卖底价调整前成交量有明显放大。一季度，2009年、2010年产小麦拍卖底价分别为1800元/吨、1880元/吨。4月1日起国家有关部门上调托市小麦拍卖底价（每吨平均上调160元），上调后2009年、2010年产小麦拍卖底价分别为1960元/吨、2040元/吨，加上出库费、运输费，与市场价持平或略高。12月初，国家再次上调临储小麦拍卖底价，2009年、2010年产小麦分别上调80元/吨、120元/吨，调整后2009年、2010年产小麦拍卖底价分别为2040元/吨、2160元/吨，政策对市场底部的支撑作用进一步增强。

2013年小麦市场将维持稳中上行态势。2013年小麦市场影响因素多空交织，政策支撑、成本驱动决定了小麦价格稳中上行的主基调不会改变，但小麦市场供应充足、国家维持市场稳定的政策等因素又对价格的上涨幅度形成制约。受各个时期不同因素的影响，市场阶段性、区间波动的特征或会更加明显。

**（二）玉米**

河南省玉米产量再创新高。2012年全省优质高产玉米良种覆盖率达到100%，各项主推技术推广力度持续加大，农机农艺结合进一步提高，全省玉米机播率84%，机收率60%左右。玉米整个生长期除前期部分地区出现旱情外，中后期气候条件良好，授粉充分，亩穗数、穗粒数、千粒重均有增加。产量达到1747.75万吨，同比增51.25万吨，增3.02%。

玉米市场先强后弱。2012年第一季度，河南省玉米市场价格较为稳定，2月恰逢春节，市场交易较为清淡，全省价格普遍运行在106～107元/50公斤之间。第二季度由于市场粮源逐步消耗，阶段性供需偏紧，用粮企业收购积极性较高，价格小幅上涨，全省市场价格运行在108～110元/50公斤；但养殖业较为低迷，再加上气温升高农户售粮增加，一定程度上压制了价格的上升空间。6月新麦上市后，各地新麦价格每吨低于玉米价格100～200元，小麦替代玉米饲料增强，玉米饲用比例相对下降。进入第三季度，玉米市场进入青黄不接时期，但前期饲料加工企业收购小麦较多，小麦替代饲料继续，玉米价格走势较为稳定，全省均价运行在110元/50公斤左右；中秋、“十一”前，养殖业补栏积极，饲用玉米需求加大，加上美国玉米主产区干旱天气推动国际市场玉米价格持续上涨，国内玉米市场供需紧平衡状态延续，玉米价格高位运行，9月全省玉米均价达到110.61元/50公斤，为年内峰值。9月底新玉米上市后，价格回落，新玉米价格普遍运行在105元/50公斤左右，小麦、玉米价差发生逆转，小麦、玉米每吨价差60～70元，出于成本考虑，饲料企业暂停小麦替代而转用玉米。由于2012年河南省玉米质量较高，南方销区普遍认可，走货量较大，玉米价格逐步回升。11月国家公布了玉米临储政策（黑龙江1.05元/斤、吉林1.06元/斤、辽宁及内蒙古1.07元/斤），在东北玉米临储政策的支撑下，11月以后全省玉米价格缓慢回升，再加上临近年底，玉米深加工企业备货力度加大，畜牧养殖业逐步恢复，全省玉米价格回升至106.6元/50公斤。全年玉米市场价格平均107.77元/50公斤，同比涨2.29%。

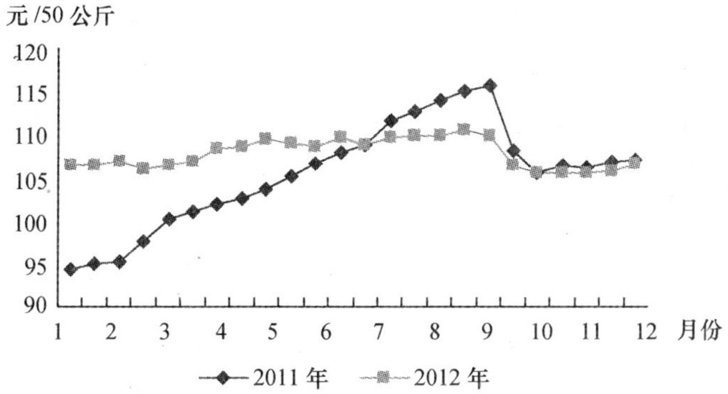


**图88　河南省2012年玉米市场价格与2011年对比走势**

预计2013年度玉米市场将呈温和上涨态势。2012年国内玉米产量增加，我国玉米总产量首次超过稻谷产量，成为第一大粮食作物品种，市场供给充足。玉米消费市场主要靠深加工和饲料消费拉动，受外围经济环境的影响，玉米深加工产品的出口具有很大的不确定性，养殖企业恢复较慢，一定时期内对于市场的拉动有限。在经历2011年5月~2012年9月玉米价格与小麦价格长时间的严重倒挂后，粮农对当前玉米市场价位并不认可，持粮待涨的惜售心态较重，随着库存的消耗，预计粮农的惜售将会导致各收购企业不得不抬高收购价格来补充库存。预计春节后玉米价格还将呈逐步回升走势，但上涨幅度不会太大。

## 二、棉花市场运行走势

棉花面积、产量持续下滑。2012年河南省棉花播种面积385万亩，同比少210万亩，降幅高达35.3%，面积连续第8年下降；产量25.69万吨，同比少12.55万吨，降幅达32.8%，产量连续第6年下降。

棉花市场持续低迷。2012年，受纺织品出口不畅、内需消费拉动有限的影响，国内纺织企业销售低迷，部分纺织企业运营受困，减产、限产、停产普遍存在，棉花消费量下降，市场疲软，价格低迷。第一季度，在国储棉收购的支撑下，籽棉价格较为稳定，各地籽棉价格运行在 9 元/公斤左右。2 月底，国家发改委等部门公布了《2012 年度棉花临时收储预案》，标准级皮棉到库价格每吨 20400 元，比上年提高 600 元/吨，受此影响，河南省籽棉价格基本稳定在 9 元/公斤以上。2011 年棉花临储收购于 3 月底结束，据中国棉花网统计：2011 年度棉花累计收储 311.95 万吨，其中新疆收储 171.20 万吨，内地收储 140.75 万吨。受外围经济环境影响，纺织企业开工率大幅下降，再者国际、国内棉价倒挂严重，每吨价差在 4000 ~ 5000 元，棉纺企业多倾向采购外棉，国内皮棉采购乏力，棉价持续走低。籽棉市场收购寥寥无几，第二季度全省籽棉平均价格运行在 8.00 ~ 8.50 元/公斤。第三季度新棉陆续上市，价格回落，全省新籽棉价格运行在 7.78 ~ 8.70 元/公斤。随着临时收储企业的增加，收购量逐步放大，籽棉市场价格逐渐回升，12 月籽棉价格回升至 9 元/公斤左右。但临近年底，部分纺织企业需归还贷款，资金运行紧张，原料采购减少，对棉花市场价格形成一定的压力。截至 2012 年 12 月 31 日，2012 年棉花临时收储累计成交 517.69 万吨，其中：新疆累计成交 232.51 万吨，内地累计成交 157.52 万吨，骨干企业累计成交 127.66 万吨。

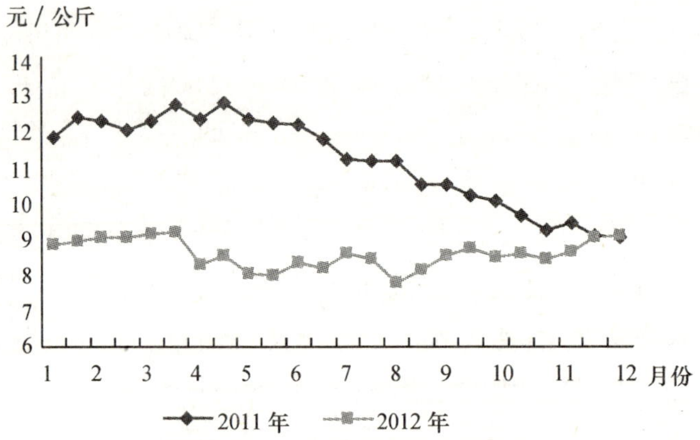


**图 89　河南省 2012 年籽棉市场价格与 2011 年对比走势**

预计 2013 年棉花市场仍存在一定的下行压力。2012 年度，我国累计进口棉花 513.5 万吨，同比增长 52.7%；2012 年我国棉花总产量预计 685 万吨，增 3.8%。由于棉花临时收储量较大，再加上进口棉的冲击，棉花市场总体供应充裕，而消费需求存在很大的不确定性，在此大环境下，预计 2013 年棉花市场仍将振荡弱势运行，而2013年度新棉收储政策将成为市场关注的焦点。

## 三、油料、食用油运行走势

2012年河南省油料播种面积2360.45万亩，同比略减0.3%；总产量569.51万吨，同比增7%。

油料市场价格振荡走高。花生是河南省第一大油料作物，产量位居全国首位，除满足省内需求外，还调往省外和出口。2012年全省花生播种面积1510.367万亩，同比略降0.3%；产量454.03万吨，同比增5.6%。2012年第一季度，全省花生仁价格运行在13.19～13.86元/公斤，虽然第一季度经历春节重大节日，但市场较为平静。春节过后，食用及榨油消费量下降，尤其是榨油企业开工率降低，抑制了花生的消费量。第二季度经历春播和夏播两个用种高峰，花生仁价格攀升到14元/公斤以上。第三季度随着库存的消耗，价格持续小幅上涨，最高达到14.50元/公斤左右。进入第四季度新花生批量上市，价格回落至14元/公斤左右。全年花生仁市场价格平均13.93元/公斤，同比上涨11.19%。

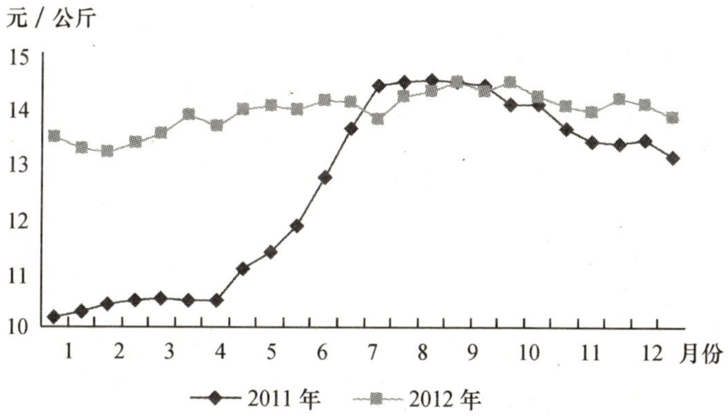


**图90　河南省2012年花生市场价格与2011年对比走势**

河南省油菜籽种植主要集中在豫南信阳、南阳、驻马店三地区，2012年全省油菜籽播种面积570.63万亩，同比略降0.8%；产量87.61万吨，同比增长13.3%。近年来国家对小麦实行种粮直补、良种补贴、农资综合补贴等多种优惠政策，又连续提高小麦托市收购价格，而油菜籽良种补贴每亩仅10元，且产量较低，亩效益较差，农户存在“重麦轻油”种植选择，近年来油菜籽面积有所下降。第一季度由于油菜籽货源偏紧，价格稳中有升，全省价格运行在4.9元/公斤左右。4月、5月受新季油菜籽产量预期增加的影响，价格回落至4.7元/公斤左右。5月，国家发改委等4部门联合印发了《关于切实做好2012年国家临时存储菜籽（油）收购工作的通知》，2012年油菜籽临时存储收购价为5元/公斤，较上年上涨0.40元/公斤。河南省主要收购点集中在豫南信阳、南阳、驻马店三地区。受临储价提高的影响，油菜籽价格稳中有升，主产区价格运行在5元/公斤左右。8月底，油菜籽主产区市场价格达到5.1元/公斤，已高于收购价。根据油菜籽临时收储预案规定，主产区停止临储收购。截至8月底，全省共收购新季菜籽5.1万吨，其中加工成油品1.6万吨。三季度以后，油菜籽价格稳步走高，9月已达到5.3元/公斤，尤其是"十一"、"中秋"前后达到年内峰值（5.6元/公斤）；第四季度新花生批量上市，榨油企业转向收购花生，油菜籽价格回落至5.5元/公斤左右。全年油菜籽市场均价5.09元/公斤，同比上涨7.35%。

全年食用油价格涨幅较大。2012年河南省食用油价格持续上涨，高位运行。第一季度受春节期间消费增加的影响，花生油、菜籽油小幅攀升，豆油价格较为稳定，三种食用油市场均价15.46元/公斤，较上年第四季度上涨1.77%，同比涨11.38%。4月上旬，占市场绝对份额的食用油品牌金龙鱼、福临门对外宣布上调部分产品（花生油、菜籽油）价格，平均上调幅度为8%，国家发改委随即约谈了企业，但迫于成本压力，市场上部分食用油价格已经上调。在花生原料趋紧、成本上升的情况下，花生油价格继续走高，5月达到23元/公斤左右；菜籽油价格随着5月新菜籽的上市而回调至13元/公斤左右；豆油价格亦呈回落态势，5月平均价格在12元/公斤左右。6月，品牌花生油再次上调价格，此次领先涨价的是鲁花品牌，金龙鱼等品牌陆续跟进，第二季度，三种食用油市场均价15.76元/公斤，较第一季度上涨1.94%。第三季度应是食用油消费淡季，但由于油料成本的上升、品牌油脂价格的上调，促使食用油价格持续呈小幅上涨态势，第三季度三种食用油均价15.98元/公斤，较第二季度上涨1.39%。10月"十一"、"中秋"双节期间，油脂消费增加，花生油、豆油涨至年内高点（26.23元/公斤、12.66元/公斤），菜籽油相对平稳。11~12月，花生油、豆油回落，菜籽油略有上涨，第四季度三种食用油均价达到16.57元/公斤，较第三季度上涨3.69%。全年三种食用油价格平均16.28元/公斤，同比上涨11.89%。

预计2013年油料价格随季节的变化、不同时段的需求而波动，总体呈温和上涨态势；而食用油由于生产成本的上涨，将继续呈高位运行态势，部分关键时段市场波动将较为明显。

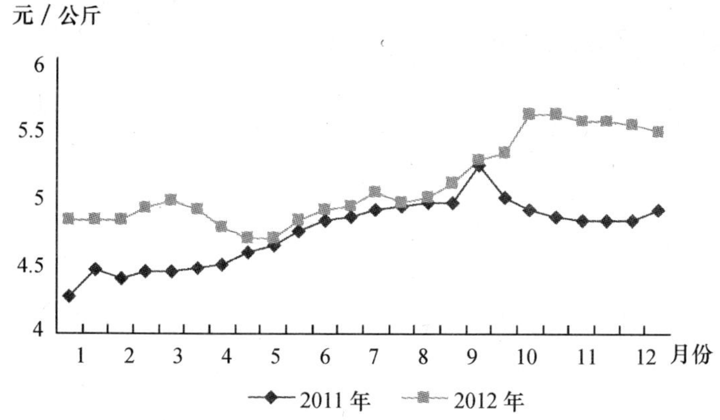


**图 91　河南省 2012 年油菜籽市场价格与 2011 年对比走势**

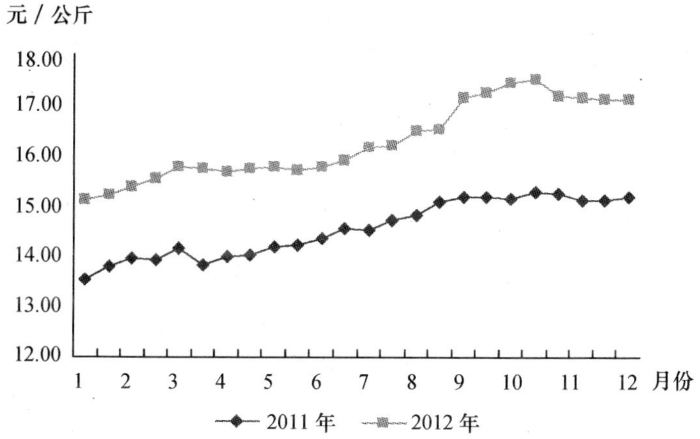


**图 92　河南省 2012 年油菜籽市场价格与 2011 年对比走势**

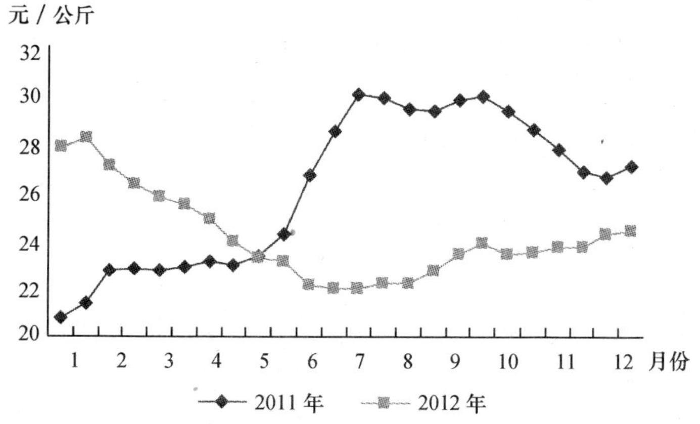


**图 93　河南省 2012 年三种食用油平均价格与 2011 年对比走势**

## 四、主要畜产品市场运行走势

河南省全年猪肉价格低位运行。年初在春节市场消费的拉动下，生猪、猪肉市场价格稳定，生猪价格运行在 17～17.8 元/公斤，猪肉价格运行在 27～28.3 元/公斤。春节过后，价格一路走低，第一季度全省生猪、猪肉市场价格平均分别为 16.73 元/公斤、26.78 元/公斤，分别较上年第四季度下降 4.94%、3.39%。第二季度受生猪出栏量较大、市场需求下降的影响，生猪、猪肉价格持续走低，生猪价格由 15.14 元/公斤下降到 14 元/公斤（降幅达 7.52%），猪肉价格由 24.83 元/公斤下降到 21.95 元/公斤（降幅达 11.59%）；第二季度全省生猪、猪肉市场价格平均分别为 14.47 元/公斤、23.21 元/公斤，分别较第一季度下降 13.5%、13.33%。7 月后生猪、猪肉市场价格逐步企稳，并缓慢回升，进入 9 月，随着天气的转凉，大中专学校开学，集团性消费增加，商家为“十一”、“中秋”双节市场备货，生猪、猪肉价格分别回升到 14.3 元/公斤、23.8 元/公斤，分别较 6 月上涨 2.14%、8.42%。第三季度全省生猪、猪肉市场价格平均分别为 14.16 元/公斤、22.72 元/公斤，较第二季度分别下降 2.14%、2.11%，降幅明显缩小。此轮生猪、猪肉价格下降的主要原因是市场供大于求所致。据省畜牧局统计：2012 年前三季度，全省生猪出栏量 4116.42 万头，同比增长 4.4%。受生猪出栏量上升的影响，猪肉市场价格低迷，猪粮比价一度跌破盈亏平衡点（河南省猪粮比价盈亏平衡点为7:1），大部分养殖户处于亏损状态。尽管国家在 4 月下旬以后部分时段启动了冻猪肉收储政策，但由于收购量太少，对市场拉动作用较小。进入第四季度，猪肉逐步进入传统的消费旺季，在节日市场的拉动下，生猪、猪肉价格逐渐走强，第四季度全省生猪、猪肉市场价格平均分别为 14.97 元/公斤、23.84 元/公斤，分别较第三季度上涨 4.68%、4.92%。全年生猪、猪肉市场价格平均 15.08 元/公斤、24.14 元/公斤，同比分别降 10.17%、7.59%。

预计 2013 年生猪、猪肉价格振荡回升。2013 年春节前猪肉市场还将有一定的上涨空间，但受供应充足的影响，涨幅不会太大。春节后随着市场消费的下降，生猪、猪肉价格预计呈季节性回调。预计在 2013 年下半年以后逐步走稳回升。

鸡蛋价格波动较大。2012 年 1～5 月，河南省鸡蛋价格持续走低，5 月降至年内最低点（6.4 元/公斤），部分养殖户丧失信心，大量淘汰蛋鸡。6 月以后随着气温的上升，蛋鸡产蛋量下降，市场供应量减少，鸡蛋价格逐步回升，8～9 月，食品企业为准备中秋节货源采购量加大，价格持续攀升，最高达 10

元/公斤以上。中秋节后鸡蛋价格逐步回落至8.5元/公斤左右。但进入11月后，气温下降，鸡蛋价格重又上涨，12月下旬再次达到10元/公斤左右，全年价格波动较大。

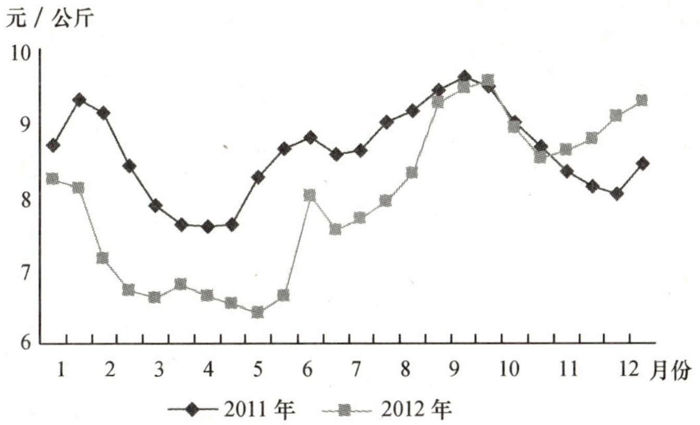


图94 河南省2012年鸡蛋市场价格与2011年对比走势

## 五、蔬菜市场运行走势

蔬菜价格随季节变化而波动。蔬菜是河南省第一大经济作物，近年来全省各地非常重视蔬菜生产发展，种植品种不断丰富，区域化布局、规模化生产水平不断提高，市场供应能力大大提升，带动农民增收日益增强。2012年全省蔬菜面积、产量分别达到2595万亩、7174万吨，同比分别增长0.6%、6.9%。全省人均蔬菜年均占有量已突破700公斤，远高于全国463公斤的平均水平。但设施蔬菜种植面积较小，只有300多万亩，产量1000多万吨，人均不足120公斤，冬春蔬菜供应自给率较低，多靠外省补充，价格偏高，而夏秋露地蔬菜上市量大，价格回落幅度较大。以全省常年监测的白菜、西红柿、黄瓜、青椒、土豆5种蔬菜为例，冬春季节（1~3月、11~12月）市场价格平均4.23元/公斤，夏秋季节（4~10月）市场价格平均3.07元/公斤，冬春季节比夏秋季节平均价格上涨1.16元/公斤，涨37.78%。

蔬菜整体价格上涨在所难免，季节性波动将长期存在。由于土地、农资、劳动力、物流成本的不断上升，势必推动蔬菜成本的上涨，整体价格向上趋势不会改变。由于部分农户种植的盲目性，蔬菜集中上市期个别品种出现地域性、结构性滞销卖难，农民“卖菜难”与市民“买菜贵”矛盾并存。解决蔬菜生产领域和流通领域深层次的问题还需要一个过程，蔬菜价格季节性波动在所难免，避免大起大落是市场调控的关键所在。

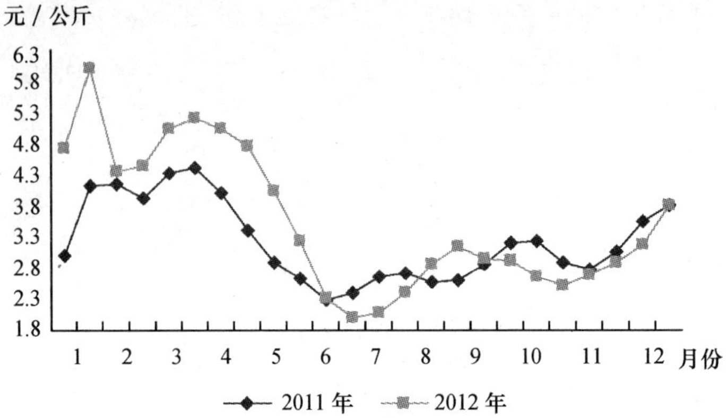


**图 95 河南省 2012 年五种蔬菜（白菜、西红柿、菜椒、黄瓜、土豆）市场平均价格与 2011 年对比走势**

## 六、主要农资市场运行走势

全年主要化肥市场价格呈上升趋势。化肥价格受农业生产季节性影响较大，用肥旺季价格惯性上涨，淡季价格走势较为稳定，但受原材料、人工、流通成本的推动，整体价格逐步走高。2012 年春播期间全省化肥价格普遍上涨，其中复合肥、尿素、碳酸氢铵、钙镁磷肥最高价格分别达到 3300 元/吨、2517 元/吨、780 元/吨、926 元/吨，分别比年初上涨 3.25%、10.58%、2.63%、11.16%。春播后主要化肥价格振荡回落，秋冬播期间，全省化肥市场供应充足，部分化肥品种出厂价下调，主要化肥价格有所下降，秋冬播期间（10 月）以上四种化肥市场价格分别为 3205.64 元/吨、2249.20 元/吨、732.95 元/吨、919.86 元/吨，分别较 9 月下降 0.96%、2%、0.06%、1.01%。秋冬播后，主要化肥价格振荡回落，由于 2012 年化肥冬储启动较晚，市场价格走势偏弱。以上四种化肥全年平均价格分别为 3232.63 元/吨、2330.94 元/吨、752.28 元/吨、897.41 元/吨，同比分别上涨 7.1%、4.75%、0.51%、17.59%。

农用柴油价格调整频繁。2012 年度，国家对农用柴油出厂价格共调整 8 次（上调 4 次、下调 4 次），全年农用柴油出厂价平均每吨上调 280 元。第一季度经历了 2 月、3 月两次上调后，4 月春播期间农用柴油市场零售价达到 7.9 元/升，较调整前上涨 9.26%。5 月、6 月、7 月又经历了三次下调，零售价格逐步走低，最低至 6.91 元/升，但 8 月、9 月又迎来了两次上调，价格又调头走高，11 月中旬下调后，价格回落走稳。2012 年河南省农用柴油市场零售价平均 7.43 元/升，同比涨 3.04%。

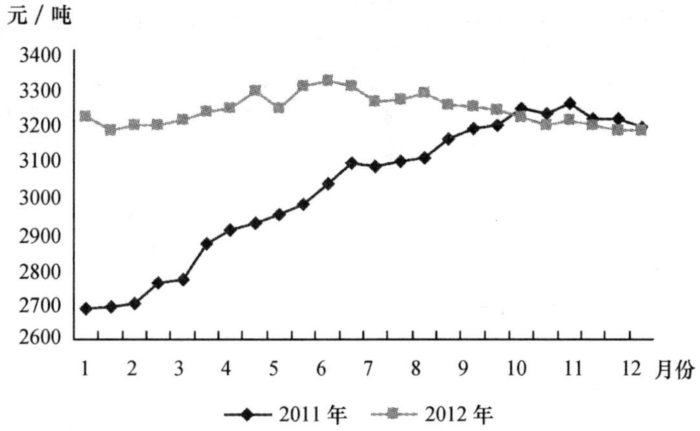


图 96　河南省 2012 年复合肥市场价格与 2011 年对比走势

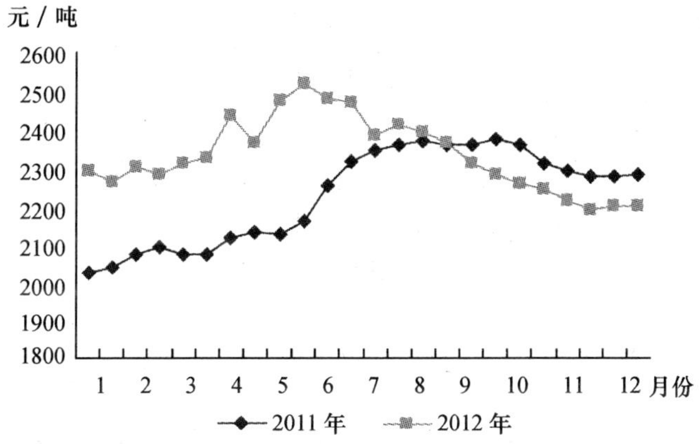


图 97　河南省 2012 年尿素市场价格与 2011 年对比走势

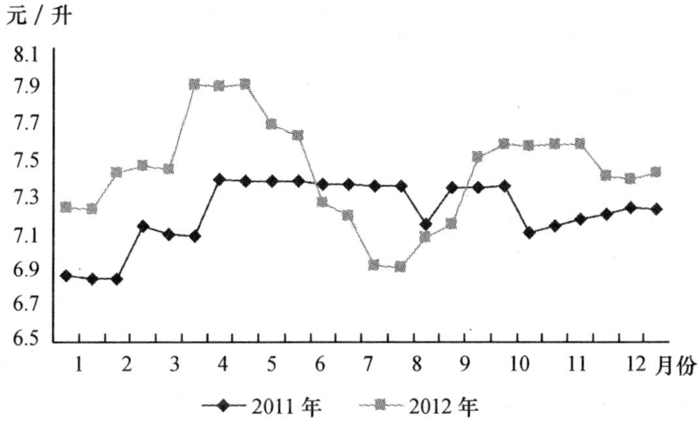


图 98　河南省 2012 年农用柴油市场价格与 2011 年对比走势

表37　河南省2012年主要农产品及农用生产资料市场价格与2011年比较情况

| 品　种 | 规格 | 单位 | 2012年均价 | 2011年均价 | 增减绝对数 | 增减±% |
|---|---|---|---|---|---|---|
| 小　麦 | 中　等 | 元/50公斤 | 106.12 | 101.43 | 4.68 | 4.62 |
| 玉　米 | 中　等 | 元/50公斤 | 107.77 | 105.36 | 2.42 | 2.29 |
| 花生仁 | 中等去壳 | 元/公斤 | 13.93 | 12.53 | 1.40 | 11.19 |
| 油菜籽 | 中　等 | 元/公斤 | 5.09 | 4.74 | 0.35 | 7.35 |
| 花生油 | 桶装普通 | 元/公斤 | 23.60 | 19.60 | 4.00 | 20.41 |
| 菜籽油 | 桶装普通 | 元/公斤 | 13.26 | 12.62 | 0.64 | 5.08 |
| 豆　油 | 桶装普通 | 元/公斤 | 11.97 | 11.44 | 0.53 | 4.63 |
| 籽　棉 | 36%衣分10%回潮率 | 元/公斤 | 8.57 | 11.15 | -2.58 | -23.15 |
| 白　菜 | 中等鲜菜 | 元/公斤 | 1.68 | 1.43 | 0.24 | 17.02 |
| 西红柿 | 中等鲜菜 | 元/公斤 | 4.18 | 3.71 | 0.48 | 12.82 |
| 黄　瓜 | 中等鲜菜 | 元/公斤 | 4.01 | 3.43 | 0.58 | 17.03 |
| 菜　椒 | 中等鲜菜 | 元/公斤 | 5.10 | 4.56 | 0.54 | 11.85 |
| 土　豆 | 中等鲜菜 | 元/公斤 | 2.79 | 3.02 | -0.23 | -7.55 |
| 生　猪 | 90公斤左右 | 元/公斤 | 15.08 | 16.79 | -1.71 | -10.17 |
| 仔　猪 | 15公斤左右 | 元/公斤 | 25.63 | 26.71 | -1.08 | -4.04 |
| 猪　肉 | 五花肉 | 元/公斤 | 24.14 | 26.12 | -1.98 | -7.59 |
| 鸡　蛋 | 中等鲜蛋 | 元/公斤 | 7.95 | 8.60 | -0.65 | -7.58 |
| 国产复合肥 | 氮磷钾含量45% | 元/吨 | 3232.63 | 3018.43 | 214.20 | 7.10 |
| 国产尿素 | 含氮量46% | 元/吨 | 2330.94 | 2225.23 | 105.71 | 4.75 |
| 碳酸氢铵 | 含氮量17% | 元/吨 | 752.28 | 748.44 | 3.85 | 0.51 |
| 钙镁磷肥 | 含量15% | 元/吨 | 897.41 | 763.15 | 134.26 | 17.59 |
| 农用柴油（0号） | 当地主销品种 | 元/升 | 7.43 | 7.21 | 0.22 | 3.04 |

# 2012年河北省农产品市场形势分析及展望

河北省农业厅市场与经济信息处　李思光

## 一、2012年主要农产品生产情况

### （一）粮食

河北省高度重视粮食生产，出台奖励政策，积极推动科技支农，加上国家出台一系列粮食最低收购价保护政策，极大地促进了农民的种粮积极性，粮食种植面积稳中有增。据农业部门调查，2012年全省粮食播种面积6296.40千公顷，比上年增加10.26千公顷，增幅0.16%，预计粮食总产有望达到3272.60万吨，实比上年增加100万吨，增幅3.15%。

其中，小麦播种面积为2408.07千公顷，比上年增加12千公顷，增幅0.5%；单产5426.68公斤/公顷，比上年增加100.75公斤/公顷，增长4.36%；总产1338.60万吨，比上年增加62.50万吨，增长4.90%。

玉米种植面积为3025.20千公顷，比上年减少10.43千公顷，减幅0.35%。单产5519.64公斤/公顷，比上年增加118.75公斤/公顷，增幅2.2%。总产1669.8万吨，比上年增加30.2万吨，增幅1.84%。

### （二）棉花

由于气候原因，2012年河北省棉花品质有所下降，表现为“三减一降”：“三减”即面积减、单产减、总产减。据省统计局调查，2012年全省播种面积867.38万亩，皮棉单产62公斤/亩，总产53.5万吨，分别比2011年减8.58%、9.9%、17.5%。“一降”即品质下降，主要是低温阴雨棉花烂铃所致。同时，棉花生产成本继续增长，亩均成本由1176.35元增至1229.90元，增4.55%。受价格下跌和成本增长的双重影响，亩纯收益由2011年的814.1元减至726.7元，减10.74%。

### （三）油料

河北省油料作物以花生为主。由于2011年花生价格上涨，花生油和粕饼饲料的价格持续上涨，种植面积有所增加。2012年全省油料作物播种面积

454.40 千公顷，比上年增加 1.27 千公顷，增幅 0.28%，预计总产达 143.8 万吨，增 1.14%。其中：花生播种面积 363.40 千公顷，比上年增加 3.20 千公顷，增 0.89%，产量达 131.6 万吨，增 2.09%。

### （四）蔬菜

继国家出台《关于统筹推进新一轮菜篮子工程建设的意见》（国办发〔2010〕16 号）文件后，省政府成立了河北省蔬菜产业发展领导小组，连续出台惠农政策，扶持蔬菜产业发展，蔬菜种植面积比上年增加，但由于 2012 年灾情较重，预计总产量持平略降。据统计，2012 年全省蔬菜播种面积 1052.47 千公顷，比上年增 13.80 千公顷，增 1.33%，总产 6667.10 万吨，比上年少 7.7 万吨，减 0.12%。

## 二、主要农产品市场运行情况

### （一）小麦

除新麦上市期间价格略有下降之外，2012 年河北省小麦出售价走势较平稳，8 月以来出现上升趋势，全年未出现价格大起大落。据全省 9 个物价基点县调查显示，2012 年 6～9 月平均出售价格为 105.97 元/50 公斤，较上年 103.83 元/50 公斤高 2.06%。国家出台 2013 年小麦最低收购价政策，总体来看，预计小麦市场价格将保持稳中偏强走势。

### （二）玉米

根据河北省 9 个物价基点县上报数据显示，2012 年 1～9 月全省玉米价格保持稳定并持续上涨，远远赶超小麦价格，最高达到 116.28 元/百斤，环比增加 1.45%，较上年最高收购价格低 0.7%。10 月以后，受新玉米上市影响，玉米价格略有下降，但一直维持在 110 元/50 公斤左右，低于小麦价格。

### （三）棉花

调查分析显示，2010/2011 棉花年度棉价的“飙涨暴跌”对整个棉花产业链都造成了严重冲击和损失，欧美市场不景气，棉纺织品需求缩减，棉企订单减少、棉花需求不旺的局面将在一定时期内持续，棉花市场交易依然冷清。一是棉价太低，棉农惜售。棉价在 3.8～3.9 元/斤，最低时 3.5 元/斤左右。二是衣分较低，衣分平均在 33%～35%，最高 36%，是历年来最低的，而常年是 38%～39%。三是收储尺度掌握比 2011 年严格，达不到收储标准或是定的级别低，加工企业利微，不愿收购。四是需求不旺，主要是纺织企业需求减少，其次是品级达不到收储标准，将近 1/3 的 5 级棉不能入储。

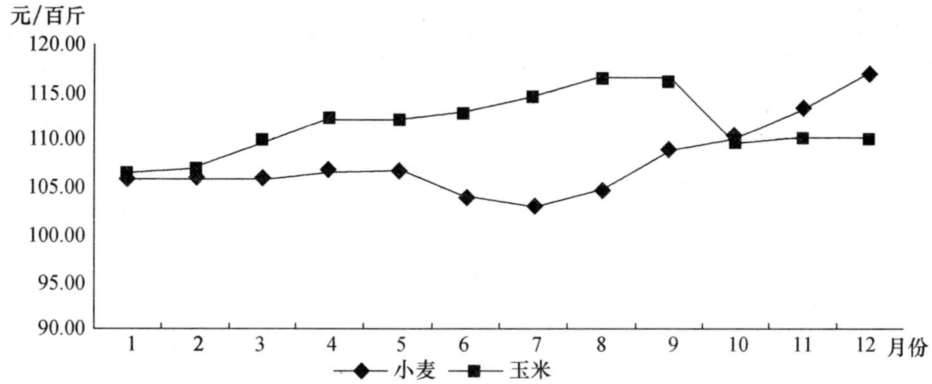


图 99 2012 年主要原粮价格

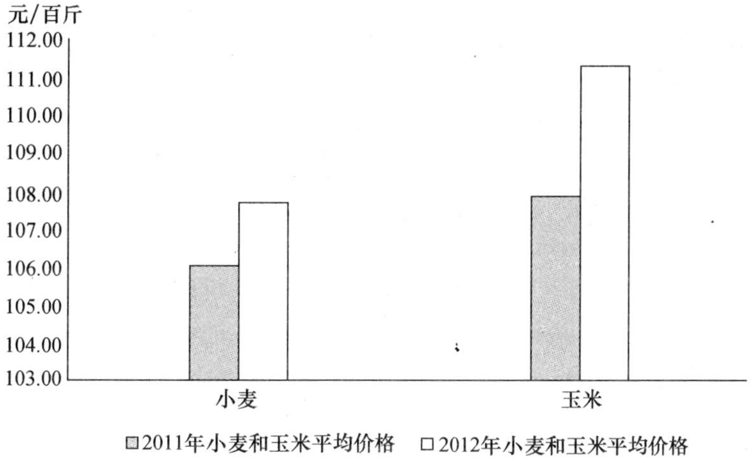


图 100 2011 年与 2012 年主要原粮价格比较

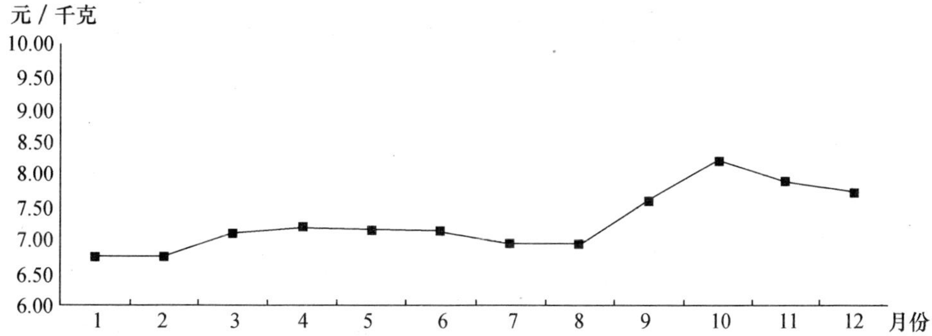


图 101 2012 年河北省籽棉价格走势

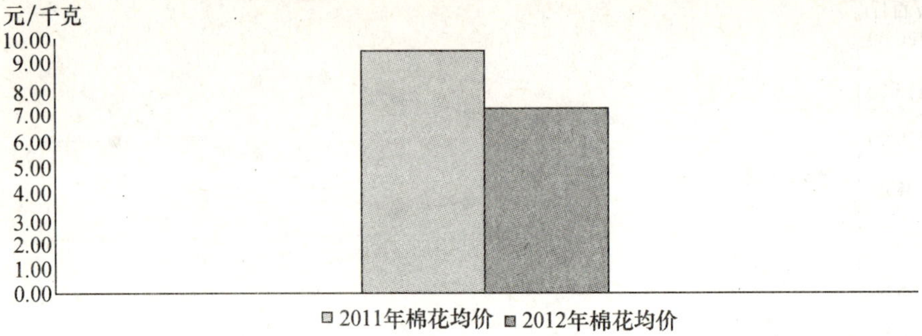


**图 102　2012 年棉花均价与 2011 年比较**

## (四) 蔬菜

2012 年全省蔬菜价格整体呈现出高开低走态势。一季度是河北省蔬菜生产淡季，上市蔬菜中约有 60% 是外埠菜，受气候、春节、生产成本和流通成本等多因素影响，市场需求旺盛，蔬菜价格持续高位运行。二、三季度基本是本地蔬菜上市，四月以后，随着天气变暖，大量露地蔬菜的上市保证了市场供应，蔬菜价格呈现季节性下降。随着后期进入四季度，蔬菜价格将继续高位运行。相对于上年，蔬菜全年整体价格均有所上涨，高于往年。据蔬菜生产者价格采集 6 月以后数据显示，各主要蔬菜品种价格稳定，趋势较稳定，8 月以后价格逐渐走高，临近春节，预计蔬菜价格会有所上升。

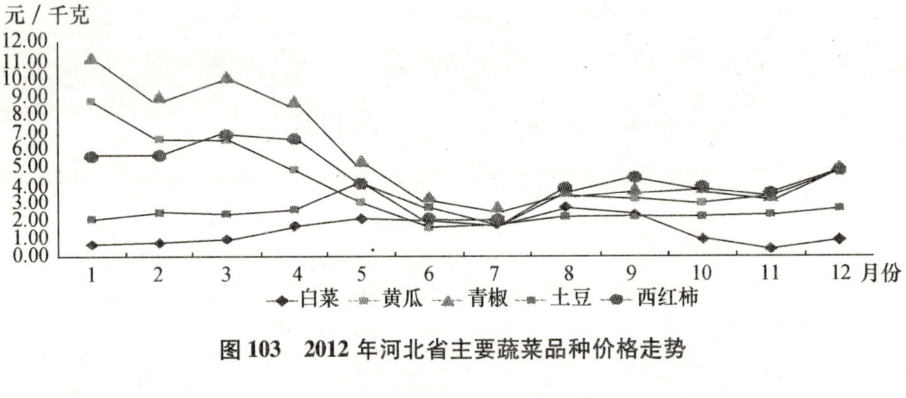


**图 103　2012 年河北省主要蔬菜品种价格走势**

## (五) 主要生产资料

据全省 9 个物价基点县调查上报数据显示，2012 年主要生产用化肥平均价格比上年略有提高。2012 年国产尿素平均价格为 2312.49 元/吨，复合肥 3026.58 元/吨，磷酸二铵 3486.61 元/吨，同比分别上涨 7.45%、6.12% 和 3.42%。其他如农用柴油、国产氯化钾、地膜等农业生产资料全年平均价格也有不同程度提高。

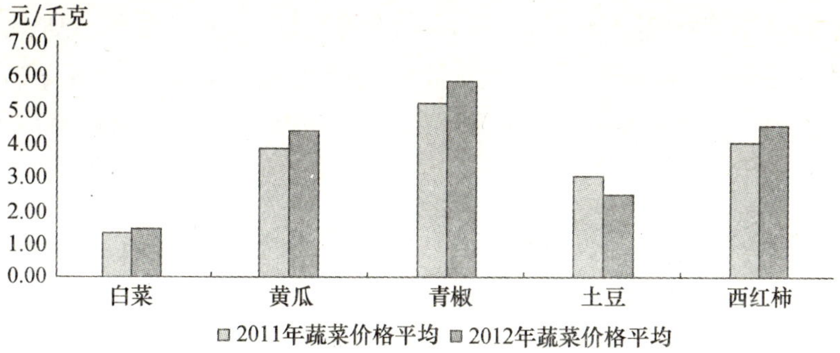


图 104　2012 年河北省主要蔬菜品种价格与 2011 年比较

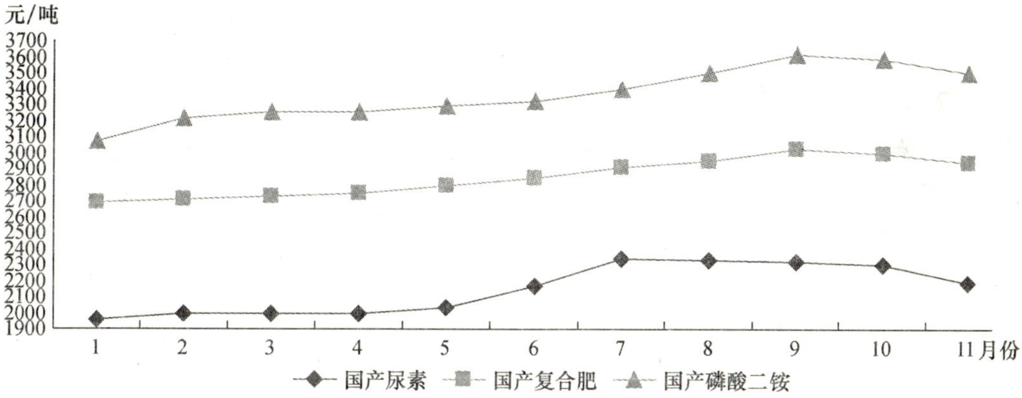


图 105　2011 年 1～11 月河北省主要农用生产资料价格走势

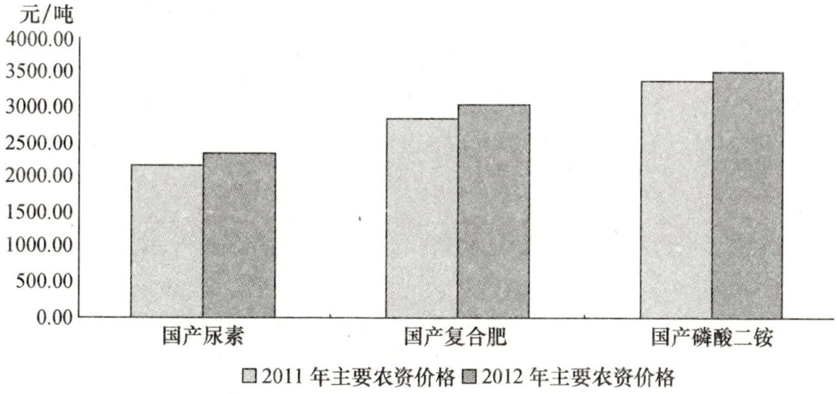


图 106　2012 年主要农资价格与 2011 年比较

## （六）主要畜产品市场运行情况

1. 猪肉

据全省 9 个物价基点县调查显示，2012 年 1～5 月以来，猪肉价格持续下降，6~8 月保持价格稳定，8 月达到本年最低价格，平均为 21.60 元/公斤，与 2011 年同期相比下降 28.81%，9 月以后猪肉价格逐渐提高。临近春节，猪肉消费旺季即将来临，预计春节之前猪价将会迎来一波反弹，价格将有所提高。

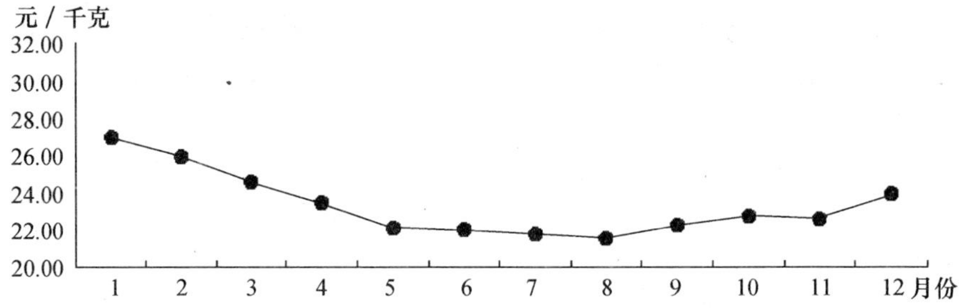


图 107 2012 年河北猪肉价格走势

2. 鸡蛋

2012 年 2~5 月，河北省禽蛋市场总体形势良好，价格稳定，5 月以后，鸡蛋价格波动较大，尤其是进入 9 月，鸡蛋价格达到 10 元/公斤，创全年最高，但与上年同期价格基本持平。饲料、人工和运输等养殖成本上升成为推动鸡蛋价格走高的主要原因。随着节后鸡蛋供应量增加，预计鸡蛋价格将逐步趋于稳定。

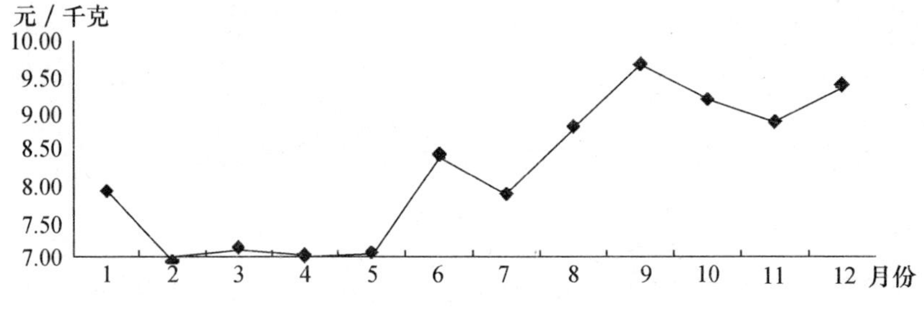


图 108 2012 年河北鸡蛋价格走势

## 三、2013 年河北省农产品市场展望

2013 年是我国“十二五”规划的攻坚期，农业进入了一个更好的发展时期，促进农民增收、农业增效，保持农产品价格稳步是当前发展的主旋律，预计 2013 年河北省农产品市场将趋于平稳态势。

## （一）粮食种植扶持政策将进一步加大

河北省是全国13个粮食主产省之一，承担着确保国家粮食安全的重要责任。从2007年起，河北着力建设4000万亩粮食生产核心区，以保证粮食产量稳定在250亿公斤以上。2013年河北省将继续加大粮食种植扶持力度，加大粮食种植补贴政策，积极推广小麦和玉米高产品种，稳定并逐步提高粮食种植面积，确保粮食生产安全。

## （二）稳定种植结构

据调查显示，2012年河北省小麦收益较2011年下降，收益降低导致农民种粮积极性不高。为保证粮食生产安全，保护种粮积极性，国家调整2013年小麦最低收购价，较2012年每百斤增加十元，但小麦种植面积已连续增长，继续扩大的空间有限。

2012年受生长期阴雨天气影响，全省棉花品级有所下降，棉花价格依然保持较低走势，再加上国家对粮食实行种粮补贴高于种棉补贴及种棉机械化程度较低，导致种棉与种粮比较效益明显下降，棉农植棉积极性受挫，植棉积极性下降。为了克服不利局面，尽量减缓棉花下滑趋势，保护棉农利益，调动棉农积极性，稳定棉花面积成为当前面临的主要任务。为此，河北省2013年棉花工作将坚持以科学发展为指导，以棉花稳定发展和农民持续增收为目标，调动各方面积极性抓好棉花生产，千方百计稳定面积。

## （三）保障蔬菜生产供应，稳定市场价格

河北省是我国蔬菜生产总量第二大省，肩负着保障京津蔬菜市场供应的重任。河北通过建立蔬菜生产示范县和冬春蔬菜储备制度，以设施蔬菜生产为重点，千方百计搞好蔬菜生产，扩大规模，提升单产总产，挖掘生产潜力增加蔬菜供应量，以保障市场蔬菜供应和稳定市场价格。2012年，我省开展了以标准园创建为主要内容的蔬菜示范县建设，积极参与部级蔬菜标准园创建，启动省级千亩蔬菜标准园区创建活动。目前，全省已建成示范村标准园276个，92个蔬菜生产基地合作社和企业参与部级标准园创建，初步建成了502个千亩以上的省级蔬菜标准园区。

自2010年河北省启动蔬菜示范县建设以来，三年全省新增设施蔬菜播种面积200多万亩。当前全省蔬菜在田面积约为320万亩，同比增长3.21%，其中大中棚在田面积53万亩、日光温室在田面积187万亩，设施蔬菜面积的增加为保障市场供应、稳定市场价格奠定了基础。通过大力发展“农超对接”等直销模式，建立长期稳定产销关系，菜园子对接“菜篮子”，畅通蔬菜市场流通，对稳定市场价格起到了重要作用。

# 2012年辽宁省玉米市场运行情况

辽宁省农委信息中心　赵爱雪　姜　森

2012年辽宁省粮食作物播种面积为4685万亩，较上年增加25万亩，超额完成了预期目标。其中玉米播种面积3222.3万亩，同比（2011年3201.9万亩）上涨0.64%。2012年，辽宁省各级农业部门切实加强农作物水肥管理和病虫害综合防治等田间管理工作，提前制定应急预案，为有效应对台风、病虫害等农业灾害，确保实现粮食生产目标奠定了坚实基础。2012年全省粮食生产连续9年实现丰产丰收，粮食产量达到414.1亿斤，创历史新高。

表38　2001～2011年辽宁玉米种植和产量情况　单位：万亩/万吨

| 项目 | 2001年 | 2002年 | 2003年 | 2004年 | 2005年 | 2006年 | 2007年 | 2008年 | 2009年 | 2010年 | 2011年 |
|---|---|---|---|---|---|---|---|---|---|---|---|
| 面积 | 2049.5 | 2092.7 | 2102.1 | 2753.9 | 3115.1 | 2974.7 | 2997.9 | 2827.4 | 2946.2 | 3139.5 | 3201.9 |
| 产量 | 833.7 | 889.4 | 930.5 | 1352.1 | 1340.3 | 1211.5 | 1167.8 | 1189 | 963.1 | 1150.5 | 1360.3 |

## 一、2012年辽宁玉米市场行情回顾

近年来，受生产成本增加、需求拉动和通胀预期推动等因素的影响，国内主要粮食价格一路走高。2012年上半年，辽宁省玉米价格持续高位运行，其市场变化情况和价格走势颇为引人瞩目。

### （一）玉米生产情况

1. 春播气候条件对辽宁省玉米生产造成不良影响

2012年春季，辽宁省遭遇了长时段的低温多雨雪天气，给春耕生产带来了十分不利的影响，全省大田播种和水稻育苗期普遍推迟10天以上。虽然春播生产进度有所延迟，但各地采取了抢前抓早保进度、扩大机械播种面积、强化技术指导服务、加大农情信息调度力度等一系列措施积极应对不良气候条件，确保全省春播生产工作有序进行。

2. 种植面积持平略涨

2012年辽宁省玉米种植面积基本与上年持平。2011年全省玉米面积为

3201.9万亩，据统计，2012年全省玉米种植面积约3222.3万亩，同比上涨20.4万亩，涨幅约为0.64%。主产区大连市玉米种植面积284.39万亩，同比下降0.25%，预计产量116.11万吨(2011年，全市玉米种植面积285.1万亩，产量120.80万吨)。鞍山市玉米种植面积259.9万亩，同比上涨4.03%，预计产量104.97万吨(2011年，全市玉米种植面积249.82万亩，产量113.93万吨)。另外，丹东玉米种植面积为151.81万亩，锦州玉米种植面积为462万亩。

### （二）玉米进出口情况

据海关统计数据显示，2012年1～10月，全省累计出口玉米5454.00吨，同比下降50.97%；出口金额194.22万美元，同比下降46.00%。累计进口玉米230.00吨，同比下降99.65%；进口金额38.92万美元，同比下降98.25%。

### （三）玉米收购价格情况

2012年，辽宁产地玉米收购价格呈现持续上涨态势，玉米批发零售价格走势以平稳运行为主，价格高于上年同期水平。2011年，全国玉米虽迎来丰收好年景，却呈现出令人难以置信的大涨行情。2012年春节过后，玉米市场承接上年末的上涨势头，以辽宁产区为“龙头”展开了新一轮强劲上涨。

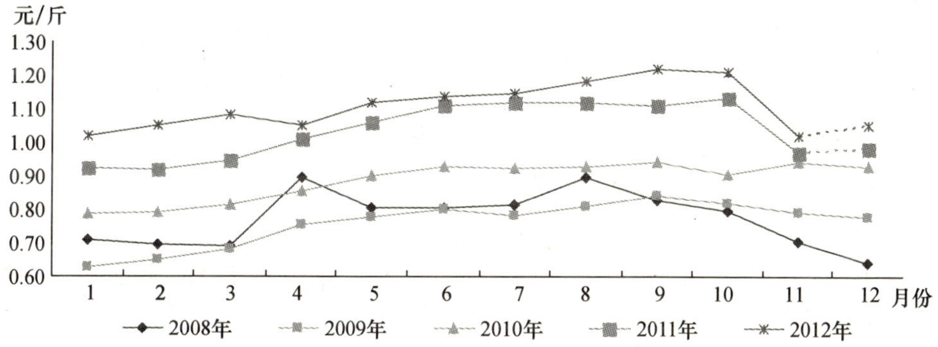


**图109 2008年以来辽宁玉米产地收购价格走势**

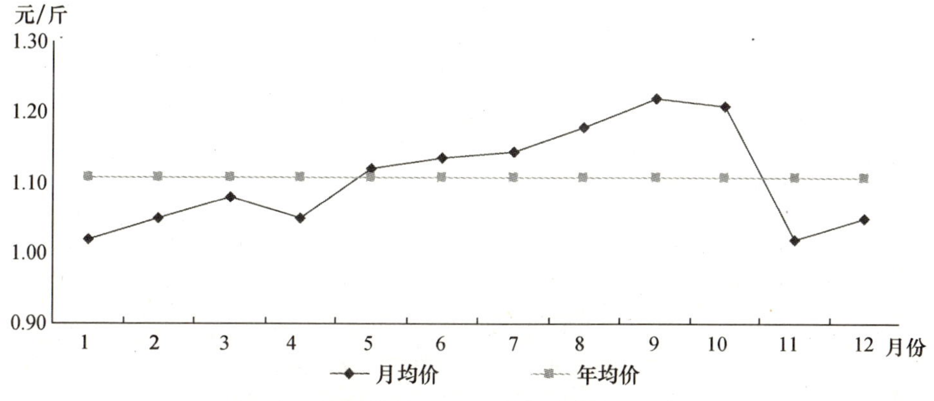


**图110 2012年辽宁干玉米产地收购价格走势**

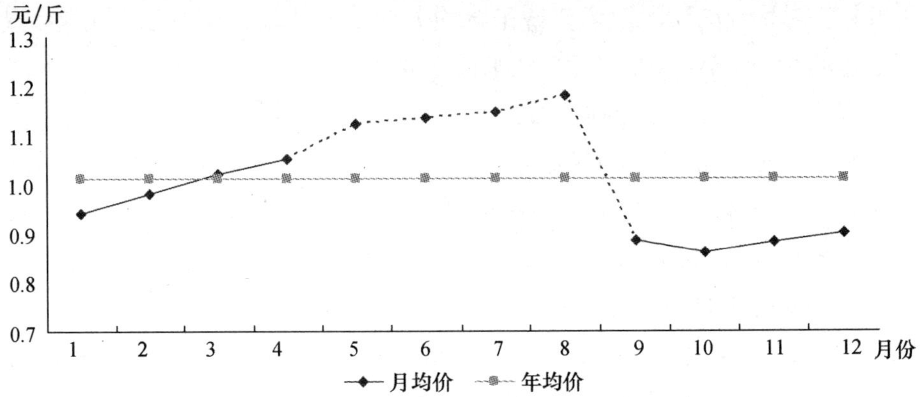


**图 111　2012 年辽宁湿玉米产地收购价格走势**

据辽宁省农委信息中心 100 个价格监测点数据显示：2011 前 10 个月，全省玉米收购价格持续上涨，进入 10 月受新季玉米上市影响价格逐渐回落。从整体来看，全年玉米收购均价为 105. 85 元/50 公斤，同比上涨 7. 46%。其中，干玉米收购均价为 110. 70 元/50 公斤，同比上涨 5. 93%（注：干玉米为含水量≤20%，以下同）；湿玉米收购均价为 101. 00 元/50 公斤，同比大幅上涨，涨幅约为 19. 53%（注：湿玉米为含水量 > 20%，以下同）。湿玉米市场交易分为两部分，一部分是 2011 ~ 2012 年陈季湿玉米。4 月起，天气逐步转暖，湿玉米含水量逐渐降低至干玉米水平，2011 季湿玉米交易逐步停止。另一部分是 2012 年 10 月收获后上市的新季湿玉米。

## （四）玉米批发、零售价格情况

据辽宁省农委信息中心 16 个批发价格监测点的数据显示：2012 年，全省玉米批发均价为 2. 85 元/公斤，同比大幅上涨，涨幅约为 14. 92%。

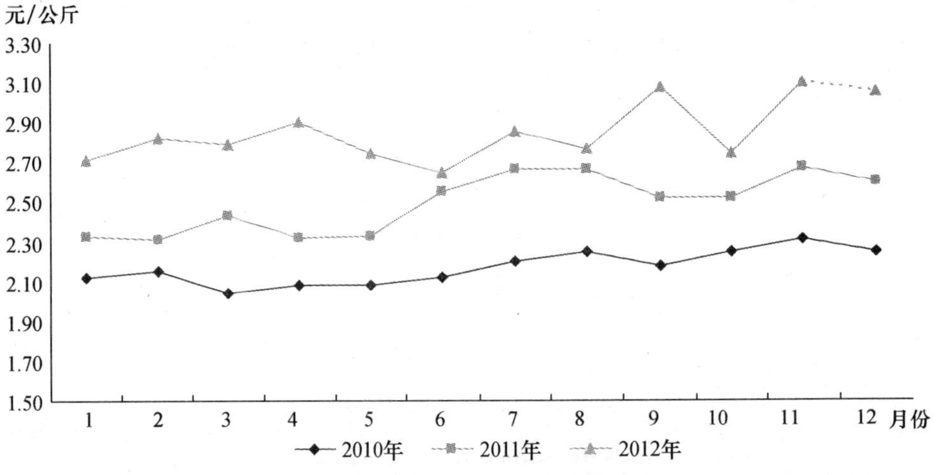


**图 112　2012 年辽宁玉米批发价格走势**

从辽宁省内49个零售价格（超市）监测点数据显示：全年玉米零售均价为4.16元/公斤，同比上涨12.74%。

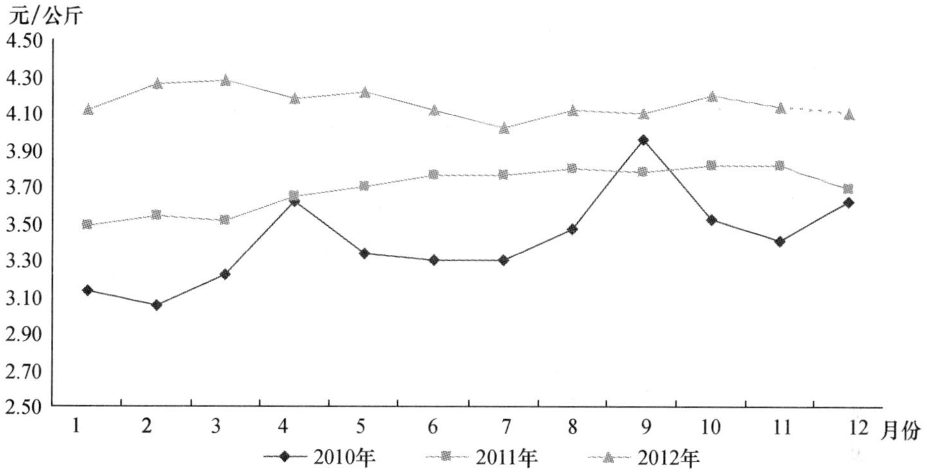


**图113　2012年辽宁玉米零售价格走势**

## 二、2012年玉米价格行情变化因素分析

### （一）新季玉米生产成本普涨推高价格

2012年辽宁省各地区生产资料价格普涨，成本的上涨推高粮食价格。以辽宁昌图县为例，该地区土地资源好，农民收入较高，生产投入也较高，玉米亩产在1400～1800斤，种粮收益稳定偏高。据昌图县玉米生产成本分析，每亩玉米按种子费用60元、化肥费用180元、农药费用25元、机械耕种费用70元、人工费200元、其他费用50元计算，成本共计585元，与上年相比增加了12.1%。按每斤1元，亩产1400斤计算，每亩可收入1400元，纯收入达815元。生产成本上涨主要是油价上涨导致农资价格和农机使用成本上涨，单粒播每粒上涨到1.2分钱，每公斤涨6元。此外，普通种子价格比上年每公斤上涨2元左右，尿素、复合肥、二铵每吨平均上涨150～300元。

### （二）灾害性天气支持玉米价格高企

2012年辽宁省天气情况总体有利于粮食生产，雨水与往年比偏大，台风和内涝是影响粮食产量的主要因素。

受台风“布拉万”影响，8月28日至29日，东北三省出现强风雨天气。辽宁风灾主要发生在铁岭地区，个别乡镇玉米倒伏达到30%～40%。玉米倒伏对东北部分地区玉米产量造成影响。通常，台风气团影响呈现一条线的走势，玉米倒伏面积不会很大，如果玉米植株倾斜，可以一定程度上自行恢复直立；如果玉米倒伏，则需要人工辅助直立，这需要一定时间恢复；但如果玉米秸秆折断，会对产量造成很大影响。

### （三）病虫害大发作

8 月正是辽宁玉米生长和产量形成的关键时期，但受 7 月下旬以来降水偏多，气温偏低等因素影响，辽宁遭遇了罕见的玉米三代粘虫虫害，部分地区虫害较为严重，农作物受灾面积已超200 千公顷，引发了市场对未来玉米可能减产的担忧。

辽宁发生玉米三代粘虫虫害的地区包括沈阳的康平、法库、新民；阜新的彰武、阜蒙县；锦州的义县、黑山、北镇；盘锦的大洼、铁岭市、昌图县等地。据辽宁省民政厅报告，截至 8 月 16 日 9 时，8 月以来发生的粘虫灾害造成沈阳、阜新、锦州 3 市 7 个县（市）78.8 万人受灾；农作物受灾面积211.4 千公顷，其中绝收 24.8 千公顷；直接经济损失 8 亿元。

### （四）农民惜售心理愈发增强

新粮上市前，农民随着手中余粮数量的减少，惜售心理也愈发增强，致使市场供应亦愈发紧张，收购主体不断提高价格，一定程度上推动了玉米市场价格走高。

### （五）玉米消费需求提升，拉动价格

2012 年以来，国家为抑制玉米深加工企业的发展再出新规，将部分玉米深加工产品的增值税上调至 17%，以粮食为原料的燃料乙醇补贴从 2011 年的1276 元/吨下调至 500 元/吨，增加税收减少补贴短期将会抑制加工企业的玉米需求。

据了解，东北地区深加工企业普遍增加了生产饲料、酒精、玉米油等产品的玉米加工生产线，玉米深加工企业处于快速发展阶段，玉米需求量比较大。从饲用玉米方面来看，2012 年上半年国内生猪价格持续走低，猪粮比也处于5.7:1 的低位，养猪积极性不佳，导致饲企对于玉米的收购较为谨慎。但随着猪肉价格的不断企稳，对饲料的需求也将有所增加。深加工玉米消费量继续增加及饲料消费的回暖都有利于玉米价格继续上涨。

## 三、2013 年玉米市场前景展望

### （一）饲用玉米需求稳步增长

据农业部公布的数据显示，截至 10 月，全国 4000 个监测点生猪存栏量环

比增加0.1%，同比增加0.8%，约为4.73亿头；其中，能繁母猪存栏量环比增加0.3%，同比增加4.2%，约为5078万头。生猪存栏量尤其是母猪存栏量居于高位显示市场对未来猪肉消费增长的信心较强，猪肉需求也将稳步增长。总体来看，生猪价格稳步上涨将刺激未来国内玉米饲料消费量保持增长态势。

**（二）深加工效益未见明显好转，企业采购积极性不高**

2012年以来玉米深加工行业依旧呈亏损状态。虽然目前深加工效益未见明显好转，特别是白酒塑化剂事件和当前宏观的政治敏感性对酒精消费造成了很大的影响，但预计食品加工等对淀粉消费会有小幅提振。

**（三）国际玉米价格居高不下，拉动国内价格**

因50多年来最严重的干旱影响了作物产量，美国农业部报告显示，2012年美国玉米收成将降至6年最低，2012/13年度末玉米供应或降至17年低位。由于全球玉米最大出口国美国遭遇严重干旱，玉米减产已成定局，预计后期国际玉米价格将持续上涨，对国内玉米价格起到一定的推动作用。

# 2012年黑龙江省粮食市场运行情况及展望

黑龙江省农委市场信息处　戴晓东
黑龙江省农业信息中心　吕凤明　唐青春　杜　宇

2012年黑龙江省粮食再获丰收，实现粮食生产9连增，全省粮食种植面积20913万亩，比上年增1.33%，其中水稻、玉米、小麦、大豆面积分别为5730.7万亩、9922.8万亩、602.6万亩和3899.3万亩，分别比2011年增10.82%、12.04%、-3.22%和-24.92%。粮食总产量达1152.3亿斤，比2011年增3.4%，其中：水稻、玉米、小麦、大豆产量分别为434.2亿斤、577.6亿斤、14亿斤和92.7亿斤，分别比上年增5.3%、7.9%、-32.5%和-14.4%。粮食市场运行总体平稳，价格总体水平比上年有所提高，水稻、玉米、大豆平均价格为1.57元/斤，比2011年上涨6%。粮食销售总体顺畅，截至2013年2月21日，全省共收购粮食678.8亿斤，同比增62亿斤，占商品量的72.97%，其中水稻283亿斤占商品量的80.24%，玉米325.06亿斤，占商品量的64.68%；大豆51.57亿斤，占商品量的76.18%。预计2013年粮食市场将处于高位运行状态。

## 一、玉米情况

### (一) 2012年黑龙江省玉米市场运行情况

2012年1~9月玉米价格呈现逐步上行走势，价格由2034.33元/吨上涨至2326.25元/吨，涨14.3%，价格达到最高水平。进入秋粮食收获时节玉米价格回落，9月下旬至11月中旬，粮食价格呈现迅速下滑走势，由2326.25元迅速下滑至2160元，最低达到2080元。11月中旬国家出台玉米临时收储政策后临储收购价格1.05元/斤，水分按照1∶1.65执行，玉米市场跌势减缓，价格在2100元/吨左右，为市场构筑了底部支撑。

### (二) 影响黑龙江省玉米市场因素分析

1. 价格上涨因素

一是前期需求旺盛粮源减少及销区价格上涨。进入2月，受深加工和中储

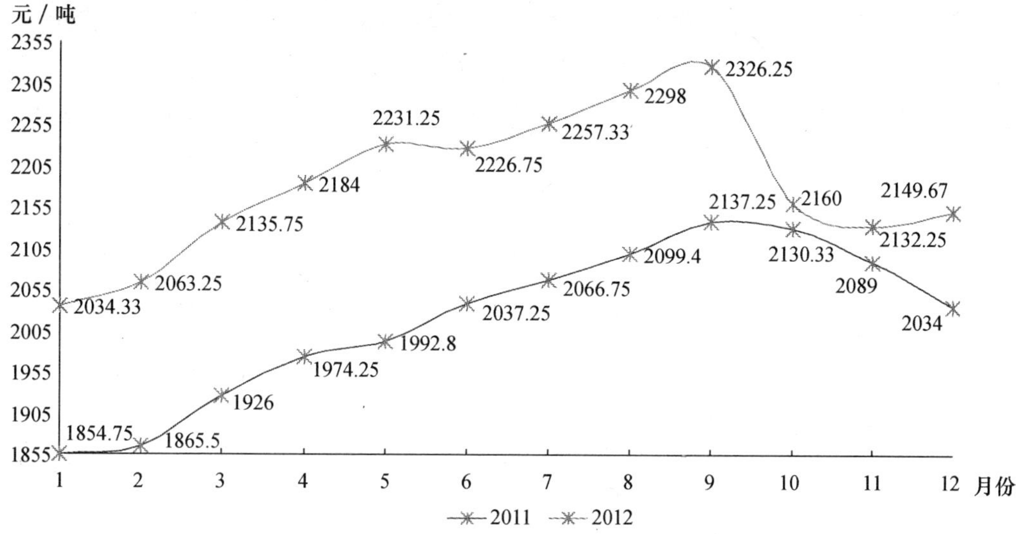


**图 114　2011 –2012 年黑龙江省玉米价格走势**

粮入市收购两种需求的提振，玉米价格持续上涨。在 6 ~9 月期间，受有效粮源减少和销区价格上涨影响，黑龙江省玉米又迎来了一波上涨行情，导致1 ~9 月玉米价格上涨较快。

二是成本上升为价格上涨提供支撑。玉米种植成本逐年提高，已经成为推升玉米成本的主要因素。根据全省 1250 个农户玉米种植成本效益分析，2012 年黑龙江省玉米亩均总成本达到 802. 91 元，比上年增加 101. 56 元，增 14. 48% 。数据显示，物质投入、人工费用、土地成本均有较大幅度增加（见图 115）。玉米亩均种植玉米纯收益 288. 63 元，比上年少 23. 88 元，减 7. 64% 。

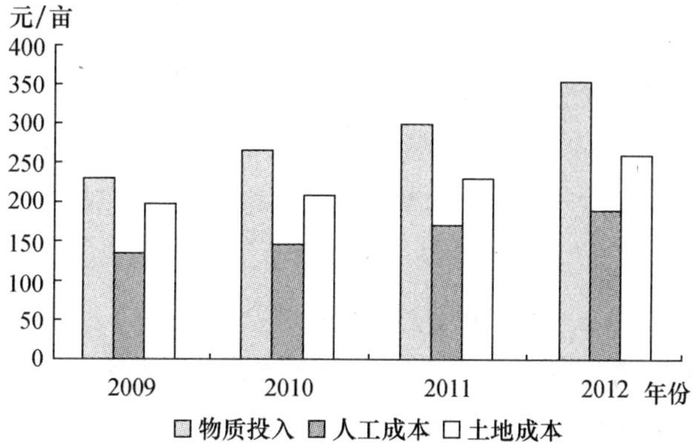


**图 115　2009 ~2012 年黑龙江省玉米种植成本变化**

三是国家玉米临储收购政策为玉米价格提供支撑。11 月中旬国家出台玉米临时收储政策，为市场构筑了底部支撑，市场跌势减缓。

四是农民心理预期较高。由于前两年玉米价格处于上升行情，农民对 2012 年玉米价格上升抱有很大希望。同时，在通胀预期加剧和成本提高的情况下，农民对玉米涨价惜售心理强烈，助推价格上涨。

2. 价格下行压力因素

一是供给量增加。国内玉米产量增加。据国家统计局日前发布的统计数字表明，2012 年全国玉米产量为 20812 万吨，比上年增产 1534 万吨。进口持续增长，据海关数据显示，2012 年，中国玉米实际进口量为 523 万吨，出口玉米量为 12.7 万吨，净进出口达 511.3 万吨，是 2010 年的 3.5 倍，一定程度上增加了国内供应。此外，库存较为充足。据有关机构预测，预计 2011/12 年度国内玉米市场出现 1073 万吨左右结余，2011/12 年度国内期末库存 4180 万吨左右。

二是市场需求量放缓。2012 年玉米需求继续增长，但增速明显放慢。工业消费占总需求量已经从 2010/11 年度的 27.36% 下降到 2011/12 年度 25.04%，在政策限制和需求低迷的双重打击下，玉米的深加工需求失去了增长的基础。而种用及食用消费历年变化不大，始终在总需求的 6.5% 左右徘徊。因此，绝大部分的需求增长来自于饲用需求，但由于养殖业利润持续低迷，加上小麦的大规模替代，玉米饲用需求虽然存在刚性需求，但增幅受限。

三是玉米水分较大，影响收购。受秋收雨水较大影响，全省玉米水分普遍偏高，在 35% ~38%，甚至达到 40%，使收获成本增加，同时也增加了收储的烘干成本，烘干成本增加近 1 倍，收购商收购意愿不强，购销不旺，并且部分地区出现烘干后出现色变粒问题，曾一度影响收购，后经国家检验审定后确定色变粒质量符合国家收购要求，可以收购，收购进度有所加快。并且由于收购成本增加，曾在 11 月出现南北玉米价格倒挂现象，运到山东的玉米价格达到 2500 元/吨，比山东本地玉米价格还高出 50 ~100 元/吨，影响玉米销售。

**（三）2013 年黑龙江省玉米市场展望**

虽然 2012/13 年度期初国内库存较大，市场供求矛盾有所缓和，但由于国内工业消费仍居高位和养殖业需求存在刚性增长，玉米市场或保持供应略紧的状态，加之 CPI 走高，生产成本上升，支撑玉米价格保持高位运行，更重要的是国家玉米临储政策，对玉米高位运行提供有力支撑。因此，预计 2013

年玉米价格还将处于高位运行状态，但上涨空间极其有限，因为由于玉米种植效益相比较高，全省玉米面积还有增加的可能，对价格形成一定压力。

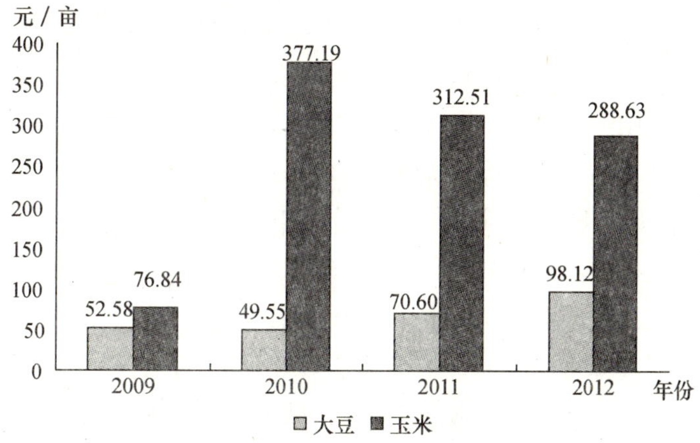


图116 黑龙江省大豆与玉米亩均纯效益对比情况

同时，玉米进口数量的增加将对玉米价格上行形成一定压力。从全国看，饲用小麦的增加将对玉米价格形成一定压力。

## 二、水稻情况

2012年黑龙江省水稻面积产量持续增加，市场运行平稳，销售顺畅，水稻价格保持高位运行。

### （一）黑龙江省水稻生产实现“九连增”

2012年全省战胜前期低温寡照、病虫害，以及秋收时节大范围持续降水、降雪，收获难度大等不利因素影响，水稻获得丰收，全省水稻面积达5730.7万亩，同比增10.82%，水稻产量达到2171万吨，同比增5.29%，实现“九连增”。水稻总体质量仍好于2011年，出米率普遍在68%以上，部分地区达到70%，较2011年提高2%～3%。由于国家收储政策提高水稻底价，水稻种植收益相对较高，预计2013年黑龙江省水稻面积还有增加的趋势。

### （二）黑龙江省稻米价格呈现先扬后抑走势

2012年黑龙江省水稻市场呈现由购销旺盛转向购销平淡的态势。自2012年1月起，在多元粮食经营主体竞争收购及水稻收购价格不断攀升的市场利好带动下，农民踊跃销售水稻，市场购销顺畅，交易量明显增多。到5月10日，全省累计收购水稻1803万吨，占2011年总产量的87%，全省水稻收购工作基本结束，水稻价格呈现稳步上涨趋势。9 月中旬，全省内水稻收购平均价 1.55 元/斤，比年初上涨 12.3%；大米价格平均收购价 2.50 元/斤，比年初涨 10.1%。

2012 年 10 月新季水稻集中上市以后，市场供给大幅增加、水稻水分偏高、运输不畅等因素导致企业和贸易商收购谨慎，购销双方观望等待心态明显增强，收购价格由高走低。此外，持续降雪天气导致部分地区交通运输不畅，市场购销活动基本处于停滞状态。11 月中旬，国家启动水稻收购计划，303 个库点全面展开收购。在托市政策提振下，全省水稻价格向 1.40 元/斤的政策收购价靠拢。圆粒水稻（出米率 66% ~68%，水分 17% 左右）价格为 1.39 ~1.40 元/斤，呈现高价下调、低价小幅上调、总体趋稳的局面；长粒水稻价格依然高于圆粒水稻价格，平均高出 0.15 元/斤左右，优质长粒水稻价格更高。中粮、北大荒、益海、鑫利达等一些较大型粮食购销、加工企业稻米购销量略有增加，同时各地中小型加工企业开工有所恢复，粳稻收购量稳步增长。

**（三）影响黑龙江省水稻走势的原因分析**

1. 最低收购价政策为稻米市场提供底部支撑

2012 年 9 月，国家公布稻谷最低收购价政策，规定 2012 年生产的三等粳稻最低收购价为 1.40 元/斤，较上年度提高 0.12 元。11 月下旬，黑龙江省全面启动最低收购价政策。由于连年丰收，水稻市场供给充足，粳稻市场在 2012 年仍面临着较大的供给压力，如果没有政策支撑，新产粳稻价格难以突破当前市场价格转而下行。据国家粮油信息中心预计，2012 年我国稻谷产量 20500 万吨，比上年增 2.0%；2012/13 年度我国稻谷消费平稳增长，国内消费量为 20140 万吨，比上年度增 1.5%。国内稻谷继续维持供大于需的格局，稻米价格上行动力不足。

国家出台和启动最低收购价政策后，弱化了由于成本上涨、农民普遍惜售待涨与水稻丰收、市场供给充足、企业压价收购之间的矛盾，使全省稻米市场在一个相对平稳的环境下运行，避免了价格大起大落对农民增收和企业生产的影响。同时，在国内粮食、肉蛋类食品价格上涨的大环境下，提高稻谷最低收购价有利于保护农民的利益，提高种植水稻积极性，保障国家粮食安全。此外，国家持续进行的粳稻拍卖活动也对平衡市场供给，稳定稻米价格发挥了关键作用。

2. 成本上涨推动稻米市场价格居高不下

受种子、化肥、农药、农用柴油等农资价格和人工成本、土地成本持续上升影响，水稻种植成本出现大幅提高。通过农户调查显示，2012 年黑龙江省种植水稻的亩成本达到1301.36 元，同比涨13.1%（见表39），为三大作物中种植成本最高的品种。随着国内商品市场普遍上涨、种植成本提高，农民对新季水稻的预期价格也将随之上升，在农民还贷压力减小的情况下，未来市场的惜售观望氛围将更加浓厚，促使稻米价格持续走高。

**表 39 2009～2012 年黑龙江省种植水稻的效益对比**

单位：公斤、元、元/公斤

| 品种 | 年度 | 亩产量 | 亩成本 | 其中 | | | 价格 | 纯收益 |
|---|---|---|---|---|---|---|---|---|
| | | | | 物质投入 | 人工成本 | 土地成本 | | |
| 大豆 | 2009 | 131.74 | 427.56 | 153.68 | 93.66 | 180.21 | 3.64 | 52.58 |
| | 2010 | 138.40 | 470.09 | 174.64 | 106.03 | 189.42 | 3.75 | 49.55 |
| | 2011 | 142.30 | 524.22 | 196.07 | 111.57 | 216.58 | 4.18 | 70.60 |
| 玉米 | 2009 | 415.40 | 562.52 | 230.36 | 134.16 | 198.00 | 1.51 | 65.48 |
| | 2010 | 533.91 | 619.78 | 264.63 | 145.13 | 210.02 | 1.86 | 374.02 |
| | 2011 | 485.74 | 701.35 | 300.73 | 169.12 | 231.50 | 2.02 | 280.09 |
| 水稻 | 2009 | 488.69 | 976.97 | 388.48 | 204.50 | 384.00 | 2.18 | 88.64 |
| | 2010 | 496.56 | 1014.86 | 396.69 | 224.66 | 393.50 | 2.78 | 363.12 |
| | 2011 | 507.30 | 1150.90 | 477.80 | 248.49 | 424.61 | 2.82 | 280.14 |
| | 2012 | 521.50 | 1301.36 | 528.26 | 304.08 | 469.03 | 2.90 | 210.99 |

数据来源：黑龙江省农业信息中心农户调查。

3. 市场需求稳步增长

随着人民消费水平不断提高，对优质大米的需求逐渐增加。黑龙江省作为优质粳稻的主产区，稻米增产速度与国内销区需求增长速度之间存在一定差距。2011 年黑龙江省水稻商品量为1660 万吨，占全国粳稻产量的30%，是市场抢购的重点，需求十分旺盛，推动黑龙江省稻米价格稳步走高。

**（四）2013 年黑龙江省稻米市场展望**

近几年在国内物价水平不断攀高，农产品价格总体呈现上涨，稻米市场需求旺盛，带动水稻价格上涨，但国家不断加大宏观调控政策力度、抑制粮价过快上涨作用下，稻米市场价格将保持温和上涨态势。因此，2013 年黑龙江省稻米市场走势仍将以政策引领为主导，不会出现大幅波动。

1. 短期粳稻上涨难度较大

一是2012年粳稻大丰收，市场供应十分充足，加工企业前期收购虽然谨慎，但在元旦前的放量收购后，目前其收购量依然要略高于上年同期，短期销售市场供给充足，粳稻市场上涨难度仍然较大。二是国家货币政策依然是稳健为基调，物价上涨仍将受控，国内物价水平缓慢回落，后期稻米价格的上涨动力将减弱。三是国有粮食企业2012年粳稻的收购量较上年增加，国家对稻米市场的调控能力增强。

2. 粳稻市场平稳运行为主

虽然粳稻产量连年增长，但随着粳稻收购的提速，目前农户水稻库存下降较快，市场供应压力已大为减轻。元旦、春节期间，消费者对优质大米的需求增加，作为优质米代表的粳米，销量提升幅度较大。长期来看，在国家调控政策、种植成本提高及区域性粳稻米需求偏紧的支撑下，价格下降空间有限，总体价格将以稳为主。

## 三、大豆情况

受大豆种植效益低等因素影响，2012年黑龙江省大豆播种面积下降到3899万亩，比2011年少25.5%；大豆产量464万吨，比上年少14.4%。新季大豆上市后，农民惜售，企业观望，虽然在国储政策支撑下大豆价格保持在2.30元/斤左右的高位，但市场持续购销不旺。

### （一）黑龙江省大豆市场运行状况

近年来，黑龙江省大豆市场价格总体呈现逐步上行走势，2012年也是如此。1~9月末，在国家托市收购、竞价拍卖等政策的作用下，黑龙江省大豆价格高位平稳运行。从年初的1.99元/斤稳步攀升至6月下旬的2.12元/斤。7~8月的2个月里，在美国大豆产区持续干旱、国际大豆供给预期偏紧、国内豆油价格上涨、省内企业提价收豆等因素的推动下，大豆价格由7月初的2.12元/斤，上涨到8月底的2.23元/斤，上涨势头一直延续到9月。受此影响，省内农民对新大豆上市后的价格抱有较高期望，多数农民认为新豆价格应该在2.40~3.00元/斤；部分农户表示，如果价格能涨到2.50元/斤，明年会增加大豆种植面积，如果持续在2.40元/斤或以下的水平，将继续减少大豆种植面积。

进入10月，黑龙江省大豆开始收获上市，开秤价格普遍在2.20元/斤左右，同比涨10%。11月中旬，国家发布新年度大豆收储政策，大豆最低收购价为2.30元/斤。在种植成本上升、产量减少的形势下，收购价没有达到农民预期的心理价位，惜售观望心理依然较重，加工企业收购进度缓慢，报价在2.20元/斤左右，明显低于国储收购价，收购数量十分有限，市场持续有价无市，购销不旺。

12月以后，随着年末临近，大豆采购进入高峰期，企业加大原料采购力度，黑龙江省内农民变现意识提高，积极出售手中大豆，黑龙江省大豆市场购销活跃，价格稳中趋升。12月30日，黑龙江省部分地区大豆价格：哈尔滨2.38～2.42元/斤，齐齐哈尔2.38～2.40元/斤，佳木斯2.30～2.33元/斤，绥化2.36～2.38元/斤，黑河2.34～2.35元/斤。截至2013年1月6日，省内大豆收购202.8万吨，自12月25日的两周内完成了106.3万吨的交易量，大豆购销进度明显提高。

### （二）影响大豆行情的原因分析

1. 种植成本上升推动大豆价格连年上涨

由于物价水平上升，主要生产资料价格普遍上涨，种植成本全线攀升，与2011年同期相比，尿素、磷酸二铵、钾肥和复合肥同比分别上涨8.5%、8.7%、4.8%和5.5%；地租普遍上涨，产量较高地块每公顷地租上涨幅度在1000～1500元；机耕费用受柴油价格上涨影响涨幅也在15%～20%。生产资料价格提升使得物种植成本较2011年大幅上升，人工费也有较大上涨。特别是2012年秋收多雨，用工数量和雇工费用均有不同程度的增加。随着成本逐渐上升，农民对大豆市场价格的预期也随之提高（见表40）。

**表40　2009～2012年黑龙江省种植大豆、玉米的效益对比**

单位：公斤、元、元/公斤

| 品种 | 年度 | 亩产量 | 亩成本 | 其中 | | | 价格 | 纯收益 |
|---|---|---|---|---|---|---|---|---|
| | | | | 物质投入 | 人工成本 | 土地成本 | | |
| 大豆 | 2009 | 131.74 | 427.56 | 153.68 | 93.66 | 180.21 | 3.64 | 52.58 |
| | 2010 | 138.40 | 470.09 | 174.64 | 106.03 | 189.42 | 3.75 | 49.55 |
| | 2011 | 142.30 | 524.22 | 196.07 | 111.57 | 216.58 | 4.18 | 70.60 |
| | 2012 | 152.00 | 587.13 | 221.39 | 131.94 | 233.80 | 4.51 | 98.12 |
| 玉米 | 2009 | 415.40 | 562.52 | 230.36 | 134.16 | 198.00 | 1.51 | 65.48 |
| | 2010 | 533.91 | 619.78 | 264.63 | 145.13 | 210.02 | 1.86 | 374.02 |
| | 2011 | 485.74 | 701.35 | 300.73 | 169.12 | 231.50 | 2.02 | 280.09 |
| | 2012 | 540.10 | 802.91 | 352.35 | 189.93 | 260.64 | 2.06 | 308.19 |

数据来源：黑龙江省农业信息中心农户调查。

2. 农民惜售观望支撑大豆价格上行

惜售待涨在近几年的粮食购销中都存在，但在 2012 年粮食收购过程中，惜售心理格外的强烈。一是由于近两年粮食价格在收购过程中持续走高，先卖的农民收益降低，使得农民更多的采取多方收集信息、把握市场动向，观望待售心理明显增强；同时，农民收入多元化，还贷压力减小也给“惜售”提供了条件。二是在通胀预期下，生产、消费品价格持续上涨，农民也都寄希望于粮食价格能进一步提高，以保证种粮收益不缩水，而加工企业在饲料市场需求旺盛，采取竞价抢购的策略正好迎合了农民“卖跌不卖涨”的惜售心理（见图 117）。农户普遍观望惜售行为成为粮食价格高位运行的重要支撑。

**图 117 2000 年 1 月至 2012 年 7 月黑龙江省大豆价格走势**

3. 比较效益低、供给趋紧导致大豆价格上升

大豆和玉米作为黑龙江省主要粮食作物，两者的种植比较效益直接影响农户的种植结构。近年来，我国玉米价格快速上涨，大豆价格徘徊不前，以 2012 年国储大豆和玉米收购价格 2.30 元/斤和 1.05 元/斤，两者比价为 2.19:1，低于 2.5:1 的合理比价，导致玉米种植收益要远远高于大豆。据农户调查数据，2011 年黑龙江省玉米纯收益是 280.09 元/亩，而大豆纯收益仅 70.6 元/亩，两者的种植效益相差接近 4 倍（见表 40）。因此，在全省南部地区，大部分豆农已经改种玉米和水稻等其他作物，北部地区也在积极引进早熟玉米品种，扩大玉米种植面积，全省大豆种植面积进一步减少（见图 118），2012 年全省大

豆面积仅有3899万亩，降至2000年以来的最低点。种植面积减少，大豆产量随之下降，市场消费需求依然旺盛，供需趋紧推动黑龙江省大豆价格一路走高。

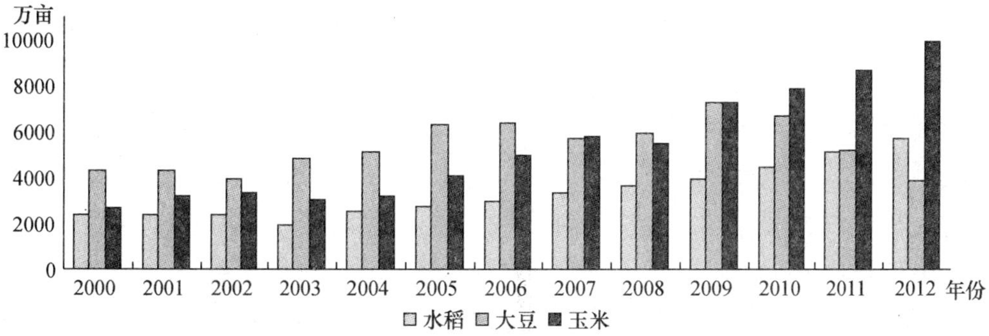


图118 三大作物种植面积变化对比

4. 国内消费需求旺盛促进大豆价格持续走高

据国家粮油信息中心预计，2012年国产大豆种植面积仅为8682万亩，比2011年减少13.8%；另外受天气影响，大豆单产112.9公斤/亩，同比减5.3%，产量仅为980万吨，同比减18.3%，创3年来最低。同时预测，2012年全国大豆消费量为7439万吨，同比增3%，中国必须进口更多的大豆以满足国内消费需求。海关数据显示，2010年我国进口大豆5480万吨，2011年为5250万吨，2012年我国进口大豆5750万吨，我国大豆对外依存度将高达85%。巨大的需求缺口、旺盛的消费需求成为推动省内及国内外大豆价格上涨的重要因素。

**（三）后市展望**

由于受近年来大豆收益较低，购销不旺的影响，预计2013年黑龙江省大豆种植面积还有减少的趋势，供给不足和不断增加的刚性需求将支持黑龙江省大豆价格保持高位，国家宏观经济政策和国储托市收购政策将继续主导黑龙江省大豆市场走势，全球气候变化也将影响黑龙江省大豆价格走势。

1. 国家政策主导黑龙江省大豆价格走势

受国际大豆冲击，黑龙江省大豆目前已处于市场边缘化，市场拉动主要靠国储收购，2008年至今国家连续实施大豆收储政策，支持黑龙江省大豆价格基本稳定。2012年11月，新年度国家大豆收储政策正式公布并全面展开收购，国标三等大豆收购价为2.30元/斤，同比高15%，为历年最高水平。国家启动新一轮收储，成为稳定大豆市场价格、提高农民种豆积极性、保障国内大豆生产能力的有力支撑，国储价格仍是主导黑龙江省大豆价格走势的风向标，有效确立了黑龙江省大豆购销底价，有助于稳定市场行情，弱化农民惜售心理，提高农民销售大豆积极性。同时，大豆底部价格的确定为大豆贸易商和大豆加工企业提供市场价格支点，有助于黑龙江省大豆购销活动的有序进行。

2. 国内大豆消费需求支撑大豆价格走高

近年来，我国大豆种植成本不断上升，与玉米等作物比较而言，经济效益较低，农户种植意愿大大减弱，国产大豆产量无法满足压榨需求，使我国对进口大豆依存度逐年提高。2012 年我国进口大豆 5750 万吨，较上年增长 9.3%，大豆进口量依然保持上涨趋势。从国内主要港口进口大豆库存（包括商业库存和储备大豆）来看，2012 年大豆库存大幅下降，由 1 月初的 680 万吨下降至 12 月末的 560 余万吨。同时，国家通过临储大豆拍卖方式向市场投放了 300 多万吨临储大豆，由此来看，在进口大豆增加、国内大豆抛储增加的情况下，大豆库存却下降，表明国内大豆需求保持强势，后期大豆价格将在需求的强劲支撑下保持良好势头。

3. 气候条件是影响大豆价格的重要因素

近年来，全球自然灾害频发，干旱、降雨等气候严重影响了大豆生产和价格走势。2011 年，南美大豆产区遭遇拉尼娜气候影响，出现大面积持续干旱，此次旱情正值巴西大豆关键的生长期和阿根廷大豆播种期，部分地区降雨量创近 40 年来新低，给南美大豆生产带来严重影响，从而推高了国际大豆价格。2012 年，美国更是成功运用极端干旱因素将国际大豆价格推上了历史最高位。2012 年黑龙江省秋收生产遭遇历史罕见的持续降雨、低温天气，严重拖后全省秋收整地进度，极端天气对于新季大豆降水、仓储十分不利，后期霉变概率较大，从而影响大豆品质，这给购销双方都带来极大地保管难题和担忧。变化不定的气候成为影响大豆价格的重要因素之一。

# 2012年湖南省稻谷市场运行情况

湖南省农业厅市场信息处 顾大勇 胡斌清

2012年是湖南省粮食生产具有里程碑意义的一年，除实现“九年增”外，粮食总产量跨上600亿斤台阶，为湖南国民经济又好又快发展打下了坚实基础。总的来看，2012年湖南省粮食生产实现面积、单产、总产“三增长”。新早稻收购价格高开高走；新晚稻收购价格平开稳走，后期略有下跌。农民种粮成本上升幅度较大，收益增幅下降。农民盼涨惜售，收购期拉长。预计2013年湖南省双季稻播种面积将稳中有增，稻谷价格将稳中略涨。建议国家有关部门抓紧出台2013年早籼稻最低收购价执行预案，加大进口大米市场的调控和监管。现将有关情况汇报如下。

## 一、稻谷市场运行特点

### （一）粮食生产实现“九年增”，单产创2004年以来新高

2012年，湖南省粮食生产实现面积、单产、总产“三增长”。据国家统计局抽样调查，湖南省2012年稻谷总产达到526.3亿斤，比上年增产11.2亿斤，实现“九年增”；水稻面积达到6143万亩，比上年增加43.3万亩；单产428.8公斤，比上年增加6.2公斤，创2004年以来新高。据农业部门定点调查，2012年汉寿县调查户（3个乡镇9个村45个农户，下同）早、晚籼稻单产分别为435.0公斤、471.6公斤，分别比上年增长4.56%、4.89%；沅江市调查户早、晚籼稻单产分别为427.0公斤、480.0公斤，分别比上年增长0.5%、17.9%。双季稻单产增加的主要原因：一是推广了高产品种和集中育秧、抛秧、机插秧、病虫害统防统治、合理密植、安全齐穗等技术。二是晚稻生产期温光充足，有效穗足，结实率高。

### （二）新早稻收购价高开高走；新晚稻收购价平开稳走，后期略有下跌

1. 新早稻收购价高开高走

2012年，主产区新早稻上市期较2010年提前一周左右。各监测县7月上旬新早稻陆续开秤，小粮商收购普通早籼稻每百斤（水分和杂质含量15.5%

左右）均价 121.0 元（高于国家最低收购价每百斤 120 元），同比上涨 17.3% 左右。7 月中旬小粮商上门收购普通早籼稻、优质早籼稻每百斤均价分别为 126.0 元、133.5 元，同比分别上涨 12.5%、11.7%；企业收购普通早籼稻、优质早籼稻每百斤均价分别为 132.2 元、138.1 元，同比分别上涨 11.9%、11.3%。7 月下旬小粮商上门收购普通早籼稻、优质早籼稻每百斤均价分别为 130.3 元、135.0 元，同比分别上涨 15.0%、14.4%；企业收购普通早籼稻、优质早籼稻每百斤均价分别为 135.1 元、138.9 元，同比分别上涨 14.4%、13.9%。7 月底至 8 月初新早稻收购价格逐渐趋于平稳。

2. 新晚稻收购价格平开稳走，后期略有下跌

各地普通晚籼稻开秤价略高于国家最低收购价每百斤 125 元。主产区小粮商上门收购普通晚籼稻每百斤 125～128 元（水份杂质含量达国标三等，下同），小米厂和收储企业收购普通晚籼稻每百斤高出小粮商 3～4 元。优质晚籼稻收购价每百斤高出普通稻 7～10 元。11 月上旬，各地反映晚籼稻收购价比开秤时有所下跌；12 月，主产区粮商上门收购晚籼稻价格稳定在每百斤 126 元左右。2012 年晚籼稻收购价格呈现两大特点：一是普通晚籼稻收购价打破历年比普通早籼稻收购价格高的传统格局，呈现基本持平的走势；二是上市初期普通晚籼稻收购价略高于 2011 年，后期反而低于上年收购价格 2～3 元，这是自 2009 年以来，调查户晚籼稻平均出售价格首次较上年有所下降。

**（三）新早稻市场“先活后静”；新晚稻市场平稳**

1. 新早稻市场交易“先活后静”

由于各地早稻收购价均高于国家最低收购价，2012 年湖南省没有启动托市收购政策。监测县农业部门反映，受 2011 年粮食收储企业收粮高效益刺激影响，2012 年新粮上市后，本地小粮商、小米厂和收储企业入市积极，加上 7 月初农户忙于“双抢”，不愿花太多时间管理稻谷，市场交易活跃，出现短暂抢购现象。7 月下旬，随着收购价格不断上涨，加上稻谷已晒干，一些农户将新早稻贮存在家里，待价出售意愿增强；另外，由于来湖南收粮的外地（广东、广西、福建、云南、贵州）粮商明显减少，收储量明显下降；受外地粮商减少的影响，本地企业收储行为也变得十分谨慎，进入 8 月后市场交易渐渐平淡。新早稻收购量同比明显下降，收购期拉长。调查中，汉寿县金牛米业有限公司负责人反映：“公司在全县设有 8 个收购点，7 月 15 日开秤收购新粮，7 月 23 日 8 个收购点收购新粮 3100 多吨，只有上年同期收购量的一半。”截至 7 月 24 日，桃源县泰香粮油开发有限公司收购新早稻 1000 吨，也是上年同期收购量 2000 吨的一半。

2. 新晚稻交易市场波澜不惊

晚籼稻价格基本运行在国家最低收购价之上，各地没有启动最低收购价执行预案。加上早稻收购期间，多数收储企业抬价抢购，主产区收储企业库容基本满仓，也影响了晚籼稻收储。此外，加工企业受周转资金少、“稻强米弱”等因素影响，收购行为更加谨慎，不敢盲目收粮；由于收购资金紧张、利润薄，小粮商收购意愿也不强。这就造成了晚籼稻收购市场不景气。12 月中旬，汉寿县调查户销售晚籼稻只占商品粮总量的 40%，沅江市调查户销售晚籼稻占商品粮总量 20%。

## 二、值得关注的两个问题

2012 年稻谷生产和市场运行中存在两个突出问题，需要引起高度关注。

**（一）水稻种植成本上升，种粮收益增幅减缓**

据湖南省农业部门调查，汉寿县调查户早籼稻每亩成本 1010.3 元，比 2011 年增长 18.2%；晚籼稻每亩成本 1102.6 元，比 2011 年增长 19.1%。沅江市调查户早籼稻每亩成本 1086.0 元，比 2011 年增长 24.7%；晚籼稻每亩成本 1132.0 元，比 2011 年增长 17.9%。由于 2012 年全省大面积推进集中育秧等高产技术，与上年撒播比每亩物质费用、耕作服务费、人工成本增幅较大。按调查户早、晚籼稻收购均价分别为每斤 1.30 元、1.28 元，汉寿县调查户每亩早、晚籼稻平均纯收入（含国家补贴）为 188 元、181.9 元，早籼稻每亩比 2011 年增加 111 元，晚籼稻由于单产和价格持平，成本上升每亩比 2011 年减少 123.1 元；沅江市调查户每亩早、晚籼稻纯收入（含国家补贴）为 91.7 元、164.3 元，早籼稻由于成本大幅增加，每亩比 2011 年减少 57.2 元，晚籼稻由于单产大幅提高，每亩比 2011 年增加 11.6 元。受种植成本上涨和晚籼稻收购价格下降等因素交互影响，调查户种粮收益增幅减缓，有的还出现减少现象。沅江市草尾镇立新村种粮大户老刘，2012 年种了 200 亩晚籼稻，因单产增产平均每亩增收 129.1 元，因出售价格下跌每亩减收 20.2 元，因成本上涨每亩增支 84.3 元，收支相抵后，晚籼稻纯收益增加不多。

**（二）受低价进口米影响，湖南省稻米传统外销市场受到冲击**

受人民币升值和国内米价稳步上涨影响，2012 年我国大米价格开始高于越南、巴基斯坦等国，进口米价格优势凸显。据湖南省稻谷成本价格平台发布信息，2012 年，从越南、泰国、巴基斯坦进口的大米，市场价格在 3.4 元/公斤左右，而国内早籼米价格在 3.7 元/公斤左右，进口大米具有很明显价格优势。另外，随着米粉加工工艺的改良，使得进口大米完全能够满足国内米粉加工企业生产的需求，致使国内许多米粉加工企业采购进口米作原料。据海关统计，2012 年我国进口大米 231.6 万吨，同比增 3.1 倍，为 2000 年以来最高值。虽然我国进口大米量仅占全国大米产量的 1.6%，不会改变我国大米供给基本平衡的局面，但是由于我国进口大米主要来自越南、巴基斯坦和泰国，这些进口米主要集中销往湖南省稻米传统销区广西、广东等省（湖南省稻米外销量 90% 以上销往广东和广西市场），甚至湖南省内粮食市场进口米份额也明显加大。这是 2011 年湖南稻谷价格出现“低走”的一个重要原因。

## 三、2013 年农民种粮意向及稻谷市场走势预测

### （一）双季稻播种面积将略有增加

据调查，2013 年调查户预计户均稻谷播种面积 10.08 亩，较 2012 年增加 0.52 亩，增幅为 5.44%，其中：早籼稻、中籼稻、晚籼稻预计户均播种面积分别为 3.42 亩、2.37 亩、4.29 亩，分别较 2012 年增加 6.88%、1.28%、6.72%。政策引导和粮价稳定是促使调查户增加稻谷种植面积的最重要和最直接的原因：一是国家公布了 2013 年稻谷最低收购价格政策，并将早籼稻（三等，下同）、中晚籼稻最低收购价格分别提高到每 50 公斤 132 元、135 元。此外，2013 年中央 1 号文件明确了一系列稳定发展粮食生产，确保国家粮食安全的政策。二是近年来稻谷价格总体上呈稳中有升的态势，2012 年湖南省调查户除晚籼稻出售价格较上年略有下跌外，早籼稻、中籼稻出售价格均较上年上涨。在调查中，大部分调查户，特别是粮食主产区的调查户对粮价走势依然有较高期待，表示 2013 年会增加粮食播种面积，尤其是一些规模种植户种粮积极性不减。比如，益阳市赫山区调查户老徐说：“现在种植其他的农作物要技术、有市场风险，种植稻谷熟门熟路，又有国家价格托底，还是种粮稳妥。”2013 年新租赁 50 亩耕地，计划全部用于种植早、晚籼稻。

### （二）稻谷价格将稳中有涨

由于土地租金、劳动工价、能源价格、机械作业价格、农资价格等上涨，粮食种植成本会继续上升；加上国际金融危机和自然灾害，国际市场粮价也将上涨；特别是粮农对粮食价格上涨的心理预期较强，期待粮食价格上涨，惜售心理进一步增强。受上述因素的影响，后期稻谷价格总体将呈上升趋势。但是，受国际低价大米的持续冲击和全国粮食持续 9 年丰收，库存充裕，粮食供应有充分保障，后期价格不会出现大幅上涨。

## 四、两点建议

针对当前稻谷市场运行情况，为调动种粮大省主产区农民种粮积极性，稳定发展粮食生产，确保国家粮食安全，特提出两点建议。

**（一）建议国家抓紧出台2013年稻谷最低收购价格执行预案**

2012年我国粮食产量达11791亿斤，连续五年稳定在10500亿斤以上。和全国一样，湖南省粮食总产量达到601.3亿斤，实现了历史性突破。2013年，农业部将继续开展粮食稳定增产行动。预计2013年粮食产量将稳中有增。这样，作为粮食主产省的湖南，粮食阶段性和区域性上市压力较大。据监测，2013年1月，湖南省普通早籼稻、普通晚籼稻每50公斤收购价格分别为131.94元、130.91元。虽然比2012年12月分别上涨0.19元、0.14元，这主要是春节来临，大部分农产品价格都上涨，带动稻谷收购价格略有上升。预计节后粮价会有小幅回落。建议国家尽快确定最低收购价执行预案，完善操作办法，稳定市场预期。

**（二）建议加大对进口大米市场的调控和监管力度**

2013年越南等国进口大米对国产大米的价差优势有可能进一步加大，为了保障国产大米不受冲击，特别是保护受冲击较大粮食主产省农民利益和粮食企业长远发展。建议国家有关部门：一要严格限制将进口米用于主食，引导用于酿酒等食品加工或饲料。二要定向采购，只允许进入西部粮食短缺地区以及贫困地区，不得在内地粮食主产区和沿海主销区销售。三要加强对进口米的质量监督与检测，严格进口米质量标准，加强对入关通行的管理。四要加大走私查处力度。防止因进口米影响而造成国内中小型粮食企业一蹶不振，影响农民种粮积极性。

# 2012 年江西省农产品及农资市场运行情况

江西省农业厅市场处

总体看，2012 年江西省主要农产品价格呈现温和上涨态势。籼稻和籼米涨势趋缓，花生仁和油菜籽涨跌各异，棉花深陷低迷，蔬菜涨势强劲，生猪鸡肉触底反弹，牛羊肉高歌猛涨，水产品稳健上行，柑橘企稳回升，农资小幅上扬。由于流通顺畅、促销得力，全省主要农产品未出现滞销或较大的卖难问题。2012 年全省 CPI 同比上涨 2.7%。其中食品类价格上涨 5.2%，影响价格水平上涨 1.79 个百分点。

2012 年 11 月后，农资进入高关税期，国内供应总体宽裕，预计春耕期江西省农资价格也将趋于稳定。另据测算，以上一年度为基数 100，2007～2011 年农产品价格指数分别为 122.8、115、93、108、115。五年内仅 2009 年受世界金融危机影响，农产品价格总体下跌。因此预计 2012 年全省农产品和农资价格仍将保持温和上涨态势，但涨幅可能进一步收窄。

据对江西省 42 个主要农产品及 14 个农资品种每半月市场零售价格（含部分农产品农民出售价）和对全省 13 家大型农产品批发市场价格每日监测情况显示：以 2011 年农产品和农资价格为基数 100，2012 年江西省农产品价格指数为 108，同比上涨 8%，涨幅较上一年度回落 7 个百分点。其中柑橘和蔬菜指数分别为 125、120，同比分别上涨 25%、20%，涨幅居前列。水产品、粮食、油料类价格指数分别为 109.5、106.5、102.5，同比分别上涨 9.5%、6.5%、2.5%。棉花、畜禽类价格指数分别为 82、94，同比分别下降 18%、6%；农资类价格指数为 104.8，同比上涨 4.8%。其中化肥类价格指数 105，同比增 5%。饲料类价格指数 104.5，同比增 4.5%。农资价格连续两年上涨，但涨势有所减弱。另据江西调查总队调查数据显示，2012 年全省农民人均纯收入达 7828 元，增长 936 元，增幅 13.6%，增速较全国高 0.1 百分点，但较 2011 年同期回落 6 个百分点。农产品价格上涨缓慢，也使农民增收步伐受到一定影响。初步测算，2012 年农产品价格上涨带动农民人均纯收入增加 150

元，对农民增收贡献率为16%，较上年下降2.1个百分点。具体情况分述如下：

## 一、粮食价格涨势趋缓，晚稻上市时明显回落

从对全省20个县稻谷收购市场监测情况看（早稻监测期7~9月，中晚稻9~12月），早稻呈现高开高走态势，但增幅与上年同期相比下降，晚稻振荡下行，后期低于2011年同期。2012年早稻收购开秤时间比往年提前10天左右。早稻自开秤后节节攀高，虽收购后期价格盘整略有下行，但仍高于120元/百斤的最低保护价，最低收购预案无需启动。早稻国有粮企收购均价130.6元/百斤，个体粮商128.8元/百斤，同比分别增12.1元/百斤、9.5元/百斤，增幅分别达10.2%和8%，增速较上年放缓约12个百分点。从监测县反映情况看，收购前期，粮价看涨，部分农民捂粮待售，惜售心理较重，后期随着粮价上涨，加上学生开学需筹措学费，农民售粮十分踊跃，基本售罄，农民喜笑颜开。省粮食局数据显示，截至9月20日，早稻收购50.9亿斤，占全国早稻收购量近40%，比2011年增4.8亿斤，是近三年收购量最多的一年。其中，国有粮食企业收购早稻31.7亿斤，比2011年增1.52亿斤，占收购量的62.3%；其他各类经营企业收购早稻19.2亿斤，占收购量37.7%，比2011年增3.3亿斤。

2012年中晚稻开秤后，便呈振荡下行态势。11月下旬，个体粮商收购价已低于上年同期，安福等地偏远地区上门收购价甚至低于最低保护价125元/百斤。监测期中晚稻国有粮企收购均价为133元/百斤，个体粮商收购均价为132元/百斤，同比分别增4.9元和2.5元/百斤，增幅分别为3.8%和1.9%，增速同比下降约14个百分点。最低收购价预案没有启动。与早稻收购红火相比，中晚稻收购明显冷清许多，这和收购期久雨，影响晾晒有关，主要原因还是农民对收购价不甚满意，收购期明显延长。据调查，截至2012年底晚稻出售率70%左右，同比下降10个百分点。据省粮食局数据显示，2012年全年中晚稻累计收购量126.47亿斤（包括陈粮收购量）。其中，国有累计收购24.7亿斤，同比减少3.9亿斤，同比下降13.7%。不少个体和私营加工企业为规避风险，减少自营和加工业务，转而为国有粮企和周边销区代收、代储。

另据测算，2012年早稻亩均纯收益达442.5元，同比增51.4元，增幅13.1%；晚稻亩均纯收益达601.5元，同比增18.6元，增幅3.2%。农民种植两季水稻亩均纯收益达1044元，首次超过1000元，同比增67.8元，增幅7%，加上补贴188元，总收益达1232元。农民总体增产又增收。

越南等国低价大米大量进入我国，如5%破碎率的越南大米到港价较国内的早籼米便宜近0.15元，具较强价格优势。加上一些不法商贩将低价进口或走私米掺和到优质米中一起卖，很大程度上挤压了江西省优质大米的销售空间和利润，冲击了广东、福建等销区市场，江西省优质大米外调压力明显增大。2012年早籼米年均价4.06元/公斤，同比增6.24%；中晚籼米4.65元/公斤，同比增5.22%，增速同比大幅下降，相比稻谷走势趋弱。"稻强米弱"格局正在形成。

2012年中央一号文件指出，将进一步提高粮食最低收购价，加上粮食种植成本上涨刚性推动，2012年粮价仍有上涨动力。但同时，由于米价走势较弱的抑制，加上进口大米的冲击和国内粮食储备充裕，预计2012年粮价缺乏大幅上涨的可能，早稻开秤价可能在最低保护价线上。

## 二、油料价格涨跌各异，油菜籽仍面临上行压力

全球油脂、油料供给继续偏紧，国际油价与国内价格基本持平，但国内食用油进口量仍大幅增加，对国内油料价格构成较大冲击。虽然2012年国家再次提高油菜籽最低收储价，达5元/公斤，较上年提高0.4元/公斤，但提振作用有限，油菜籽价格走势仍较为低迷。年均价5.23元/公斤，同比下降1.4%。与走势低迷的油菜籽相比，花生市场价格连续两年大幅递增，近两年花生仁涨幅分别达23.7%和13.7%。此外，菜籽油和花生油价格同比分别上涨1%和12.8%。油菜籽和花生仁走势迥异，主要是国内油菜籽品质较差，与进口油菜籽相比难有竞争力。

近年来，国内大豆面积持续下滑，食用油缺口继续扩大，对外依存度高达60%以上。国际油料供给总体偏紧，价格保持高位的态势仍将影响国内价格走势，预计2012年江西省油料价格将在临时收储价的支撑下保持小幅上涨格局。

## 三、棉花价格深陷低迷，连续两年大幅下挫

棉花价格自2010年新棉上市时达到高点后一直振荡下滑。2012年新棉上市时又再现"跳水"走势。虽然国家对皮棉实行了20400/吨的临时收储政策，但由于收储价太低，对棉价支撑作用不明显。籽棉年均价8.37元/公斤，同比下降19.4%。连续两年年均跌幅近20%，亩均种植纯收益连续两年年均递减40%。

我国棉花进口量居世界第一。虽然有滑准税的调节，但由于国内外价差大，每吨低4196元（11月数据），进口仍大幅增加，加上国内棉花总产持平

略增，国储棉达500多万吨，2012年棉花供给相当充裕。而当前全球经济仍不景气，棉纺行业难以走出困境，预计2012年棉价将在高库存、低需求的双重挤压下继续走弱。

## 四、蔬菜价格涨势强劲

季节性波动较大。蔬菜价格受产品结构性、区域性、季节性和天气等因素影响极大。2012年开春后，一直低温久雨，蔬菜生长缓慢，价格较往年偏高，青椒更是在1月达到历史最高价10.1元/公斤。之后随季节变化呈宽幅振荡，但总体仍维持较高价位。白菜年均价同比上涨32.9%。青椒和黄瓜分别上涨24.6%和14.9%。近年来蔬菜价格一直稳健上行，主要原因是城镇化步伐加快，城市周边菜地减少，运输成本增加，劳力成本增加，再加上蔬菜冷链物流、加工体系滞后。据测算，江西省每年因蔬菜腐烂造成的损失占产值的25%～30%。

2012年中央一号文件指出，将加大新一轮“菜篮子”工程实施力度，加强农产品冷链物流体系建设。随着稳生产、保供给、调结构、防涨落的措施力度加大，预计2012年蔬菜价格仍将保持上涨势头，但季节性振幅将减弱。

## 五、生猪、鸡肉触底反弹，牛羊肉高歌猛涨

生猪在2009年、2010年探底后，2011年走出一波高涨行情，但年底已呈下跌之势，经历2012年春节短暂回升后又进入了持续下跌期。8月初跌至最低谷13.4元/公斤，之后振荡回升，其间连续31周猪粮比低于5.5∶1。进入12月，猪粮比回升至5.5∶1以上，至年底生猪价格为16.2元/公斤，重新站上16元/公斤线上，猪粮比为6.2∶1，出栏一头生猪可盈利约200元。但就全年情况来看，养殖多处于亏损或保本边缘，少数养殖场略有盈利。2012年全年生猪、仔猪、猪肉平均价分别为15.6元、33.5元、23.4元，同比分别下跌10.9%、3.9%、9.2%。

鸡肉、鸡蛋在2012年4～7月跌入低谷后，也小步回升，年均价分别为18.3元/公斤和10.6元/公斤，同比涨4.8%和跌3.2%。

与生猪、鸡肉低谷徘徊相比，受供应持续偏紧影响，牛羊肉价格可谓高歌猛涨。牛肉连过50元、60元/公斤整数关口，年均价为54元/公斤，同比上涨33.5%；羊肉稍显温和，全年在50元/公斤以上运行，年均价为53.7元/公斤，同比上涨30.2%。

2012年江西省生猪出栏量达3050万头。当前生猪存栏1912万头，同比

增4.6%。仔猪、中猪、大猪存栏结构比分别为22%、35%、43%。如不发生重大疫情，供给应有保障。2011年10月以来生猪价格总体处于下跌阶段，按43个月波动周期规律（波峰至波峰）看，预计2012年下半年，生猪价格可能逐步企稳并进入上行通道。此外，由于牛羊肉供应偏紧状况短期内难以改观，预计2012年牛羊肉仍有较强的上涨动力，但随着产能提高和其他肉类替代，涨势将趋缓。

## 六、水产品价格稳健上行，出口效应明显

2012年江西省水产品价格稳健上行，除消费需求强力拉动外，还有以下几大动力因素：一是江西省水产品出口逆势上扬。2012年水产品出口突破3亿美元，是江西省农产品出口的“重头戏”，鳗鱼出口重领风骚。水产品加工率达24.3%，同比提高2.3个百分点。二是2011年春夏连旱，周边省份水产养殖受到严重打击，加上2012年春节后低温久雨，运输成本增加，周边对江西省的水产输入大幅减少。三是江西省鲤鱼等水产品外销北方市场量明显增多，备受青睐。四是养殖成本持续加大，支撑价格进一步上行。草鱼、鲤鱼年均价分别为14元/公斤、11.4元/公斤，同比分别上涨8.5%和11.1%。

江西省水产品出口额连续十年居内陆省份第一。水产品出口强力拉动，加工业顺势拓展，加上饲养成本推高，预计2012年江西省水产品仍将保持上涨态势。

## 七、柑橘价格企稳回升，涨幅居首

由于柑橘开花座果期久雨，影响产量形成。赣南脐橙同比下降1成，南丰蜜橘同比下降近3成。据批发市场价格监测数据显示，赣南脐橙产地统果均价达3元/公斤，同比上涨35%；南丰蜜橘产地统果价格2元/公斤，同比上涨20%。从亩均成本收益来看，脐橙亩均纯收益3200元，同比增加17%；南丰蜜橘亩均纯收益1400元，同比下降近30%。

业内人士分析，2012年气候如果正常，2013年江西省柑橘将迎来丰收年。由于近年来、湘、鄂、粤等地柑橘产业发展快，产地价格大幅下挫，2013年江西省柑橘仍将面临极大竞争压力，价格上行阻力依然较大。

## 八、农资价格连续两年上扬，但涨幅趋缓

农资价格在历经2011年强势上涨后，2012年涨幅有所收敛。2012年国家调整了化肥进出口政策，小品种化肥出口收紧，多数品种实施淡旺季差异化

税率，硫磺进口关税明显降低，进口量明显增加，国内化肥供给总体充足。用量最多的国产复合肥（氮磷钾含量45%）、国产尿素（含氮量46%）年均价分别为2989元/吨和2424元/吨，同比分别上涨5.4%和5%。地膜、棚膜同比还略有下降，为近年来少有。

此外农用柴油（0号）同比上涨3%。饲料中蛋鸡和育肥猪饲料同比分别上涨5.3%和4%。

春耕将近，农资价格走势成为关注焦点。虽然有生产成本、运输费用增加等因素支撑，但由于化肥产能增加，2012年春耕期化肥市场供应总体充裕。据全国供销总社预测，2012年冬氮肥、磷肥分别过剩496万吨、246万吨，加上11月后化肥出口进入高关税期，预计春耕化肥价格总体平稳，供应有保障。国内钾肥自给率已达50%，但每年仍有500万吨供需缺口，价格仍然会受到国际市场影响。此外，国产大豆一直呈线型跃升态势，豆粕价格也水涨船高，预计饲料价格仍有较大上涨空间，应引起关注。

## 九、观点和建议

### （一）千万百计保持价格合理上涨

农产品价格是否要一直上涨？如果种养成本刚性上涨，农民纯收益无法保障，那么农产品价格上涨就是必须的，一切从农民种养殖收益出发；农产品每年涨多少比较合理？高于种养殖成本的增幅，让农民保持种养殖的热情，这就是合理的农产品涨幅。结合江西省近五年农产品价格走势，8%～15%的年增幅应该属于农产品合理上涨的区间。2007～2012年江西省的农民人均纯收入分别为4098元、4697元、5075元、5789元、6892元、7828元，年增幅分别是14.3%、14.6%、8%、14.1%、19.1%、13.6%。从中不难看出，2009年农产品价格总体下降7%，导致农民收入增幅仅有8%。这也充分说明农产品价格对农民收入的绝对影响力。对于合理的涨价一旦打压或调控，后果是难以想象的，农民的种养殖信心在几年内都难以建立，产业的欣荣在几年内都难以恢复。

### （二）科学认识农产品与CPI的关联度

近年来，我们经常听到的是“农产品价涨成为CPI上涨的推手”。CPI居高不下，责任就在农产品价格上涨。这是个误区。首先食品类不等同于农产品。在CPI指标设置上，食品类占33.6%的比重，为最高，有些学者用模型分析出，近年来CPI与食品类关联度高达0.99。而从江西省2011年城镇住户消费支出看，粮食、油脂、肉禽及其制品、蛋类、水产品和蔬菜支出比重总计 22.6%，意味着还有 11% 左右的其他类食品计算在内，那么这 11% 的食品类涨价应与 22.6% 的农产品无关，食品类价涨不能都归结于农产品价涨。其次城市生鲜农产品价高不等同于农民获益多。近年来粮食、油脂、生猪、蔬菜等农产品涨价很大一部分原因是由于流通环节提价或不畅导致。如 2011 年上半年，部分蔬菜烂在地里无人收，农民血本无归，但城市蔬菜价格依然奇高，蔬菜又成了推动 CPI 上涨的“罪魁祸首”。实际上 CPI 上涨与蔬菜真实的产出价没有太大关联度。如果一看 CPI 上涨，一看是蔬菜或生猪价格推动，马上就调控、打压，那农民、生产者就真欲哭无泪。科学认识农产品与 CPI 的关联度，让农产品价涨不再刺激社会各层面神经。舆论正确引导，农产品供给才能更平稳，农业生产才能更安全。

**（三）谨防种粮边际收益递减**

2012 年江西省农民种粮收益虽然递增，但增收幅度正在收窄，与其他行业相比，比较效益仍然十分低下。一个青壮年劳力在家要种 10 亩地才抵得上外出务工，这也是粮食种植留不住年轻人的重要原因。加上近年来，种粮成本年年大幅递增，据测算，2012 年，晚稻种植物质成本上涨 24 元/亩，人工成本上涨 9 元/工，而种粮补贴仅增加 14 元/亩。建议 2012 年粮食最低收购价和种粮补贴额还应大幅提高，且应尽早公布，同时提高种粮补贴额度。此外，要站在保证粮食安全高度，对大米走私从严打击，对进口粮食步伐要加以调节控制。对大米加工企业给予适当扶持，力争实现顺价销售，缓解“稻强米弱”格局。

**（四）下大力气降低农产品流通成本**

近年来，种养殖成本刚性上涨是不争的事实，平抑农资价格永远不能放松警惕。此外，流通成本也已成为农民增收的掣肘。蔬菜种植、生猪养殖行业中流通环节多，中间商层层盘剥，已严重影响了农民增收。数据显示，生鲜产品 70% 成本在流通环节，高于国际平均 20 个百分点。据测算，一般情况下，生猪从养殖、屠宰、批发到零售，利润分成依次是 20%、30%、20%、30%。一旦生猪价格下挫时，屠宰、批发、零售等环节就将挤占养殖收益，造成养殖环节亏本。蔬菜生产更是如此，一旦价格下跌时，菜贩子宁愿少收，造成市场紧平衡，来维护自身利益。这也是为什么农民种菜卖不出去，而城市蔬菜依然价高的症结之一。所以，推行农超对接、产销直供等新型流通方式，推进区域中心批发市场建设，减少流通环节，规范中间商利润已刻不容缓。

# 2012年安徽省主要农产品及化肥市场运行情况

安徽省农业委员会 张晓江

2012年小麦市场价格总体呈现振荡上扬的走势；上半年早籼稻基本处于有价无市阶段，价格波动幅度不大，三季度早籼稻开秤之后，价格高开稳走，上涨趋势明显，8月底创下新高之后价格趋于稳定；中晚籼稻价格前涨后跌，全年呈振荡盘跌之势；粳稻价格平稳偏弱；玉米市场基本处在供不应求的状态，玉米价格小幅上行；大豆价格先扬后抑，上半年一改2011年的颓废走势，走出一波大幅上涨的行情；受油料市场大幅上涨的影响，安徽省食用油价格整体上行，其中，上半年涨势明显，下半年高位振荡；棉花产量增加、籽棉质量提高、棉花价格波动不大、市场运行平稳；受全球经济形势的影响，2012年化肥市场波动明显，上半年化肥市场行情总体呈上涨态势，下半年逐渐回落并保持稳定。

## 一、小麦

2012年小麦市场价格总体呈现振荡上扬的走势。一季度跟随玉米价格持续攀高，小麦替代率逐步增加，再加上节日效应影响，小麦价格小幅上升。二季度末随着新麦的上市，小麦价格走势转弱，6月中旬形成全年价格低点，收购均价97.6元/百斤，出库均价99.5元/百斤。6月12日托市收购启动后，增强了市场看涨预期，三季度小麦价格稳步上行。步入四季度，小麦流通量持续缩减，加工企业及饲料企业补库热情持续升温，再加上节日效应需求明显升温，导致小麦价格在供给紧张的前提下屡屡突破年内高点，直至年底收尾又迎来一波上扬。目前，三等小麦收购均价为115.1元/百斤，出库均价为117.1元/百斤。

2012年度小麦价格走势主要受供需影响，年初供需吃紧麦价上扬，年中新麦上市麦价探底，而伴随着后期小麦需求的不断提升麦价涨势节节攀高。在麦价猛烈上扬的势头之下，国家亦采取临储拍卖政策缓解供需，着眼于拍卖数量不断增加以及成交率的提升，更加说明了目前市场小麦供求吃紧局面。

因此，预计2013年小麦年初仍将维持坚挺上涨之势，但伴随着春节过后，麦价需求下降，小麦价格亦将出现回落可能。

## 二、面粉

2012年安徽省面粉市场价格前半年较为平稳，8月中下旬开始跟随小麦价格上扬，面粉的批发均价年初为138.5元/百斤，年末最高点为162.7元/百斤；零售价格年初为163.2元/百斤，年末高点为177元/百斤。目前小麦价格涨势正劲，两节又是面粉消费的旺季，预计2013年一季度面粉价格仍有上行空间。

## 三、稻谷

1. 早籼稻

上半年早籼稻基本处于有价无市阶段，价格波动幅度不大；三季度早籼稻开秤之后，价格高开稳走，上涨趋势明显，8月底创下新高，三等早籼稻收购均价129.8元/百斤，之后价格趋于稳定，收购均价在127.6～128.8元/百斤，出库均价在130.8～133.1元/百斤。上涨原因：一是政策托市支撑。为保护农民种粮积极性，进一步促进粮食生产发展，2012年国家大幅提高了早籼稻最低收购价格，由2011年的102元/百斤，提高至120元/百斤。二是2012年早稻种植成本同比增加、农户对早籼稻价格期望较高，奠定了早籼稻的价格上涨基础。三是各级储备吸纳趋强。四是农户盼涨心理强烈。由于一季度早籼稻市场基本上是有价无市，因此预计2013年一季度早籼稻价格不会有大的变化。

2. 中晚籼稻

2012年，安徽省中晚籼稻价格前涨后跌，全年呈振荡盘跌之势。三等中籼稻年初收购均价为133.6元/百斤，出库均价为136.4元/百斤；一季度中旬现全年高点为收购均价137元/百斤，出库均价139.6元/百斤；年底收购均价为127.8元/百斤，出库均价为130.6元/百斤。三等晚籼稻年初收购均价为135.8元/百斤，出库均价为139.3元/百斤；五月上旬的年内高点为收购均价140.4元/百斤，出库均价143.1元/百斤；年底收购均价为129.8元/百斤，出库均价为133.0元/百斤。

2012年安徽省中晚籼稻价格上涨承压，后期走势趋弱的原因：一是2012年夏粮和早稻增产，中晚稻继续获得丰收，产量略增，市场供应充裕，粮食供求总体形势较好。二是宏观调控影响。当前维护物价基本稳定仍然是主旋律。三是面对目前较高的价格水平，各类市场主体风险防控意识增强，入市收购比较谨慎，盲目抢购的现象将大大减少。四是稻强米弱未改。从稻米市场运行情况看，稻强米弱的局面没有发生根本性改变，终端大米消费需求不支持稻谷价格过度上涨。截至 12 月 31 日，安徽省共收购当年新产中晚籼稻 373.3 万吨，其中国有企业收购 161.7 万吨。预计 2013 年一季度中晚籼稻价格将趋于稳定，向上和向下的空间不大。

3. 粳稻

2012 年安徽省粳稻价格平稳偏弱。三等粳稻收购均价波动区间为 137.3 ~ 142.4 元/百斤。2012 年 11 月下旬，合肥、安庆两市粳稻市场价格已略低于最低收购价，粳稻最低收购价预案适时启动。这是 2004 年我国实行粮食最低收购价政策以来，安徽省首次启动粳稻最低收购价执行预案。截至 12 月 31 日，两市共收购最低价粳稻 5.7 万吨。在调控政策、供应较为宽松、需求相对平稳等诸多因素的作用下，国内粳稻米市场行情将呈现平稳运行的走势，不具备大幅度波动的条件。

## 四、大米

长期以来，"稻强米弱"一直困扰着稻米行业发展。2012 年安徽省大米价格在稻谷价格整体走弱的前提下表现相对坚挺，全年略有上涨。早籼米批发均价年初为 175 元/百斤，年末为 184.8 元/百斤；零售均价年初为 188 元/百斤，年末为 192 元/百斤左右。中籼米批发均价平稳，年初年末都是 190.6 元/百斤，四月中旬曾涨至 199.6 元/百斤；零售均价年初为 197.5 元/百斤，年末为 203.0 元/百斤，年中高点为四月中旬的 206 元/百斤。晚籼米批发均价年初为 207.3 元/百斤，年末为 211.3 元/百斤，年中高点为五月的 217.6 元/百斤；零售均价从 208.1 元/百斤上涨到 219.5 元/百斤。粳米价格走势平稳，批发均价在 218 ~235 元/百斤之间振荡，零售均价年初为 234.31 元/百斤，年末为 243.5 元/百斤。由于我国粮食连续九年丰收，库存充裕，支持大米价格大幅上涨的动力不足。另外，我国稻米价格与东南亚主产国价格差距扩大，在贸易流通的前提下，价格上涨将促使低价大米进口增加，反过来抑制国内稻米价格上涨。2012 年我国大米进口激增即是最好的例证。同时，由于"稻强米弱"现象长期存在，大米加工企业利润微薄，因此在稻谷价格小幅下跌的情况下，大米价格却跌无可跌。预计 2013 年一季度大米市场将保持平稳运行，春节过后，有小幅下跌的可能。

## 五、玉米

2012 年前三季度，随着玉米粮源的逐步减少，玉米市场基本处在供不应求的状态，推动玉米价格小幅上行。玉米价格从年初的 108.3 元/百斤上涨到 9 月下旬的年内高点 118.0 元/百斤。新玉米上市后，玉米下行压力增大，由于前三季度玉米收购价格过高和收购资金较为紧张等因素的影响，各收购主体的收购行为趋于谨慎，致使玉米市场在四季度出现价格小幅回落。12 月在小麦强劲走势的提振下，玉米价格又重拾升势，目前维持在 111 元/百斤左右。

## 六、大豆

2012 年安徽省大豆价格先扬后抑，上半年一改 2011 年的颓废走势，走出一波大幅上涨的行情，三等大豆收购均价从年初的 209.2 元/百斤上涨到 7 月底的 271.2 元/百斤，出库均价从 211.5 元/百斤上涨到 7 月底的 276.7 元/百斤，涨幅达 30% 左右。9、10 两月大豆价格触顶回落，10 月中旬收购均价跌至 242.9 元/百斤，出库均价跌至 248.0 元/百斤。11、12 两月再次发力，重回升势，12 月底收购均价为 256.1 元/百斤，出库均价为 260.4 元/百斤。

大豆价格上涨的原因主要有：一是 2011 年年底，国家出台了临储大豆政策，即 2012 年国家以 2 元/斤（国标三等质量标准）的价格继续在内蒙古、辽宁、吉林、黑龙江等省、自治区实行大豆临时收储政策，收购期限为 2011 年 11 月 23 日至 2012 年 4 月 30 日，为大豆价格打造了一个铁底，封闭了大豆价格的下跌空间。二是从近几年国家收储价格来看，近四年来大豆的提价幅度远低于玉米。2008 ~ 2011 年，大豆收储价分别为 3700 元/吨、3740 元/吨、3800 元/吨、4000 元/吨，玉米收储价分别为 1500 元/吨、1500 元/吨、1800 元/吨、2000 元/吨。近四年大豆涨幅为 8%，玉米涨幅达 33%，大豆连续多年启动临时收储，而玉米实际的市场价格远远高于收储价。这一现象虽然在一定程度上加剧了玉米与大豆的比价关系，但从另一层面上看，对比效应推动大豆的上涨空间会更大一些。预计 2013 年一季度大豆价格将维持高位振荡。

## 七、油脂

2012 年，受油料市场大幅上涨的影响，安徽省食用油价格整体上行，其中，上半年涨势明显，下半年高位振荡。豆油批发均价年初为 523.2 元/百斤，6 月高点为 567.5 元/百斤，年末为 548.2 元/百斤；零售均价年初为 550.0 元/百斤，九月创年内高点为 594.3 元/百斤，年末为 582.1 元/百斤。菜籽油批发均价年初为 561.3 元/百斤，年末为 605.5 元/百斤；零售价年初为 662.0 元/百斤，年末为 682.4 元/百斤。上涨的原因：一是由于国际、国内油料价格的快速上涨；二是近两年油脂价格涨幅相对较小；三是食用油涨价除了有粮食价格上涨的原因外，企业人员工资、物流等成本上升也是食用油涨价的重要推手。

## 八、棉花

### （一）2011/12 年度（棉花年度为上年 9 月 1 日至当年 8 月 31 日）棉花市场

1. 生产和收购情况

2011/12 年度安徽省棉花市场总体来说是：棉花产量增加、籽棉质量提高、棉花价格波动不大、市场运行平稳。根据省统计局公布的数字，2011/12 年度安徽省棉花种植面积 525 万亩，较 2010/11 年度增加 9 万亩；平均亩产籽棉约 450 斤/亩，同比增长 10% 左右；产量 37.8 万吨，同比增长 19.9%。棉花质量也有所提高，棉花品级普遍比上年度高一个级别，3 级以上籽棉占总收购量的 70% 以上。2011/12 年度新棉平均收购价格为 4.2 元/斤（3、4 级籽棉），400 型企业收购量都超往年水平，多数厂加工量都在 3000 吨皮棉左右。

2. 市场行情情况

由于纺织需求疲软、内外棉价差别大等因素，2012 年开年以来棉花市场继续延续上年走势，需求低迷，成交清淡，但价格在收储政策支撑下基本保持相对稳定。2 月，国家有关部门公布 2012 年度棉花临时收储预案，确定新年度收储价格为 20400 元/吨，较上年度提高 600 元。3 月底，临时收储结束，累计成交 313 万吨。受收储政策影响，一季度国内棉花市场运行相对稳定，波动幅度不足 500 元/吨，中国棉花价格指数（CC Index328）平均值 19452 元/吨，同比下跌 34%。二季度，受全球和国内经济放缓等因素影响，国际大宗商品价格普遍走低，棉花价格下跌幅度和速度加快，期现货价格均回落至年度最低点。各方对后市信心不足，棉花成交持续清淡，中国棉花价格指数（CC Index328）跌破 19000 元/吨。6 月初，安徽省棉花现货价格（3 级皮棉）18500 元/吨左右，较 5 月下旬下跌 200 元/吨。二季度棉花行情下跌幅度较大主要原因：一是宏观经济环境影响，国际大宗商品价格普遍走低；二是纺织行业仍处于弱势，下游需求不足；三是收储工作完成，国内棉花价格缺乏支撑；四是全球棉花产大于需，内外棉价差比较大。三季度，进入棉花季度末期，受市场资源减少、国际市场趋稳、新年度临时收储政策即将启动等因素影响，棉花市场信心有所增强，价格持续小幅回升。在棉花市场行情好转的带动下，纺织市场也略有回暖趋势，纺织品销售有所好转，部分产品价格有所回升，企业产品库存压力进一步缓解。但是由于国内外整体经济环境和供需形势并未出现根本性改观，市场需求仍较低迷，总体成交清淡，各方仍以观望为主。至此，2011/12 棉花年度结束，受需求减弱影响，全年度棉花价格以回落为主，但在收储政策支撑下，国内棉价跌幅小于国际，中国棉花价格指数（CC Index328）年度均价 19116 元/吨，同比下跌 25.2%。

**（二）2012/13 年度棉花市场**

根据安徽省棉花协会统计，2012/13 年度安徽省棉花种植面积约 470 万亩左右，较 2011/12 年度减少 12% 左右，其中皖北棉区降幅较大，沿江棉区降幅较小。本年度安徽棉花生长期间天气情况较为正常，棉花长势总体正常。从棉花协会监测数据来看，本年度棉花平均亩产达到 254 公斤左右，较 2011/12 年度下降 1.55% 左右，预计年度皮棉总产量约为 28 万吨，同比下降 22.86% 左右。造成棉花种植面积下降的主要原因在于收储指导价低于棉农心理预期，加上农资价格上涨等因素，棉农放弃种植棉花改种水稻、玉米或者经济作物。如果 2013 年临储指导价涨幅低于粮食最低保护价涨幅，不少棉农表示将放弃种棉，预计 2013/14 年度，安徽省棉花种植面积继续减少，减幅初步估算为 10%。

截至 2012 年 12 月底，全省新棉采摘基本完成，棉农交售意愿较为积极，籽棉交售情况较好，全省籽棉交售进度约为 95%，除少数地区外（如东至部分地区当地籽棉上市期约在元旦后），大部分地区优质籽棉基本收购结束，棉农剩余多为霜黄棉。市场平均收购价格为 4.3 元/斤（3、4 级籽棉），比 2011 年高 0.1 元/斤左右。收购主体多为 400 型企业，有 70% 以上的 200 型企业本年度未开门收购。从企业加工进度来看，安徽省籽棉加工进度约为 90%。除少部分皮棉进入期货市场外，大部分皮棉都进入国储，市场销售皮棉较少。在收储托市政策下，四季度国内棉花价格基本保持稳定并略有小涨。但由于纺织品服装市场仍较低迷，企业订单减少，纺织企业开工情况较差，且国内外棉花差价继续扩大，棉花进口量增加，纺织企业更倾向于采购进口棉。预计后期棉花市场将继续在收储政策影响下，趋于稳定。

## 九、畜牧业

1. 畜禽生产稳定发展

据安徽省统计局数据，前三季度，猪牛羊禽肉产量合计 267.1 万吨，增长 6.3%；禽蛋产量 88.38 万吨，增长 4.1%。预计全年肉蛋奶总产 530.0 万吨，同比增长 2.38%。畜产品市场供应总体平稳，未断档、未滞销，价格波动在可控范围。

2. 养殖水平明显提升

一家一户分散饲养的比重逐步下降，适度规模养殖比重显著上升。目前全省规模养殖比重将达 60%，比 2011 年提高 2 个百分点。畜牧科技进步加快，良种生产推广应用能力显著增强，全省畜禽良种覆盖率达91%，比2011年提高0.5个百分点。

3. 产品质量不断提高

从省级监测情况看，畜产品、生鲜乳质量安全水平较高，合格率100.0%；饲料中未检出违禁添加物；兽药合格率95.9%。

4. 动物疫情基本稳定

深入贯彻落实《动物防疫法》、《重大动物疫情应急条例》等规定，全年未发生重大区域性动物疫情，血吸虫病等重点动物疫病得到有效控制。

5. 养殖效益同比下降

2012年前三季度，受供求关系影响，安徽省猪价持续下挫，从种猪场和自繁自育的规模养殖场生猪生产效益来看，1~11月综合匡算没有亏损，但已达到亏损边缘。禽蛋价格先跌后升，总体处于保本状态；肉牛、奶牛效益相对稳定。与2011年同期相比，畜牧业效益有所下滑。

## 十、渔业

1. 产业稳步发展

2012年安徽省水产养殖面积840万亩，同比增加24万亩，新增养殖面积多为滩涂开挖、低洼水田改造以及工程取土形成的连片池塘。预计水产品总量205万吨，同比增加3%；全省河蟹产量首次超过10万吨，预计增加10%以上；苗种生产再上台阶，全省生产鱼苗超过340亿尾；全省渔业经济总产值520亿元，同比增加8.3%；2012年渔民年人均纯收入9000元，同比增加484元。

2. 结构不断优化

各地围绕市场需求，因地制宜调整养殖品种结构，河蟹、鳜鱼、黄鳝、泥鳅、小龙虾、龟鳖等名特优养殖发展势头强劲，养殖效益稳步提升。全省名特优品种养殖达451万亩，其中，黄鳝网箱养殖超过1000万平方米，同比增加20%；河蟹养殖360万亩，同比增加近20万亩。一批名特优品种繁育规模进一步扩大，有效满足了养殖品种结构调整的市场需求。渔业三产中的“短板”水产品加工业发展提速。据省农业产业化办公室统计汇总，1~10月全省规模以上农产品加工企业实现加工产值按照行业划分，水产品加工增速位列第一，达122.3%。巢湖三珍等一批加工企业在稳定龙虾、鮰鱼加工出口的基础上，不断创新，开发河蟹、鱼糜、鳗鱼、泥鳅以及海产品来料加工出口市场。新开发了南美市场，恢复了中断 4 年之久的大闸蟹出口我国台湾地区业务。预计全年水产品出口较上年增长五成左右。

3. 市场价格看好

水产品市场量价齐涨，品种丰富，供应充足，产销两旺。根据部分水产品批发市场监测，12 个主要大宗淡水产品种中，同比 10 个上涨，1 个持平，1 个下降。草鱼、鲢鱼、鲤鱼、鳙鱼、鲫鱼、鳊鱼六种大宗淡水鱼批发价格均出现不同程度上涨，均价 11.5 元/公斤，同比上涨 8.6%；黄鳝、泥鳅、鳜鱼市场需求旺盛，同比价格涨幅均超过 10%；市场对河蟹规格需求分化明显，价格水平一举扭转 2011 年颓势，同比总体上涨。小规格河蟹价格适宜，大众消费普遍欢迎，大规格河蟹满足高端市场需求，价格同比上涨二成左右。

4. 安全形势稳定

安徽省水产品质量安全产地抽检综合合格率达 99.8%。其中，省农委组织的两次例行监督抽查和两次苗种产地抽检合格率均为 100%；农业部安排的一次苗种、两次产地质量安全监督抽检合格率分别为 97.5%、100% 和 100%。全省渔业安全生产形势稳定，未发生重大渔业生产安全事故。

## 十一、蔬菜

1. 蔬菜种植面积稳步增长

预计安徽省蔬菜、瓜类播种面积 1480 万亩，比 2011 年增长 2.5%。其中蔬菜面积 1230 万亩，比 2011 年增长 3.9%；瓜类面积 250 万亩，比 2011 年下降 2.3%。全省设施蔬菜面积超过 400 万亩，新增 50 万亩。

2. 产量效益同步提高

预计安徽省蔬菜、瓜类总产 3100 万吨，比 2011 年增长 6.7%。其中蔬菜总产 2450 万吨，瓜类总产 550 万吨，分别增长 8.4%、1%。蔬菜、瓜类总产值 450 亿元，同比增长 9.8%。全省蔬菜亩效益达到 3040 元，比 2011 年净增 190 元，对促进农民增收作用明显。

3. 蔬菜价格波动明显

据统计，2012 年 1 ~ 10 月，安徽省 14 种蔬菜零售价格 2.61 元/500 克，同比略涨 1.2%。受农资价格上涨、人工费用增加及天气、运输、市场需求等多重因素影响，蔬菜价格波动明显。一季度全省蔬菜零售均价 3.04 元，二季度为 2.46 元，三季度为 2.43 元。其中 2 月菜价最高（3.09 元），6 月最低（2.08 元）。

4. 蔬菜质量安全保持较高水平

2012年以来，各蔬菜农残速测点对青菜、番茄、芹菜等10个蔬菜品种7万多个样品进行抽样速测，检测合格率达99.6%，蔬菜产品质量安全保持较高水平，安徽省没有发生产品质量安全事故。在2012年第一次例行检测中，定量检测蔬菜样本768个，合格率为99.1%，同比提高了1.5个百分点。

## 十二、化肥

受全球经济形势的影响，2012年化肥市场波动明显，呈现新的市场格局。上半年化肥市场行情总体呈上涨态势，下半年逐渐回落并保持稳定。

一季度，中国氮肥工业协会主办的2012年春季氮肥市场形势分析会召开，会议传达出“2012年开春以来，受农业需求向好、原材料价格上涨以及国际化肥市场延续回暖走势等因素影响，春季氮肥市场总体形势好于2011年，能够实现产销两旺、供需平衡”。春节后，市场进入了春耕备肥阶段，市场销售活跃，价格受成本推动有所上升。二季度，在化肥各品种平稳运行中，尿素市场表现强劲走势，价格大幅上扬，创出2009年以来的最高纪录。从3月下旬开始，尿素价格继续上涨，到5月上旬全国尿素主流出厂报价已达2400~2500元/吨，相比年初涨幅超过20%。尿素价格上涨主要原因有几个：一是春节前尿素价位比2011年价格偏高，受传统思维制约，经销商储备谨慎，致使社会库存同比下降；二是国内市场需求集中释放，而部分尿素生产企业停工检修，开工率不足，导致现货紧俏；三是高氮复合肥市场需求旺盛，复合肥企业尿素需求量大幅增加；四是国际尿素行情持续上涨，部分工厂、贸易商出口心理预期升高，对国内市场价格走势形成强力支撑。为了稳定尿素等产品的价格，5月中旬国家发改委和工信部相关部门，会同中国石油化工学会、中国氮肥协会，邀请了国内32家尿素生产骨干企业，要求这些企业带头约束自身经营行为，自觉加强管理、降低成本、稳定市场。下旬，尿素价格下跌明显。6月，随着国际市场价格回落、生产成本下跌和需求减少等因素影响，尿素价格高位回落。三季度，国内化肥市场延续回落走势，各类化肥价格基本上全线下跌，与4月、5月化肥价格差距甚大，市场疲软，交易冷清。除二铵价格相对稳住以外，尿素、氯化铵、一铵、氯化钾等多种化肥呈现下跌趋势，其中尿素销售均价为2150元/吨，比5月最高价下跌了300元/吨左右。综合原因，有几个方面：一是国内市场夏种结束，秋种季节需求推迟，市场处于用肥淡季，化肥需求下降；二是前期尿素等化肥价格过高，煤电供应形势较好，生产企业积极性高，产能不断增加；三是国际市场价格持续低迷，出口不畅。四季度，国内化肥市场转入农用淡季，工业需求少而有限，化肥市场继续低位运行。贸易商抓住10月化肥淡季出口窗口期的最后一个月加快出口，国内化肥市场月逐渐进入冬储时期。根据国家发改委公布的2012/2013年化肥淡储数据，本次淡储化肥任务量为1530万吨（另有70万吨磷肥专项储备正在承储中），2012年化肥商业淡储总量仍维持在1600万吨。这个数据自2008/2009年以来未发生改变。但受市场行情和预期影响，化肥冬储工作启动缓慢，市场观望气氛浓厚。12月，受国家降低出口关税税率、提高基准价，市场心理预期较好等影响，经销商开始冬储采购，国内化肥市场行情逐渐稳定回升。

12月17日，2013年化肥出口关税政策正式公布，2013年将继续对部分化肥征收特别关税。其中，尿素、氯化铵、其他矿物氮肥及化学氮肥淡季出口暂定税率2%；旺季（1~6月，11、12月）特别出口税率为75%，尿素淡季出口基准价2260元/吨。重过磷酸钙、磷酸一铵、磷酸二铵、其他矿物磷肥或化学磷肥暂定税率5%，64%淡季出口基准价3500元，57%淡季出口基准价3200元；旺季（1月1日~5月15日，10月16日~12月31日）特别出口税率75%。氯化钾、硫酸钾出口税率为2000元/吨；其他钾盐和钾肥征收30%的暂定税率和75%的特别关税。三元复合肥征收5%的暂定税率和75%的特别关税。其他含氮磷两种肥效元素的矿物肥料或化学肥料和其他肥料暂定税率5%；旺季（1月1日~5月15日，10月16日~12月31日）特别出口税率为75%。与2012年化肥出口政策相比，氮肥、磷肥淡季出口关税适度下调，基准价上调和窗口期增加，新关税政策对尿素、磷铵和二元肥出口均有利好。

从政策层面，出口关税政策的调整对2012年的冬储以及整个2013年化肥的供需形势存在利好。目前，各地经销商冬储的积极性较高，开始批量采购，增加库存。但从产能看，当前我国氮肥产能已经过剩，而且新的产能还在增加；磷肥和复合肥的产能也在不断增加；钾肥虽然长期依赖进口，但国内市场并不缺货，也不缺产能。综合以上因素，预计2013年春季化肥价格大幅上涨和下跌的可能性不大，整体将会保持稳定或小幅上涨的走势，总量能够满足春耕生产需要。

# 2012年青海省主要农畜产品市场运行情况

青海省农牧厅市场信息中心 刘晓军

2012年，青海省农牧业生产继续保持“双增”态势。粮油生产在局部地区遭受洪涝、冰雹、霜冻等自然灾害的情况下，获得了较好的收成，属于正常偏丰年景。畜牧业生产以生态畜牧业建设、农区规模养殖发展和畜禽良种工程建设为重点，克服雪灾影响，实现新丰收。全省蔬菜种植面积75万亩，总产160万吨，同比增12万吨。2012年，全省绝大多数农畜产品销售顺畅，价格总体上涨，牛羊肉价格仍呈现逐步上涨态势，农牧民增收明显。个别地区、少数品种略有滞销现象，但经各级农牧部门的努力，并及时采取有效措施，将这一问题得到解决，没有对全省农畜产品总体销售形势产生影响。

## 一、2012年主要农畜产品市场价格情况分析

### （一）蔬菜

1. 价格回顾

2011年由于政府采取价格干预措施，蔬菜平均价格为2.70元/公斤，价格呈现下降态势。但随着2012年新年的到来，加之价格干预措施影响逐渐减弱，1月蔬菜平均价格涨幅明显，价格涨至4.82元/公斤，环比涨幅51%。从1月开始，青海省蔬菜价格就呈现高开高走态势，除9月价格比同期下降7.3%外，其余各月均高于同期。蔬菜总体价格走势仍呈现“两头高，中间低”的态势，全年蔬菜平均价格比2011年同期上涨30.7%，涨幅明显。

2. 原因分析

2012年，青海省蔬菜价格上涨原因，主要有以下几点：一是依存度高。随着市场经济一体化的进程不断加快，价格传导机制对市场的影响日益明显，全国蔬菜主产区价格的波动将直接影响青海省的蔬菜价格，省外蔬菜价格基本决定了青海省蔬菜价格走势。二是成本高。青海省每年6~8月的本地菜上市量较多，市场占有较高，其他时间的蔬菜主要以外调菜为主。外地蔬菜占的比重大，运输、仓储、装卸等物流费用，以及沿途损耗等增加了蔬菜成本。

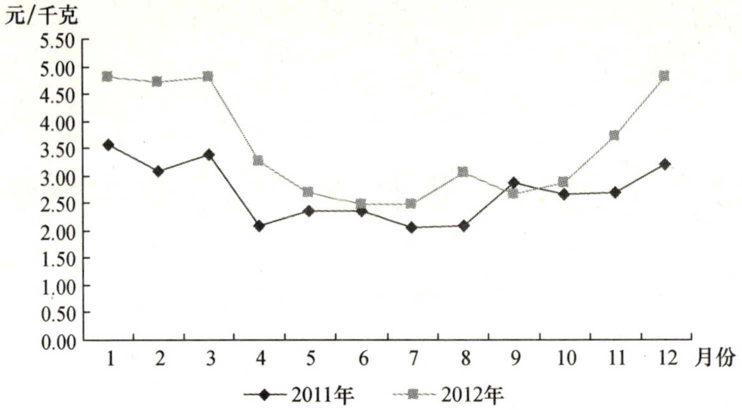


**图 119 2011～2012 年青海省蔬菜价格走势**

加之自 2012 年以来，柴油、汽油价格上调，增加的运输费转嫁到蔬菜价格上，是影响蔬菜价格偏高的一个原因。同时，生产资料、劳动力成本的上涨，也为蔬菜价格上涨提供了条件。三是打工收入要好于种菜。按农民种植半亩温棚年平均收益 5000～6000 元计算，外出打工按目前市场行情 1200 元/每月计算，打工年平均收入 13000 元，是种植温棚的 2 倍多，造成蔬菜种植劳动力流失严重，纷纷外出打工，导致蔬菜种植面积、供应量均有所减少，在一定程度上刺激了蔬菜价格上涨。四是本地菜“冬缺、夏余、秋外调”。全省蔬菜生产、加工处于粗放型发展阶段。由于蔬菜生产技术低，生产管理水平低，规模、效益发挥不十分明显，地方特色不突出，再加上自然条件和保鲜技术落后，还没有建起与生产规模相适应的加工、贮藏、保鲜等环节，一直都没有摆脱“冬缺、夏余、秋外调”的现状。

## （二）马铃薯

### 1. 价格回顾

2012 年，青海省马铃薯价格呈现“前低后高”的态势。1 月，受节日经济拉动，马铃薯价格略有上涨。但随着节日经济逐渐减弱，同时受 2011 年秋季马铃薯价格低迷等因素影响，2～4 月价格跌至 0.8 元/公斤。往年，2～4 月是青海省马铃薯反季节销售时期，价格要好于前期，种植户销售利润较高。但 2012 年，由于 2011 年马铃薯产量大、价格低等因素影响，在反季节销售中，种植户基本没有赚到钱。5～6 月新鲜马铃薯上市，价格开始上涨，6 月达到上半年最高点 1.8 元/公斤。7～9 月，随着菜用马铃薯逐步大量上市价格略有下降，基本稳定 1.60 元/公斤。10～12 月，秋季马铃薯开始上市，价格从 1.50 元/公斤逐步上涨至全年最高价格 1.90 元/公斤。

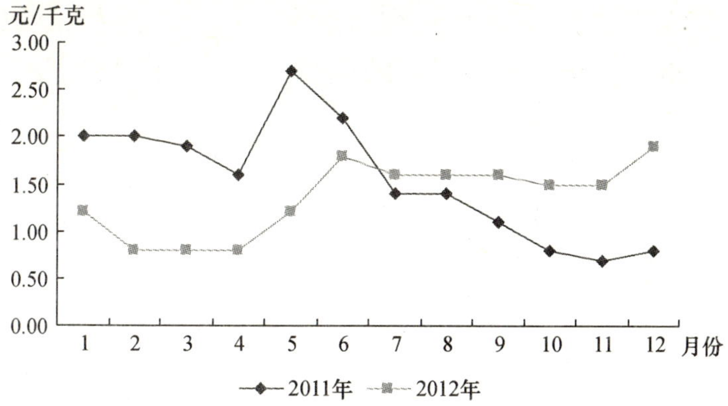


**图 120 2011～2012 年青海省马铃薯价格走势**

2. 原因分析

2011 年，青海省马铃薯播种面积和产量均比上年有所增加，但由于受内蒙古、陕西、宁夏、甘肃等省区马铃薯产量增加，国内马铃薯市场供大于求等因素影响，秋季马铃薯收购价格不断下跌，农民增产不增收。2012 年青海省秋季马铃薯价格比 2011 年涨幅明显，平均价格上涨 100%，上涨原因分析如下：一是国内主产区种植面积减少。我国是世界上最大的马铃薯产区，而内蒙古又是我国最大的马铃薯基地，产量约占全国产量的 1/7。由于 2011 年马铃薯价格暴跌，内蒙古 2012 年马铃薯种植面积减少 20%～40%。省外种植面积减少给 2012 年秋季青海省马铃薯价格上涨提供强有力的支撑。二是经营户撤出。2010 年种植马铃薯大赚。2011 年吸引了一部分本来不种马铃薯的经营户进入马铃薯种植行列，由于他们每亩投入的种薯土地、人工成本要远远超过农户的投入成本，因此他们亏损最大。经营户的特点是：赚不着就撤。经营户的撤出无疑是给 2012 年青海省秋季马铃薯价格上涨腾出了一块空间。三是分散小户种植面积减少。马铃薯分散小户是一个大群体，他们有自己的土地、人工、小型农机具和没有卖出的种薯，他们的每亩种植成本相对较低，90% 的小户 2012 年会继续种植马铃薯，但受 2011 年马铃薯价格低，滞销的阴影仍未散去，2012 年种植面积有所减少或者改种其他作物。四是 2012 年青海省受天气多变及马铃薯晚疫病的影响，产量下降，上市量减少，价格上涨。

## （三）蚕豆

1. 价格回顾

经历了 2010 年青海省蚕豆价格每千克 6.8 元的高位后，2011～2012 年蚕豆价格呈现逐步下滑态势，降幅 16.5%。2012 年 1～9 月一直稳定在5 元/千克左右，处于有价无市状况。10 月新蚕豆上市，由于受品种、质量及出口疲软等因素影响，价格进一步下滑，最终跌至全年最低价格 4.2 元/千克。

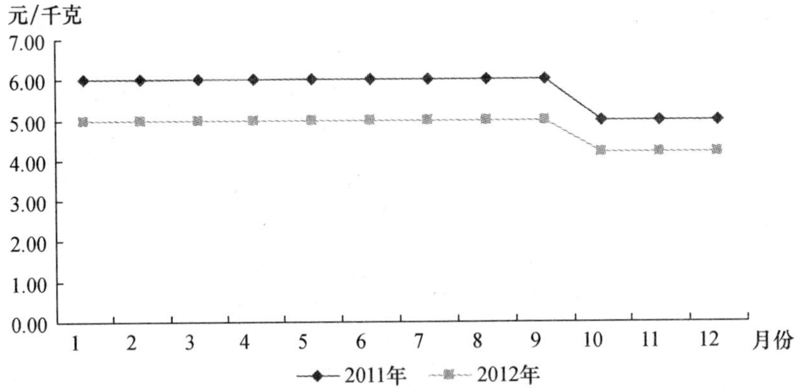


图 121 2011～2012 年青海省蚕豆价格走势

2. 原因分析

蚕豆是青海省传统的出口创汇产品，常年可提供商品蚕豆 5 万～6 万吨，商品率在 80% 左右，出口量平均在 2～3 万吨，出口和内销基本上各占一半，初步形成了"外贸出口企业 + 农户"的出口创汇产业雏形。出口国分别为日本（年最高出口量为 3500 吨，约创汇 130 万美元，出口规格是手捡蚕豆）、意大利、埃及、约旦、也门（一部分食用，一部分用于饲料），其中日本占 41%，欧洲及中东地区占 59%。近年来，由于品种、质量等原因，青海省蚕豆出口呈萎缩状态。2010 年青海省蚕豆农民出售价一度达到每千克 6.8 元的高价，而 2012 年蚕豆价格由最初的每千克 5 元下降到目前的 4.2 元/千克左右。分析原因主要是：一是品质下降。2012 年由于青海省蚕豆收获后期近半个月的连阴雨天气造成近 30% 的蚕豆籽粒色泽发黄、发芽，商品率降低，收购商的折损增加，价格降低。二是出口市场疲软。青海省出口蚕豆主要销往日本作为食用，欧洲及中东地区主要用于饲料．据了解，受不稳定的国际关系影响，出口市场需求大幅下滑，造成 2012 年青海省蚕豆出口不畅、价格下跌。

**（四）油菜籽**

1. 价格回顾

2012 年青海省油菜籽价格稳中有升，年底略有下滑，全年市场平均价格 4.6 元/千克左右，比 2011 年同期上涨 10.7%。

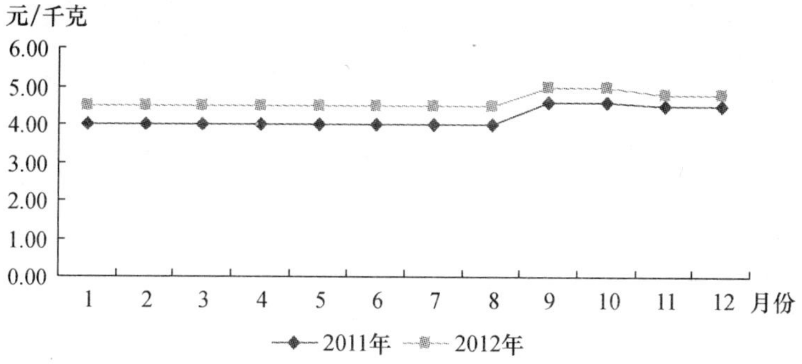


**图 122 2011～2012 年青海省油菜籽价格走势**

2. 原因分析

为保护农民利益，国务院决定 2012 年在全国 13 个油菜籽主产省（市）启动油菜籽托市收购工作，油菜籽挂牌收购价格为 5 元/千克，比 2011 年提高 0.4 元，对促进农民增收、弥补油菜籽种植效益、促进生产持续发展起到积极作用。2012 年由于采收后期持续阴雨天气导致油菜倒伏严重，菜籽颗粒不饱满，品质下降，油菜籽价格由川水地区一开始收购的 5 元/公斤降至现在的 4.8 元/公斤。但受油菜籽主产区托市收购价格影响，加之 2012 年青海省油菜籽预计产量 34.52 万吨较 2011 年减少 1.2 万吨，市场供应量略有减少，但市场需求量基本稳定，导致市场价格基本稳定在 4.6 元/千克左右。

**（五）牛羊肉**

1. 价格回顾

2012 年，青海省牛羊肉价格继续呈现上涨态势，年底牛肉价格反超羊肉价格，结束了从 2010～2012 年 3 年羊肉价格高于牛肉价格的走势。1～10 月羊肉平均价格 45.9 元/千克，牛肉平均价格 42.5 元/千克；11 月牛羊肉价格均稳定在 48 元/千克；12 月牛肉价格为 50 元/千克，羊肉价格为 46 元/千克，牛肉比羊肉每千克高 4 元左右。

2. 原因分析

2012 年，青海省牛羊肉继续保持上涨态势，主要有以下原因：一是市场需求拉动。据监测，2012 年青海省境内对牛羊肉的消费量在 25 万～30 万吨，总体需求量每年以 10%～15% 的速度递增。由于近年来青海省加大了对牛羊肉等畜产品的推介宣传，省外需求旺盛，同时在省外高位价格的拉动下，销往省外的牛羊肉数量大幅增加。据调查，2012 年青海省外销牛羊肉数量超过 60000 吨，比 2011 年增加 20% 以上，这是影响近几年青海省牛羊肉价格持续居高不

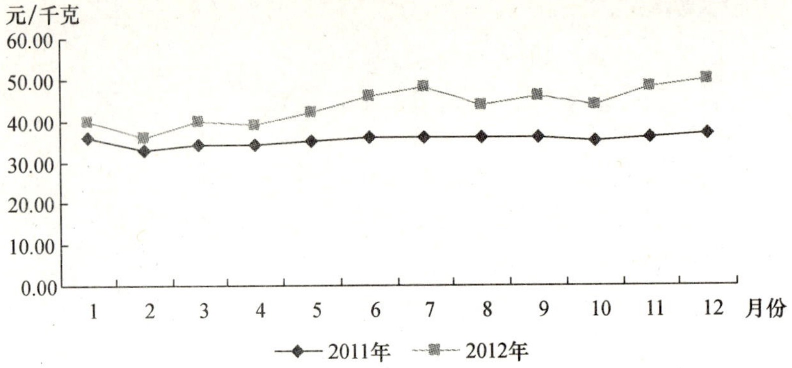


**图 123　2011～2012 年青海省牛肉价格走势**

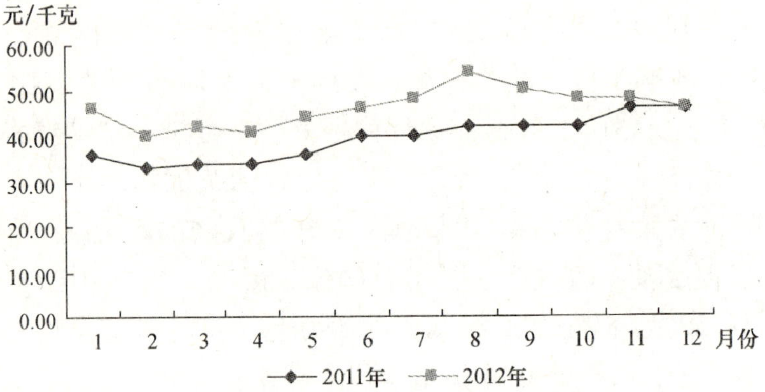


**图 124　2011～2012 年青海省羊肉价格走势**

下的重要原因之一。虽然全省不断加大农牧区牛、羊肉规模养殖扶持力度，强化牧区畜牧业基础设施建设，牛羊肉产量不断增加，但仍供不应求。二是活体牛羊外销呈快速增长态势。由于青海省牛羊肉价格相对较低，近年来以活体形式销往新疆、甘肃等地牛羊数量快速增长。从 2012 年青海省海西、海北、黄南藏族自治州反馈信息看，有大量客商就地高价收购活牛、活羊运往新疆等省区，形成了由青海省牛羊贩运户到牧户手中收购活牛活羊、集中一定规模后转手销售给新疆客商的流通格局。在此形势下，2012 年仅新疆一地调运量将超过 120 万只。活体牛羊的大量外销，进一步加剧了供需矛盾，导致供应本省的牛羊肉减少，价格上涨。三是养殖成本增加。根据国家建立草原生态保护补助奖励机制的决定，2011 年起，在全省范围内全面落实。通过退牧还草、禁牧减畜，实现草畜平衡，保护草原生态，加快转变畜牧业生产经营方式，舍饲圈养逐步成为主要养殖方式，而随着圈舍、饲料、用工、幼畜等成本支出的不断加大，养殖成本不断上涨，一定程度上推高了牛羊肉价格。2012 年，全省饲料价格累计上涨 4.9%、幼禽家畜价格上涨 27.4%，农业用工价格上涨 18.7%。对比 2010 年价格，饲料价格上涨 15.1%、幼禽家畜价格上涨 87.8%，农业用工价格上涨 43.9%。四是生活习惯影响。青海居民喜食牛羊肉，特别对于少数民族同胞更是生活必需品。同时，由于牛羊肉营养丰富，随着居民生活水平的不断提高，对牛羊肉的需求持续加大，导致价格不断上涨。

2012 年 12 月牛肉价格反超羊肉价格，这是自 2010 年 5 月羊肉价格高于牛肉价格后，第一次高于羊肉。据调查，主要是由于 12 月青海省牧区牛出栏量少，而羊出栏量大。据刚察县牛羊固定观测点数据显示，近期出栏牛 345 头，羊 7098 只。民和县出栏牛 990 头，出栏羊 14860 只。加之近期饲料价格上涨，外销量增加等原因的存在，导致牛供应量减少，养殖成本增加，价格上涨，并高出羊肉每公斤 4 元左右。

### （六）猪肉

1. 价格回顾

2012 年，青海省猪肉价格基本呈现稳中有降的态势。1～3 月价格基本稳定在每公斤 27 元左右，从 4～8 月价格开始降至每公斤 22 元左右，9～10 月略有升高，11～12 月又降至每公斤 21 元左右。

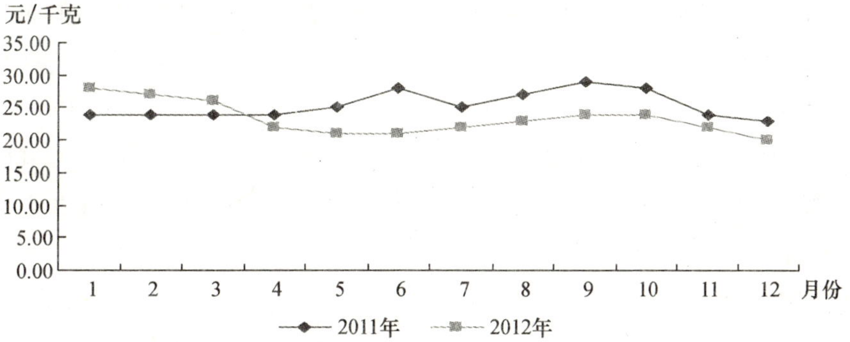


**图 125　2011～2012 年青海省猪肉价格走势**

2. 原因分析

2012 年青海省猪肉产量达 10.4 万吨，较 2011 年增加 0.2 万吨。5～9 月，由于受生猪货源减少、饲料价格上涨等因素影响，价格呈现上涨态势。10～12 月，在猪肉价格上涨因素影响下，前期养殖户补栏的生猪陆续出栏，猪肉供应量趋于稳定，价格呈现稳中有降的态势。目前，青海省规模养殖场生猪存栏略有增长，出栏相对稳定，猪肉市场供需平衡。外省调入青海省的生猪数量与前期相比基本稳定，周边省区猪肉供应充足，价格基本稳定，对年底青海省猪肉价格稳中有降，发挥了一定的作用。

近期，外省大部分地区猪肉价格略有上涨，但青海省却有所下降，主要是为确保青海省两节猪肉的供应量，从陕西、河南等省调入生猪，确保猪肉市场供应量，稳定其价格。供应量的增多，使猪肉价格出现小幅下滑迹象。在目前牛羊肉价格居高不下的情况下，猪肉价格的下滑对消费者无疑不是件好事。

## 二、2012 年主要农畜产品市场销售情况分析

2012 年，农畜产品市场供给能力不断提高，秋季牛羊肉、马铃薯、油菜等绝大多数农产品销售顺畅，价格总体上涨，走势基本符合常年季节性波动规律，农牧民受益明显。但同时个别地区、少数品种收购价格下降，滞销卖难现象略显。

### （一）滞销情况

2012 年 12 月，青海省海西州都兰县香日德镇得胜村部分村民反映青稞等农产品销售困难。得知这一问题后，各级农牧部门高度重视，立即协调各级有关部门，组织相关人员赴都兰县八个乡镇实地了解。据调查，2012 年都兰县青稞种植面积 66248. 61 亩，占总耕地面积的 23%，总产量 21456. 8 吨，平均每亩单产 648 斤，较 2010 年减少 1. 82%，价格每公斤 2. 6 元，较上年下降 16. 13%。截至目前，全县已销售青稞 9654. 4 吨，占总产量的 45%；待销售 8403. 5 吨，占总产量的 39. 2%。农牧民自用 3398. 9 吨，占总产量的 15. 8%。其中香日德镇得胜村种植青稞 1500 亩，青稞总产 450 吨，已销售 130 吨，自用 30 吨，待销售 290 吨。

### （二）滞销原因分析

一是从全国整体来看市场销售疲软，一些企业受近两年粮食收购和经营效益不佳等因素影响，入市较谨慎，特别是开展自主收购的积极性不高，造成购销市场不够活跃。二是青稞销售价格较低，流通环节不畅。秋收打碾结束后，青稞销售开始，价格为 1. 3 元/斤，农民存在着持粮观望待价而沽的心理，不愿按市场价出售粮食，这就出现了农民卖粮难问题。加上流通环节不畅，导致青稞销售缓慢。三是和 2011 年相比，2012 年由于都兰县与往年相比降雨量增加了 100 多毫米，致使 8 月全县青稞普遍出现倒伏现象，加之 9 月正值青稞灌溉期受两次霜冻，造成青稞千粒重下降、色泽低下、颗粒不饱满等

现象，直接影响了青稞销售难的问题。四是历年都兰县青稞35%销往格尔木市粮食储备库，由于2011年收购的青稞未能销售出去，严重影响了2012年的收购，也对都兰县青稞销售造成了一定的影响。五是从种植结构分析，2011年青稞出售价格3.4元/公斤，群众对种植青稞的积极性较高，2012年与往年相比种植面积增加了10068亩。从2012年春耕开始，都兰县农牧局动员群众从农作物种植结构调整上，加大马铃薯等的种植面积，但2011年受市场因素影响，造成价格低下。受传统思想的影响造成马铃薯面积减少，青稞面积加大。六是往年都兰县收储公司能够大量收购青稞发往西藏、江西沟、青南地区以及互助酒厂，2012年因受大环境影响，贷款至今没有贷下来，造成该公司收购困难。据调查，2012年该公司截至目前只收购2600吨，并且欠群众粮款120万元。

### （三）采取措施及成效

一是省、州、县三级农牧部门进一步加大与互助酒厂、格尔木、西藏等地经销商联系力度，同时与农户协商收购价格后，尽快将农户手中积存的青稞销售出去。二是积极通过农业部一站通供求系统发布青稞销售情况。截至目前，都兰县夏日哈镇查查村以每公斤2元的价格出售青稞200吨，香日德镇出售青稞500吨，县收储公司收购青稞60吨，其中：收购价香日德地区2.5元/公斤，察苏地区2.2～2.4元/公斤。利用农业部一站通发布供求信息后，湖北省武汉市黄郫外贸养猪场的负责人与都兰县种植大户及经纪人达成初步协议，近期将来人进一步协商收购事宜。

## 三、2013年主要农畜产品销售形势预测

农产品：①蔬菜。蔬菜价格受外来制约因素依然较大。鉴于2013年化肥等农资价格可能还会持续上涨，蔬菜总体价格水平会呈小幅上涨态势，销售形势看好。②马铃薯。2013年青海省马铃薯种植面积持平略增，价格与2012年基本持平，销售形势比较平稳。③蚕豆。预计青海省蚕豆价格将有所回升，销售形势好于2012年。④油菜籽。国家继续出台油菜籽托市收购政策，油菜籽价格将保持小幅上涨态势，销售形势比较平稳。

畜产品：①牛羊肉。牛羊肉价格仍保持高位运行态势，价格稳中略升，购销两旺。节日期间价格仍会有不同程度上涨，年底价格有可能再创新高。②猪肉。2013年一季度价格基本稳定，从二季度开始价格将有所上涨。

总之，2013年青海省农畜产品价格总趋势是稳中略升。受国内主产区大环境影响，个别农产品有可能会出现滞销情况。畜产品如不遇到特殊情况，销售形势仍很乐观。

# 2012年山西省农产品市场运行情况

山西省农业厅　李　固

2012年，山西省主要原粮价格稳中有升，蔬菜、水果价格有起有落，畜牧养殖效益有喜有忧，整体呈现稳中小幅上升态势。

## 一、2012年山西省农业生产情况

### （一）种植业生产形势

1. 粮食总产再攀新高

2012年粮食总产、单产双双实现新的突破，再创历史新高：总产127.4亿公斤，比2011年增长8.1亿公斤，增幅为6.8%，增幅比全国高3.6个百分点，增幅居全国第三。其中夏粮总产达到26.1公斤，比2011年增长7.8%；单产258公斤/亩，比上年增加16公斤/亩，增幅为6.6%，增幅比全国高4个百分点，增幅居全国第四。高产作物玉米种植面积的持续增长，有力地推动了山西粮食生产能力的提升。全省玉米播种面积为2503.6万亩，比2011年增加33.5万亩，玉米面积占到粮食作物面积的50.7%。

2. 冬小麦播种面积同比略降

据2012年9月对江西省40个基点县抽样调查显示，全省冬小麦播种面积1101.43万亩，减15.47万亩，减幅为1.61%。主要原因是近两年来，小麦价格持续低迷，广大百姓改种玉米或发展效益较好的设施蔬菜。

3. 水果生产发展态势喜人

据山西省果业站统计，果品生产全面丰收。2012年全年新发展果园33.9万亩，果园总面积达811.8万亩。苹果、梨、葡萄、杏、桃等果品生产实现全面丰收，达到762.94万吨，同比增加9%，创历史新高。

4. 蔬菜产量稳步增长

据山西省蔬菜站统计，2012年，全省蔬菜播种面积642.7万亩左右，产

表41 2012年秋冬种面积预计 单位：万亩

| 指标名称 | 代码 | 上年实际 | 本年预计 | 增减 | |
|---|---|---|---|---|---|
| | | | | 绝对数 | |
| 农作物播种面积 | 1A | 1116.90 | 1101.43 | -15.47 | -1.39 |
| 粮食作物合计 | 1 | 1018.95 | 1001.65 | -17.30 | -1.70 |
| 谷物 | 2 | 1017.60 | 1000.30 | -17.30 | -1.70 |
| 其中：冬小麦 | 3 | 1016.25 | 999.89 | -16.36 | -1.61 |

量2058.7万吨以上，同比增2.4%左右。其中设施蔬菜新增20.3万亩，达到140.5万亩，产量达732万吨，同比增13%。

**（二）畜牧业生产总量稳定，结构合理**

2012年畜牧业生产总体稳定，牛、羊养殖效益较好，猪产业后半年开始恢复。

表42 2012年1~3季度畜牧业生产情况

| 品种 | 存栏 | 增减% | 出栏 | 增减% | 肉产量 | 增减% | 奶产量 | 增减% | 禽蛋产量 | 增减% |
|---|---|---|---|---|---|---|---|---|---|---|
| 猪（万头） | 435.3 | 5.6 | 514 | 4.0 | 40 | 5.2 | | | | |
| 能繁母猪（万头） | 56.3 | 3.9 | | | | | | | | |
| 牛（万头） | 96 | 3.5 | 26.5 | 6.9 | 4.2 | 7.0 | 57.5 | 3.7 | | |
| 羊（万只） | 850 | 4.4 | 280 | 6.5 | 3.9 | 4.6 | | | | |
| 鸡（万只） | 6100 | 8.2 | 4660 | 8.0 | 6.0 | 9.8 | | | 52 | 3.3 |
| 合计（万吨） | | | | | 54.1 | | 57.5 | | 52 | |

**（三）山西省农村居民人均现金收入持续较快增长**

2012年前三季度，山西省农村居民人均现金收入为5288.04元，同比增760.5元，增16.8%；比全国12.3%的增速高4.5个百分点。农村居民人均现金收入增长的主要特点有：一是工资性收入保持快速增长，工资性收入持续增长，但增速回落；二是家庭经营现金收入稳步增长；三是转移性收入大幅增长；四是财产性收入平稳增长。

表 43 2012 年前三季度山西农村居民家庭收入

| 指标 | 绝对量（元） | 增减绝对数 | 增长速度（%） |
|---|---|---|---|
| 农村居民人均纯收入 | 5288.04 | 760.5 | 16.8 |
| 工资性收入 | 2481.6 | 417.98 | 20.25 |
| 家庭经营收入 | 2159.6 | 271.26 | 14.36 |
| 财产性和转移性收入 | 480.71 | 58.39 | 13.83 |

### （四）农产品加工业发展迅速

2012 年 1 ~ 11 月，山西省农产品加工龙头企业销售收入稳定增长，达到 784.23 亿元，超额完成全年目标任务的 3.19%。“513”工程企业实现销售收入 635.44 亿元，同比增长 30%；“513”工程企业各项指标占全部农产品加工业的比重不断提升，辐射带动能力大大增长，呈现出较强竞争优势，成为全省农产品加工业增长的重要拉动力量。

## 二、主要农产品市场运行情况

### （一）主要原粮价格稳中有升

玉米价格先强后弱。2012 年 1 ~ 9 月之前玉米价格持续强劲，9 月最高，市场价为 2.34 元/公斤，10 月最低，市场价格为 2.14 元/公斤；变化幅度 9.3%。进入 11 月、12 月玉米价格趋稳，环比小幅回升，但受养殖业情况仍然不佳、深加工企业产品需求依然不旺影响，玉米整体供大于求，市场基本面依然偏弱，年末现货价格依然处于低位。从后期看，随着养殖业好转等因素影响，玉米价格有望缓慢回升后趋稳。

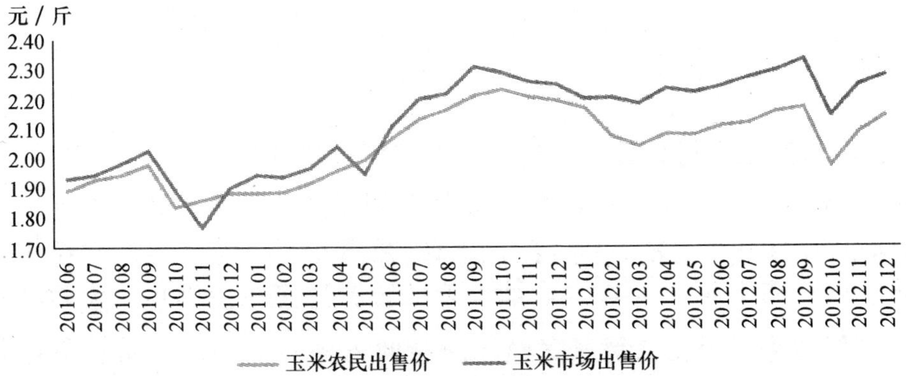


图 126 2010 年 6 月至 2012 年 12 月山西省玉米价格走势

大豆价格稳中有升，低位徘徊。2012 年，大豆价格持续低位，整体稳中有升，2 月最低，市场价格为 5. 52 元/公斤；9 月最高，市场价格为 6. 12 元/公斤，波动幅度为 10. 87%。四季度大豆市场价格看好，但农民大豆存量多，农民出售价不升反落。从后期看，由于基本面需求不旺，大豆价格徘徊的现状或将继续维持。

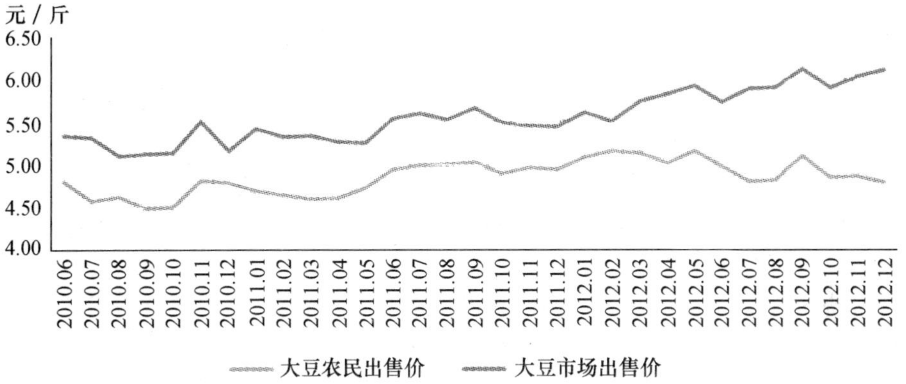


**图 127 2010 年 6 月至 2012 年 12 月山西省大豆价格走势**

小麦价格以稳为主，稳中有升。2012 年 1 月最低，为 2. 29 元/公斤，10 月最高，为 2. 34 元/公斤，变化幅度为 2. 1%。进入 11 月、12 月价格有所增长，但幅度很小。从后期看，小麦市场则受制于宏观经济环境、仓单压力等因素，呈现明显弱势。预计 2013 年一季度国内小麦行情将随着供需格局的逐步明朗以及“双节”备货效应的拉动，小麦价格或将逐步走出平稳格局。

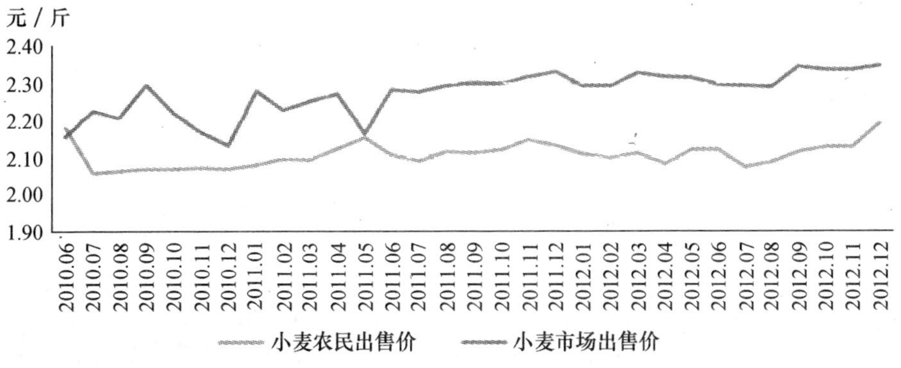


**图 128 2010 年 6 月至 2012 年 12 月山西省小麦价格走势**

### （二）蔬菜价格有起有落

2012年5月，全国部分蔬菜上市“碰头”，出现了一段时间的卖难问题；8月底，连续阴雨天气导致蔬菜价格大幅上涨；9、10月，蔬菜价格出现了大幅回落；进入11、12月以来，受天气渐冷，大雪增多，调入蔬菜量增加等因素影响，11、12月价格全线持续上涨。从后期看，随着2013年春节临近，蔬菜价格仍会有上升空间，同时要预防大雪带来的蔬菜价格上涨。

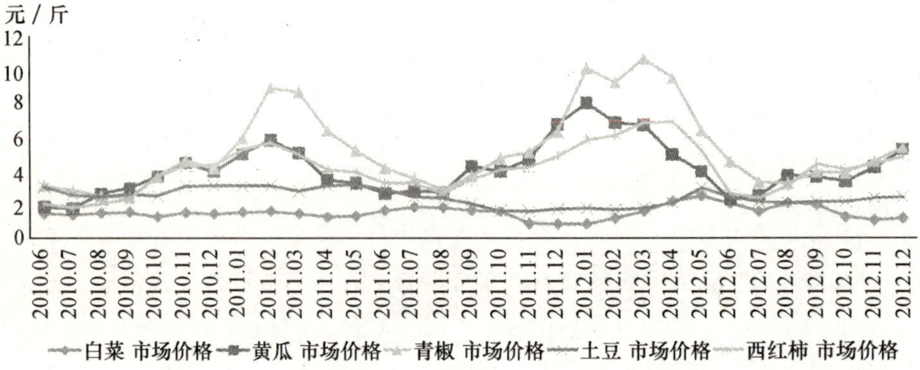


图129 2010年6月至2012年12月山西省主要蔬菜价格走势

### （三）主要农资价格以稳为主

受全国主要农资供求相对平衡因素支持，2012年山西省农资价格整体保持稳定，价格未出现较大变化。11月，复合肥环比增长2.61%，同比增长4.68%，主要还是受设施蔬菜发展较快，市场需求相应增加所致，波动正常。从后期看，市场基本面相对平稳，农资价格仍将以稳为主。

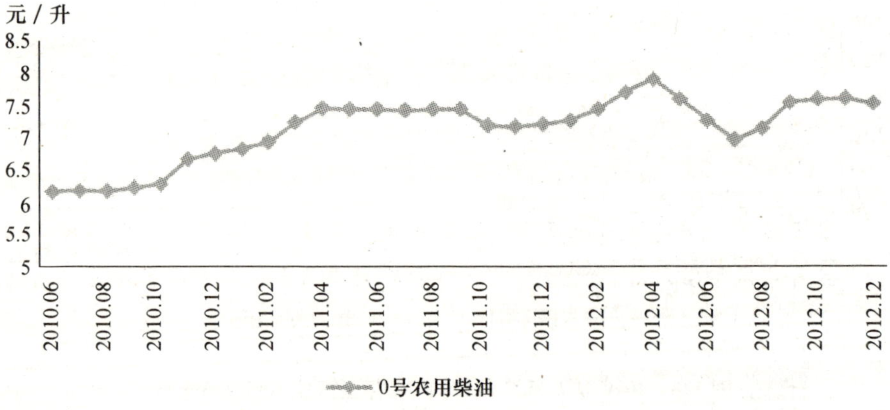


图130 2010年6月至2012年12月山西省0号农用柴油价格走势

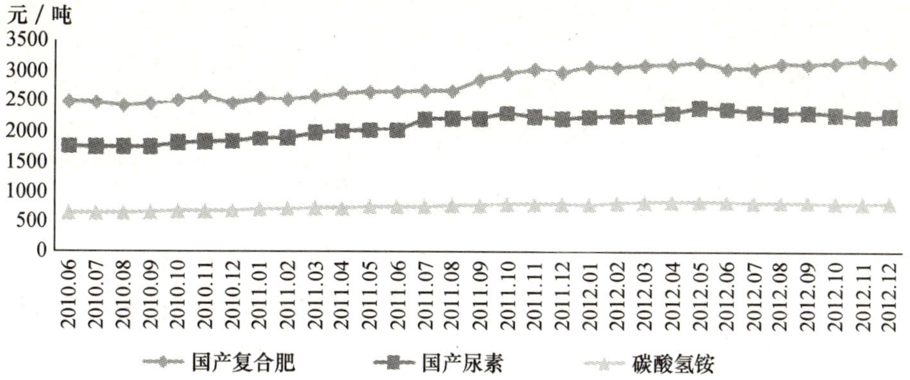


**图131　2010年6月至2012年12月山西省主要农用化肥价格走势**

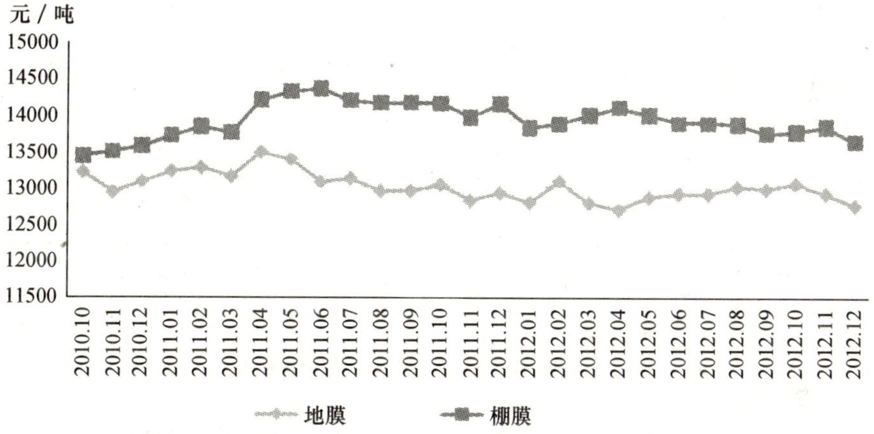


**图132　2010年10月至2012年12月山西省地膜、棚膜价格走势**

### （四）猪及其产品价格触底后逐步回升

2012年1~7月，猪肉、生猪价格持续低迷，猪粮比价连续7个月在6∶1以下，自8月开始，猪粮比价连续5个月高于6∶1盈亏平衡点。12月，全省生猪市场价格有所回落，出售价平均为15.66元/公斤，玉米市场价格为2.2812元/公斤，猪粮比价为6.86∶1，从后期看，随着2013年春节临近，市场需求渐旺，猪肉、生猪价格将逐步走高。

### （五）鸡蛋、鸡肉价格有起有落，波动不断

2012年6月、9月出现两次明显上涨。3月市场价格最低，为6.65元/公斤，9月最高，为10.12元/公斤，变化幅度为52%。从后期看，随着2013年春节临近，价格上行预期大。

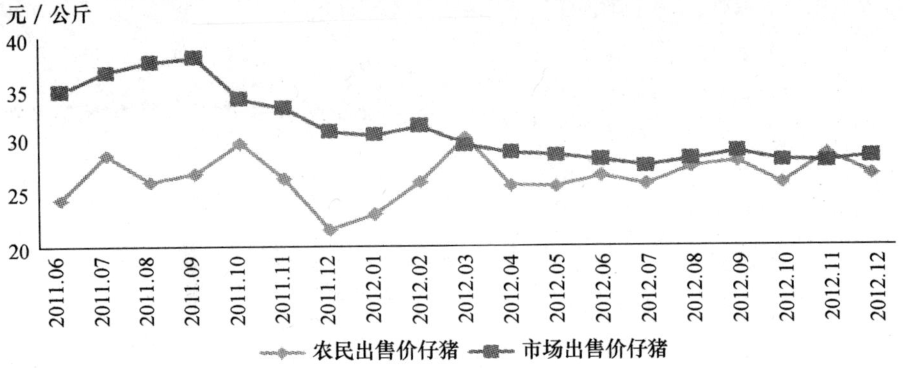


**图133 2011年6月至2012年12月山西省仔猪价格走势曲线**

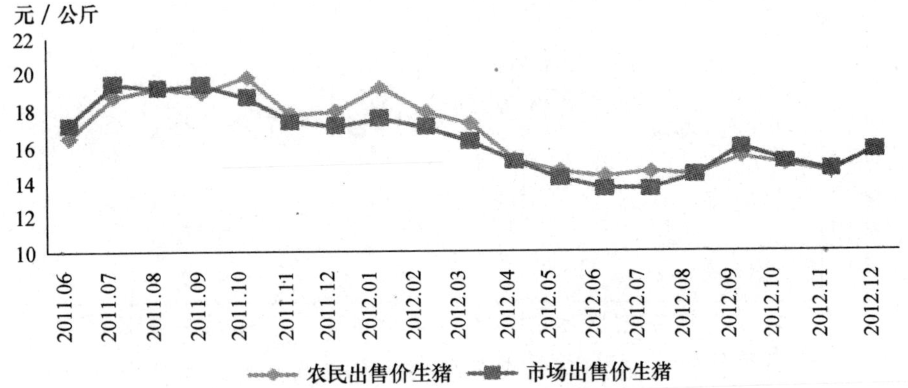


**图134 2011年6月至2012年12月山西省生猪价格走势曲线**

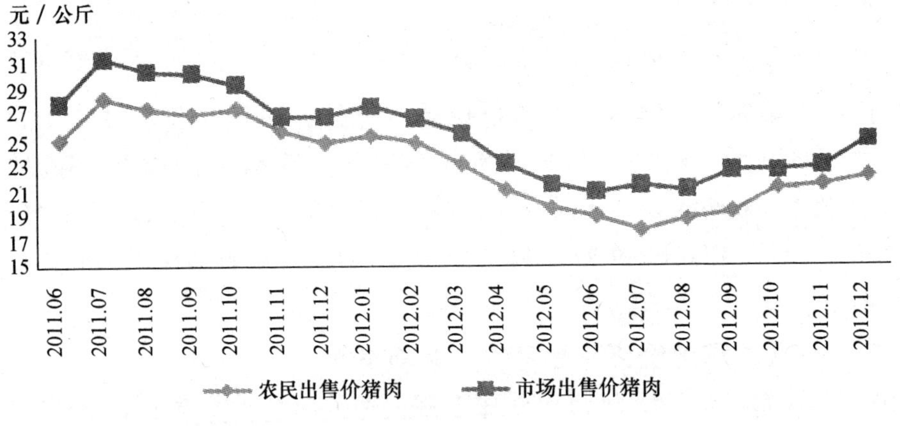


**图135 2011年6月至2012年12月山西省猪肉价格走势曲线**

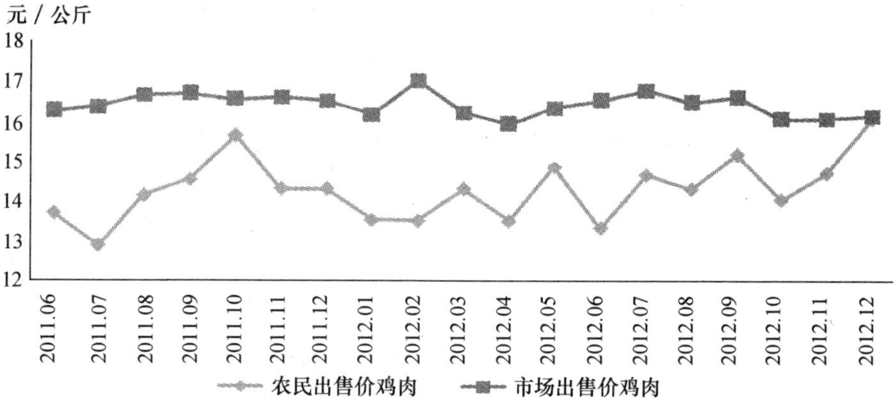


**图 136　2011 年 6 月至 2012 年 12 月山西省鸡肉价格走势曲线**

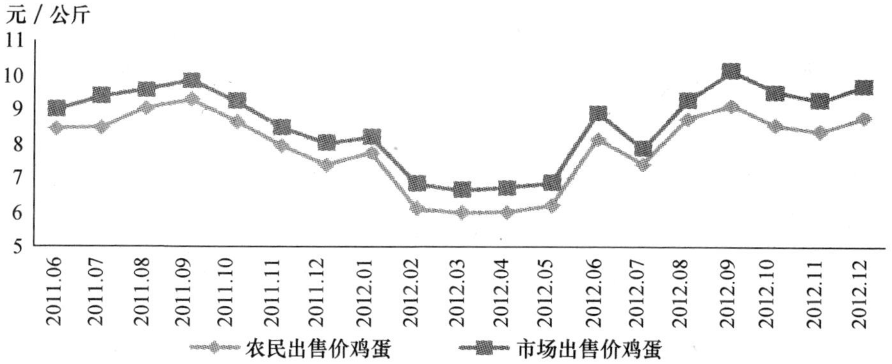


**图 137　2011 年 6 月至 2012 年 12 月山西省鸡蛋价格走势曲线**

### （六）羊肉、牛肉价格持续强劲，原料奶价格整体小幅上升

2012 年，羊、牛肉价格持续强劲。进入 10 月，随着天气转凉等因素影响，牛、羊肉消费增加，羊、牛肉价格持续小幅上升。从后期看，2013 年春节临近，牛、羊肉价格看涨预期大；由于市场供应充足，波动幅度有限。

## 三、存在的主要问题

（1）小麦、大豆价格持续低位运行，农民增收再增压力。

（2）生猪养殖恢复速度缓慢，养殖户效益不高。

（3）电价、人力等成本增加因素压力较大。农产品生产收益相对于务工收入较小，严重影响到农民对农业生产投资的积极性。

（4）产地市场建设严重滞后，农民组织化程度低。缺乏有效的市场信息引导和价格话语权，抵御风险能力差，尚未摆脱“丰一年、赔一年”的生产怪圈。

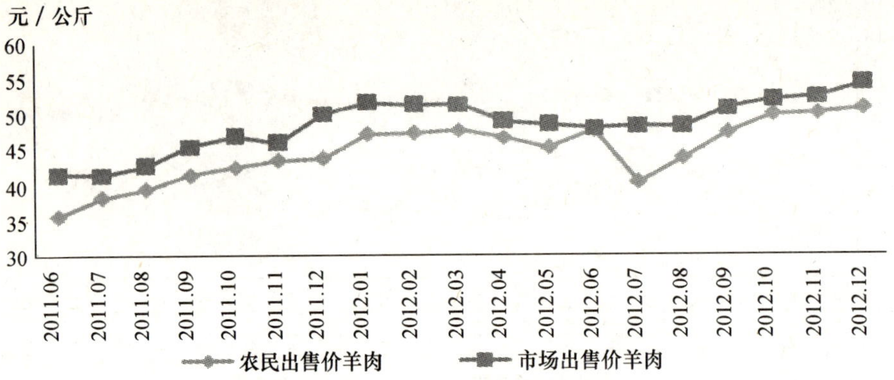


**图 138　2011 年 6 月至 2012 年 12 月山西省羊肉价格走势曲线**

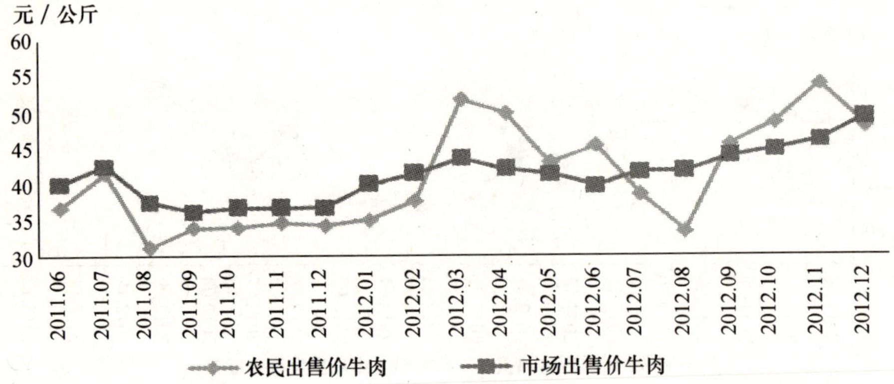


**图 139　2011 年 6 月至 2012 年 12 月山西省牛肉价格走势曲线**

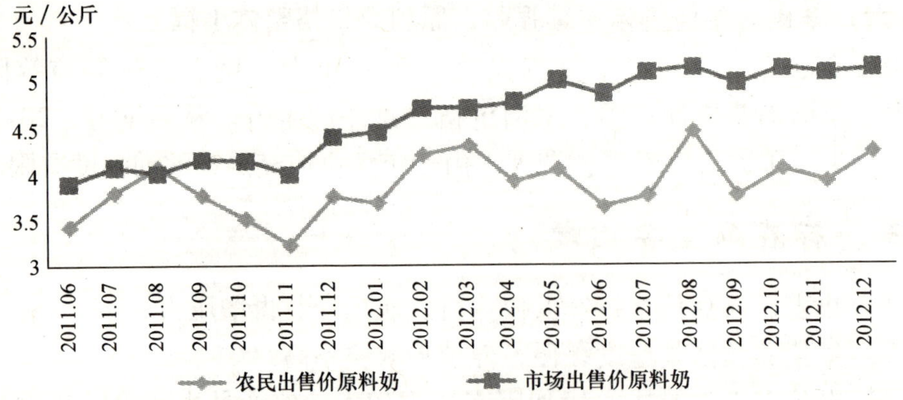


**图 140　2011 年 6 月至 2012 年 12 月山西省原料奶价格走势曲线**

## 四、2013 年山西省农产品市场运行展望

当前，工业反哺农业已进入一个较好的发展期，促进农业增效、增加农民收入是大方向，农产品价格稳步上涨是一个大趋势。预计 2013 年山西省农产品价格整体水平将表现出稳中有升的态势。

### （一）粮食价格相对平稳或略升

2012 年山西省粮食增产近一成，粮食价格大幅上涨的概率不大，但受成本增加影响，价格稳中有升。但要做好种植结构调整和信息预警，谨防“丰一年，赔一年”。另外，国家为保护农民种粮积极性，确保农民增收，适度提高粮食收购价格的政策趋向对粮价构成支撑。综合以上因素，粮食价格不会出现大起大落，将处于稳中有升态势。

### （二）猪价或将出现波动

受 2012 年生猪养殖效益整体低迷影响，2013 年猪价或将再次出现走高，但受近年来市场波动较大影响，养殖户补栏较为理性，猪价大幅波动预期不大。

### （三）禽蛋和牛、羊肉价格仍有上涨空间

原料价格的上涨，人工费用的增加，直接增加了养殖成本，预计禽、蛋价格稳中趋高的态势仍将持续。

### （四）谨防蔬菜上市碰头，带来新的卖难

针对近年来设施蔬菜发展迅速的现状，各级农业部门要强化信息发布，加强生产指导，科学组织生产，避免出现农产品上市“碰头”及大的“卖难”问题。

## 五、山西省人民政府在平抑物价方面出台主要措施

### （一）《2012 年山西省人民政府工作报告》要求着力稳定物价总水平

各级政府和相关职能部门要充分认识当前做好粮食购销和市场调控、食用油保供稳价工作的重要性和紧迫性。要全面落实稳定物价的各项政策措施，落实好“米袋子”、“菜篮子”负责制，做好粮、油、肉、菜的生产和储备工作，加强鲜活农产品流通体系建设，畅通运输“绿色通道”，加强物价监测和市场监管，进一步完善社会救助和保障标准与物价上涨挂钩的联动机制，决不能让物价上涨影响低收入群众的基本生活。

### （二）山西省政府 5 项措施稳定粮油供应和价格

2012 年 10 月，省政府为确保当前和今后一段时期粮油市场供应和价格基本稳定，山西省制定并部署了 5 项具体措施。一是要求各地制定本地粮油应

急保供预案，提前做好粮油供应、储备投放准备工作。二是做好低收入群体价格临时补贴发放的准备工作，适时启动社会救助和保障标准与物价上涨挂钩联动机制。三是各地物价部门今后将密切关注粮油市场供应和价格变化。四是物价部门要对成品粮油市场、重点油脂生产经营企业、主要流通环节开展定期和不定期巡查，坚决打击囤积居奇、哄抬价格等违法行为，对违法案件要发现一起、严办一起。五是省政府要采取各项措施防止市场出现虚假信息发布和传播误导情况。

## 六、2013 年确保农产品市场价格稳定主要工作着力点

### （一）继续推进“菜篮子”工程建设

在继续抓好百万棚设施蔬菜建设工程的同时，深入推进晋中盆地高效设施农业示范工程，重点抓好晋中、太原、吕梁三市 16 个县设施蔬菜、花卉、食用菌、花卉、苗木建设，每年新增面积 10 万亩以上，把晋中盆地打造成“山西农谷、园艺之都”。

### （二）继续推进“米袋子”工程建设

一是搞好粮食高产创建工程。通过抓粮食大县、生产大片和高产创建示范方，着力提高单产水平，切实提高山西省粮食综合生产能力。2013 年，全省建设粮棉万亩高产示范片 300 个，覆盖 70% 以上的县。二是抓好杂粮产业振兴工程。以谷子、荞麦、燕麦、红芸豆、绿豆、专用高粱、马铃薯 7 种优势杂粮为主，分品种建设一批标准化生产基地，规划布局一批全链条的产业化开发项目，把小杂粮做成大产业。

### （三）扎实推进畜牧产业翻番和果业提质增效工程

一是加快建设畜牧良种繁育体系，着力打造和扶持一批规模大、标准化程度高、示范带动能力强的畜牧产业项目，通过 3 ~ 5 年建设，全省畜产品产量翻一番，农民人均畜牧业纯收入翻一番。二是重点实施精品果园建设工程、果园沃土工程、果农素质提升工程和龙头企业培育工程。力争 3 ~ 5 年建设，水果总产量突破 1000 万吨，农民人均果品收入由现在的 700 元达到 1000 元。

### （四）加大农产品市场监测预警力度

充分发挥全省 41 个县、46 个集贸市场和超市、14 个农产品批发市场及其他多个信息采集点的作用，继续做好农产品市场价格运行监测工作；同时积极开展对小杂粮等小宗及鲜活农产品的数据采集，加强分析研判，强化信息发布，加大对农业生产指导力度；及时了解市场供求，切实减少买难、卖难问题。

# 2012 年山东省农产品市场运行情况

山东省农业厅　范群英　王　钧

2012 年，山东省主要农产品价格多数同比上涨，但整体涨幅回落，个别农产品价格下跌明显。其中，小麦价格先稳后涨，玉米、花生仁价格先涨后跌，大豆价格稳中有涨，棉花价格低位回升，蔬菜价格季节性波动更加明显，畜产品价格普遍下跌。

## 一、小麦

2012 年山东省小麦种植面积达 5438. 8 万亩，比 2011 年增加 48. 5 万亩；总产 2179. 3 万吨，比 2011 年增加 75. 38 万吨；平均亩产 400. 7 公斤，比 2011 年增加 10. 37 公斤，单产创历史新高。

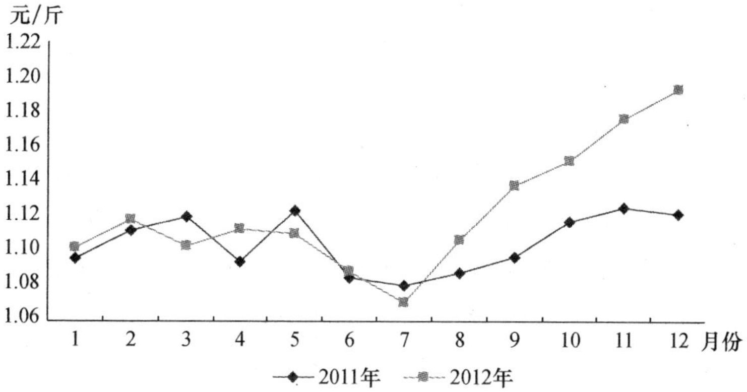


**图 141　2011 ~ 2012 年山东省小麦价格走势**

2012 年的小麦价格表现为上半年基本稳定，下半年持续上涨，全年平均 1. 12 元/斤，同比上涨 1. 63%，与 2011 年相比涨幅缩小。其中，1 ~ 5 月，受春节备货、饲料小麦需求回升、国家提高临储小麦拍卖底价等影响，价格基本稳定；6 月，随着新麦的逐步上市，小麦价格跌入低谷，山东部分市、县启动了小麦托市收购预案并展开收购；7月开始，尤其是8月，在粮源明显减少和多方采购需求增强提振下，价格稳中有涨；10~12月，市场流通粮源偏紧导致小麦价格不断上涨，12月涨至1.19元/斤，比7月1.07元/斤上涨11.21%。

影响小麦价格上涨的主要因素：一是政策推动。4月国家提高了最低收购价小麦竞价销售底价，12月国家又对政策性小麦（含最低收购价小麦）的销售底价进行了上调。同时，国家继续提高了2013年小麦最低收购价，每斤比2012年提高0.10元。政策支撑了小麦价格的底部空间，也推动了小麦价格的上涨。二是需求增加。由于玉米价高，饲料企业加大了小麦替代玉米的比例，使饲料小麦需求大增，收购价也高于面粉企业的收购价。特别是在面粉销售进入旺季后，面粉企业不得不持续提高收购价格来吸引粮源，而多数市场主体看涨预期增强，采购积极性增加。三是供给偏紧。受托市收购数量较大、粮农粮源不多且惜售待涨等因素影响，小麦上市量减少，政策粮拍卖又难以完全满足市场需求，市场流通粮源供给偏紧。

据分析，2013年新麦上市前，小麦市场流通粮源将持续偏紧，新麦上市后各收购主体采购积极性可能会提高。预计2013年小麦价格还会继续上涨，但由于小麦整体库存充足以及本身的“政策市”特点，价格涨幅不会太大。

## 二、玉米

2012年山东省玉米种植面积4562万亩，同比增长68.2万亩，增1.52%；玉米总产1994.5万吨，增0.8%。

2012年全省玉米价格先涨后跌，年底略有回升。全年玉米平均价1.13元/斤，同比涨2.77%。其中，1~8月，受粮源逐渐趋紧影响，玉米价格逐步回暖，但由于小麦饲用替代减少了玉米需求、贸易商陈粮较多、加工企业需求降低等，玉米市场并未像往年一样出现青黄不接的局面，价格涨幅低于预期；9月后，新玉米丰收且品质好于往年，粮源相对宽松，贸易商采购积极性不高，玉米价格逐步下降，并在11月达到年内最低；12月，玉米需求好转，节前备货开始，价格出现回升。12月末，德州大部分县市玉米深加工企业收购价1.10~1.13元/斤，个体粮商收购价1.05~1.08元/斤，与年初基本持平。

预计2013年玉米市场将在国家临储政策支撑、市场需求增加、小麦价格上涨等因素的综合影响下触底反弹，但涨幅有限。

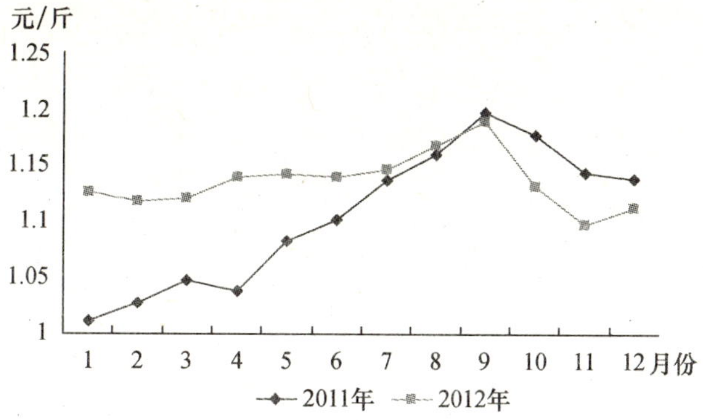


图 142 2011～2012 年山东省玉米价格走势

## 三、棉花

2012 年全省棉花种植面积 1020 万亩，同比下降 9.6%；总产 70 多万吨，降 10.78%。

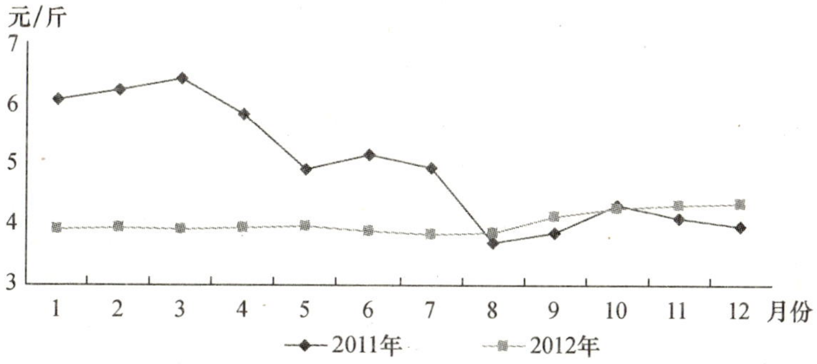


图 143 2011～2012 年山东省皮棉价格走势

2012 年籽棉价格先稳后涨，总体仍显低迷。全年籽棉平均价格 3.98 元/斤，同比跌 19.13%。其中，1～8 月籽棉价格持续低迷；9 月以后，新花陆续上市，价格逐渐回升。12 月籽棉价格 4.32 元/斤，较 2011 年同期上涨 9.79%，达年内最高。分析认为，影响棉花价格的原因比较复杂。一方面，国内外经济不景气，纺织业生产低迷，棉花需求不旺，加之国际棉花储备充足，棉花进口增加，国内外棉花价差增大；另一方面，棉花收储价达不到棉农心理预期，棉农惜售，货源不足，加之棉花收储价达到 20400 元/吨，对应的籽棉价格 4.2～4.35 元/斤，每斤比 2011 年提高 0.1 元，这也使得棉花价格难以大跌。种植省棉花种植面积已连续 5 年下降，棉农种植意向调查显示，受棉花价格低、植棉效益差、用工多、机会成本高等影响，预计 2013 年植棉面积还会下降。

## 四、花生

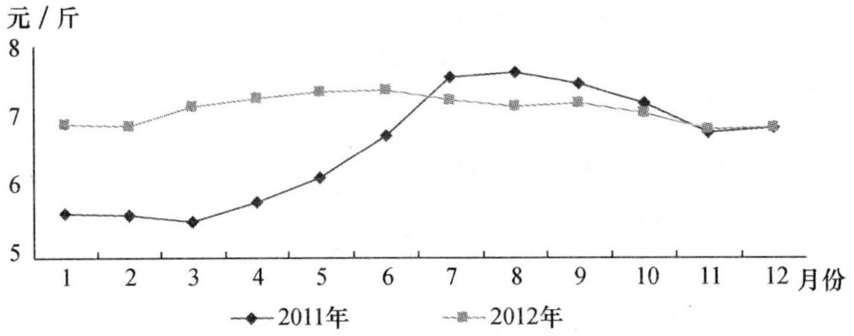


图 144 2011~2012 年山东省花生价格走势

2012 年花生仁价格先涨后跌，全年平均 7.07 元/斤，同比涨 8.46%。其中，1~6 月，在国际市场价格上涨，供应阶段性偏紧的影响下，全省花生价格稳中有涨；新花生上市后，供给增加，但收购价格低于农民预期，农民惜售心理较强，贸易商高价收购意愿不强，价格稳中走低。

## 五、蔬菜

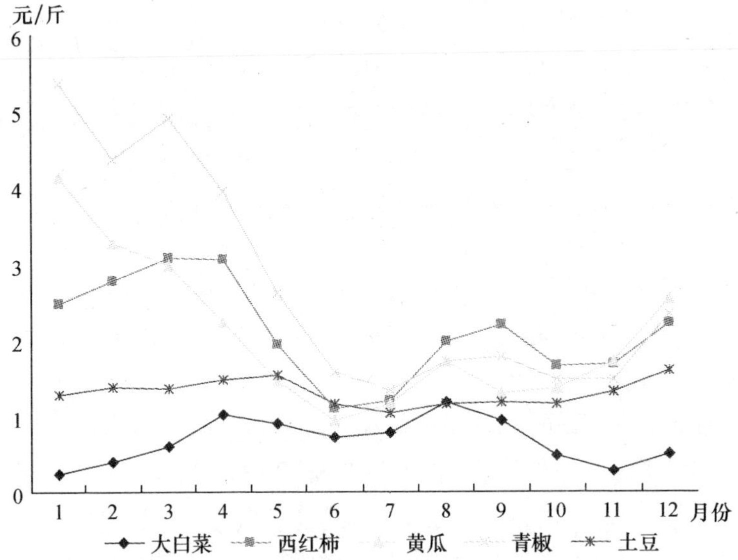


图 145 2012 年山东省蔬菜价格走势

据监测，山东省蔬菜批发市场年平均价格 1.64 元/斤，同比涨 7.50%。从时间上看，全年蔬菜价格呈季节性波动。其中，一季度价格不断上涨，3 月达到近几年新高的 2.33 元/斤；3 月底开始回落，5 月底开始低于 2011 年同期，6 月中旬下跌至 1.19 元/斤；7、8 月虽有小幅回升，但 8 月底开始在本地菜大量上市的影响下快速回落，10 月底达到年内最低的 1.08 元/斤；11 月开始，蔬菜价格连续八周上涨，累计涨 56.45%。从品种上看，所监测的 35 种蔬菜，28 种上涨，1 种持平，6 种下跌。其中，上涨幅度在 30% 以上的有大葱、洋白菜、白萝卜、生菜、油菜、芹菜等，分别上涨 74.99%、44.25%、36.92%、36.04%、34.03%、30.00%；下跌幅度在 30% 以上的有生姜、山药等，分别下跌 47.52%、34.95%。而西葫芦、尖椒、芹菜、萝卜、山药、大白菜等个别品种出现短时间严重滞销，价格波幅较大。

## 六、畜产品

山东省 2012 年生猪价格先跌后稳，年末大涨，年均价 7.47 元/斤，同比下跌 9.00%。其中，上半年生猪供应充足，产能过剩，价格持续回落；8 月开始，价格稳中略涨；到 12 月，达到 8.06 元/斤，环比上涨 11.68%。分析认为，12 月生猪价格上涨，主要是生猪出栏量减少，猪肉消费季节性增加等原因所致。全年猪肉平均价格 11.61 元/斤，同比下跌 11.97%，大于生猪价格下跌幅度。12 月猪肉价格 11.9 元/斤，比 11 月上涨 7.93%，上涨幅度小于生猪上涨幅度。全年鸡蛋平均价格 4.11 元/斤，同比下跌 6.32%。鸡蛋价格全年呈季节性波动，其中，1~3 月价格持续下跌，4~5 月趋于稳定，5 月末 6 月初出现短暂大幅上涨，6 月中旬开始略有回落，8 月再次上涨，9 月达到年内最高的 4.94 元/斤，10 月再度回落，11~12 月持续回升。

## 七、农资

尿素价格先涨后跌，年末再次上涨，年均价 2314.25 元/吨，同比涨 7.93%。其中，1~2 月中旬，价格基本稳定；2 月中旬价格开始上涨，尤其是到了 4 月下旬，在阶段性供应偏紧及国际尿素价格大涨的影响下，价格出现大涨，5 月中旬山东尿素出厂报价一度达 2450 元/吨，市场批发价 2500 元/吨，均为年内最高；5 月中旬一直到 11 月上旬，在政策压力、需求平淡、产能过剩、国际价格回落等因素影响下，价格持续回落；11 月中旬开始，受冬储、关税调整影响，价格涨势明显。复合肥价格先涨后跌，之后稳中有涨，全年平均 3242.05 元/吨，同比涨 5.94%。其中，1~5 月，价格持续稳中有涨；6~9 月，价格出现回落；10 月开始，价格稳中有涨。磷酸二铵整体稳中有涨，全年平均 3650.92 元/吨，同比上涨 6.45%。

# 2012 年江苏省农产品市场运行情况

江苏省农委市场与经济信息处

据江苏省农委农产品价格监测点数据，与 2011 年相比，2012 年全省主要农产品价格总体上扬，其中原粮价格出现不同程度上涨，粳米价格微跌，呈“稻强米弱”状况；油料价格稳步上扬，油菜籽价格全年累计上涨 12.5%；蔬菜价格季节性波动较往年更加明显，峰谷值相差超 1 倍，价格水平比 2011 年高一成；生猪产品价格全年走势相对低迷，年末行情小幅回暖，均价同比下降一成左右；鸡蛋收购价格“先抑后扬”，整体水平不及 2011 年，均价同比下降 8.8%；牛羊肉价格始终高于上年同期，同比涨幅明显，均价创历史新高。主要农资产品价格高位平稳运行，均价同比上涨一成左右。[①]

预计 2013 年，主要农产品价格总体仍将高位运行，其中粮食、油菜籽价格在国家政策支持和全球供应偏紧的背景下可能还将温和上涨；蔬菜价格继续呈季节性波动态势，整体价格水平在成本推动下或仍将处于高位；生猪产品及鸡蛋价格有望走出低迷期，其他肉类价格或将继续高位运行。农资产品价格受成本上升、需求增加的影响，呈现稳步上扬态势。

## 一、稻谷

2012 年稻谷价格呈“先扬后抑”、小步稳走态势，周波动幅度保持在 1% 以内，月度同比涨多跌少，总体价格水平高于上年。粳稻价格（见图 146）在 10 月以前总体呈现升势，其中 1 ~4 月持续上涨，达到 143.2 元/50 公斤高位后开始了 2 个月的调整期，7 月起重新小幅上涨，9 月下旬达最高点后开始进入下跌通道，11 月中旬时跌破 140 元/50 公斤后在 139 元/50 公斤以上小幅振

① 粳稻、中籼稻、小麦、油菜籽、籽棉、生猪、仔猪、鸡蛋、化肥和饲料价格，为 20 个基点县的 30 个粮油收购站（收购点或市场）、24 个生猪屠宰场（或生猪厂或市场）、49 个农资出售点等监测点的平均价格；粳米、蔬菜、猪肉零售市场价格为 103 个农贸市场和超市的平均价格，包括各省辖市辖区内的 24 个大型农贸市场、超市及 20 个基点县的 79 个农贸市场和超市；蔬菜基地价格为 20 个基点县的 20 个蔬菜生产基地出售平均价格。

荡；中籼稻价格（见图 147）上半年延续 2011 年的上涨势头，5 月中旬涨至最高位后开始回落，11 月下旬跌破 130 元/50 公斤，出现年内首次同比下降，随后在 129.0～129.5 元/50 公斤内小幅波动；粳米价格（见图 148）一直在低于上年水平的区间运行，直至 12 月下旬才略超上年同期，其中 3～6 月处于下行通道中，7 月开始回升，10 月中旬达最高位后有所回落，并逐步趋稳。

2012 年粳稻收购均价为 142.1 元/50 公斤，同比仅涨 0.8%，中籼稻收购均价为 134.0 元/50 公斤，同比涨 7.1%；粳米零售均价为 229.2 元/50 公斤，同比降 0.5%。中籼稻、粳稻、粳米价格分别在 5 月中旬、9 月下旬、10 月中旬达到年内最高点（也是历史最高水平），分别为 138.9 元/50 公斤、145.1 元/50 公斤、236.0 元/50 公斤。

2012 年我国粮食生产实现"九连增"，为保障市场平稳运行起到重要作用。与此同时，我国稻米进口量大幅增长，进口低价大米对国内大米市场带来冲击，导致市场价格下行，产生"稻强米弱"现象，对稻米加工企业构成巨大压力。随着人口增加和经济发展，我国稻米消费还将稳步增长，预计 2013 年在国家继续提高最低收购价的政策支撑下，在消费拉动、成本推动及全球极端天气的共同影响下，稻米价格可能出现小幅上涨。

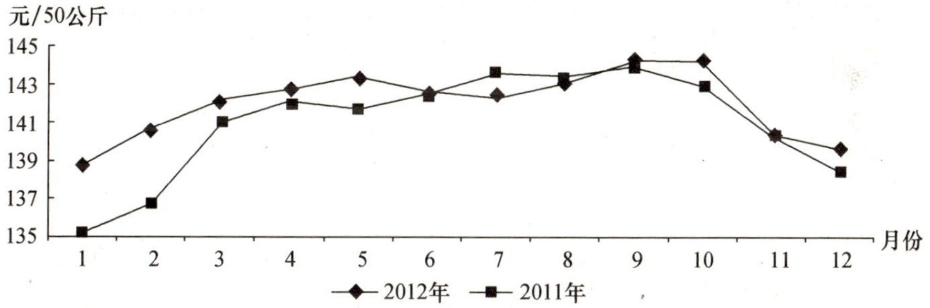


**图 146　江苏省 2011～2012 年粳稻价格走势**

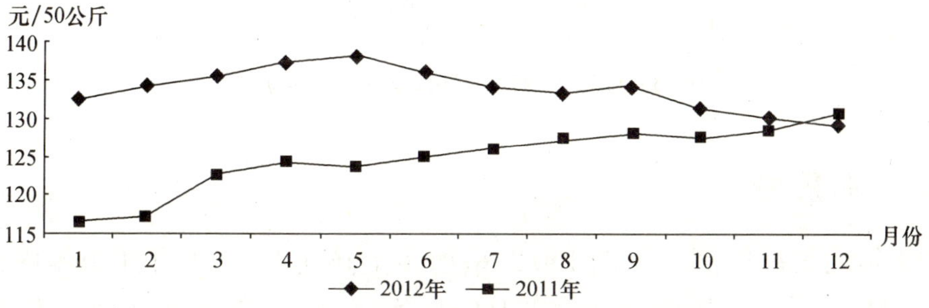


**图 147　江苏省 2011～2012 年中籼稻价格走势**

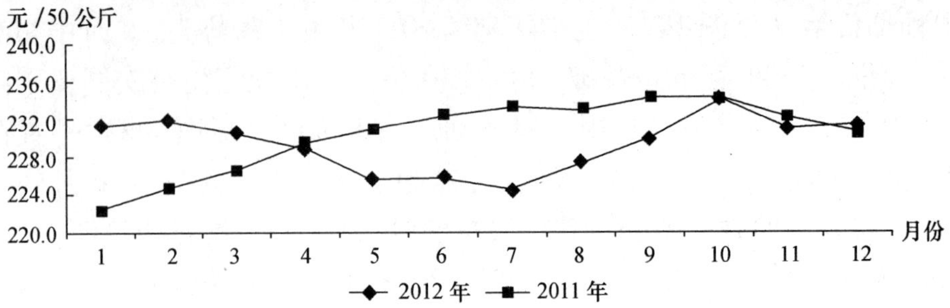


图 148　江苏省 2011～2012 年粳米价格走势

## 二、小麦

2012 年小麦价格（见图 149）走势呈“先扬后抑再扬”的阶段性特征，新麦上市前小麦收购价连续 19 周呈稳中略升态势，新麦上市后连续 8 周小幅下降，8 月起出现新一轮上涨且同比涨幅不断扩大，年末达 108. 8 元/50 公斤的历史新高。全年小麦收购均价 103. 2 元/50 公斤，同比涨 2. 3%。

2012 年全国冬小麦丰收，9 月底国家宣布提高 2013 年小麦最低收购价，拉高了市场预期，加上库存减少，消费需求和加工需求增加，预计 2013 年新麦上市前小麦价格将继续稳步上涨，新麦上市后价格会有所波动，但全年价格水平有望高于 2010 年。

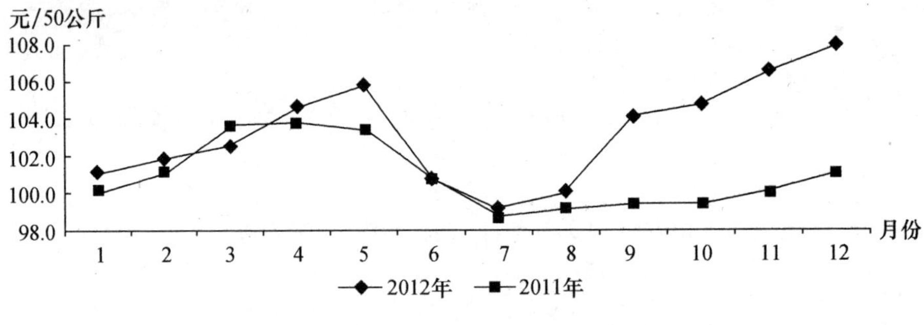


图 149　江苏省 2011～2012 年小麦价格走势

## 三、油菜籽

2012 年油菜籽价格（见图 150）呈稳步上扬态势，12 月涨至年内最高价 249. 5 元/50 公斤，比历史最高价 271. 0 元/50 公斤（2008 年 7 月）低 7. 9%，比年内最低价（1 月）高 9. 6%；全年均价为 238. 6 元/50 公斤，同比涨7.0%。

近年来，江苏省油菜种植面积有所减少，产量有所下减，加工用原料以调入为主。有关报告显示，未来全球油菜籽供需仍然偏紧，国际油菜籽价格将维持高位，削弱了进口油菜籽的价格竞争力，在国家临时收储政策作用下，预计2013年油菜籽价格将继续高位运行。

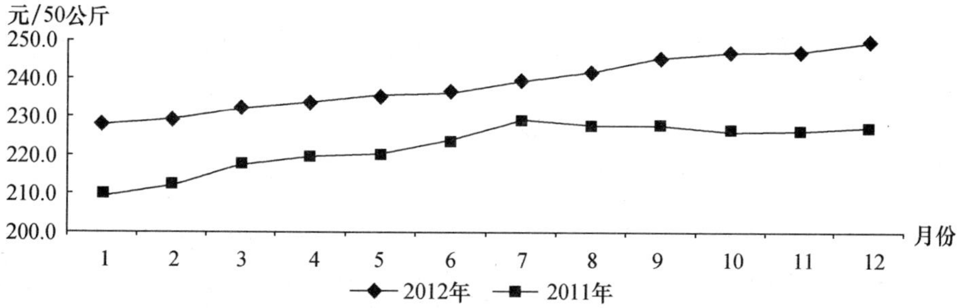


图150　江苏省2011～2012年油菜籽价格走势

## 四、蔬菜

2012年蔬菜价格季节性特征明显，7种蔬菜（青菜、白菜、西红柿、黄瓜、菜椒、茄子、土豆）平均价格（见图151）春节后自年内最高点一路下行，6月止降企稳，7、8月随着高温来临，蔬菜生产进入“伏缺期”，价格连涨8周，9、10月蔬菜集中上市后连续8周出现回落，11月上旬又进入“冬缺期”，价格重回上升通道。全年价格波动比较剧烈，价格总水平高于2011年。7种蔬菜周均价最高为7.03元/公斤（2月上旬），比2011年最高价5.75元/公斤（2月上旬）高22.3%；最低为3.21元/公斤（7月上旬），比2011年最低价3.63元/公斤（11月中旬）低11.6%；全年最高均价是最低均价的2.19倍，明显高于2011年1.58倍的水平。7种蔬菜全年零售均价4.83元/公斤，同比涨10.1%，全年价格水平除土豆同比下降一成外，其余6种蔬菜同比均上涨一成以上。4种蔬菜（青菜、菜椒、西红柿、黄瓜）基地出售均价为3.19元/公斤，同比涨10.3%。

蔬菜价格受气候、生产流通成本影响较大，2012年12月中下旬受低温雨雪天气影响，蔬菜生产基地产能下降、生产流通成本大幅增加，价格急剧上涨。预计2013年蔬菜价格将继续呈现季节性波动特征，价格水平将高位波动。

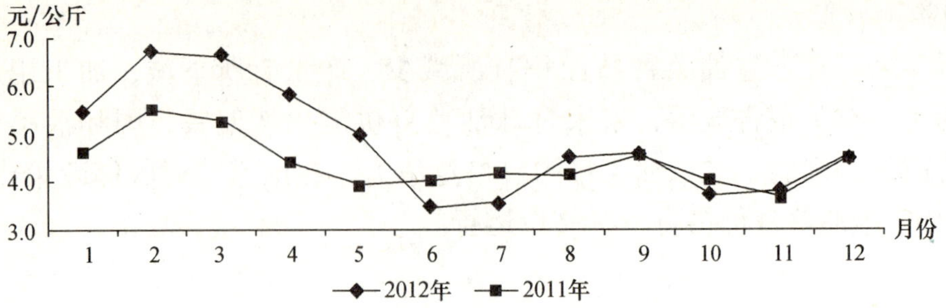


**图 151 江苏省 2011～2012 年重点监测的七种蔬菜价格走势**

## 五、生猪产品

2012 年江苏省生猪、仔猪和猪肉价格走势接近，总体比较低迷，全年多数时间处于下降通道中，价格水平比 2011 年下降一成左右。受 2011 年猪价高位运行影响，农户补栏积极性提高，2012 年生猪及猪肉市场供给充足，价格自春节后不断下降，直至四季度才止跌反弹。生猪收购价格（见图 152）自年初连续温和上涨，2 月下旬达年内最高点 841.4 元/50 公斤后，进入长达 16 周的连续下跌期，4 月上旬首次跌破 700 元/公斤，6 月中旬止跌趋稳，开始小幅振荡，9 月受中秋、国庆“双节”消费拉动的影响，价格连涨 5 周，但节后又出现较明显下降，11 月下旬进入传统消费旺季以来，出现新一轮连续上涨；与上年相比，4 月中旬开始生猪价格从同比上升转为同比下降，降幅在 8 月下旬达到最大值 29.7%，此后开始不断收窄。仔猪农民出售价格（见图 153）自年初连涨 5 周达年内高位后，仅在 5 月和 10～11 月分别出现过 6 周和 5 周的连续下降，其余多数时间基本以弱势调整为主；与上年相比，5 月中旬起仔猪价格从同比上升转为同比下降，降幅在 9 月中旬达到最高点，此后开始不断收窄。猪肉零售市场价格（见图 154）自 2 月中旬起进入为期 19 周的下行通道，仅在 9 月和 12 月两个消费高峰期出现过连续 5 周的上涨，其余时间均以近 2% 的幅度小幅振荡。全年猪粮比价呈“V”字型走势，自年初的 7.5:1 一路滑落至 8 月下旬时的 5.0:1，其中 4～10 月都处在盈亏平衡点（猪粮比 6:1）以下，随后受猪价回升和玉米价格回落的双重影响，逐步升至年末的 6.5:1。

2012 年生猪收购均价为 716.7 元/50 公斤，同比下降 11.7%，其中 8 月上旬时出现年内最低价 651.0 元/50 公斤，同比下降 28.3%，比全年最高价格 841.4 元/50 公斤（2 月中旬）低 22.6%。仔猪农民出售均价为 18.4 元/公斤，同比下降 11.3%，其中 11 月下旬时出现年内最低价格 16.7 元/公斤，同比下降 22.9%，比全年最高价格 20.7 元/公斤（2 月中旬）低 19.3%。猪肉零售市场均价为 24.5 元/公斤，同比下降 7.3%，其中 7 月上旬时出现年内最低价格 22.3 元/公斤，同比下降 24.7%，比全年最高价格 28.3 元/公斤（1 月下旬）低 21.2%。

2012 年尽管猪价持续低迷，生猪养殖户盈利空间较小甚至部分时段出现亏损，但由于政府的政策引导和技术支持，且全省规模养殖比重较高，养殖企业和农户能更加理性地面对市场波动，全年生猪及能繁母猪存栏数仍有一定增加，市场供应比较稳定。预计 2013 年初生猪产品价格将在节日需求拉动下延续上行趋势，春节之后逐步趋稳。

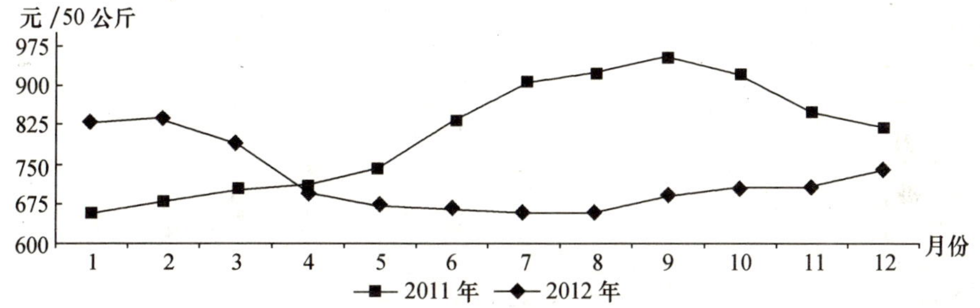


**图 152　江苏省 2011～2012 年生猪价格走势**

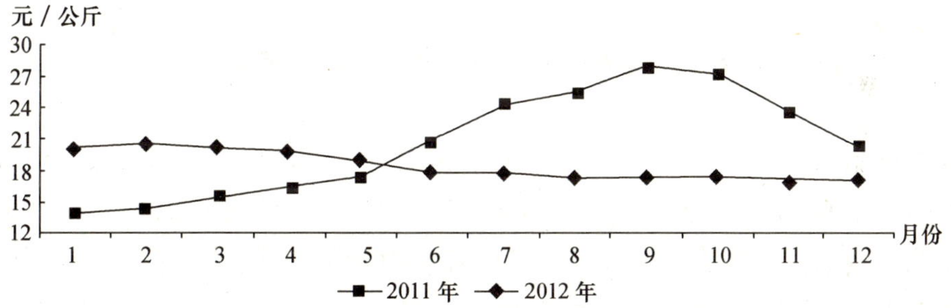


**图 153　江苏省 2011～2012 年仔猪价格走势**

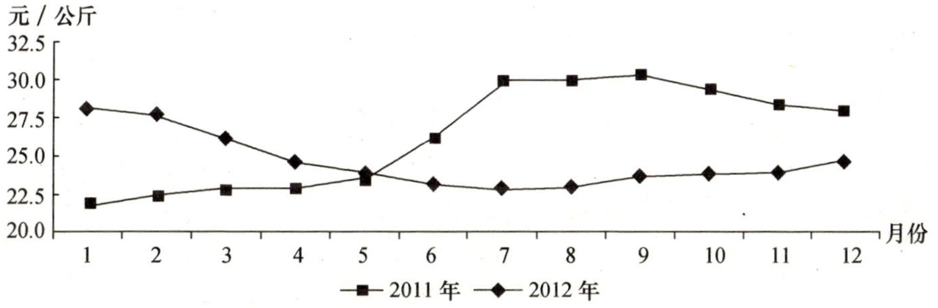


**图 154　江苏省 2011～2012 年猪肉价格走势**

## 六、鸡蛋

2012 年鸡蛋收购价格（见图 155）走势与 2011 年相似，呈“先抑后扬”态势，整体价格水平不及上年。鸡蛋收购价格自春节后连续 13 周逐步回落，期间同比降幅不断扩大，随后经连续 4 周小幅上涨后开始小幅振荡，7 月中旬起受夏季产蛋量下降、养殖户调整产能、居民及加工企业需求量增大等因素影响，价格连续 11 周出现上涨，累计涨幅达 20.3%，同比降幅也不断收窄。中秋国庆后，市场需求回落，加之气候适中有利于蛋鸡生产而增加市场供应，鸡蛋价格连降 5 周，直至 11 月中旬才重新进入上升通道，且价格同比从此前的一路下降反转为上涨。

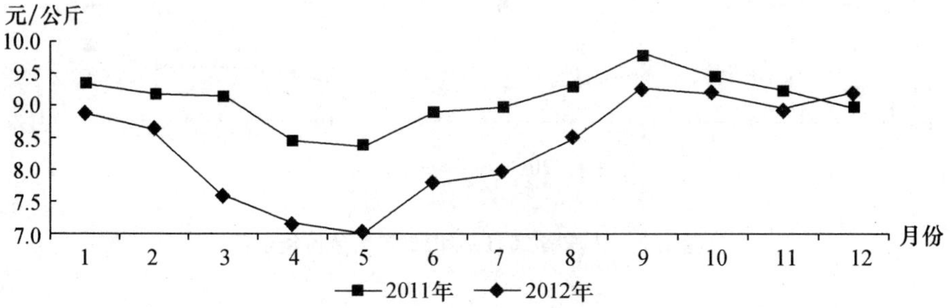


**图 155　江苏省 2011 ~ 2012 年鸡蛋收购价格走势**

全年鸡蛋收购均价为 8.29 元/公斤，同比下降 8.8%，其中 5 月下旬时出现年内最低价格 6.87 元/公斤，同比下降 18.3%，与全年最高价格 9.49 元/公斤（9 月下旬）相比下降 27.6%。零售市场平均价格（见图 156）9.82 元/公斤，同比降 2.2%，总体比收购价格高 15% ~25%，自 8 月中旬起始终在 10 元/公斤以上高位运行。

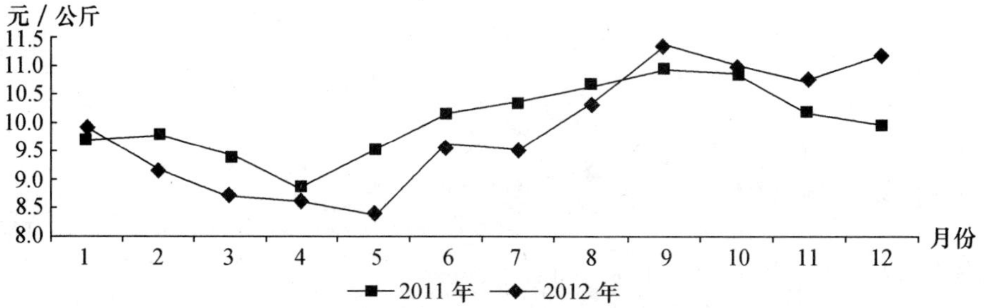


**图 156　江苏省 2011 ~ 2012 年鸡蛋市场零售价走势**

受2011年蛋价高位运行影响，农户养殖积极性高涨，2012年上半年鸡蛋市场供应量明显增加，价格相应走低；夏季养殖户迅速调整养殖规模，淘汰一批产能低下的蛋鸡并合理补栏，下半年蛋价出现一定程度回升。预计2013年春节前鸡蛋价格将稳中有涨，节后逐步趋稳，全年总体将平稳运行。

## 七、其他肉类

近几年牛羊肉价格均呈“先平后涨”的运行规律，即每年一至三季度价格总体较为平稳，进入四季度后出现不同程度上涨，至一定高位后再平稳运行几个月，四季度前后再次出现上涨。经过如此几轮上涨，每公斤牛羊肉价格自2005年的“2”字头攀升至现在的“6”字头。2012年牛肉市场零售价格（见图157）一季度稳中有升，进入二三季度消费淡季后价格水平稍有回落，10月下旬起连续11周出现上涨，同比涨幅不断扩大，12月下旬首次超过60元/公斤；羊肉市场零售价格（见图158）经历2011年四季度的快速上涨后达58元/公斤，2012年围绕此价位上下波动，价格运行相对平稳，仅在11月下旬起连涨5周，达到63.4元/公斤高位。2012年牛肉、羊肉市场零售均价分别为52.4元/公斤和60.8元/公斤，同比分别涨12.9%和18.9%，均为近年来最高水平。

由于国内牛羊肉供需缺口较大，牛羊养殖周期长，国内（含江苏省）主要产区的产能难以快速提高，加上养殖成本居高不下，牛羊肉价格将长期处于高位。但考虑牛羊肉需求弹性较大，预计2013年牛羊肉价格仍将维持高位，但总体涨幅有限。

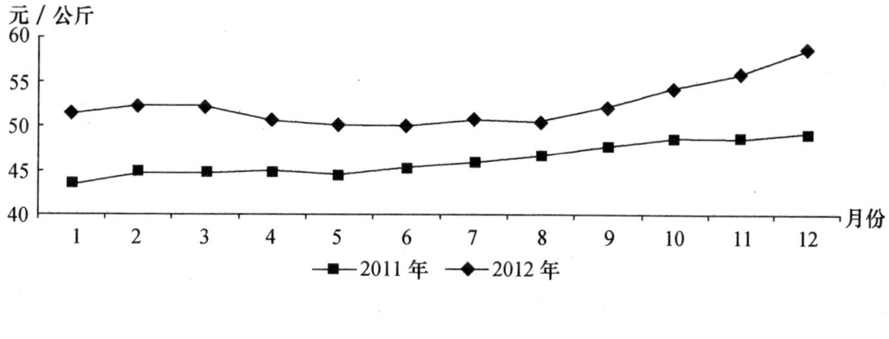


**图157　江苏省2011～2012年牛肉价格走势**

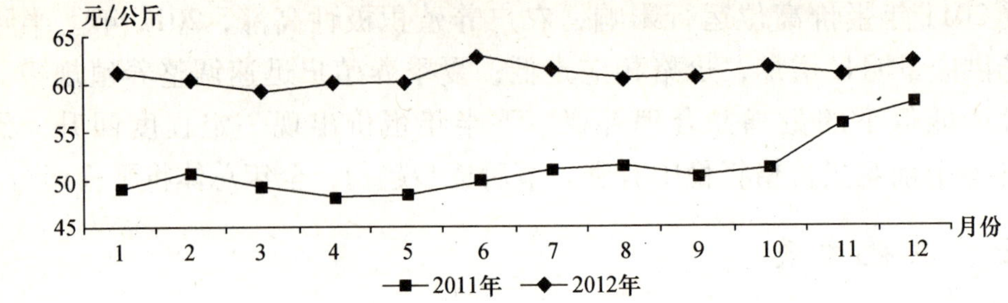


图 158 江苏省 2011 ~ 2012 年羊肉价格走势

## 八、化肥

2012 年上半年化肥价格延续 2011 年以来的上涨态势，但下半年受市场供应充足、部分原材料价格下降等因素影响，价格出现回落。国产复合肥价格（见图 159）前 11 个月均高于上年同期，但同比涨幅不断收窄，至 12 月价格下跌速度加快使同比低于 2011 年；国产尿素价格（见图 160）自 8 月起低于上年同期水平。

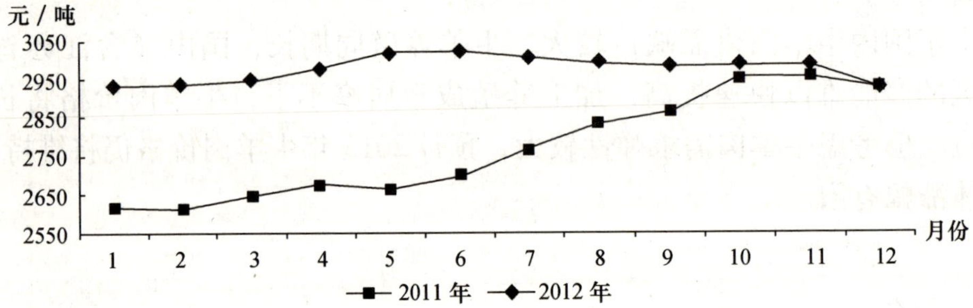


图 159 江苏省 2011 ~ 2012 年国产复合肥价格走势

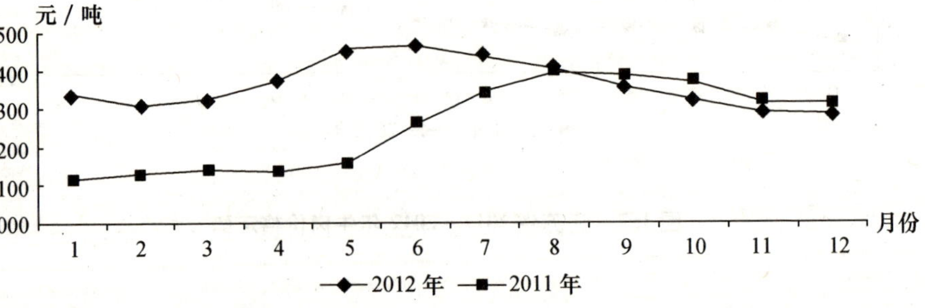


图 160 江苏省 2011 ~ 2012 年国产尿素价格走势

国产复合肥全年均价为2976元/吨，国产尿素价格为2365元/吨，同比分别涨7.4%、4.6%；年内最高价分别为3019元/吨和2463元/吨（均在6月），同比分别涨11.4%和8.9%，比年内最低价（均在12月）分别高3.2%和7.9%。

经过2011全年及2012年上半年的连续上涨，化肥价格达近几年高位，如国产复合肥一度涨至3000元/吨以上，创近三年来新高。价格高位运行调动了生产企业扩大产能的积极性，但全球宏观经济不景气，国产化肥出口减少，导致国内化肥市场供给量明显增加，价格在下半年持续回落。考虑春耕备肥用肥旺季的到来，国内肥料需求增加，预计近期化肥市场将开始回暖。2013年国家化肥出口关税政策较2012年有所放宽，加上煤炭等原材料价格继续上涨等因素的支撑，化肥价格水平将高于上年。

## 九、饲料

2012年江苏省饲料价格始终高于上年同期水平，但同比涨幅逐月回落。从全年走势看，一、四季度饲料价格有所下降，二、三季度持续小幅上扬。蛋鸡配合饲料均价（见图161）3.25元/公斤，同比涨11.2%，10月创历史新高3.37元/公斤，同比涨5.3%，比年内最低价格高7.9%。育肥猪配合饲料均价（见图162）3.30元/公斤，同比涨7.0%，9月创历史新高3.38元/公斤，同比涨5.0%，比年内最低价格高4.6%。

在生产成本持续攀升的大背景下，预计2013年饲料价格将稳中有升，总体水平高于上年。

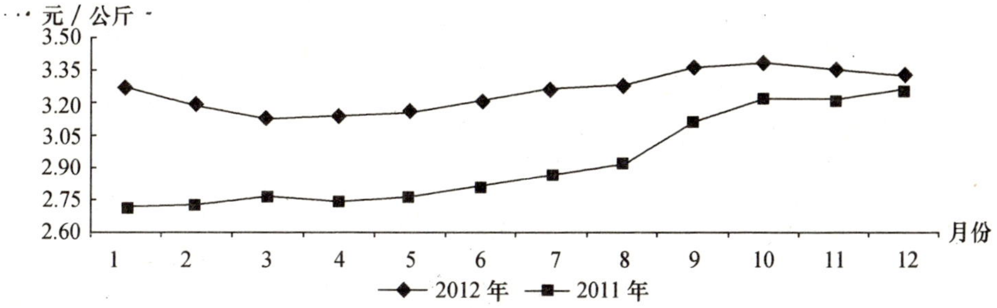


图161　江苏省2011~2012年蛋鸡配合饲料价格走势

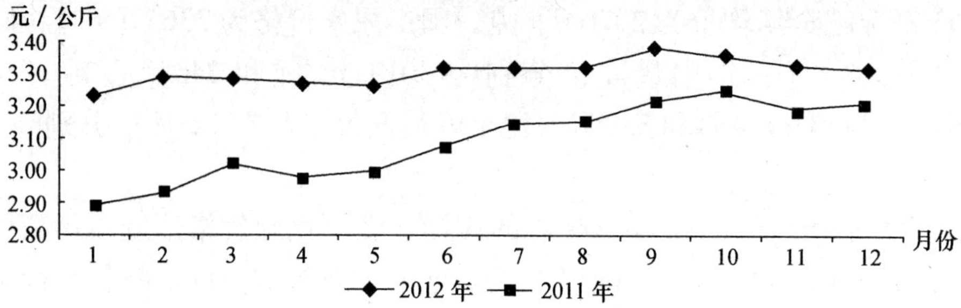


**图 162　江苏省 2011 ~ 2012 年育肥猪配合饲料价格走势**

# 2012 年四川省农产品市场运行情况

四川省农业厅市场信息处　李　华

2012 年四川省主要农作物再获丰收，全省粮食生产取得本世纪首个“六连增”，油菜籽连续十一年、玉米连续六年创历史新高，生鲜蔬菜、水果、茶叶等大宗农产品提质增效，有力保障了市场供给。受消费需求、人工成本、生产资料、流通费用上涨的推动及气候等因素的影响，全省主要农产品价格振荡上行，与 2011 年同期相比，整体上涨 10% 左右，其中蔬菜涨幅较大。全省农产品市场运行平稳，主要农产品没有发生大范围的滞销。随着四川现代农业产业基地建设的深入推进，农产品市场供给保障力度将进一步增强，2013 年四川省农产品市场价格不会出现太大的上涨空间。

## 一、主要农产品生产情况

### （一）全年粮食增产，总产超历史

四川省粮食作物 2012 年季季增产，全年粮食产量是 3709 万吨，比 2011 年增 39.6 万吨，增 1.0%，连续六年增产，小春粮食产量 780.1 万吨，比 2011 年增 4.1 万吨，增 0.5%；大春粮食 2928.9 万吨，增 35.5 万吨，增 1.2%，其中玉米面积已连续 9 年扩大，达 1952.3 万亩，总产连续 6 年增产，达 733.9 万吨，比 2011 年增产 7.6 万吨。分品种看，旱粮增产贡献最大，其中马铃薯增产较多，全省产量为 301.9 万吨，同比增长 4.5%。

### （二）特色经济作物全面提质增产

四川省 2012 年经济作物面积、产量稳步增长。油菜籽产量 221.6 万吨，比上年增加 7.2 万吨，增 3.4%，实现连续 11 年增产；蔬菜连续 8 年增产，2012 年产量达到 3841.8 万吨，比上年增 268.2 万吨，增 5.2%；水果产量为 819.6 万吨，增 42.7 万吨，增 5.5%，有力地保证了市场供给。

## 二、主要农产品市场行情

### （一）蔬菜价格同比上涨近两成，呈振荡回落

从产地价格看，监测的 27 种蔬菜产地价格受气候、供求、季节等因素影响，产地价格在每公斤 2.00 元上下波动运行，其中 1～4 月波动幅度较大，7～12 月震幅明显收窄。

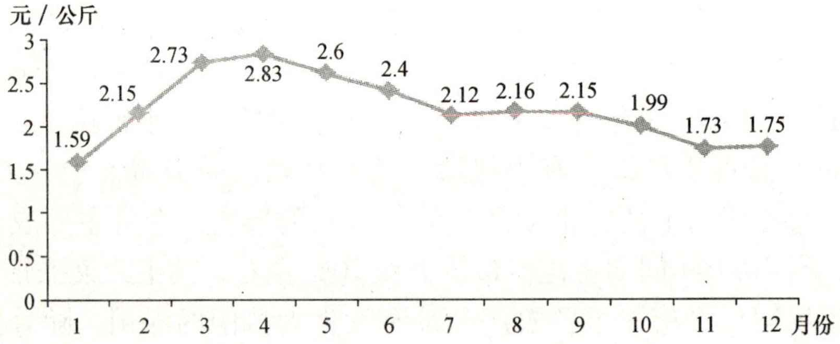


图 163　2012 年蔬菜产地价格走势

从批发价格看，蔬菜批发价格为每公斤 2.79 元，同比涨 18.35%。全年呈现高开低走的趋势，从分月运行情况看：1 月全省蔬菜受天气及“元旦”、“春节”双节影响，价格为每公斤 2.98 元，环比涨 24.83%；2～5 月全省蔬菜生产进入换茬的“春淡”期，受供需及成本双重推动，价格一路温和上涨，5 月达到每公斤 3.26 元，与 1 月相比，累计上涨 9.40%，为全年最高；6～8 月随着全省茄果、瓜菜、菜用豆类的蔬菜的集中上市，价格连续 3 月回落，8 月已回落至每公斤 2.47 元，与 6 月相比，跌 24.23%；9 月全省茄果类蔬菜基本退市，价格小幅上涨，为每公斤为 2.62 元，与 8 月相比，上涨 6.07%；10～11 月进入四川省蔬菜供应旺季，其价格连续回落；11 月价格已经跌至全年最低，每公斤为 2.26 元，与 1 月相比，下跌 24.16%；12 月价格有所回升，每公斤为 2.47 元，环比涨 9.29%，同比涨 10.27%。

从监测的品种看，重点监测的 28 种蔬菜中，价格同比上涨的有 25 个，占监测总品种的 89.28%，价格下降的有 3 种，占监测品种的 10.72%。其中，常年供应的莲花白、大白菜、莴笋、白萝卜同比分别涨 57.54%、19.59%、15.74% 和 35.54%；马铃薯、生姜、大蒜价格同比分别降 9.09%、35.25% 和 7.57%。

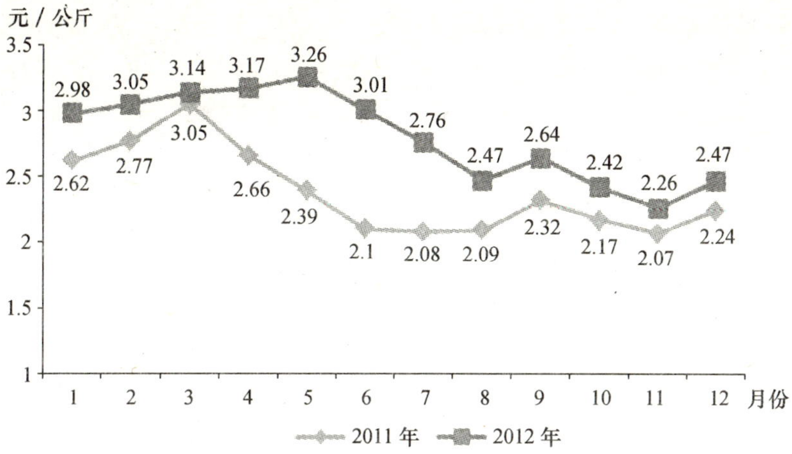


**图 164　2011 年与 2012 年蔬菜价格走势**

### （二）粮油价格同比上涨近一成左右，价格平稳

从农民出售价格看，重点监测的 8 种粮油的产地价格每公斤 8.53 元。受国家粮食最高收购价格上调及粮食生产成本因数的影响，大豆、面粉、花生油等 8 种粮油价格先扬后抑，但整体运行平稳。数据显示，1 月，8 种粮油的产地价格为每公斤 7.98 元，2～5 月价格均高于年均线 8.51 元，在 8.60 元上下微幅波动，6 月，因花生油提价，带动粮油价格的上扬，每公斤达到 9.11 元，为全年最高点，与 1 月相比，上涨 14.16%，之后价格逐渐回落，到 8 月，价格回落至年均线以下，从 9 月开始，价格缓慢回升，12 月价格达到每公斤 8.7 元，高于 8.53 元的年均价。

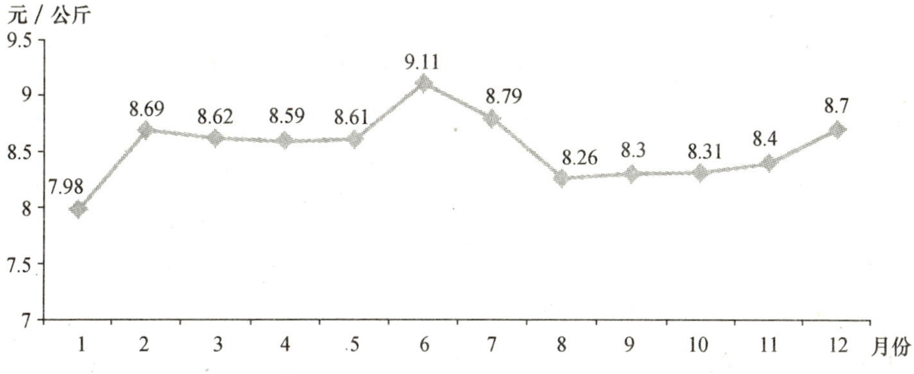


**图 165　2012 年 8 种粮油产地价格情况**

其中，中籼稻农民出售价格是 2.57 元/公斤，同比每公斤高 0.24 元，高

10.30%；分月走势看，呈低开高走态势，窄幅稳定上升，从6月起，每公斤价格均在2.6元以上，12月价格涨至全年最高值的2.65元/公斤，同比上涨7.96%。

**表44 2012年中籼稻价格变动**

| 月份 | 价格（元） | 环比（%） | 同比（%） |
|---|---|---|---|
| 1 | 2.43 | -0.9 | 14.3 |
| 2 | 2.45 | 0.8 | 13.9 |
| 3 | 2.54 | 3.6 | 16.0 |
| 4 | 2.52 | -0.8 | 9.0 |
| 5 | 2.55 | 1.4 | 6.1 |
| 6 | 2.62 | 2.7 | 10.0 |
| 7 | 2.61 | -0.2 | 9.0 |
| 8 | 2.61 | 0 | 10.4 |
| 9 | 2.61 | 0 | 11.3 |
| 10 | 2.62 | 0.3 | 7.7 |
| 11 | 2.63 | 0.3 | 8.6 |
| 12 | 2.65 | 0.75 | 7.9 |

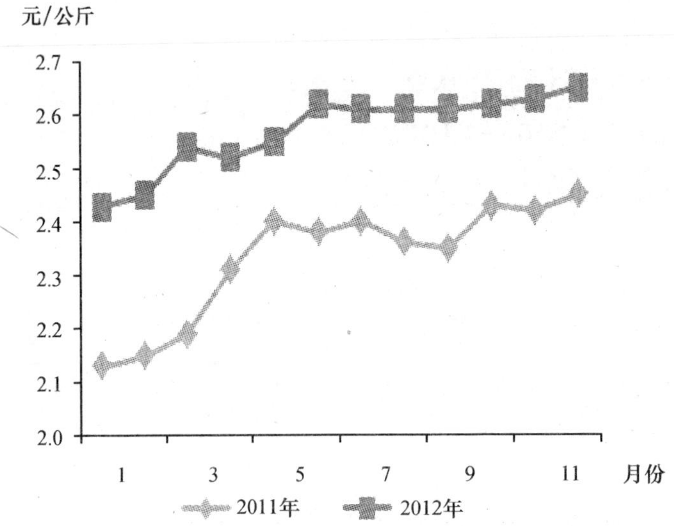


**图166 全年中籼稻农民出售价格变动情况单位**

小麦年平均价为2.18元/公斤，同比上涨2.8%。

表 45 2012 年小麦价格变动

| 月份 | 价格（元） | 环比（%） | 同比（%） |
|---|---|---|---|
| 1 | 2.18 | 4.3 | 2.6 |
| 2 | 2.12 | -2.6 | 5.3 |
| 3 | 2.11 | -0.7 | -3.4 |
| 4 | 2.12 | 0.7 | -1.9 |
| 5 | 2.14 | -1.0 | 2.7 |
| 6 | 2.13 | -0.7 | 1.7 |
| 7 | 2.14 | 0.4 | 2.8 |
| 8 | 2.18 | 2.2 | 3.6 |
| 9 | 2.23 | 2.3 | 6.2 |
| 10 | 2.26 | 1.2 | 4.9 |
| 11 | 2.27 | 0.5 | 5.8 |
| 12 | 2.26 | -0.23 | 8.33 |

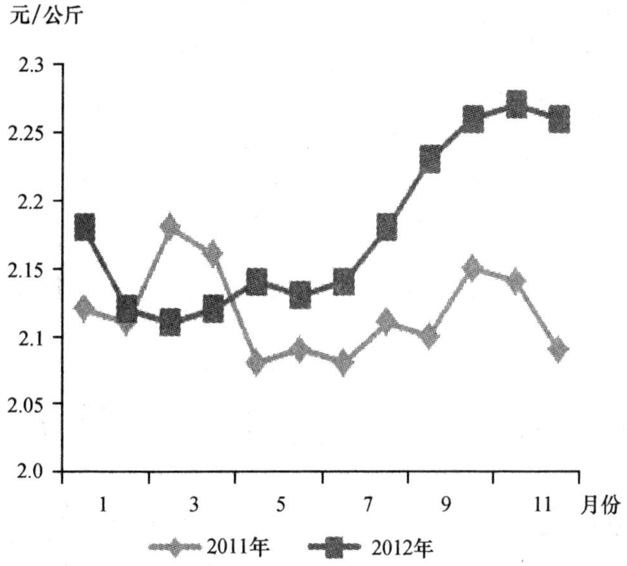


图 167 2012 年小麦农民出售价格变动情况

玉米农民出售价格小幅波动，7 月涨至全年最高值，全年均价 2.31 元/公斤，同比上涨 5.96%。

表 46　2012 年玉米价格变动

| 月份 | 价格（元） | 环比（%） | 同比（%） |
|---|---|---|---|
| 1 | 2.24 | 2.0 | 5.7 |
| 2 | 2.25 | 0.5 | 5.3 |
| 3 | 2.26 | 0.4 | 3.1 |
| 4 | 2.24 | -0.8 | 3.7 |
| 5 | 2.30 | 2.5 | 4.1 |
| 6 | 2.36 | 2.7 | 5.7 |
| 7 | 2.39 | 1.4 | 8.4 |
| 8 | 2.37 | -0.8 | 10.7 |
| 9 | 2.34 | -1.2 | 8.1 |
| 10 | 2.34 | 0 | 7.2 |
| 11 | 2.35 | 0.4 | 7.9 |
| 12 | 2.31 | -1.39 | 5.34 |

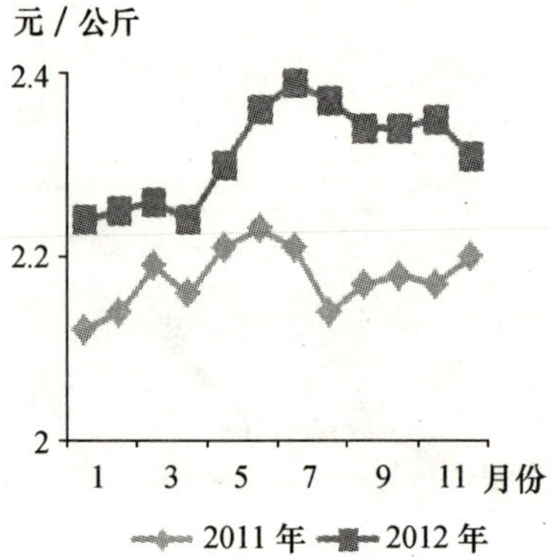


图 168　2012 年玉米农民出售价格变动情况

从批发价格看，粮油价格稳中有升，整体窄幅波动运行。其中，重点监测的大米、面粉、玉米、大豆四种粮食全年加权价格 4.55 元/公斤，同比上涨 9.02%，上涨幅度与 2011 年的涨幅相比，明显收窄。

油料。2012 年全省油料批发价格平稳上涨。重点监控的菜籽油和花生油两种油料全年加权价格 14.83 元/公斤，同比涨 14.93%，受花生油调价影响，花生油价格上涨明显，为 18.86 元/公斤，同比涨 29.11%。

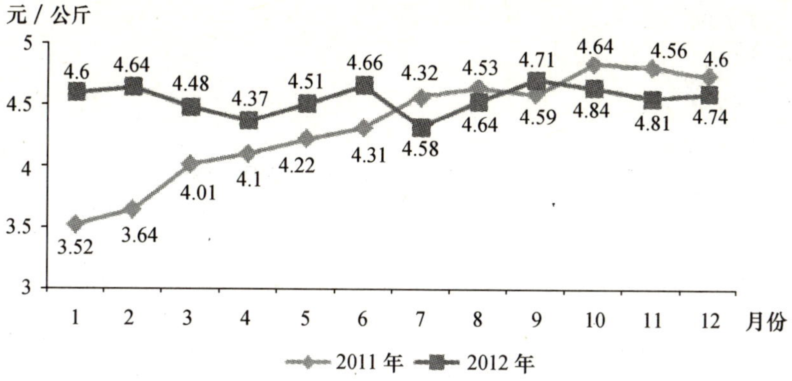


**图 169　2011 年与 2012 年粮食批发价格走势比较**

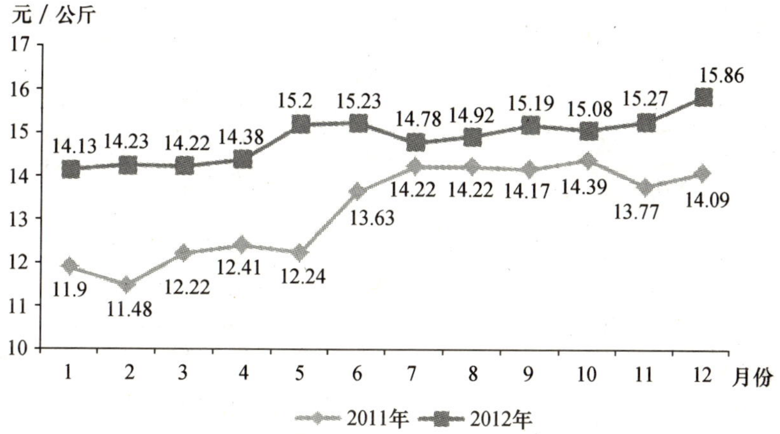


**图 170　2011 年与 2012 年油料批发价格走势比较**

## （三）水果价格高位振荡运行，波动明显

从产地看，全年水果产地平均价格 2.88 元/公斤，受市场需求及季节影响，价格有涨有跌。

从批发看，全年水果批发平均价格为 5.85 元/公斤，同比涨 9.02%。其中 1 月因受“元旦”及“春节”双节影响，价格达到 6.12 元/公斤，同比涨 11.07%；2 ~3 月随着四川省甜橙等大量上市，水果价格逐步回落；4 月价格开始回升；7 月到达最高值，为 6.35 元/公斤；7 ~9 月又逐步回落；10 ~11 月又连续两月持续上涨，12 月价格有所回落，全年波动明显。

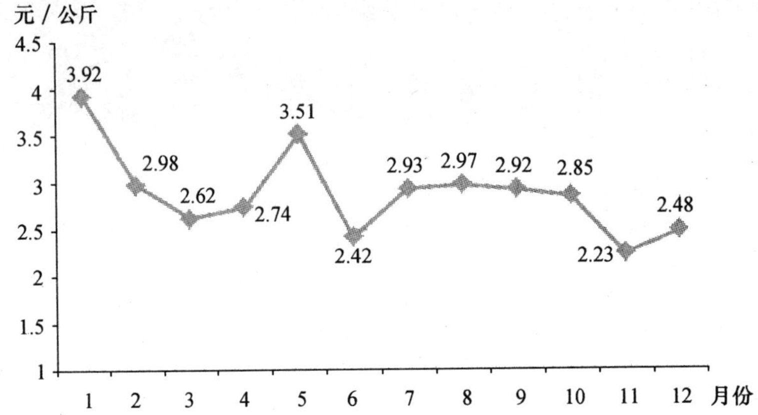


**图 171　2012 年水果产地价格走势**

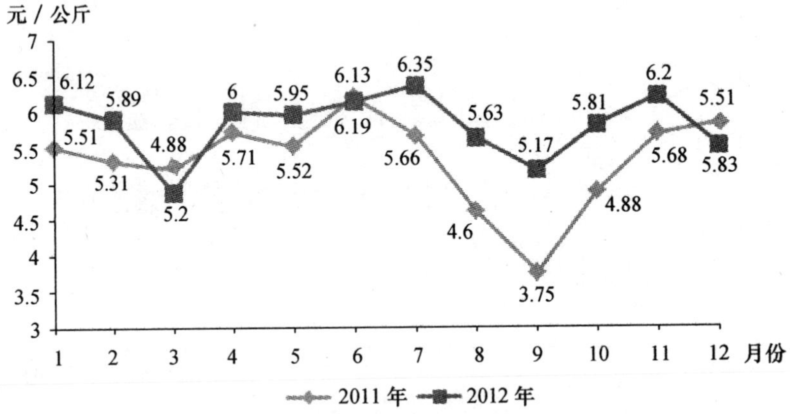


**图 172　2011 年与 2012 年水果批发价格走势比较**

## 三、影响农产品价格稳定的突出问题

四川省大力推进现代农业发展，以粮、油、菜、果为主的农产品产量大幅增加，粮、油、茶等基本生活必需品的人均占有量均高于全国，粮食自给保障能力进一步增强，特色优势农产品成片成带，极大地满足了全省人民的“米袋子”、“菜篮子”和“果盘子”，保障了农产品市场的有效供给。但因结构性供求及生产成本、流通成本的推动，加之国际农产品市场价格波动的传导和部分游资的炒作，四川省主要农产品价格同比上涨，虽然未出现价格暴涨或者滞销卖难等问题，但除粮食价格外，蔬菜、水果生鲜农产品价格波动相对就比较明显。

### （一）从生产主体看，农业合作化程度低

当前四川省正处在由传统农业向现代农业发展的阶段。但总体上还是以

小规模分散经营为主，农民普遍缺乏营销观念，对农产品市场需求调查不够，并且习惯于传统的种植方式，一家一户的分散化经营不仅生产规模小，组织化程度低，产品交易成本高，而且也直接导致农民只重视生产和田间管理，忽视农产品市场，小农户生产难以适应大市场的要求，“小农户”与“大市场”的问题突出，特别是“跟风种植”、“趋利种植”，市场2012年什么蔬菜好销，就大量种植什么，形成周期性的供给“过剩—短缺—过剩—短缺”，生产盲目，极易导致农产品价格波动。

**（二）从生产成本看，农业生产成本上涨助推农产品价格上涨**

近年来种子、农药、化肥、农用柴油等农资价格持续上行。四川省杂交水稻种子价格40元/公斤，上涨9.6%，远高于水稻良种补贴15元/亩；玉米29.95元/公斤，上涨13.3%；2012年以来，成品油价格四次上调，0号柴油从8420元/吨上涨至9010元/吨，涨7%；化肥中尿素2522元/吨，涨7.5%，普钙679元/吨，上涨8.5%，国产复合肥2757元/吨，涨7%；农药中有机磷涨5%，草甘膦涨20%，吡虫啉涨15%。在农资价格上涨的同时，经过多年的改革开放，我国人口红利基本耗尽，人工成本上涨成为必然，据数据显示：2012年四川省水稻、玉米、红苕、茶叶、花生、烟叶、马铃薯7种大春作物，除马铃薯生产成本略有下降外，六种农产品生产成本均呈上升趋势，其中：玉米、红苕、茶叶、花生四种农产品生产成本增幅均在15%以上。七种农产品人工费用的增长幅度均超过物质费用的增长幅度，同比分别增9.60%、44.90%、32.34%、16.52%、37.71%、24.03%、26.25%。

**（三）从获利水平看，农业市场风险大、获利率低**

农产品价格虽逐年上涨，但在生产成本持续上涨影响下，冲抵了部分价格上涨带来的收益，农业比较效益在下降，小生产，大市场的局限，致使农民生产风险大，获利少。监测系统显示，蔬菜价格上涨时，产地出售价累计涨7.65%，批发市场价格（批发市场价格是一、二、三级批发市场的平均值）累计涨24.43%，零售市场价格累计涨13.49%。蔬菜价格下降时，产地出售价累计降35.9%，批发市场价格累计降33.36%，零售市场价格累计降17.4%。可以看出，在农产品价格上涨时产地出售价涨幅最小，在农产品价格下降时，产地出售价降幅最大。

据测算分析，蔬菜产地价比批发价低0.87元/公斤，低38%，比零售价低2.69元/公斤，低65.5%；水果产地价比批发价低2.38元/公斤，低41.9%，比零售价低4.7元/公斤，低58.8%；粮油产地价比批发价低0.38元/公斤，低5.1%，比零售价低2.63元/公斤，低27.1%。在整个农产品产销链条上，农民付出了52%以上的劳动和投入，只获得22%以内的盈利，同时还要承担生产成本涨价、自然灾害和市场行情波动的巨大风险，而流通和零售环节无论市场行情波动有多大，成本利润率却基本稳定在18%和36%以上。由此可知，无论产地价格的升或跌，农民在整个产业链中获利最小，风险最大。

## 四、稳定农产品价格的几点建议

农产品价格最根本还是由供需决定，所以主要应靠市场调节，必须坚持市场配置资源形成价格这一基础，市场调控形成价格才能相对稳定，产品价格价值才能趋于一致。

### （一）稳定生产，形成大生产规划格局

根据全国区域优势布局情况，结合四川省实际，合理布局主要农产品的生产种植，引导农户调整种植结构，积极调剂季节、品种和区域之间的不平衡，有效地组织全省生产，保持农产品供给稳定；进一步加大农业专合组织的发展，提高农业生产合作化程度，在一定程度上增强抵御市场风险的能力。

### （二）培育市场主体，规范完善流通体系

大力培育市场主体，在农业系统逐步建立健全自上而下的农产品营销组织和协调机构，壮大农产品营销队伍，大力发展农民营销大户、农产品营销经纪人，形成一支稳定的农产品销售力量；积极鼓励农民专业合作社兴办农产品营销组织，增强农民专业合作社的营销功能。加强农超对接等订单农业工作，减少流通环节。完善批发市场功能和档次，发展连锁超市、直销配送等新型流通组织，建立多层次、多业态、多种经营方式的农产品市场体系；加快农产品的储藏、加工、运输、配送等物流设施建设，建立现代化的农产品物流服务体系。

### （三）信息服务到位，建立全国共享的农业信息服务平台

经过近几年努力，全国建立健全上下贯通的、具有权威性的农产品信息平台，但信息服务的效果还有待进一步的发挥和挖掘，如省与省之间信息互通和利用、各省农产品预测预警信息的交换等信息服务有待形成相应的制度和机制。

### （四）建议建立蔬菜政策性保险和生产环节价格调节基金

蔬菜生产易受天气及季节的影响，出现季节性的波动，为稳定生产和保障供给，建议建立蔬菜政策性保险和生产环节价格调节基金价格调节基金，保护种植户的积极性，以促生产保市场稳定。

# 2012 年重庆市粮油及农资市场运行情况

重庆市农业委员会市场信息处　张蓉萍　杨志平　李雪燕
重庆市农业信息中心　孙凤青

据重庆市农委对全市 39 个区县农贸市场 12 种粮油及 8 种农资每公斤零售价格的统计分析，2012 年重庆市主要粮油统计品种 7 种上涨、1 种下跌、4 种平稳，年波动幅度比 2011 年明显收窄。从全年粮油价格走势看，2012 年重庆市粮油价格前低后高，总体继续呈“斜线型”上涨走势（见图 173）。即 2 月价格出现上涨后，3 月略有回落，之后一路缓慢上涨。农资价格总体呈波动上扬，均价 5.67 元，同比上涨 0.11 元，涨幅为 2.05%，比 2011 年（涨幅 9.22%）收窄。其中前四个月价格上涨明显，5 ~ 9 月一路下滑，四季度稳中有涨运行，全年价格小幅上涨（详见图 174）。

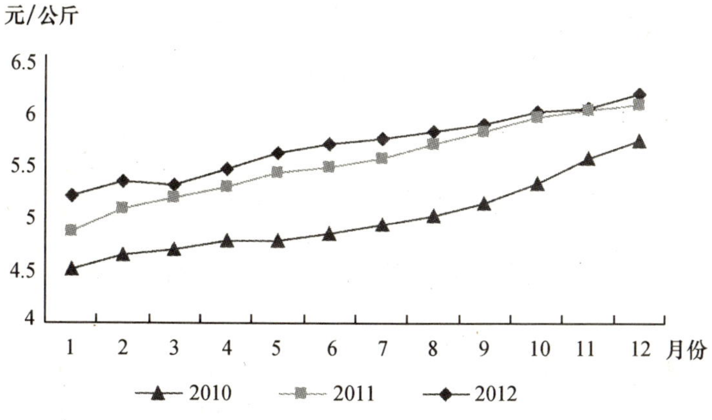


图 173　重庆市主要粮油品种价格走势

## 一、2012 年重庆市粮油运行走势分析

### （一）粮油价格总体小幅上涨

全年主要粮油品种总体均价 5.67 元/公斤，同比上涨 0.15 元，涨幅为

2.66%。全年每个月价格均高于2011年同期，这与往年表现相同。2012年价格最低时出现在1月，最高时出现在12月，最高点和最低点差0.95元，波动幅度18.40%。据分析，重庆市粮油价格持续上涨，但波动幅度变小。粮油价格上涨主要原因有两方面：一是农资生产成本和运输成本上涨。以0号柴油为例，在2011年大幅上涨基础上，2012年同比又上涨了2.55%；同样，过磷酸钙涨15.50%，国产尿素涨8.59%。二是国家继续稳步提高主要作物收购价。例如，2012年生产的稻谷每50公斤早籼稻、中晚籼稻、粳稻最低收购价格分别提高到120元、125元、140元，比2011年分别提高8元、18元、12元。但制约粮油价格上涨过快因素也有两方面：一是2011年全国、全市粮食丰产，2012年全国夏粮又丰产（12995万吨，同比增长3.2%），使粮食商业炒作空间变窄；二是进口粮油增加，有效补充了粮油供给。据海关统计，1~11月我国进口谷物及粉累计增200.70%，进口大豆累计增11.40%；进口食用植物油累计增25.60%。

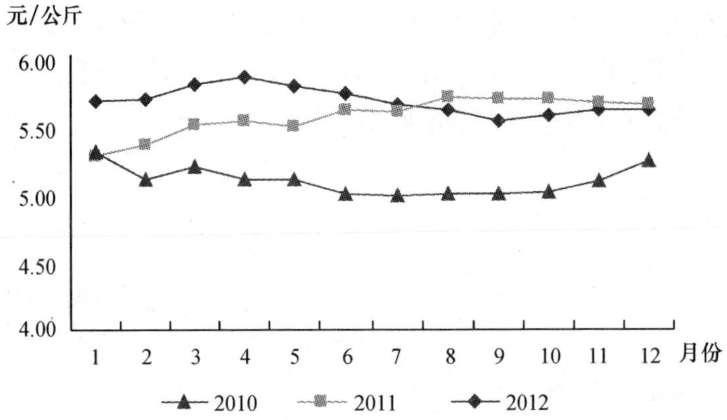


图174 重庆市主要农资品种价格走势

### （二）重点粮油品种价格继续走高

从品种分析看，首先为食用油、稻谷、油菜籽、成品粮食价格上涨幅度都较大。富强粉价格涨幅最大，全年零售均价为每公斤4.70元，同比上涨0.49元、涨11.65%。全年价格最低月出现在1月，为4.42元，最高月出现在12月，为5.01元，全年价格极差0.58元，全年最大波动幅度为13.12%。

其次为中稻，全年零售均价2.73元，同比涨0.24元，涨9.70%。全年价格最低月出现在1月、10月，为2.69元，最高月出现在7月，为2.79元，全年价格极差0.10元，全年最大波动幅度为3.71%，比上一年低18.9个百分点。

再次是油菜籽，全年平均收购价为4.94元，同比涨0.42元，涨9.18%。全年价格最低月出现在9月，为4.71元，3月、8月价格较高，分别为5.14元、5.15元，全年价格极差0.44元，最大波动幅度为3.34%。

散装菜油全年零售均价为13.17元，同比上涨0.64元，涨5.14%。全年价格最低月出现在3月，为12.82元，最高月出现在12月，为13.71元，价格极差1.51元，全年最大波动幅度为11.78%。

中籼米全年零售均价5.04元，同比涨0.22元，涨4.67%。全年价格最低月出现在4月，为4.95元，最高月出现在11月，为5.11元，全年价格极差0.16元，全年最大波动幅度为3.23%。

标准面粉零售均价4.08元，同比涨0.17元，涨4.41%。价格最低时出现在4、5月，为4.00元，最高时出现在12月，为4.24元，全年价格极差0.24元，全年最大波动幅度为6.00%。

小麦全年市场零售均价2.56元，同比涨0.05元，涨1.99%。全年价格最低月出现在12月，为2.48元，最高月出现在7月，为2.65元，价格极差0.17元，全年最大波动幅度为6.85%。

大豆全年市场零售均价7.07元，同比跌0.35元，跌5.13%。全年价格最低月出现在12月，为6.76元，最高月出现在6月，为7.35元，价格极差0.59元，全年最大波动幅度为8.73%。

散装色拉油全年零售均价为11.77元，同比涨0.06元，涨0.51%。全年价格最低月出现在3月，为11.34元，最高月出现在9月，为11.91元，价格极差0.57元，全年最大波动幅度为5.02%。

粳米全年零售均价为5.71元，同比涨0.01元，涨0.15%。全年价格最低月出现在8月，为5.56元，最高月出现在5月，为5.83元，价格极差0.27元，全年最大波动幅度为4.86%。

玉米全市批发均价2.59元，同比持平。批发价最低在11月，为2.44元，最高月为7、8月，分别为2.74元、2.70元，年度价格极差0.19元，全年最大波动幅度为7.72%。

马铃薯收购价2.85元，同比下跌0.02元，跌幅0.56%。全年价格最低出现在1月，为2.55元，最高月出现在5月，为3.06元，价格极差0.51元，全年最大波动幅度为20.00%。

## （三）国内粮油供应能力增加

1. 国内粮食市场供应增加

从国家统计局发布公告看，2011 年全国粮食总产量（2012 年可用粮食）达到 57121 万吨，比 2010 年增产 2473 万吨，增 4.5%。从海关统计数据看，2012 年进口谷物及粉 1398 万吨，同比增长 853 万吨，增 156.51%；进口大豆 5838 万吨，同比增长 588 万吨，增 11.20%。出口大米 28 万吨，同比减 23.64 万吨，减 45.86%；出口玉米 26 万吨，同比增长 12.12 万吨，增 89.08%。净进口粮食 7182 万吨，同比增长 1452.52 万吨，同比增长 25.35%。

2. 国内食用油市场供应增加

据国家统计局数据，2011 年全国食用油料产量（2012 年可榨用量）3306.8 万吨，同比增长 76.3 万吨。其中花生 1604.6 万吨，同比增 40.2 万吨，预计 2012 年自产可压榨花生油 802.3 万吨，比 2011 年增 20.1 万吨；油菜籽产量 1342.6 万吨，比 2011 年增 34.4 万吨，预计 2012 年自产可压榨油菜籽油 268.52 万吨，新增菜籽油 6.88 万吨；芝麻 60.5 万吨，比 2010 年增 1.8 万吨，预计 2012 年自产可压榨芝麻油 27.23 万吨，新增芝麻油 0.81 万吨；其余 357.8 万吨油料，新增 0.1 万吨，按照最低出油率品种算，国内产其他种类油籽 2012 年可出油 71.56 万吨，新增 0.02 万吨。

根据国家粮油信息中心预测，2011 年全国产大豆 1350 万吨，比上年增加 128.29 万吨，增加 10.50%；加上进口大豆，全国 2012 年供大豆油量在 2156 万吨，同比增加 214.887 万吨。全年进口食用油 845 万吨，同比增加 188 万吨、增加 11.20%。

## （四）重庆市内粮油供销两旺，粮食偏紧食用油充足

1. 市内粮食供应偏紧

据国家统计局统计，重庆市 2011 年粮食总产量（2012 年市产供应）1126.90 万吨，减 29.23 万吨，减 2.53%。据重庆市商委消息，2012 年 1～11 月重庆市累计从市外收购粮食（不含进口）254.9 万吨，累计销往市外粮食（不含出口）130.9 万吨，净调入 124 万吨粮食，比 2011 年减 70.07 万吨，减 36.11%。根据中国海关数据，2012 年 1～11 月重庆市纯进口谷物、粮食制品 12.37 万吨，比上年增 12.25 万吨；全年重庆市纯进口大豆 119.1 万吨，同比增 53.12 万吨，增 80.5%。

2. 食用油供应能力增加

根据重庆市统计局发布数据，2011 年重庆市油料产量 46.51 万吨，同比

增加2.06万吨，增加4.63%。其中油菜籽产量35.14万吨，比2010年增0.92万吨，同比增长2.69%，重庆市产油菜籽可提供榨油7.02万吨，比上年增0.184万吨；其余10.37万吨油料，可提供2.07万吨食用油，同比增0.228万吨。进口大豆可榨35.37万吨食用油，同比增长15.94万吨。根据重庆市商业部门发布数据，1～11月重庆市进口菜籽油4.1万吨，2011年无进口；累计市外收购食用油42.7万吨，销往市外食用油15.2万吨，从市外净调入27.5万吨，同比增长4.27万吨。综合分析，2012年前11个月重庆市食用油可供应量约为76.06万吨（包含贮备量将达87.06万吨），同比增长24.72万吨。

3. 重庆市商品粮油供销两旺

根据重庆市商业部门发布数据，1～11月累计纯收购粮食409.9万吨，同比增长11.20%，其中收购小麦97.5万吨、稻谷155.6万吨、玉米95.5万吨；累计销售粮食496.11万吨，同比增32.70%，其中小麦106.7万吨、稻谷207.3万吨、玉米55.5万吨。累计净收购食用油45.1万吨，同比增12.80%，进口29.8万吨；累计销售食用油103.8万吨（包括换库），同比增78.90%。

## 二、重庆市农资价格走势分析

2012年重庆市农资价格前7个月高于2011年同期，其中上涨期主要是在大春作物需肥期；后5个月是需肥淡季，回落到2011年同期水平之下，全年总体价格与2011年持平。

首先过磷酸钙涨幅最大，2012年市场零售均价0.80元，同比涨0.08元，涨11.50%。全年价格最低月出现在1、10月，为0.74元，最高月出现在3、4、5月，为0.94元，价格极差0.20元，全年最大波动幅度为27.03%，较上一年波动幅度增大。

其次为国产尿素，2012年零售均价2.58元，同比涨0.20元，涨8.59%，涨幅较2011年收窄。全年价格最低月出现在11、12月，为2.49元，最高月出现在4、5、6月，为2.66元左右，全年价格极差0.17元，全年最大波动幅度为6.82%，但波动幅度小于上一年。

最后是25%复合肥，2012年零售均价1.80元，同比涨0.13元，涨7.86%，涨幅较2011年收窄。全年价格最低月出现在10月，为1.70元，最高月出现在7月，为1.84元，全年价格极差0.14元，全年最大波动幅度为8.24%。

高浓度复合肥市场零售均价为3.41元，同比涨0.24元，涨7.57%。全年价格最低月出现在9月，为3.33元，最高月出现在5月，为3.47元，价格极差0.14元，最大波动幅度为4.20%，波动幅度较上一年明显收窄。

碳酸氢铵年零售均价为0.93元，同比涨0.05元，涨5.81%。全年价格最低月出现在9、11、12月，为0.89元，最高月出现在2、5、6、7月，为0.96元，价格极差0.07元，全年最大波动幅度为7.87%。

0号柴油年零售均价7.42元，同比涨0.18元，涨2.55%。价格最低时出现在7、8月，为7.12元，最高时出现在7月，为7.87元，全年价格极差0.75元，全年最大波动幅度为10.53%。

普通棚膜年零售均价为14.53元，同比跌0.20元，跌3.76%。全年价格最低月出现在8月，为14.22元，最高月出现在1月，为14.86元，价格极差0.64元，全年最大波动幅度为4.50%。

普通地膜年零售均价为13.85元，同比跌0.02元，跌0.28%。全年价格最低月出现在9月，为13.17元，最高月出现在3月，为14.36元，价格极差1.19元，全年最大波动幅度为9.04%，波动幅度较上一年变宽。

## 三、种粮成本分析

### （一）种粮成本上涨，收益增加但净利润下降

根据重庆市物价局初步调查，预计2012年重庆市中稻、玉米亩均总成本分别为1031.49元、1078.31元，同比分别增147.34元、172.05元，分别增16.66%、18.98%。预计2012年中稻、玉米亩均种子费、化肥费、农家肥、农药费、农膜、燃油、雇工等生产成本分别为897.09元、946.31元，同比分别增143.79元、163.64元，分别增长19.09%、20.91%。每亩现金成本分别为428.67元、290.91元，同比分别增长33.69元、38.83元，分别增长8.53%、15.40%。预计2012年中稻、玉米亩均土地成本分别为134.40元、132.00元，同比分别增长3.55元、8.41元，分别增2.71%、6.80%。

在单产增加，价格上涨的情况下，预计2012年中稻、玉米亩均主产品产值分别为1357.70元、1060.76元，同比分别上升9.91%、10.84%。预计中稻、玉米每亩现金收益分别为929.03元、769.86元，同比分别增长88.73元、64.89元，分别增长10.56%、9.20%，由于家庭人工成本及自营地土地租金等机会成本上涨幅度较大，预计中稻、玉米每亩净利润分别为326.21元、-17.54元，同比分别减24.92元、68.34元（未含补贴因素）。如果包含良种补贴和农资综合补贴和粮食直补，一般农民中稻种植净利润341.21元，同比减24.92元；50~100亩（不含100亩）种植大户501.21元，同比减4.92元；100亩以上大户571.21元，同比增5.08元。一般农民种植玉米净利润-7.54元，同比减68.34元；50~100亩（不含100亩）种植大户每亩152.48

元，同比减 48.34 元；100 亩以上大户 222.46 元，同比减 38.34 元。

据市统计局对重庆市 14 个油菜籽农本调查区县的油菜籽生产、成本及收益情况进行了调查。调查结果显示，2012 年重庆市油菜籽呈现“三增二减”的格局，即价格上涨、总成本上升、现金收益增加；单产下降、净利润下降。受去冬今春遭遇干旱，且气温较低，影响了幼苗的生长；有很多调查户沿用传统的撒播种植方法，种子以自留种子为主；由于很多调查户油菜籽种植面积小，种植随意性较大，生长期间管理简单等因素影响，2012 年重庆市油菜籽亩均产量为 119.69 公斤，比 2011 年减 5.50 公斤，减 4.39%。2012 年重庆市油菜籽亩均总成本为 759.81 元，比 2011 年增 83.72 元，增 12.38%。其中油菜籽亩均生产成本为 639.85 元，同比增 83.68 元，增 15.05%；油菜籽亩均土地成本为 119.96 元，同比增 0.04 元，增 0.03%。

尽管 2012 年重庆市油菜籽收购价价格上升，现金收益增加，净利润亏损增加。调查显示 2012 年重庆市油菜籽收购均价为每 50 公斤 262.41 元，同比涨 11.08%。虽然亩产下降，但由于油菜籽收购价格上升，2012 年重庆市油菜籽亩均产值达到 644.51 元，同比增 36.95 元，增 6.08%，亩均现金收益为 524.42 元（不含补贴），同比增 30.33 元，增 6.14%。由于人工成本和土地成本的进一步增长，2012 年重庆市油菜籽亩均净利润继续亏损，且亏损增加，亩均净利润由 2011 年的 -68.53 元（不含补贴）下降至 -115.30 元（不含补贴），亩均成本利润率由 2011 年的 -10.14% 下降至 -15.17%。如果包含良种补贴，一般农民种植油菜净利润 -105.30 元，同比减 44.77 元，目前大户种植油菜政策仍不明朗。

### （二）高产创建助推粮油种植效益提升

通过高产创建活动，2012 年重庆市粮油种植单产较上一年较大提高。其中 24 个油菜万亩示范片亩产比非示范片亩产增 38 公斤，共增油菜籽 1.16 万吨；比 2011 年的全市油菜平均亩产 119.4 公斤增 43.6 公斤，增产 36.5%，总增油菜籽 1.33 万吨。万亩示范片亩平均产值达 815 元，亩平纯收益 263 元，为农户创收 8040 万元；较大面积油菜种植效益亩平均增收 125 元，总增收 3821 万元，取得了显著的经济效益。南川、大足、开县采用免耕直播技术为农户亩节约劳动成本 80～150 元，亩节本增收可达 310～350 元。荣昌、永川、大足等开展油菜“一种双收”示范，既采摘菜苔又收获油菜籽，亩收入达 1200 元以上，亩纯收益达 600 元以上，极大地提高了油菜生产效益，调动了农民的种植积极性。全市小麦万亩高产创建示范片平均亩产 263.81 公斤，较非示范片平均亩增产 41.23 公斤，增 18.52%，总增产达 1460.13 万公斤。万亩示范片亩平均收入 606.76 元，扣减每亩成本 500.00 元，亩平均纯收益 106.76 元，较非示范片亩增收 94.83 元，总增收 3357 万元。2012 年玉米高产创建示范片平均亩产达 597.2 公斤，较 2011 年玉米高产创建平均亩产 581.82 公斤增加 15.4 公斤，增 2.6%。高产创建示范片较邻近非示范区域亩平均增产 88 公斤，增 17.46%，总增产 5070 万公斤；万亩示范片亩纯收益 552 元，为农户创收 3.1 亿元以上；较非示范区域玉米亩平均增收 213 元，总增收 1.2 亿元。

## 四、2013 年粮油市场预测

### （一）预计粮食价格稳中有涨运行

据国家统计局公布，2012 年全国粮食总产量 58957 万吨（11791 亿斤），比 2011 年增 1836 万吨（367 亿斤），增 3.2%。重庆市粮食 1138.5 万吨，同比增 1.03%。2013 年国内、市内粮食供应将更加充足，这对稳定粮食价格具有重要作用，但由于国家提高稳步粮食最低收购价，且前期农业投入品、土地成本等增加，导致种粮成本上涨，预计 2013 年粮食价格保持稳中有涨态势。

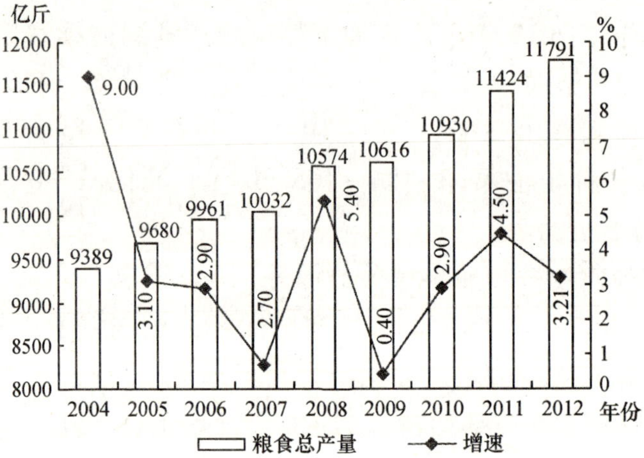


**图 175　2004～2012 年全国粮食产量及增长速度**

1. 玉米高位运行可能性较大

（1）玉米国际供需偏紧

美国农业部 2013 年 1 月公布的全球主要农产品供需报告，全球 2012/13 年粗粮供应量上调 290 万吨，其中全球玉米产量增 210 万吨，消费量增 560 万吨，期末库存预计下调 160 万吨。玉米消费绝对量的增加超出产量的增加，导致全球库存的减少，预计全球玉米供需将继续呈现偏紧局面，这可能导致外贸玉米价格继续走高。

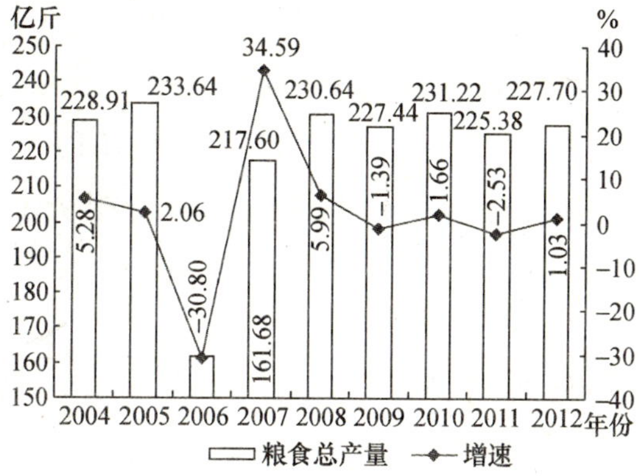


图 176　2004～2012 年重庆市粮食产量及增长速度

（2）国内玉米供销两旺

2012 年全国玉米产量 20812 万吨，由于国内增产，2013 年玉米供应增加 1534 万吨。从农业部监测数据看，2012 年 11 月生猪存栏量同比减 0.20%，较上一年度持平，预计占玉米大头的饲料玉米消费 2013 年将继续保持高位。

（3）玉米价格高位运行可能性较大

从价格看，2012 年 12 月生猪价格同比低 7.8%，这可能会导致 2013 年生猪存栏量下降，进而影响饲料玉米消费，但是由于酿酒业的发展和玉米榨油业的兴起，国内玉米消费将继续增加。国内玉米价格在“不缺粮”的情况下，国家于 2012 年 11 月出台了玉米临储政策，提高 7% 左右，预计国内玉米价格高位波动可能性比较大。由于重庆市玉米对国内玉米依赖性较大，预计价格保持高位运行。

2. 稻米预计稳中有涨运行

（1）国际稻米供求平衡

全球 2012/13 年度全球稻米产量预计创纪录达 4.656 亿吨，较上月预估上调 20 万吨。全球 2012/13 年度消费量创历史纪录达 4.686 亿吨，主要由于非洲撒哈拉沙漠以南地区。全球 2012/13 年度贸易量上调 110 万吨至 3770 万吨，较 2011/12 年度下调 130 万吨。2012/13 年度全球期末库存预计 1.025 亿吨，较上月持平，较前年下调 300 万吨。稻米总供给大致持平，产量小幅上涨抵消期初库存的下降，2012/13 年度期初库存预计下降近 20 万吨，表现平稳。

（2）国内稻米供应充足

2012 年国内稻米产量 20429 万吨，同比增加 328.9 万吨。尽管国内在稻米消费没有较大增长，但国家提高了稻米收购价，预计 2013 年国内稻米价格保持稳中有上涨态势。

（3）2013 年水稻收购价走高可能性较大

国家发改委决定从 2013 年新粮上市起主产区 2013 年生产的每 50 公斤早籼稻（三等，下同）、中晚籼稻和粳稻最低收购价格分别提高到 132 元、135 元和 150 元，比 2012 年分别提高 12 元、10 元和 10 元。预计国内、市内稻米价格会随着国家对主产区政策继续走高。

**（二）油籽、油菜籽供应充足**

1. 国际油籽供销两旺

全球 2012/13 年度油籽产量预计将达到 4.658 亿吨，较上月预测增加 280 万吨。全球油籽贸易量 1.153 亿吨，较上月预测略上涨。全球油籽年终库存达到 6660 万吨，较上月下调 30 万吨，其中阿根廷和中国大豆库存降幅仅被巴西和美国部分抵消。

2. 国内油料供应能力进一步增加

2012 年全年中国油料产量 3476 万吨，增长 5.1%，这意味着 2013 年全国油料供应进一步增加。

3. 市内油料供应充足

从 2013 年重庆市农业工作会获悉，2012 年油料预计总产 50 万吨，增长 7.5%，这预示着，来自本地油料供应能力进一步增加。从重庆市商业部门获悉，2012 年 1～11 月全市食用油供销情况看，全市累计收购植物油数量加上进口植物油数量再加上大豆压榨回收量为 136.9 万吨；销售植物油 103.8 万吨，其中市内销售 88.6 万吨。

**（三）国内粮油价格调控难度将加大**

尽管国内粮油产量增加，但是由于我国粮油尤其是油料对外依存度较高，这在复杂的国际背景下，价格调控难度将进一步加大，影响因素主要有以下几方面：一是国际金融危机和欧洲债务持续发酵，这将对导致大量流动性资金走向效益低但是比较稳妥的大宗农产品，进一步促使国内大宗农产品出现较大可能性的输入性价格上涨；二是遭受经济危机影响的美国、日本等经济大国为了保持经济活力，实行货币量化宽松政策，这将不可避免地导致对外依存度较大的大宗农产品出现货币性价格上涨；三是国内粮油产品已走向市场化，由于我国市场经济还不完善，尽管总产量上去了，但结构调整还不够精确，短期内部分农产品出现结构性短缺或过剩可能性仍然较大。

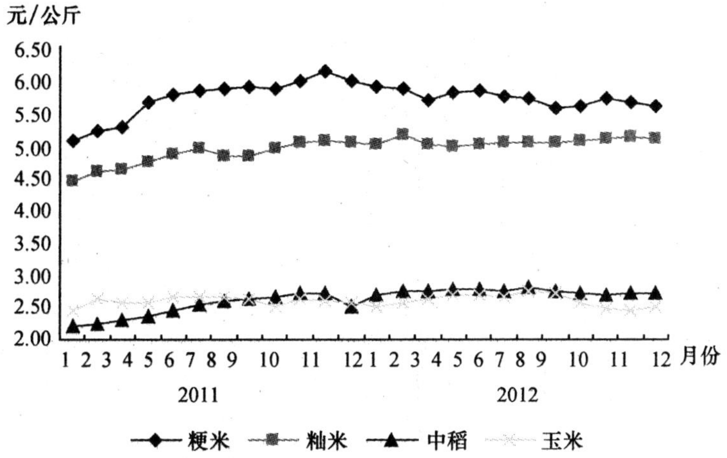


**图 177　重庆市 2011～2012 年粮食价格走势**

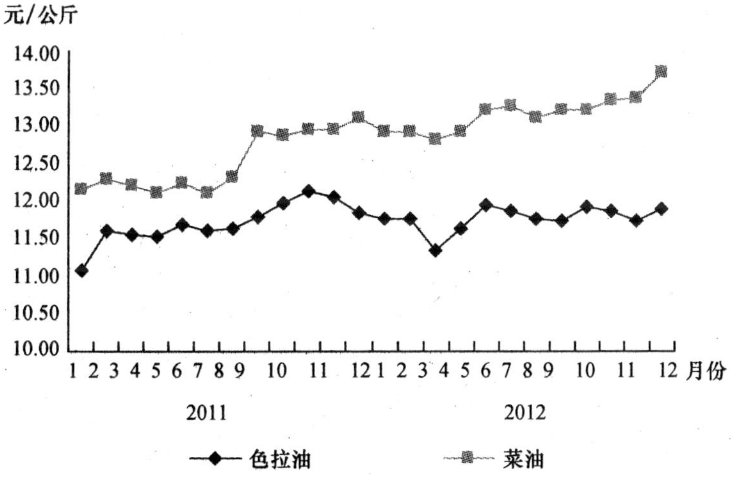


**图 178　重庆市 2011～2012 年食用油价格走势**

# 第四部分

# 政策篇

中国农产品市场报告.2013

# 关于提高2012年小麦最低收购价格的通知

各省、自治区、直辖市发展改革委、物价局、财政厅（局）、农业厅（局、委、办）、粮食局、农业发展银行分行：

为保护农民种粮积极性，进一步促进粮食生产发展，经国务院批准，决定从2012年新粮上市起适当提高主产区2012年生产的小麦最低收购价水平。每50公斤白小麦（三等，下同）、红小麦、混合麦最低收购价格均提高到102元，比2011年分别提高7元、9元、9元。当前正值冬小麦播种季节，各地要做好宣传工作，以调动农民种粮积极性，促进粮食生产稳定发展。

国家发展改革委　财政部　农业部　国家粮食局　中国农业发展银行

二〇一一年九月二十八日

# 关于提高 2012 年稻谷最低收购价格的通知

发改电［2012］17 号

各省、自治区、直辖市发展改革委、物价局、财政厅（局）、农业厅（局、委、办）、粮食局、农业发展银行分行：

为保护农民种粮积极性，进一步促进粮食生产发展，经国务院批准，决定从 2012 年新粮上市起适当提高主产区 2012 年生产的稻谷最低收购价格。每 50 公斤早籼稻（三等，下同）、中晚籼稻、粳稻最低收购价格分别提高到 120 元、125 元、140 元，比 2011 年分别提高 18 元、18 元、12 元。早籼稻播种在即，各地要做好宣传工作，以调动农民种粮积极性，促进粮食生产稳定发展。

国家发展改革委　财政部　农业部　国家粮食局　中国农业发展银行

二〇一二年二月二日

# 关于做好2012年春耕化肥供应工作的通知

发改经贸［2012］67号

各省、自治区、直辖市及计划单列市、新疆生产建设兵团发展改革委、物价局、工业和信息化厅（局）（经信委）、财政厅（局）、农业厅（局）、商务主管部门，工商局、质监局（市场监管局）、供销合作社、农业发展银行各分行，各铁路局：

2011年化肥市场供求基本平衡，价格总体平稳，较好地满足了农业生产需要，为粮食增产做出了重要贡献。2012年化肥生产、流通企业要继续克服困难，积极开展生产经营。各相关部门、单位要充分认识保障化肥供应对国家粮食安全的重要意义，为春耕化肥供应创造良好的条件和环境，全力做好化肥生产流通的保障和促进工作。现将有关事项通知如下：

## 一、加强化肥生产原料的组织供应

做好化肥生产所需原材料的组织供应是保障化肥生产的关键。在春耕备肥和用肥旺季期间，化肥生产企业集中地区的地方政府和各电网公司要全力保障化肥企业正常生产用电，不得对化肥企业拉闸限电。中国石油天然气集团公司、中国石油化工集团公司和中国海洋石油总公司要加强对化肥企业，特别是西南地区企业化肥生产用天然气的供应。有关地方政府要督促煤炭企业，特别是无烟块煤生产企业，认真履行与化肥企业签订的供货合同，保持化肥用煤价格基本稳定。

## 二、加强化肥运输调运

铁路部门要继续加强化肥调运组织，地方政府有关部门和重点化肥生产企业要加强与铁路部门的沟通协调，及时反馈化肥运输需求信息，铁路部门根据需求，妥善做好运力安排，特别是要重点加强华北地区到达南方市场氮肥、西南地区到达东北地区磷肥，以及青海、新疆地区钾肥外运的调运组织工作，并适当加大对国家淡季商业储备化肥、化肥生产所需原材料运输的组织力度，全力为春耕化肥供应工作提供有力运力支撑。

## 三、落实好化肥淡储任务

2011～2012 年度 1530 万吨国家化肥淡季商业储备任务已经安排下达。各化肥淡季商业储备承储企业要积极筹措资金，衔接货源，均衡进货，足量储备。各省级发展改革委会同有关部门加强对区域内承储企业的督促检查，确保淡储任务落实。如局部地区市场出现断档脱销或价格快速上涨，地方有关部门和各级企业应及时向上级主管部门报告，必要时经主管部门同意可将淡储化肥提前投放市场。农业发展银行在坚持信贷原则，保障资金安全的前提下，继续对符合条件的国家化肥淡储企业提供资金信贷支持。

## 四、认真整顿化肥市场秩序

各级管理部门要继续加强农资市场的质量监管，针对当前市场上存在的制售假冒伪劣化肥、虚标含量、偷减养分、捆绑销售、虚假宣传等各种违法违规行为，要加大打击力度、从严查处。对制假严重地区要组织专项行动进行清理。对性质恶劣、危害严重的案件及主要责任人要公开曝光，严肃处理。要严肃查处捏造散布涨价信息、串通涨价、恶意囤积、价格欺诈，以及不执行明码标价规定的价格违法行为。继续严厉打击化肥走私出口。加快推进农资连锁经营和产品质量追溯体系建设，继续发挥好 12315 举报投诉电话的作用，提高农民群众维权能力。建立健全农资产品质量管理体系，切实提高我国农资产品质量水平。

## 五、积极开展为农服务

各地农业部门及时公布本地区测土配方施肥配方信息，引导企业生产和销售符合本地需要的肥料。各地供销合作社要强化对本系统内农化服务工作的指导、监督。大型化肥生产流通企业、有关化肥协会要加强化肥知识的宣传普及，组织技术人员进村入户，指导农民选择适宜品种，确定合理施肥结构和数量，提高化肥利用率。

化肥生产流通关系到农业生产和经济发展全局，有关部门和地方政府要重点关注，加强组织协调，共同做好春耕化肥生产供应工作。对化肥市场供应中出现的重大问题，地方有关部门要及时协调解决，并及时向国务院主管部门和省级人民政府报告。

国家发展改革委　工业和信息化部　财政部　铁道部　农业部
商务部　工商总局　质检总局　供销总社　农业发展银行
二〇一二年一月十七日

**主题词：**春耕　化肥　供应　通知

# 关于印发 2012 年小麦最低收购价执行预案的通知

发改经贸［2012］1494 号

各省、自治区、直辖市发展改革委、财政厅、农业厅、粮食局、物价局、农业发展银行分行，中储粮有关分公司：

为落实好粮食最低收购价政策，做好 2012 年小麦收购工作，保护种粮农民利益，经国务院批准，现将《2012 年小麦最低收购价执行预案》印发给你们。

请各有关地方和部门高度重视夏粮收购工作，密切关注小麦市场价格变化，周密部署，紧密配合，认真做好 2012 年小麦最低收购价执行预案的各项准备和组织实施工作，指导各类市场主体有序入市收购新粮，及时协调解决收购过程中出现的矛盾和问题，确保收购工作顺利开展、小麦市场平稳运行。

特此通知。

附：2012 年小麦最低收购价执行预案

国家发展改革委　财政部　农业部　国家粮食局

农业发展银行　中储粮总公司

二〇一二年五月二十一日

**附件：**

# 2012年小麦最低收购价执行预案

**第一条** 为认真贯彻落实小麦最低收购价政策，切实保护种粮农民利益，确保收储的最低收购价小麦数量真实、质量安全，根据《粮食流通管理条例》有关规定，制定本预案。

**第二条** 执行本预案的小麦主产区为河北、江苏、安徽、山东、河南、湖北6省。

其他小麦产区是否实行最低收购价政策，由省级人民政府自主决定。

**第三条** 以2012年生产的国标三等小麦为标准品，白小麦、红小麦和混合小麦最低收购价格均为每市斤1.02元。白小麦分为硬质白小麦和软质白小麦。硬质白小麦的硬度指数不低于60，软质白小麦的硬度指数不高于45，其种皮白色或黄白色的麦粒均不低于90%。红小麦分为硬质红小麦和软质红小麦。硬质红小麦的硬度指数不低于60，软质红小麦的硬度指数不高于45，其种皮深红色或红褐色的麦粒均不低于90%。不符合上述标准的均为混合小麦。标准品小麦的具体质量标准为：容重750～770g/L（含750g/L），水分12.5%以内，杂质1%以内，不完善粒8%以内。执行最低收购价的小麦为2012年生产的等内品。相邻等级之间等级差价按每市斤0.02元掌握。最低收购价是指承担最低收购价收购任务的收储库点向农民直接收购的到库价。

非标准品小麦的具体收购价格水平，按照《国家发展改革委、国家粮食局、财政部、国家质检总局关于印发〈关于执行粮油质量标准有关问题的规定〉的通知》（国粮发〔2010〕178号）有关规定确定。

**第四条** 在河北、江苏、安徽、山东、河南、湖北6个小麦主产区执行最低收购价的企业为：（1）中储粮总公司及其有关分公司，受中储粮总公司委托的中粮集团有限公司所属企业和中国华粮物流集团公司所属企业；（2）上述6省地方储备粮管理公司（或单位）；（3）北京、天津、上海、浙江、福建、广东、海南等7个主销区省级地方储备粮管理公司（或单位）。

**第五条** 中储粮有关分公司及其直属企业要按照“有利于保护农民利益、有利于粮食安全储存、有利于监管、有利于销售”的原则，合理确定执行小麦最低收购价的委托收储库点。委托收储库点应具有粮食收购资格，在农发行开户，有一定规模的自有仓容，仓房条件符合《粮油仓储管理办法》（国家发展改革委令2009第5号）要求，具备必要的检化验设备和人员，具有较高管理水平和良好信誉，并按统计制度规定报送了统计报表，三年内在收储及销售出库等方面无违规违纪行为。为充分发挥国有企业的主渠道作用，国有及国有控股粮食企业优先作为委托收储库点安排。在已开展粮油仓储单位备案的省份，委托收储库点应按规定完成了备案工作。在确定委托收储库点时，要统筹考虑中储粮直属库、中粮集团有限公司和中国华粮物流集团公司所属企业及地方国有和国有控股粮库，以充分利用现有仓储资源，确保储粮安全。

以县为单位，每个县内委托收储库点仓容总量应与当地最低收购价小麦预计收购量相衔接，实际收购中仓容量不足的，可通过县内集并或适当增加委托收储库点解决。为保证收储小麦的储存安全，降低损耗，保持品质，一般情况下对最低收购价小麦不搭建露天设施储存。白小麦、红小麦和混合小麦必须分仓、分等级储存。

中储粮有关分公司确定的委托收储库点名单报中储粮总公司审核备案后对外公布，同时抄报省级人民政府。中储粮总公司要将备案的委托收储库点名单报送国家发展改革委、财政部、国家粮食局和农业发展银行。

地方储备粮管理公司（或单位）也要根据省级人民政府的统一要求，合理设置委托收储库点，并积极入市收购，充实地方储备。地方储备粮管理公司（或单位）设定的委托收储库点要与中储粮分公司确定的委托收储库点相互衔接。

执行最低收购价收储库名单确定后，中储粮直属企业和地方储备粮管理公司（或单位）要与委托收储库点签订委托收购合同，明确双方权利、义务等。委托收储库点要严格按照本执行预案的有关规定和收购合同进行收购活动。

**第六条** 第三条规定的最低收购价执行时间为2012年5月21日至9月30日。在此期间，以县为单位，当其小麦市场价格连续3天低于国家公布的小麦最低收购价格时，由中储粮分公司会同省级价格、粮食、农业、农发行等有关部门核实确认后，报中储粮总公司批准在相关市县或全省范围内启动预案，并报国家有关部门备案。各委托收储库点要按照本预案第三条的规定，在上述小麦主产区挂牌收购农民交售的小麦。

**第七条** 执行最低收购价的委托收储库点，要在收购场所显著位置张榜公布实行最低收购价有关政策的粮食品种收购价格、质量标准、水杂增扣量方式、结算方式和执行时间等政策信息，让农民交“放心粮”；按照小麦国家标准（GB1351－2008）做好最低收购价小麦收购入库工作，不得压级压价、抬级抬价收购，不得拒收农民交售的符合标准的粮食；及时结算农民交售小麦的价款，不得给农民打白条；也不得将农业发展银行贷款挪作他用。

**第八条**　预案执行期间，中央和地方储备粮的承储企业应积极入市收购新粮用于轮换，轮换收购的小麦价格应不低于国家规定的最低收购价格水平。对承担轮换任务的委托收储库点，应优先安排储备粮轮换。

**第九条**　新麦上市后，地方各级政府和粮食行政管理部门要加强对收购工作的指导，引导和鼓励各类粮食经营和加工企业积极入市收购新粮；国有和国有控股粮食企业要按照《粮食流通管理条例》有关规定，切实发挥主渠道作用。农业发展银行要积极为各类收购主体入市收购提供信贷支持，保证具备贷款条件的国有和国有控股粮食企业资金供应。

**第十条**　中储粮公司确定的委托收储库点按最低收购价收购小麦所需贷款（收购资金和收购费用），由所在地中储粮直属企业统一向农业发展银行承贷，并根据小麦收购情况及时预付给委托收储库点，保证收购需要。对于没有中储粮直属企业的市（地）区域，为保证收购需要，可暂由中储粮分公司指定该区域内具有农发行贷款资格、资质较好的委托收储企业承贷；收购结束后，贷款要及时划转到中储粮公司直属企业统一管理。农业发展银行要按照国家规定的最低收购价格和收购费用及时足额供应。收购费用为每市斤 2.5 分钱（含县内集并费），由中储粮总公司包干使用，其中拨付委托收储库点直接用于收购的费用不得低于每市斤 2 分钱。

**第十一条**　地方储备粮管理公司（或单位）按最低收购价收购的小麦主要用于充实地方储备，所需收购贷款由农业发展银行按照国家规定的最低收购价格及时足额发放。有关收购、保管费用和利息按地方储备粮管理的有关规定执行。

**第十二条**　预案执行期间，中储粮总公司和有关省粮食局每 5 日分别将中储粮分公司和地方储备粮管理公司（或单位）按最低收购价收购的小麦品种、数量汇总后报国家粮食局。中储粮总公司汇总的数据要同时抄送农业发展银行。具体报送时间为每月逢 5 日、10 日期后第 2 个工作日中午 12 时之前。

省级农发行在每月初 5 个工作日内将上月最低收购价收购资金的发放情况抄送当地中储粮分公司和省级粮食行政管理部门。同时，中储粮有关分公司将最低收购价小麦每月收购进度情况抄送当地省级粮食行政管理部门、农发行省分行，每 5 日的收购进度也要及时通报，便于省级有关部门了解情况。各委托收储库点要每 5 日将实际收购进度数据同时抄报所在地市（地）或县级粮食行政管理部门。

**第十三条** 中储粮总公司及其有关分公司和直属企业执行最低收购价政策收购的小麦，粮权属国务院，未经国家批准不得动用。对收购入库的最低收购价小麦品种、数量和质量等级，中储粮有关分公司及其直属企业要按有关规定及时进行审核验收，并对验收结果负责。对验收中发现入库的小麦数量、质量指标与收购码单等原始凭证标注不符的，要及时核减最低收购价收购进度和库存统计，扣回全部费用利息补贴。对验收合格的，要建立委托收储库点的质量档案，做到分品种、分等级专仓储存。中储粮直属企业要与委托收储库点签订代储保管合同，明确品种、数量、等级、价格和保管、出库责任等，作为以后安排销售标的的质量依据。

中储粮有关分公司要将委托收储库点最低收购价小麦质量验收结果于2012年10月底前汇总报中储粮总公司、有关省级粮食行政管理部门和农发行省分行。中储粮总公司要对分公司上报的收购进度和库存数据进行审核，并及时汇总情况报告国家发展改革委、财政部、国家粮食局和农业发展银行。

在销售时发现库存的最低收购价小麦实际数量和质量与销售标的不符的，造成的损失由负有监管责任的中储粮直属企业先行赔付，并查明原因。属于审核验收环节的问题，要追究负责审核验收的中储粮分公司（或直属库）和相关人员责任，并由其承担相应的经济损失。属于委托收储库点违反代储保管合同约定，因保管不善造成损失的，由该收储库点承担经济损失，并追究其主要负责人和监管人员的责任。对因未按规定及时足额拨付收购和保管费用而导致库存粮食质量发生问题的，要追究中储粮分公司（或直属库）主要负责人的责任，并承担相应损失。

对于有购买陈粮冒充新粮，或就地划转本库存粮的“转圈粮”套取费用补贴等行为的委托收储库点，一经发现要将其收购的小麦全部退出最低收购价小麦收购进度和库存统计，扣回全部费用利息补贴，由承贷企业追回粮款归还农发行贷款，取消其最低收购价收购资格，由中储粮公司负责收回企业不当得利，并上交中央财政。如发生损失，由委托收储库点承担，并追究其主要负责人和相关人员的责任，以及负责监管的人员责任，并将其以前年度收储的最低收购价小麦实行移库或按有关程序及时安排拍卖，所发生的费用由违规企业承担。承担审核验收的中储粮分公司（或直属库）在验收工作中弄虚作假的要追究其主要负责人和有关人员的责任。

**第十四条** 中储粮总公司及其有关分公司管理的临时存储最低收购价小麦，保管费用补贴（含损耗，下同）和贷款利息补贴由中央财政负担，先预拨，后清算。委托收储库点的保管费用补贴标准按照《财政部关于批复最低收购价等中央政策性粮食库存保管费用补贴拨付方案的通知》（财建［2011］996号）执行。保管费用补贴自小麦收购入库当月起根据月末库存数量拨付，贷款利息根据入库结算价与同期银行贷款利率计算。中央财政根据中储粮总公司上报的最低收购价粮食库存情况，按季度将保管费用补贴和贷款利息补贴预拨给中储粮总公司。中储粮总公司及其分公司要将保管费用按季足额拨付到委托收储库点。事后，由中央财政根据中储粮总公司验收确认后的实际保管数量、等级和核定的库存成本等对中储粮总公司进行清算。清算过程中，对有关部门确认的中储粮公司所属企业虚报收购数量、质量以次充好等套取中央财政资金的违纪行为，按规定扣减相关补贴，并由有关部门追究相关负责人和有关人员的责任。

**第十五条** 中储粮总公司及其分公司和直属企业要严格规范储粮行为，中储粮有关分公司及其直属企业和委托收储企业不得租仓储粮，也不得变相租仓降低保管费用补贴标准，确保安全储粮的需要。违反本预案规定擅自租仓储粮的，由当地粮食行政管理部门责令改正，由中储粮有关分公司负责将所收购粮食调到符合条件的承储企业，所需费用由中储粮直属企业承担。

**第十六条** 中储粮有关分公司及其直属企业和委托收储库点保管的临时存储最低收购价小麦，由国家有关部门按照顺价销售的原则，合理制定销售底价，通过在粮食批发市场或网上公开竞价销售，销售盈利上交中央财政，亏损由中央财政负担。中储粮总公司对销售盈亏进行单独核算，中央财政对中储粮总公司及时办理盈亏决算。

预案执行期间，为满足市场对陈麦的需求，按照顺价销售、保证市场供应、保持市场粮价基本稳定的原则，继续竞价销售2010年及以前年份临时存储最低收购价小麦，并把握好销售力度和节奏；为防止出现“转圈粮”等问题，中央和地方储备粮的承储企业以及承担小麦最低收购价收储任务的库点一律不得直接和间接购买国家拍卖的最低收购价小麦；中储粮总公司及有关分公司要按照均衡出库的原则，制定委托收储库点出库计划，均衡有序组织安排竞价销售。

**第十七条** 国家发展改革委负责协调落实小麦最低收购价政策的工作，监测小麦收购价格变化情况，检查价格政策执行情况，会同有关部门解决最低收购价政策执行中的矛盾和问题。财政部负责及时拨付中储粮总公司按最低收购价格收购小麦所需的费用和利息补贴。农业部负责了解各地执行最低收购价政策情况，监测小麦市场价格，反映农民的意见和要求。国家粮食局负责组织指导地方粮食行政管理部门检查最低收购价政策执行情况和储粮安全等情况，督促国有和国有控股粮食企业积极入市收购，发挥主渠道作用。农业发展银行负责向执行最低收购价任务的贷款企业及时提供收购资金和费用贷款，并实施信贷监管。中储粮总公司作为国家委托的最低收购价政策执行责任主体，对其执行最低收购价政策收购的小麦的数量、质量、库存管理及销售出库等负总责，并逐级落实管理责任，建立定期巡查制度，确保最低收购价库存粮食数量真实、质量良好、储存安全。小麦最低收购价政策执行结束后1个月内，中储粮总公司要将执行情况报告国家发展改革委、财政部、农业部、国家粮食局、农业发展银行。省级人民政府要督促、协调地方各部门支持和配合中储粮公司的工作；地方粮食、价格部门对最低收购价政策执行落实情况，依照《价格法》、《粮食流通管理条例》等法律法规履行监督检查职责。中储粮有关直属企业和委托收储库点要主动配合监督检查。地方粮食行政管理部门要切实落实仓库维修工作，确保在新粮收购前投入使用，共同完成托市收购任务。

**第十八条** 本预案由国家发展改革委、财政部和国家粮食局负责解释。

国家发展改革委　财政部　农业部　国家粮食局
农业发展银行　中储粮总公司

# 关于印发2012年早籼稻最低收购价执行预案的通知

发改经贸［2012］1943号

各省、自治区、直辖市发展改革委、财政厅、农业厅、粮食局、物价局、农业发展银行分行，中储粮有关分公司：

为落实好粮食最低收购价政策，做好2012年早籼稻收购工作，保护种粮农民利益，现将《2012年早籼稻最低收购价执行预案》印发给你们。

请各有关地方和部门高度重视早籼稻收购工作，密切关注早籼稻市场价格变化，周密部署，紧密配合，认真做好2012年早籼稻收购的各项准备和组织实施工作，指导各类市场主体有序入市收购新粮，及时协调解决收购过程中出现的矛盾和问题，确保早籼稻收购工作顺利开展和市场平稳运行。

特此通知。

附：2012年早籼稻最低收购价执行预案

国家发展改革委　财政部　农业部　国家粮食局

农业发展银行　中储粮总公司

2012年7月2日

**附件：**

# 2012 年早籼稻最低收购价执行预案

**第一条** 为认真贯彻落实早籼稻最低收购价政策，切实保护种粮农民利益，确保收储的最低收购价早籼稻数量真实、质量安全，根据《粮食流通管理条例》有关规定，制定本预案。

**第二条** 执行本预案的早籼稻主产区为安徽、江西、湖北、湖南、广西 5 省（自治区）。

其他早籼稻产区是否实行最低收购价政策，由省级人民政府自主决定。

**第三条** 早籼稻最低收购价每市斤 1.20 元，以 2012 年生产的国标三等早籼稻为标准品，具体质量标准按稻谷国家标准（GB1350－2009）执行，即：杂质 1%以内，水分 13.5%以内，出糙率 75%～77%（含 75%，不含 77%），整精米率 44－47%（含 44%，不含 47%）。执行最低收购价的早籼稻为 2012 年生产的等内品。相邻等级之间等级差价按每市斤 0.02 元掌握。最低收购价是指承担最低收购价收购任务的收储库点向农民直接收购的到库价。

非标准品早籼稻的具体收购价格水平，按照《国家发展改革委、国家粮食局、财政部、国家质检总局关于印发》关于执行粮有关规定确定。

**第四条** 在安徽、江西、湖北、湖南、广西 5 个早籼稻主产区执行最低收购价的企业为：（1）中储粮总公司及其有关分公司，受中储粮总公司委托的中粮集团有限公司所属企业和中国华粮物流集团公司所属企业；（2）上述 5 省（自治区）地方储备粮管理公司（或单位）；（3）北京、天津、上海、浙江、福建、广东、海南等 7 个主销区省级地方储备粮管理公司（或单位）。

**第五条** 中储粮有关分公司及其直属企业要按照“有利于保护农民利益、有利于粮食安全储存、有利于监管、有利于销售”的原则，合理确定执行早籼稻最低收购价的委托收储库点。委托收储库点应具有粮食收购资格，在农发行开户，有一定规模的自有仓容，仓房条件符合《粮油仓储管理办法》（国家发展改革委令 2009 第 5 号）要求，具备必要的检化验设备和人员，具有较高管理水平和良好信誉，并按统计制度规定报送了统计报表，三年内在收储及销售出库等方面无违规违纪行为。为充分发挥国有企业的主渠道作用，国有及国有控股粮食企业优先作为委托收储库点安排。在已开展粮油仓储单位备案的省份，委托收储库点应按规定完成了备案工作。在确定委托收储库点时，要统筹考虑中储粮直属库、中粮集团有限公司和中国华粮物流集团公司所属企业及地方国有和国有控股粮库，以充分利用现有仓储资源，确保储粮安全。收购价早籼稻预计收购量相衔接，实际收购中仓容量不足的，可通过县内集并或适当申请增加委托收储库点解决。为保证收储早籼稻的储存安全，降低损耗，保持品质，一般情况下对最低收购价早籼稻不搭建露天设施储存。

中储粮有关分公司确定的委托收储库点名单报中储粮总公司审核备案后对外公布，同时抄报省级人民政府。中储粮总公司要将备案的委托收储库点名单报送国家发展改革委、财政部、国家粮食局和农业发展银行。

地方储备粮管理公司（或单位）也要根据省级人民政府的统一要求，合理设置委托收储库点，并积极入市收购，充实地方储备。地方储备粮管理公司（或单位）设定的委托收储库点要与中储粮分公司确定的委托收储库点相互衔接。

执行最低收购价收储库名单确定后，中储粮直属企业和地方储备粮管理公司（或单位）要与委托收储库点签订委托收购合同，明确双方权利、义务等。委托收储库点要严格按照本预案的有关规定和收购合同进行收购活动。

**第六条**　第三条规定的最低收购价执行时间为2012年7月16日至9月30日。在此期间，以县为单位，当其早籼稻市场价格连续3天低于国家公布的早籼稻最低收购价格时，由中储粮分公司会同省级价格、粮食、农业、农发行等有关部门核实确认后，报中储粮总公司批准在相关市县或全省（区）范围内启动预案，规定，在上述早籼稻主产区挂牌收购农民交售的早籼稻。

**第七条**　执行最低收购价的委托收储库点，要在收购场所显著位置张榜公布实行最低收购价有关政策的粮食品种收购价格、质量标准、水杂增扣量方式、结算方式和执行时间等政策信息，让农民交“放心粮”；按照稻谷国家标准（GB1350－2009）做好最低收购价早籼稻收购入库工作，不得压级压价、抬级抬价收购，不得拒收农民交售的符合标准的粮食；及时结算农民交售早籼稻的价款，不得给农民打白条；也不得将农业发展银行贷款挪作他用。

**第八条**　预案执行期间，中央和地方储备粮的承储企业应积极入市收购新粮用于轮换，轮换收购的早籼稻价格应不低于国家规定的最低收购价格水平。对承担轮换任务的委托收储库点，应优先安排储备粮轮换。

**第九条**　早籼稻上市后，地方各级政府和粮食行政管理部门要加强对收购工作的指导，引导和鼓励各类粮食经营和加工企业积极入市收购新粮；国有和国有控股粮食企业要按照《粮食流通管理条例》有关规定，切实发挥主渠道作用。农业发展银行要积极为各类收购主体入市收购提供信贷支持，保证具备贷款条件的国有和国有控股粮食企业资金供应。

**第十条** 中储粮公司确定的委托收储库点按最低收购价收购早籼稻所需贷款（收购资金和收购费用），由所在地中储粮直付给委托收储库点，保证收购需要。对于没有中储粮直属企业的市（地）区域，为保证收购需要，可暂由中储粮分公司指定该区域内具有农发行贷款资格、资质较好的委托收储企业承贷；收购结束后，贷款要及时划转到中储粮公司直属企业统一管理。农业发展银行要按照国家规定的最低收购价格和收购费用及时足额供应。收购费用为每市斤 2.5 分钱（含县内集并费），由中储粮总公司包干使用，其中拨付委托收储库点直接用于收购的费用不得低于每市斤 2 分钱。

**第十一条** 地方储备粮管理公司（或单位）按最低收购价收购的早籼稻主要用于充实地方储备，所需收购贷款由农业发展银行按照国家规定的最低收购价格及时足额发放。有关收购、保管费用和利息按地方储备粮管理的有关规定执行。

**第十二条** 预案执行期间，中储粮总公司和有关省（区）粮食局每 5 日分别将中储粮分公司和地方储备粮管理公司（或单位）按最低收购价收购的早籼稻数量汇总后报国家粮食局。中储粮总公司汇总的数据要同时抄送农业发展银行。具体报送时间为每月逢 5 日、10 日期后第 2 个工作日中午 12 时之前。

省级农发行在每月初 5 个工作日内将上月最低收购价收购资金的发放情况抄送当地中储粮分公司和省级粮食行政管理部门。同时，中储粮有关分公司将最低收购价早籼稻每月收购进度情况抄送当地省级粮食行政管理部门、省级价格主管部门、农发行省门了解情况。各委托收储库点要每 5 日将实际收购进度数据同时抄报所在地的市（地）或县级粮食行政管理部门。

**第十三条** 中储粮总公司及其有关分公司和直属企业执行最低收购价政策收购的早籼稻，粮权属国务院，未经国家批准不得动用。对收购入库的最低收购价早籼稻数量和质量等级，中储粮有关分公司及其直属企业要按有关规定及时进行审核验收，并对验收结果负责。对验收中发现入库的早籼稻数量、质量指标与收购码单等原始凭证标注不符的，要及时核减最低收购价收购进度和库存统计，扣回全部费用利息补贴。对验收合格的，要建立委托收储库点的质量档案，做到分等级专仓储存。中储粮直属企业要与委托收储库点签订代储保管合同，明确数量、等级、价格和保管、出库责任等，作为以后安排销售标的的质量依据。

中储粮有关分公司要将委托收储库点最低收购价早籼稻质量验收结果于 2012 年 10 月底前汇总报中储粮总公司、有关省级粮食行政管理部门和农发行省（区）分行。中储粮总公司要对分公司上报的收购进度和库存数据进行审核，并及时汇总情况报告国家发展改革委、财政部、国家粮食局和农业发展银行。

在销售时发现库存的最低收购价早籼稻实际数量和质量与销售标的不符的，造成的损失由负有监管责任的中储粮直属企业先行赔付，并查明原因。属于审核验收环节的问题，要追究负责审核验收的中储粮分公司（或直属库）和相关人员责任，并由其定，因保管不善造成损失的，由该收储库点承担经济损失，并追究其主要负责人和监管人员的责任。对因未按规定及时足额拨付收购和保管费用而导致库存粮食质量发生问题的，要追究中储粮分公司（或直属库）主要负责人的责任，并承担相应损失。

对于有购买陈粮冒充新粮，或就地划转本库存粮的“转圈粮”套取费用补贴等行为的委托收储库点，一经发现要将其收购的早籼稻全部退出最低收购价早籼稻收购进度和库存统计，扣回全部费用利息补贴，由承贷企业追回粮款归还农发行贷款，取消其最低收购价收购资格，由中储粮公司负责收回企业不当得利，并上交中央财政。如发生损失，由委托收储库点承担，并追究其主要负责人和相关人员的责任，以及负责监管的人员责任，并将其以前年度收储的最低收购价早籼稻实行移库或按有关程序及时安排拍卖，所发生的费用由违规企业承担。承担审核验收的中储粮分公司（或直属库）在验收工作中弄虚作假的要追究其主要负责人和有关人员的责任。

**第十四条** 中储粮总公司及其有关分公司管理的临时存储最低收购价早籼稻，保管费用补贴（含损耗，下同）和贷款利息补贴由中央财政负担，先预拨，后清算。委托收储库点的保管费用补贴标准按照《财政部关于批复最低收购价等中央政策性粮食库存保管费用补贴拨付方案的通知》（财建［2011］996号）执行。保管费用补贴自早籼稻收购入库当月起根据月末库存数量拨付，据中储粮总公司上报的最低收购价粮食库存情况，按季度将保管费用补贴和贷款利息补贴预拨给中储粮总公司。中储粮总公司及其分公司要将保管费用按季足额拨付到委托收储库点。事后，由中央财政根据中储粮总公司验收确认后的实际保管数量、等级和核定的库存成本等对中储粮总公司进行清算。清算过程中，对有关部门确认的中储粮公司所属企业虚报收购数量、质量以次充好等套取中央财政资金的违纪行为，按规定扣减相关补贴，并由有关部门追究相关负责人和有关人员的责任。

**第十五条** 中储粮总公司及其分公司和直属企业要严格规范储粮行为，中储粮有关分公司及其直属企业和委托收储企业不得租仓储粮，也不得变相租仓降低保管费用补贴标准，确保安全储粮的需要。违反本预案规定擅自租仓储粮的，由当地粮食行政管理部门责令改正，由中储粮有关分公司负责将所收购粮食调到符合条件的承储企业，所需费用由中储粮直属企业承担。

**第十六条** 中储粮有关分公司及其直属企业和委托收储库点保管的临时存储最低收购价早籼稻，由国家有关部门按照顺价销售的原则，合理制定销售底价，通过在粮食批发市场或网上公开竞价销售，销售盈利上交中央财政，亏损由中央财政负担。中储粮总公司对销售盈亏进行单独核算，中央财政对中储粮总公司及时办理盈亏决算。中储粮总公司及有关分公司要按照均衡出库的原则，制定委托收储库点出库计划，均衡有序组织安排竞价销售。

**第十七条** 国家发展改革委负责协调落实早籼稻最低收购价政策的工作，监测早籼稻收购价格变化情况，检查价格政策执行情况，会同有关部门解决最低收购价政策执行中的矛盾和问题。财政部负责及时拨付中储粮总公司按最低收购价格收购早籼稻所需的费用和利息补贴。农业部负责了解各地执行最低收购价政策情况，监测早籼稻市场价格，反映农民的意见和要求。国家粮食局负责组织指导地方粮食行政管理部门检查最低收购价政策执行情况和储粮安全等情况，督促国有和国有控股粮食企业积极入市收购，发挥主渠道作用。农业发展银行负责向执行最低收购价任务的贷款企业及时提供收购资金和费用贷款，并实施信贷监管。中储粮总公司作为国家委托的最低收购价政策执行责任主体，对其执行最低收购价政策收购的早籼稻的数量、质量、库存管理及销售出库等负总责，并逐级落实管理责任，建立定期巡查制度，确保最低收购价库存粮食数量真实、质量良好、储存安全。早籼稻最低收购价政策执行结束后1个月内，中储粮总公司要将执行情况报告国家发展改革委、财政部、农业部、国家粮食局、农业发展银行。省级人民政府要督促、协调地方各部门支持和配合中储粮公司的工作；地方粮食、价格部门对最低收购价政策执行落实情况，依照《价格法》、《粮食流通管理条例》等法律法规履行监督检查职责。中储粮有关直属企业和委托收储库点要主动配合监督检查。地方粮食行政管理部门要切实落实仓库维修工作，确保在新粮收购前投入使用，共同完成托市收购任务。第十八条本预案由国家发展改革委、财政部和国家粮食局负责解释。

国家发展改革委　财政部　农业部　国家粮食局

农业发展银行　中储粮总公司

# 关于印发 2012 年中晚稻最低收购价执行预案的通知

发改经贸［2012］2726 号

各省、自治区、直辖市及发展改革委、财政厅、农业厅、粮食局、物价局、农业发展银行分行，中储粮有关分公司：

为落实好粮食最低收购价政策，做好 2012 年中晚稻收购工作，保护种粮农民利益，现将《2012 年中晚稻最低收购价执行预案》印发给你们。

请各有关地方和部门高度重视中晚稻收购工作，密切关注中晚稻市场价格变化，周密部署，紧密配合，认真做好 2012 年中晚稻收购的各项准备和组织实施工作，指导各类市场主体有序入市收购新粮，及时协调解决收购过程中出现的矛盾和问题，确保中晚稻收购工作顺利开展和市场平稳运行。

特此通知。

附件：2012 年中晚稻最低收购价执行预案

国家发展改革委　财政部　农业部　国家粮食局
农业发展银行　中储粮总公司
2012 年 8 月 28 日

**附件：**

# 2012 年中晚稻最低收购价执行预案

**第一条** 为认真贯彻落实中晚稻最低收购价政策，切实保护种粮农民利益，确保收储的最低收购价中晚稻数量真实、质量安全，根据《粮食流通管理条例》有关规定，制定本预案。

**第二条** 执行本预案的中晚稻（包括中晚籼稻和粳稻）主产区为辽宁、吉林、黑龙江、江苏、安徽、江西、河南、湖北、湖南、广西、四川 11 省（区）。

其他中晚稻产区是否实行最低收购价政策，由省级人民政府自主决定。

**第三条** 中晚籼稻最低收购价每市斤 1.25 元，粳稻最低收购价每市斤 1.40 元，以 2012 年生产的国标三等中晚稻为标准品，具体质量标准按稻谷国家标准（GB1350－2009）执行，即中晚籼稻杂质 1%以内，水分 13.5%以内，出糙率 75%～77%（含 75%，不含 77%），整精米率 44%～47%（含 44%，不含 47%）；粳稻杂质 1%以内，水分 14.5%以内，出糙率 77%～79%（含 77%，不含 79%），整精米率 55%～58%（含 55%，不含 58%）。执行最低收购价的中晚稻为 2012 年生产的等内品。相邻等级之间等级差价按每市斤 0.02 元掌握。最低收购价是指承担最低收购价收购任务的收储库点向农民直接收购的到库价。

非标准品中晚稻最低收购价的具体水平，按照《国家发展改革委、国家粮食局、财政部、国家质检总局关于印发〈关于执行粮油质量标准有关问题的规定〉的通知》（国粮发〔2010〕178 号）有关规定确定。整精米率低于 38%的中晚籼稻和整精米率低于 49%的粳稻不列入最低收购价范围。

**第四条** 在辽宁、吉林、黑龙江、江苏、安徽、江西、河南、湖北、湖南、广西、四川 11 个中晚稻主产区执行最低收购价的企业为：（1）中储粮总公司及其有关分公司，受中储粮总公司委托的中粮集团有限公司所属企业和中国华粮物流集团公司所属企业；（2）上述 11 省（区）地方储备粮管理公司（或单位）；（3）北京、天津、上海、浙江、福建、广东、海南 7 个主销区省级地方储备粮管理公司（或单位）。

**第五条** 中储粮有关分公司及其直属企业要按照“有利于保护农民利益、有利于粮食安全储存、有利于监管、有利于销售”的原则，合理确定执行中晚稻最低收购价的委托收储库点。委托收储库点应具有粮食收购资格，在农发行开户，有一定规模的自有仓容，仓房条件符合《粮油仓储管理办法》（国家发展改革委令2009第5号）要求，具备必要的检化验设备和人员，具有较高管理水平和良好信誉，并按统计制度规定报送了统计报表，三年内在收储及销售出库等方面无违规违纪行为。为充分发挥国有企业的主渠道作用，国有及国有控股粮食企业优先作为委托收储库点安排。在已开展粮油仓储单位备案的省份，委托收储库点应按规定完成了备案工作。在确定委托收储库点时，要统筹考虑中储粮直属库、中粮集团有限公司和中国华粮物流集团公司所属企业及地方国有和国有控股粮库，以充分利用现有仓储资源，确保储粮安全。

以县为单位，每个县内委托收储库点仓容总量应与当地最低收购价中晚稻预计收购量相衔接，实际收购中仓容量不足的，可通过县内集并或适当申请增加委托收储库点解决。为保证收储中晚稻的储存安全，降低损耗，保持品质，一般情况下对最低收购价中晚稻不搭建露天设施储存。

中储粮有关分公司确定的委托收储库点名单报中储粮总公司审核备案后对外公布，同时抄报省级人民政府。中储粮总公司要将备案的委托收储库点名单报送国家发展改革委、财政部、国家粮食局和农业发展银行。

地方储备粮管理公司（或单位）也要根据省级人民政府的统一要求，合理设置委托收储库点，并积极入市收购，充实地方储备。地方储备粮管理公司（或单位）设定的委托收储库点要与中储粮分公司确定的委托收储库点相互衔接。

执行最低收购价收储库名单确定后，中储粮直属企业和地方储备粮管理公司（或单位）要与委托收储库点签订委托收购合同，明确双方权利、义务等。委托收储库点要严格按照本预案的有关规定和收购合同进行收购活动。

**第六条** 第三条规定的最低收购价执行时间：江苏、安徽、江西、河南、湖北、湖南、广西、四川8省（区）为2012年9月16日至2012年12月31日，辽宁、吉林、黑龙江3省为2012年11月16日至2013年3月31日。在此期间，以县为单位，当其中晚稻市场价格连续3天低于国家公布的中晚稻最低收购价格时，由中储粮分公司会同省级价格、粮食、农业、农发行等有关部门核实确认后，报中储粮总公司批准在相关市县或全省（区）范围内启动预案，并报国家有关部门备案。各委托收储库点要按照本预案第三条的规定，在上述中晚稻主产区挂牌收购农民交售的中晚稻。

**第七条** 执行最低收购价的委托收储库点，要在收购场所显著位置张榜公布实行最低收购价有关政策的粮食品种收购价格、质量标准、水杂增扣量方式、结算方式和执行时间等政策信息，让农民交“放心粮”；按照稻谷国家标准（GB1350－2009）做好最低收购价中晚稻收购入库工作，不得压级压价、抬级抬价收购，不得拒收农民交售的符合标准的粮食；及时结算农民交售中晚稻的价款，不得给农民打白条；也不得将农业发展银行贷款挪作他用。

**第八条** 预案执行期间，中央和地方储备粮的承储企业应积极入市收购新粮用于轮换，轮换收购的中晚稻价格应不低于国家规定的最低收购价格水平。对承担轮换任务的委托收储库点，应优先安排储备粮轮换。

**第九条** 中晚稻上市后，地方各级政府和粮食行政管理部门要加强对收购工作的指导，引导和鼓励各类粮食经营和加工企业积极入市收购新粮；国有和国有控股粮食企业要按照《粮食流通管理条例》有关规定，切实发挥主渠道作用。农业发展银行要积极为各类收购主体入市收购提供信贷支持，保证具备贷款条件的国有和国有控股粮食企业资金供应。

**第十条** 中储粮公司确定的委托收储库点按最低收购价收购中晚稻所需贷款（收购资金和收购费用），由所在地中储粮直属企业统一向农业发展银行承贷，并根据中晚稻收购情况及时预付给委托收储库点，保证收购需要。对于没有中储粮直属企业的市（地）区域，为保证收购需要，可暂由中储粮分公司指定该区域内具有农发行贷款资格、资质较好的委托收储企业承贷；收购结束后，贷款要及时划转到中储粮公司直属企业统一管理。农业发展银行要按照国家规定的最低收购价格和收购费用及时足额供应。收购费用为每市斤2.5分钱（含县内集并费），由中储粮总公司包干使用，其中拨付委托收储库点直接用于收购的费用不得低于每市斤2分钱。

**第十一条** 地方储备粮管理公司（或单位）按最低收购价收购的中晚稻主要用于充实地方储备，所需收购贷款由农业发展银行按照国家规定的最低收购价格及时足额发放。有关收购、保管费用和利息按地方储备粮管理的有关规定执行。

**第十二条** 预案执行期间，中储粮总公司和有关省（区）粮食局每5日分别将中储粮分公司和地方储备粮管理公司（或单位）按最低收购价收购的中晚稻品种、数量汇总后报国家粮食局。中储粮总公司汇总的数据要同时抄送农业发展银行。具体报送时间为每月逢5日、10日期后第2个工作日中午12时之前。

省级农发行在每月初5个工作日内将上月最低收购价收购资金的发放情况抄送当地中储粮分公司和省级粮食行政管理部门。同时，中储粮有关分公司将最低收购价中晚稻每月收购进度情况抄送当地省级粮食行政管理部门、省级价格主管部门、农发行省（区）分行，每5日的收购进度也要及时通报，便于省级有关部门了解情况。各委托收储库点要每5日将实际收购进度数据同时抄报所在地的市（地）或县级粮食行政管理部门。

**第十三条** 中储粮总公司及其有关分公司和直属企业执行最低收购价政策收购的中晚稻，粮权属国务院，未经国家批准不得动用。对收购入库的最低收购价中晚稻品种、数量和质量等级，中储粮有关分公司及其直属企业要按有关规定及时进行审核验收，并对验收结果负责。对验收中发现入库的中晚稻数量、质量指标与收购码单等原始凭证标注不符的，要及时核减最低收购价收购进度和库存统计，扣回全部费用利息补贴。对验收合格的，要建立委托收储库点的质量档案，做到分品种、分等级专仓储存。中储粮直属企业要与委托收储库点签订代储保管合同，明确品种、数量、等级、价格和保管、出库责任等，作为以后安排销售标的的质量依据。

中储粮有关分公司要将委托收储库点最低收购价中晚稻质量验收结果，于本预案执行结束后1个月内汇总报中储粮总公司、有关省级粮食行政管理部门和农发行省（区）分行。中储粮总公司要对分公司上报的收购进度和库存数据进行审核，并及时汇总情况报告国家发展改革委、财政部、国家粮食局和农业发展银行。

在销售时发现库存的最低收购价中晚稻实际数量和质量与销售标的不符的，造成的损失由负有监管责任的中储粮直属企业先行赔付，并查明原因。属于审核验收环节的问题，要追究负责审核验收的中储粮分公司（或直属库）和相关人员责任，并由其承担相应的经济损失。属于委托收储库点违反代储保管合同约定，因保管不善造成损失的，由该收储库点承担经济损失，并追究其主要负责人和监管人员的责任。对因未按规定及时足额拨付收购和保管费用而导致库存粮食质量发生问题的，要追究中储粮分公司（或直属库）主要负责人的责任，并承担相应损失。

对于有购买陈粮冒充新粮或就地划转本库存粮来套取费用补贴等行为的委托收储库点，一经发现要将其收购的中晚稻全部退出最低收购价中晚稻收购进度和库存统计，扣回全部费用利息补贴，由承贷企业追回粮款归还农发行贷款，取消其最低收购价收购资格，由中储粮公司负责收回企业不当得利，并上交中央财政。如发生损失，由委托收储库点承担，并追究其主要负责人和相关人员的责任，以及负责监管的人员责任，并将其以前年度收储的最低收购价中晚稻实行移库或按有关程序及时安排拍卖，所发生的费用由违规企业承担。承担审核验收的中储粮分公司（或直属库）在验收工作中弄虚作假的要追究其主要负责人和有关人员的责任。

**第十四条** 中储粮总公司及其有关分公司管理的最低收购价中晚稻，保管费用补贴（含损耗，下同）和贷款利息补贴由中央财政负担，先预拨，后清算。委托收储库点的保管费用补贴标准按照《财政部关于批复最低收购价等中央政策性粮食库存保管费用补贴拨付方案的通知》（财建［2011］996号）执行。保管费用补贴自中晚稻收购入库当月起根据月末库存数量拨付，贷款利息根据入库结算价与同期银行贷款利率计算。中央财政根据中储粮总公司上报的最低收购价粮食库存情况，按季度将保管费用补贴和贷款利息补贴预拨给中储粮总公司。中储粮总公司及其分公司要将保管费用按季足额拨付到委托收储库点。事后，由中央财政根据中储粮总公司验收确认后的实际保管数量、等级和核定的库存成本等对中储粮总公司进行清算。清算过程中，对有关部门确认的中储粮公司所属企业虚报收购数量、质量以次充好等套取中央财政资金的违纪行为，按规定扣减相关补贴，并由有关部门追究相关负责人和有关人员的责任。

**第十五条** 中储粮总公司及其分公司和直属企业要严格规范储粮行为，中储粮有关分公司及其直属企业和委托收储企业不得租仓储粮，也不得变相租仓降低保管费用补贴标准，确保安全储粮的需要。违反本预案规定擅自租仓储粮的，由当地粮食行政管理部门责令改正，由中储粮有关分公司负责将所收购粮食调到符合条件的承储企业，所需费用由中储粮直属企业承担。

**第十六条** 中储粮有关分公司及其直属企业和委托收储库点保管的最低收购价中晚稻，由国家有关部门按照顺价销售的原则，合理制定销售底价，通过在粮食批发市场或网上公开竞价销售，销售盈利上交中央财政，亏损由中央财政负担。中储粮总公司对销售盈亏进行单独核算，中央财政对中储粮总公司及时办理盈亏决算。中储粮总公司及有关分公司要按照均衡出库的原则，制定委托收储库点出库计划，均衡有序组织安排竞价销售。

**第十七条** 国家发展改革委负责协调落实中晚稻最低收购价政策的工作，监测中晚稻收购价格变化情况，检查价格政策执行情况，会同有关部门解决最低收购价政策执行中的矛盾和问题。财政部负责及时拨付中储粮总公司按最低收购价格收购中晚稻所需的费用和利息补贴。农业部负责了解各地执行最低收购价政策情况，监测中晚稻市场价格，反映农民的意见和要求。国家粮食局负责组织指导地方粮食行政管理部门检查最低收购价政策执行情况和储粮安全等情况，督促国有和国有控股粮食企业积极入市收购，发挥主渠道作用。农业发展银行负责向执行最低收购价任务的贷款企业及时提供收购资金和费用贷款，并实施信贷监管。中储粮总公司作为国家委托的最低收购价政策执行责任主体，对其执行最低收购价政策收购的中晚稻的数量、质量、库存管理及销售出库等负总责，并逐级落实管理责任，建立定期巡查制度，确保最低收购价库存粮食数量真实、质量良好、储存安全。中晚稻最低收购价政策执行结束后 1 个月内，中储粮总公司要将执行情况报告国家发展改革委、财政部、农业部、国家粮食局、农业发展银行。省级人民政府要督促、协调地方各部门支持和配合中储粮公司的工作；地方粮食、价格部门对最低收购价政策执行落实情况，依照《价格法》、《粮食流通管理条例》等法律法规履行监督检查职责。中储粮有关直属企业和委托收储库点要主动配合监督检查。地方粮食行政管理部门要切实落实仓库维修工作，确保在新粮收购前投入使用，共同完成托市收购任务。

**第十八条**　本预案由国家发展改革委、财政部和国家粮食局负责解释。

国家发展改革委　财政部　农业部　国家粮食局

农业发展银行　中储粮总公司

# 2012 年度棉花临时收储预案

2012 年　第 3 号

为稳定棉花生产、经营者和用棉企业市场预期，保护棉农利益，保证市场供应，国家发展改革委、财政部、农业部、工业和信息化部、铁道部、国家质检总局、供销合作总社、中国农业发展银行制定了《2012 年度棉花临时收储预案》，经国务院批准，现予发布。

附件：《2012 年度棉花临时收储预案》

国家发展改革委　财政部　农业部　工业和信息化部　铁道部
国家质检总局　供销合作总社　中国农业发展银行
二〇一二年二月二十九日

**附件：**

# 2012年度棉花临时收储预案

**第一条**　为稳定棉花生产、经营者和用棉企业市场预期，保护棉农利益，保证市场供应，特制定本预案。

**第二条**　执行本预案的棉花主产区为天津、河北、山西、江苏、安徽、江西、山东、河南、湖北、湖南、陕西、甘肃、新疆13省（区、市）。其他产区需纳入收储范围的，经有关部门研究后另行公布。

**第三条**　2012年度棉花临时收储价为，标准级皮棉到库价格每吨20400元（公重），其他等级皮棉的收储价格按照3%的品级差率、1%的长度差率计算。

中国棉花协会根据皮棉临时收储价和当时的棉籽等副产品价格以及皮棉籽棉折算公式、相关合理参数测算籽棉收购参考价，并向社会公布。

**第四条**　2012年度棉花临时收储预案执行时间为2012年9月1日至2013年3月31日。

**第五条**　收储的棉花为2012年度生产加工并经仪器化公证检验的锯齿细绒棉，由具有400型棉花加工资格的棉花企业直接交储。品级要求为1至4级，长度要求为27毫米以上（含27毫米），马克隆值要求为A级、B级和C级C2档，其他质量要求按国家有关执行。如局部地区遭遇严重自然灾害导致大部分棉花等级达不到4级以上的，经有关部门研究后可在受灾地区放宽收储质量标准到5级，有关情况及相应的等级差率等另行公布。

棉花包装要符合棉花包装国家标准（GB6975－2007），铁路运输棉包捆扎物应使用塑钢带。

**第六条**　中国储备棉管理总公司（以下简称“中储棉总公司”）是棉花临时收储的执行单位。中储棉总公司要按照“方便交储、有利监管、节约成本”的原则，合理确定执行棉花临时收储预案的承储库点（包括直属库和代储库点）。其中代储库点由中储棉总公司提出并报国家发展改革委、财政部备案及抄送中国农业发展银行后，双方签订《储备棉保管合同》。

代储库的具体选用标准和管理办法由中储棉总公司另行制定。

**第七条**　中国棉花协会和国家棉花市场监测系统监测国内棉花、棉籽市场价格水平，取两单位监测的棉花价格平均值和棉籽价格平均值作为国内棉花、棉籽市场平均价格。该价格通过相关行业网站每天发布。

**第八条** 预案执行期间当监测的棉花市场价格连续五个工作日低于临时收储价时，经有关部门确认，由中储棉总公司及时发布公告，启动收储预案。

收储按照公开、公平、公正的原则通过全国棉花交易市场收储交易系统进行，具体交易办法另行制定。

**第九条** 预案启动后，在交储企业与中储棉总公司签订的棉花购销合同中明确，交储企业应按不低于籽棉收购参考价的价格向农民收购籽棉。中储棉总公司承储库点在接受棉花入储时查验交储企业收购单据，凡籽棉实际收购价低于籽棉收购参考价的企业，其所加工的皮棉一律不得入储，所发生的一切费用一律由交储企业承担；棉花协会、棉纺协会等行业组织配合实施监督，将不执行籽棉收购参考价的交储企业列入行业黑名单；有关部门加强对交储企业收购价格和合同执行情况的监管。

**第十条** 收储所需资金，由中国农业发展银行按照有关政策规定安排储备棉贷款解决，农业发展银行总行营业部（以下简称"总行营业部"）统一发放信用贷款。中储棉总公司实行统贷统还，按入储成本向总行营业部申请储备贷款，包括收储价格及收储直接相关的合理费用。总行营业部依据有关政策，将贷款发放到位。

临时收储直接相关的合理费用，统一计入储备成本，有定额标准的，按标准执行，没有定额标准的，由相关财政监察专员办事处及时审核确认。中储棉总公司要按合同将相关费用及时足额拨付到代储库点。

**第十一条** 承储库点要按照中央储备棉有关管理规定的要求，如实做好收储入库各项工作。对违规收取各种费用的，中储棉总公司要按相关规定严肃处理。

**第十二条** 预案执行期间，中储棉总公司每个工作日将当天收储的棉花数量、等级、价格、区域分布等情况汇总报国家发展改革委、财政部并抄送中国农业发展银行。

预案执行结束后十个工作日内，中储棉总公司要将当年度棉花临时收储预案执行情况报告国家发展改革委、财政部并抄送中国农业发展银行。

**第十三条** 中储棉总公司要加强入储棉花的保管工作，保障储备棉安全。在市场需要时，由国家有关部门委托中储棉总公司在全国棉花交易市场公开竞价销售入储的棉花。销售的国家储备棉由中央财政统负盈亏。

**第十四条** 国家发展改革委负责协调落实棉花临时收储制度相关政策，会同有关部门解决临时收储预案执行中的问题。财政部负责及时拨付中储棉总公司临时收储棉花所需的利息、费用补贴。农业部负责了解各地执行临时收储政策情况，监测棉花收购价格，反映农民的意见和要求。工业和信息化部负责监测纺织企业运行和棉花需求动态情况，及时反映纺织企业意见。铁道部负责做好临时收储新疆棉出疆的铁路运输工作。供销合作总社负责加强对所属棉花收购加工企业的指导，监督企业认真执行国家临时收储政策，切实保护农民利益。中国农业发展银行负责向中储棉总公司及时提供储备贷款，并对资金使用和棉花库存进行监管。中国纤维检验局负责组织棉花入库公证检验。中储棉总公司作为国家委托的临时收储预案执行责任主体，对其临时收储棉花的数量、质量、价格和库存管理等负总责。全国棉花交易市场负责维护管理收储交易系统，会同中储棉总公司审核交储企业资格。产棉区政府负责对交储企业执行籽棉收购参考价情况进行监督检查，并督促、协调地方相关部门，支持和配合中储棉总公司的工作，共同完成收储任务。

**第十五条**　本预案由国家发展改革委、财政部负责解释。

# 国务院办公厅关于加强鲜活农产品流通体系建设的意见

国办发〔2011〕59号

各省、自治区、直辖市人民政府，国务院各部委、各直属机构：

我国是鲜活农产品生产和消费大国。为加强鲜活农产品流通体系建设，建立平稳产销运行、保障市场供应的长效机制，切实维护生产者和消费者利益，经国务院同意，现提出如下意见：

## 一、主要目标

（一）主要目标。以加强产销衔接为重点，加强鲜活农产品流通基础设施建设，创新鲜活农产品流通模式，提高流通组织化程度，完善流通链条和市场布局，进一步减少流通环节，降低流通成本，建立完善高效、畅通、安全、有序的鲜活农产品流通体系，保障鲜活农产品市场供应和价格稳定。

## 二、重点任务

（二）加强流通规划指导，促进市场合理布局。制定全国农产品批发市场发展指导文件，明确指导思想、发展目标、主要任务和政策措施。地方各级人民政府要依据城市总体规划和城市商业网点规划，制定并完善本地区农产品批发市场、农贸市场、菜市场等鲜活农产品网点发展规划，逐步形成布局合理、功能完善、竞争有序的鲜活农产品市场网络。

（三）加快培育流通主体，提高流通组织化程度。推动鲜活农产品经销商实现公司化、规模化、品牌化发展。鼓励流通企业跨地区兼并重组和投资合作，提高产业集中度。扶持培育一批大型鲜活农产品流通企业、农业产业化龙头企业、运输企业和农民专业合作社及其他农业合作经济组织，促其做大做强，提高竞争力。

（四）加强流通基础设施建设，提升流通现代化水平。加强鲜活农产品产地预冷、预选分级、加工配送、冷藏冷冻、冷链运输、包装仓储、电子结算、检验检测和安全监控等设施建设。引导各类投资主体投资建设和改造农产品批发市场和农贸市场、菜市场、社区菜店、生鲜超市、平价商店等鲜活农产品零售网点。发展电子商务，扩大网上交易规模。鼓励农产品批发市场引入拍卖等现代交易模式。加快农产品流通科技研发和推广应用。

（五）大力推进产销衔接，减少流通环节。积极推动农超对接、农校对接、农批对接等多种形式的产销衔接，鼓励批发市场、大型连锁超市等流通企业，学校、酒店、大企业等最终用户与农业生产基地、农民专业合作社、农业产业化龙头企业建立长期稳定的产销关系，降低对接门槛和流通成本，扩大对接规模。多措并举，支持农业生产基地、农业产业化龙头企业、农民专业合作社在社区菜市场直供直销，推动在人口集中的社区有序设立周末菜市场及早、晚市等鲜活农产品零售网点。

（六）强化信息体系建设，引导生产和消费。加强部门协作，健全覆盖生产、流通、消费的农产品信息网络，及时发布蔬菜等鲜活农产品供求、质量、价格等信息，完善市场监测、预警和信息发布机制。联通主要城市大型农产品批发市场实时交易系统，加强大中城市鲜活农产品市场监测预警体系建设。

（七）完善储备调运制度，提高应急调控能力。建立健全重要农产品储备制度。完善农产品跨区调运、调剂机制。城市人民政府要根据消费需求和季节变化，合理确定耐贮蔬菜的动态库存数量，保障应急供给，防止价格大起大落。

（八）加强质量监管，严把市场准入关口。加快鲜活农产品质量安全追溯体系建设，进一步落实索证索票和购销台账制度，强化质量安全管理。建立鲜活农产品经常性检测制度，实现抽检标准、程序、结果“三公开”，对不符合质量安全标准的鲜活农产品依法进行无害化处理或者监督销毁。

## 三、保障措施

（九）完善财税政策。各级人民政府要增加财政投入，通过投资入股、产权回购回租、公建配套等方式，改造和新建一批公益性农产品批发市场、农贸市场和菜市场，保障居民基本生活需要。在农产品主产区、集散地和主销区，升级改造一批带动力强、辐射面广的大型农产品批发市场和农产品加工配送中心。发挥财政资金引导示范作用，带动和规范民间资本进入农产品流通领域。完善农产品流通税收政策，免征蔬菜流通环节增值税。

（十）加强金融支持。鼓励和引导金融机构把农产品生产、加工和流通作为涉农金融服务工作重点，加大涉农贷款投放力度。合理把握信贷投放节奏，为农产品经销商等集中提供初级农产品收购资金，加强对农产品供应链上下游企业和农户的信贷支持。发挥地方各类涉农担保机构作用，着力解决农户、农民专业合作社和小企业融资担保能力不足问题。鼓励保险机构研究开发鲜活农产品保险产品，积极引导企业、农民专业合作社和农民投保，有条件的地方可对保费给予适当财政补贴。

（十一）保障合理用地。农产品批发市场建设要符合土地利用总体规划和商业网点规划，优先保障土地供应。对于政府投资建设不以盈利为目的、具有公益性质的农产品批发市场，可按作价出资（入股）方式办理用地手续，但禁止改变用途和性质。

（十二）强化监督管理。加强对鲜活农产品市场进场费、摊位费等收费的管理，规范收费项目，实行收费公示，降低收费标准。对政府投资建设或控股的农产品市场，可以按法定程序将有关收费纳入地方政府定价目录，实行政府指导价或政府定价管理，并依据保本微利的原则核定收费标准。严厉打击农产品投机炒作。做好外资并购大型农产品批发市场的安全审查工作。

（十三）提供运输便利。严格执行鲜活农产品运输“绿色通道”政策，保证鲜活农产品运输“绿色通道”网络畅通，坚决落实免收整车合法装载运输鲜活农产品车辆通行费的相关政策。积极为鲜活农产品配送车辆进城提供畅通便捷有序的通行和停靠条件，鼓励有条件的大中城市使用符合国家强制性标准的鲜活农产品专用运输车型。

（十四）健全相关制度。加快农产品流通标准体系建设，推进农产品质量等级化、包装规格化、标识规范化、产品品牌化。抓紧研究完善农产品批发市场的准入、布局、规划、监管和政策促进等问题，为农产品批发市场健康发展提供制度保障。

（十五）加强组织领导。地方各级人民政府和各有关部门要把鲜活农产品流通体系建设作为重要的民生工程加以推进，在充分发挥市场机制作用的基础上，加大政策扶持力度。强化“菜篮子”市长负责制，切实提高大中城市鲜活农产品自给率。充分发挥农产品流通行业组织的协调和服务作用。商务部、发展改革委、农业部要会同公安部、财政部、国土资源部、住房城乡建设部、交通运输部、铁道部、税务总局、质检总局、银监会、保监会、供销总社等部门和单位加强督查和指导，及时研究解决鲜活农产品流通体系建设中的重大问题。

国务院办公厅

二〇一一年十二月十三日

# 国务院关于深化流通体制改革加快流通产业发展的意见

国发〔2012〕39号

各省、自治区、直辖市人民政府，国务院各部委、各直属机构：

改革开放以来，我国流通产业取得长足发展，交易规模持续扩大，基础设施显著改善，新型业态不断涌现，现代流通方式加快发展，流通产业已经成为国民经济的基础性和先导性产业。但总的看，我国流通产业仍处于粗放型发展阶段，网络布局不合理，城乡发展不均衡，集中度偏低，信息化、标准化、国际化程度不高，效率低、成本高问题日益突出。为适应新形势下经济社会发展需要，加快推进流通产业改革发展，现提出如下意见：

## 一、指导思想、基本原则和主要目标

（一）指导思想。以邓小平理论和“三个代表”重要思想为指导，深入贯彻落实科学发展观，围绕提高流通效率、方便群众生活、保障商品质量、引导生产发展和促进居民消费，加快推进流通产业发展方式转变，着力解决制约流通产业发展的关键问题，有效降低流通成本，全面提升流通现代化水平。

（二）基本原则。坚持发挥市场作用与完善政府职能相结合。在更大程度上发挥市场配置资源的基础性作用，遵循价值规律和市场规则，强化企业在市场中的主体地位；提升政府公共服务、市场监管和宏观调控能力。坚持深化改革与扩大开放相结合。深化流通领域各项改革，为流通产业发展提供制度保障；继续推进流通产业对内对外开放，以开放促改革促发展。坚持促进发展与加强规范相结合，加大对重点领域和薄弱环节的支持力度，推动流通产业加快发展；强化规范市场秩序，提升行业发展质量，切实保障和改善民生。坚持立足当前与着眼长远相结合。既要紧密结合当前需要，着力降低流通成本，又要注重长远发展，建立流通引导生产、促进消费的长效机制。

（三）主要目标。到2020年，我国流通产业发展的总体目标是：基本建立起统一开放、竞争有序、安全高效、城乡一体的现代流通体系，流通产业现代化水平大幅提升，对国民经济社会发展的贡献进一步增强。

——流通领域提高效率降低成本效果显著，批发零售企业流动资产周转速度加快，全社会物流总费用与国内生产总值的比率明显降低。

——现代信息技术在流通领域得到广泛应用，电子商务、连锁经营和统一配送等成为主要流通方式，连锁化率达到22%左右，商品统一配送率达到75%左右，流通产业整合资源、优化配置的能力进一步增强。

——流通主体的竞争力明显提升，形成一批网络覆盖面广、主营业务突出、品牌知名度高、具有国际竞争力的大型流通企业。

——流通产业发展的政策、市场和法制环境更加优化，市场运行更加平稳规范，居民消费更加便捷安全，全国统一大市场基本形成。

## 二、主要任务

（四）加强现代流通体系建设。依托交通枢纽、生产基地、中心城市和大型商品集散地，构建全国骨干流通网络，建设一批辐射带动能力强的商贸中心、专业市场以及全国性和区域性配送中心。推动大宗商品交易市场向现货转型，增加期货市场交易品种。优化城市流通网络布局，有序推进贸易中心城市和商业街建设，支持特色商业适度集聚，鼓励便利店、中小综合超市等发展，构建便利消费、便民生活服务体系。鼓励大型流通企业向农村延伸经营网络，增加农村商业网点，拓展网点功能，积极培育和发展农村经纪人，提升农民专业合作社物流配送能力和营销服务水平。支持流通企业建立城乡一体化的营销网络，畅通农产品进城和工业品下乡的双向流通渠道。大力发展第三方物流，促进企业内部物流社会化。加强城际配送、城市配送、农村配送的有效衔接，推广公路不停车收费系统，规范货物装卸场站建设和作业标准。加快建设完整先进的废旧商品回收体系，健全旧货流通网络，促进循环消费。

（五）积极创新流通方式。大力推广并优化供应链管理，鼓励流通企业拓展设计、展示、配送、分销、回收等业务。加快发展电子商务，普及和深化电子商务应用，完善认证、支付等支撑体系，鼓励流通企业建立或依托第三方电子商务平台开展网上交易。创新网络销售模式，发展电话购物、网上购物、电视购物等网络商品与服务交易。统筹农产品集散地、销地、产地批发市场建设，构建农产品产销一体化流通链条，积极推广农超对接、农批对接、农校对接以及农产品展销中心、直销店等产销衔接方式，在大中城市探索采用流动售卖车。围绕节能环保、流通设施、流通信息化等关键领域，大力推进流通标准应用。鼓励商业企业采购和销售绿色产品，促进节能环保产品消费，支持发展信用消费。推动商品条码在流通领域的广泛应用，健全全国统一的物品编码体系。

（六）提高保障市场供应能力。支持建设和改造一批具有公益性质的农产品批发市场、农贸市场、菜市场、社区菜店、农副产品平价商店以及重要商品储备设施、大型物流配送中心、农产品冷链物流设施等，发挥公益性流通设施在满足消费需求、保障市场稳定、提高应急能力中的重要作用。完善中央与地方重要商品储备制度，优化储备品种和区域结构，适当扩大肉类、食糖、边销茶和地方储备中的小包装粮油、蔬菜等生活必需品储备规模。强化市场运行分析和预测预警，增强市场调控的前瞻性和预见性。加强市场应急调控骨干企业队伍建设，提高迅速集散应急商品能力，综合运用信息引导、区域调剂、收储投放、进出口等手段保障市场供求基本平衡。

（七）全面提升流通信息化水平。将信息化建设作为发展现代流通产业的战略任务，加强规划和引导，推动营销网、物流网、信息网的有机融合。鼓励流通领域信息技术的研发和集成创新，加快推广物联网、互联网、云计算、全球定位系统、移动通信、地理信息系统、电子标签等技术在流通领域的应用。推进流通领域公共信息服务平台建设，提升各类信息资源的共享和利用效率。支持流通企业利用先进信息技术提高仓储、采购、运输、订单等环节的科学管理水平。鼓励流通企业与供应商、信息服务商加强合作，支持开发和推广适用于中小流通企业的信息化解决方案。加强信息安全保障。

（八）培育流通企业核心竞争力。积极培育大型流通企业，支持有实力的流通企业跨行业、跨地区兼并重组。支持中小流通企业特别是小微企业专业化、特色化发展，健全中小流通企业服务体系，扶持发展一批专业服务机构，为中小流通企业提供融资、市场开拓、科技应用和管理咨询等服务。鼓励发展直营连锁和特许连锁，支持流通企业跨区域拓展连锁经营网络。积极推进批发市场建设改造和运营模式创新，增强商品吞吐能力和价格发现功能。推动零售企业转变营销方式，提高自营比重。支持流通企业建设现代物流中心，积极发展统一配送。加强知识产权保护，鼓励流通品牌创新发展。

（九）大力规范市场秩序。加强对关系国计民生、生命安全等商品的流通准入管理，形成覆盖准入、监管、退出的全程管理机制。充分利用社会检测资源，建立涉及人身健康与安全的商品检验制度。建立健全肉类、水产品、蔬菜、水果、酒类、中药材、农资等商品流通追溯体系。加大流通领域商品质量监督检查力度，改进监管手段和检验检测技术条件。依法严厉打击侵犯知识产权、制售假冒伪劣商品、商业欺诈和商业贿赂等违法行为。加强网络商品交易的监督管理。规范零售商、供应商交易行为，建立平等和谐的零供关系。加快商业诚信体系建设，完善信用信息采集、利用、查询、披露等制度，推动行业管理部门、执法监管部门、行业组织和征信机构、金融监管部门、银行业金融机构信息共享。细化部门职责分工，堵塞监管漏洞。

（十）深化流通领域改革开放。建立分工明确、权责统一、协调高效的流通管理体制，健全部门协作机制，强化政策制定、执行与监督相互衔接，提高管理效能。加快流通管理部门职能转变，强化社会管理和公共服务职能。在有条件的地区开展现代流通综合试点，加强统筹协调，加快推进大流通、大市场建设。消除地区封锁和行业垄断，严禁阻碍、限制外地商品、服务和经营者进入本地市场，严厉查处经营者通过垄断协议等方式排除、限制竞争的行为。鼓励民间资本进入流通领域，保障民营企业合法权益，促进民营企业健康发展。进一步提高流通产业利用外资的质量和水平，引进现代物流和信息技术带动传统流通产业升级改造。支持有条件的流通企业"走出去"，通过新建、并购、参股、增资等方式建立海外分销中心、展示中心等营销网络和物流服务网络。积极培育国内商品市场的对外贸易功能，推进内外贸一体化。

## 三、支持政策

（十一）制定完善流通网络规划。制定全国流通节点城市布局规划，做好各层级、各区域之间规划衔接。科学编制商业网点规划，确定商业网点发展建设需求，将其纳入城市总体规划和土地利用总体规划。乡镇商业网点建设纳入小城镇建设规划。各地制定控制性详细规划和修建性详细规划时应充分考虑商业网点建设需求，做好与商业网点规划的相互衔接。完善社区商业网点配置，新建社区（含廉租房、公租房等保障性住房小区、棚户区改造和旧城改造安置住房小区）商业和综合服务设施面积占社区总建筑面积的比例不得低于10%。地方政府应出资购买一部分商业用房，用于支持社区菜店、菜市场、农副产品平价商店、便利店、早餐店、家政服务点等居民生活必备的商业网点建设。严格社区商业网点用途监管，不得随意改变必备商业网点的用途和性质，拆迁改建时应保证其基本服务功能不缺失。各地可根据实际发布商业网点建设指导目录，引导社会资金投向。

（十二）加大流通业用地支持力度。按照土地利用总体规划和流通业建设项目用地标准，在土地利用年度计划和土地供应计划中统筹安排流通业各类用地。鼓励利用旧厂房、闲置仓库等建设符合规划的流通设施，涉及原划拨土地使用权转让或租赁的，经批准可采取协议方式供应。政府对旧城区改建需搬迁的流通业用地，在收回原国有建设用地使用权后，经批准可以协议出让方式为原土地使用权人安排用地。鼓励各地以租赁方式供应流通业用地。支持依法使用农村集体建设用地发展流通业。制定政府鼓励的流通设施目录，对纳入目录的项目用地予以支持。依法加强流通业用地管理，禁止以物流中心、商品集散地等名义圈占土地，防止土地闲置浪费。

（十三）完善财政金融支持政策。积极发挥中央政府相关投资的促进作用，完善促进消费的财政政策，扩大流通促进资金规模，重点支持公益性流通设施、农产品和农村流通体系、流通信息化建设，以及家政和餐饮等生活服务业、中小流通企业发展、绿色流通、扩大消费等。鼓励银行业金融机构针对流通产业特点，创新金融产品和服务方式，开展动产、仓单、商铺经营权、租赁权等质押融资。改进信贷管理，发展融资租赁、商圈融资、供应链融资、商业保理等业务。充分发挥典当等行业对中小和微型企业融资的补充作用。拓宽流通企业融资渠道，支持符合条件的大型流通企业上市融资、设立财务公司及发行公司（企业）债券和中期票据等债务融资工具。引导金融机构创新消费信贷产品，改进消费信贷业务管理方式，培育和巩固消费信贷增长点。

（十四）减轻流通产业税收负担。在一定期限内免征农产品批发市场、农贸市场城镇土地使用税和房产税。将免征蔬菜流通环节增值税政策扩大到有条件的鲜活农产品。加快制定和完善促进废旧商品回收体系建设的税收政策。完善并落实家政服务企业免征营业税政策，促进生活服务业发展。落实总分支机构汇总纳税政策，促进连锁经营企业跨地区发展。积极推进营业税改增值税试点，完善流通业税制。

（十五）降低流通环节费用。抓紧出台降低流通费用综合性实施方案。优化银行卡刷卡费率结构，降低总体费用水平，扩大银行卡使用范围。加快推进工商用电用水同价。落实好鲜活农产品运输“绿色通道”政策，确保所有整车合法装载运输鲜活农产品车辆全部免缴车辆通行费，结合实际完善适用品种范围。切实规范农产品市场收费、零售商供应商交易收费等流通领域收费行为。深入推进收费公路专项清理，坚决取缔各种违规及不合理收费，降低偏高的通行费收费标准。从严审批一级及以下公路和独立桥梁、隧道收费项目。按照逐步有序的原则，加快推进国家确定的西部地区省份取消政府还贷二级公路收费工作进度。

## 四、保障措施

（十六）完善流通领域法律法规和标准体系。推动制定、修改流通领域的法律法规，提升流通立法层级。抓紧修订报废汽车回收管理办法，积极推动修改商标法、反不正当竞争法、广告法和消费者权益保护法等法律，研究制定典当管理、商业网点管理、农产品批发市场管理等方面的行政法规。全面清理和取消妨碍公平竞争、设置行政壁垒、排斥外地产品和服务进入本地市场的规定。积极完善流通标准化体系，加大流通标准的制定、实施与宣传力度。

（十七）健全统计和监测制度。加快建立全国统一科学规范的流通统计调查体系和信息共享机制，不断提高流通统计数据质量和工作水平。加强零售、电子商务、居民服务、生产资料流通等重点流通领域的统计数据开发应用，提高服务宏观调控和企业发展的能力。扩大城乡市场监测体系覆盖面，优化样本企业结构，推进信息采集智能化发展，保证数据真实、准确、及时，加快监测信息成果转化。

（十八）发挥行业协会作用。完善流通行业协会的运行机制，引导行业组织制定行业规范和服务要求，加强行业自律和信用评价。支持行业协会为流通企业提供法律、政策、管理、技术、市场信息等咨询及人才培训等服务，及时反映行业诉求，维护企业合法权益。

（十九）强化理论体系、人才队伍和基层机构建设。深化流通领域理论和重大课题研究，完善我国现代流通产业发展的理论和政策研究体系。大力培养流通专业人才，加快形成高校、科研院所与部门、行业企业联合培养人才的机制，积极开展职业教育与培训，提高流通专业人才培养质量。加强干部队伍建设，提高基层干部的服务意识和监管执法能力。加强基层流通管理部门建设，充实一线力量，保证基层流通管理工作通畅有效。

（二十）加强组织领导。国务院有关部门、地方各级人民政府要高度重视加快流通产业改革发展的重要性，切实加强组织领导，根据要求抓紧制定具体实施方案，完善和细化政策措施，确保各项任务落实到位。建立由商务部牵头的全国流通工作部际协调机制，加强对流通工作的协调指导和监督检查，及时研究解决流通产业发展中的重大问题。各地要将加快流通产业改革发展作为调结构、转方式、惠民生的重要抓手，完善配套政策和监管措施，保障流通产业改革发展所需资金，促进流通产业持续健康发展。

国务院

2012 年 8 月 3 日